AF659260

जनसंख्या शिक्षण

सुभाष चन्द्र गुप्ता

एम॰ए॰, पी॰एच॰डी॰,

रीडर, स्नातकोत्तरी, समाजशास्त्र अध्ययन एवं शोध केन्द्र

आजीवन सदस्य

उत्तर प्रदेश समाजशास्त्र परिषद्

सम्पादक

समाज विज्ञान पत्रिका

निर्देशक

महिला विषयक अध्ययन एवं शोध केन्द्र, बदायूँ

के॰एस॰के॰ पब्लिशर्स एवं डिस्ट्रीब्यूटर्स

7/26 (Basement), अंसारी रोड़, दरिया गंज, नई दिल्ली–110002

दूरभाषः (ऑफिस) 65190343, 43551324, 42564726

(मो.) 9811088729. (निवास) 47091605 फैक्सः 42564726

ई–मेलः khelsahitya1@rediffmail.com

प्रकाशन द्वारा:

के०एस०के० पब्लिशर्स एवं डिस्ट्रीब्यूटर्स

H.O.: 7/26, Basement, अंसारी रोड़, दरिया गंज, नई दिल्ली-110002

दूरभाष: (ऑफिस) 65190343, 43551324, 42564726

(मोबाईल) 9811088729 (निवास) 47091605

फैक्स: 011-42564726 ई-मेल: *khelsahitya1@rediffmail.com*

वेबसाइट: *www.khelsahitya.trade-india.com*

© 2007 प्रकाशक

अं०मा०पु०सं० - 978-81-904617-2-6

भारत में प्रकाशित 2007

इस पुस्तक के या इसके किसी खण्ड के अनुवाद, पुनर्मुद्रण अथवा पुर्नप्रकाशन का सर्वाधिकार प्रकाशाधीन हैं, अतिरिक्त किसी समीक्षात्मक उद्धरण के।

लेज़र टाइपसेटिंग द्वारा:

जैन मीडिया ग्राफिक्स

C-4/95-A, केशव पुरम, (लारेन्स रोड़), निकट वज़ीरपुर डिपो,

दिल्ली-110035 मोबाईल: 011-20296366, 9911151534, 9350556511

मुद्रक:

चावला ऑफसेट प्रिन्टर्स

दिल्ली-110052

मूल्य : रु. 600/-

विषय-सूची

1

जनसंख्या शिक्षा– अर्थ तथा उद्देश्य

भूमिका

विश्व के सभी देशों के सामने, चाहे वह विकसित हो अथवा विकासशील, एक समस्या जो अधिक जटिल रूप धारण किए जा रही है, वह है जनसंख्या में होने वाली तीव्र वृद्धि। यह समस्या मुख्यः रूप से विकासशील देशों में अधिक गम्भीर रूप ले रही हैं। आज इस तथ्य को भली प्रकार से समझा जा चुका है कि पृथ्वी पर उपलब्ध होने वाले संसाधन, जिनकी आवश्यकता मनुष्य को विभिन्न कार्यों के लिए होती है, वह सीमित है तथा सभी मनुष्यों के लिए उच्च स्तरीय जीवन व्यतीत करने के लिए उन संसाधनों की आवश्यकता होती है। परन्तु यह संसाधन सभी व्यक्तियों को केवल उसी स्थिति में प्राप्त हो पाएंगे जब उन्हें प्रयोग करने वाले व्यक्तियों की संख्या कम होगी। यही कारण है कि आज जनसंख्या में होने वाली वृद्धि को किसी भी प्रकार से मानव संसाधन का विकास न मानकर एक समस्या माना जाता है।

जनसंख्या वृद्धि की दर को कम करने के लिए प्रायः सभी देशों में विभिन्न प्रकार के उपायों को प्रयोग किया जा रहा है तथा इसके लिए उन सुविधाओं की भी व्यवस्था की जा रही है, जो देश में

उपलब्ध नहीं होती। अर्थात् इस प्रकार की सुविधाओं की व्यवस्था साथी देशों से की जाती है।

आज का युग वैज्ञानिक युग है तथा आज विज्ञान के क्षेत्र में होने वाले विभिन्न प्रकार के शोध कार्यों से विभिन्न प्रकार के रोगों का पता लगा लिया गया है तथा उनका उपचार करने के लिए दवाईयों का भी पता लगा लिया गया है। चिकित्सा के क्षेत्र में होने वाले इस प्रकार के विकास के कारण ही आज मृत्यु दर पहले की अपेक्षा बहुत कम हो गई है परन्तु जन्म दर में इस प्रकार की कमी अत्यधिक मात्रा पर नहीं की जा सकी है जिस कारणवश जन्म तथा मृत्यु दर में असंतुलन की स्थिति पैदा हो गई है। आज जन्म लेने वाले शिशुओं की संख्या उन व्यक्तियों की संख्या से अधिक है, जो प्रतिवर्ष मृत्यु को प्राप्त होते हैं। इस प्रकार की स्थिति में नए जन्में शिशु किसी भी प्रकार से राष्ट्र के विकास के लिए आवश्यक साधन न प्रतीत होकर उसके विकास में रूकावट से प्रतीत होते हैं।

आज जनसंख्या में तीव्र दर से होने वाली वृद्धि एक चिंता का कारण बन गई है तथा कई विद्वानों ने इसे जनसंख्या विस्फोट का नाम प्रदान किया है। हमारे देश में भी जनसंख्या वृद्धि की समस्या एक विकट रूप धारण कर चुकी है तथा सरकार द्वारा विभिन्न प्रकार के परिवार नियोजन कार्यक्रम आरम्भ करने के बावजूद किसी भी प्रकार के कुशल परिणाम अभी तक प्राप्त नहीं हुए हैं। पंच वर्षीय योजनाओं में एक बड़ी राशि इस प्रकार के कार्यक्रमों के लिए उपलब्ध करवाने की योजनाएं तैयार की जाती है, तथा उन योजनाओं में से कुछ योजनाओं को वास्तव में आरम्भ भी कर दिया जाता है परन्तु उनसे किसी भी प्रकार के कुशल परिणाम प्राप्त नहीं होते पाते जिसका मुख्य कारण यह है कि आज भी हमारे देश में अधिकतर व्यक्ति अशिक्षित है तथा वह इस प्रकार के कार्यक्रमों के बारे में अधिक जानकारी नहीं

रखते होते। केवल यही नहीं, आज भी निर्धन परिवार के व्यक्तियों द्वारा बच्चों को मानवीय साधनों के रूप में देखा जाता है, जो वृद्धावस्था में उनकी सेवा अथवा सहायता करेंगे। इस दृष्टिकोण से उन्हें इस बात की आवश्यकता ही महसूस नहीं होती कि परिवार को छोटा रखा जाएं। इसलिए केवल योजनाएं निर्मित करने अथवा कार्यक्रम बनाने से किसी भी प्रकार के परिणामों को प्राप्त करने की आशा रखना पर्याप्त नहीं होगा। आवश्यकता है सभी आय वर्गों तथा विशेषकर निर्धन वर्ग के व्यक्तियों को बड़े परिवार से होने वाली हानियों की जानकारी प्रदान करने की तथा इस दिशा में निर्मित किए गए कार्यक्रमों से सम्बन्धित सम्पूर्ण जानकारी विभिन्न प्रांतों में रहने वाले व्यक्तियों को मुहैया करवाने की। इस प्रकार की जागरूकता को शिक्षा के माध्यम से भी प्रभावकारी ढंग से प्रदान किया जा सकता है तथा जनसंख्या शिक्षा इसी दिशा में उठाया गया एक महत्वपूर्ण कदम है।

जनसंख्या शिक्षा से तात्पर्य

जैसा कि पहले भी कहा जा चुका है कि जनसंख्या में होने वाली अत्याधिक वृद्धि की हानियों तथा उसके दुष्प्रभावों को सामान्य व्यक्तियों तक पहुंचाने का एक कुशल माध्यम है शिक्षा तथा जनसंख्या शिक्षा इसी दिशा में उठाया गया एक महत्वपूर्ण कदम है। जनसंख्या शिक्षा में राष्ट्र तथा विश्व के विभिन्न देशों की जनसंख्या स्थिति तथा उनसे सम्बन्धित विभिन्न तथ्यों का अध्ययन किया जाता है। अत्याधिक जनसंख्या से उत्पन्न होने वाली विभिन्न प्रकार की समस्याओं का ज्ञान भी इसी शिक्षा के माध्यम से सामान्य व्यक्तियों को प्रदान किया जाता है। इस प्रकार के शिक्षण की सहायता से समाज के विभिन्न वर्गों के व्यक्तियों को इस तथ्य की जानकारी प्रदान की जा सकती है कि वह किस प्रकार से जनसंख्या वृद्धि दर को कम करने अथवा उस पर अंकुश लगाने में सक्रिय भूमिका अदा कर सकते हैं। इस प्रकार से जनसंख्या

शिक्षा एक राष्ट्र के नागरिकों में यह जागरूकता उत्पन्न करने का एक कुशल माध्यम है कि वह किस प्रकार से अपने राष्ट्र के विकास के लिए जनसंख्या दर को नियंत्रित कर सकते हैं। केवल यही नहीं, इस शिक्षा के माध्यम से उन्हें सरकार तथा निजी संस्थाओं द्वारा इस उद्देश्य को प्राप्त करने के लिए आयोजित किए गए विभिन्न कार्यक्रमों की भी जानकारी प्रदान की जाती है तथा उन्हें इन कार्यक्रमों को वास्तविक जीवन में प्रयोग करने के लिए प्रोत्साहित भी किया जाता है।

जनसंख्या शिक्षा का उद्गम स्थान

वास्तव में जनसंख्या से सम्बन्धित विभिन्न प्रकार के तथ्यों से इसमें होने वाली तीव्र वृद्धि से होने वाली समस्याओं की जानकारी प्रदान करने के लिए इसे शिक्षा के रूप में प्रयोग करने का कार्य सर्वप्रथम अमरीका में किया गया। इस पद को कोलम्बिया विश्वविद्यालय के एक प्रोफेसर ने प्रयोग किया था जिनका नाम था श्री स्लोन आर. वेलैंड।

इस पद के समान ही दो अन्य पदों को जनसंख्या से सम्बन्धित जानकारी प्रदान करने के लिए अमरीका में प्रयोग किया जाता है, जो हैं पारिवारिक जीवन की शिक्षा तथा यौन शिक्षा। विभिन्न पश्चिमी देशों में परिवार के विघटन होने की बढ़ती घटनाओं को देखते हुए पारिवारिक जीवन की शिक्षा प्रदान करने की आवश्यकता को महसूस किया गया। इसी प्रकार ऐसे देशों में यौन रोगों से ग्रसित होने वाले व्यक्तियों की बढ़ती हुई संख्या को देखते हुए आवश्यकता महसूस की गई विद्यार्थियों को यौन शिक्षा से सम्बन्धित जानकारी प्रदान करने की तथा यही कारण है कि जनसंख्या शिक्षा के अतिरिक्त अमरीका जैसे पश्चिमी देशों में पारिवारिक जीवन की शिक्षा तथा यौन शिक्षा को विद्यालयों में विशिष्ट विषय के रूप में प्रदान किया जाता है।

जनसंख्या शिक्षा की विभिन्न परिभाषाएं

जनसंख्या में होने वाली वृद्धि तथा उससे उत्पन्न होने वाली समस्याओं ने इतना जटिल रूप धारण कर लिया है आज विभिन्न विद्वानों ने इस विषय को गम्भीरता से लेना आरम्भ कर दिया है तथा कई ऐसे विचारों को व्यक्त किया है जिससे वह यह स्पष्ट करने का प्रयास करते है कि जनसंख्या शिक्षा का तात्पर्य क्या होता है तथा इसकी आवश्यकता क्यों है। कुछ विद्वानों द्वारा प्रस्तुत किए गए मतों का उल्लेख इस प्रकार हैं:-

– मॅसियालॅस के शब्दों में जनसंख्या शिक्षा की सहायता से विद्यार्थियों को मानव जनसंख्या की प्रकृति तथा जनसंख्या परिवर्तन से होने वाले परिणामों से सम्बन्धित विश्वसनीय जानकारी प्रदान की जाती है।

– विडरमैन के शब्दों में जनसंख्या शिक्षा की सहायता से विद्यार्थियों को इस तथ्य की जानकारी प्राप्त होती है कि जनसंख्या वृद्धि की प्रवृति तथा प्रकृति क्या होती है तथा इस प्रक्रिया का उनके समाज, परिवार तथा विश्व के अन्य देशों पर किस प्रकार का प्रभाव पड़ता है।

– सी.टी. फैनुफ के शब्दों में जनसंख्या शिक्षा एक ऐसा शैक्षिक कार्यक्रम होता है जिसकी सहायता से अनियंत्रित जनसंख्या वृद्धि को नियंत्रित करने के लिए सामान्य व्यक्तियों में विवेकपूर्ण दृष्टिकोण को विकसित किया जाता है।

– बेरेलसन के शब्दों में जनसंख्या शिक्षा की सहायता से विद्यार्थियों तथा सामान्य व्यक्तियों में जनसंख्या तथा उससे सम्बन्धित विभिन्न प्रकार के तथ्यों का ज्ञान विकसित करने का प्रयास किया जाता है। केवल यही नहीं, इस प्रकार की शिक्षा की सहायता से विद्यार्थियों को पारिवारिक जीवन, प्रजनन तथा आधारभूत मूल्यों से सम्बन्धित जानकारी भी प्रदान की जाती है।

– बुलर्सन के शब्दों में जनसंख्या शिक्षा की सहायता से जनसंख्या, कार्य तथा परिवार के प्रति विकसित होने वाली अभिवृतियों का ज्ञान प्रदान किया जाता है।

– फेन्युफकु के शब्दों में जनसंख्या शिक्षा का मुख्य उद्देश्य विद्यार्थियों को परिवार नियोजन के विभिन्न प्रकार के कार्यक्रमों की जानकारी विद्यार्थियों तथा सामान्य व्यक्तियों को प्रदान करना होता है। इसके अलावा विद्यार्थियों की अभिवृतियों तथा मूल्यों में अपेक्षित परिवर्तन करने का प्रयास भी जनसंख्या शिक्षा की सहायता से किया जाता है।

– स्टेन्गर के शब्दों में जनसंख्या शिक्षा वास्तव में पर्यावरण से सम्बन्धित जानकारी प्रदान करती है क्योंकि जनसंख्या केवल एक विशिष्ट प्रकार के पर्यावरण में ही विकसित तथा जीवित रह सकती है जिस कारणवश किसी भी प्रकार से जनसंख्या तथा परिवार को एक-दूसरे से पृथक नहीं किया जा सकता।

– टेलर के शब्दों में जनसंख्या शिक्षा की सहायता से मुख्य रूप से दो कार्यों को किया जाता है। सर्वप्रथम इसकी सहायता से विद्यार्थियों अथवा सामान्य व्यक्तियों को को परिवार नियोजित करने की आवश्यकता तथा ऐसे करने के लिए प्रेरित किया जाता है तथा दूसरे जनसंख्या में होने वाली अत्याधिक वृद्धि से उत्पन्न होने वाली विभिन्न प्रकार की समस्याओं की जानकारी प्रदान की जाती है तथा उन विकल्पों की भी जानकारी प्रदान की जाती है जिनकी सहायता से वह इस समस्या को नियंत्रित कर सकते हैं।

यूनेस्को के मतानुसार जनसंख्या शिक्षा एक विशिष्ट प्रकार का शैक्षणिक कार्यक्रम होता है जिसके अन्तर्गत विद्यार्थियों को विश्व के विभिन्न देशों की जनसंख्या से सम्बन्धित जानकारी प्रदान की जाती है तथा इस समस्या का समाधान निकालने के लिए उनके दृष्टिकोण

अथवा व्यवहार में आवश्यक परिवर्तन करने का प्रयास किया जाता है।

हमारे देश में भी जनसंख्या वृद्धि से होने वाली समस्याओं को भली प्रकार से समझ लिया गया है तथा यही कारण है कि विभिन्न प्रकार के कार्यक्रमों तथा सम्मेलनों को आयोजित किया जाता है जिसमें विभिन्न विद्वान इस समस्या का समाधान निकालने के लिए अपने-अपने मतों को व्यक्त करते हैं। इसी दिशा में कुछ समय पूर्व मुम्बई में एक विशिष्ट सम्मेलन का आयोजन किया गया, जिसका नाम था जनसंख्या शिक्षा का राष्ट्रीय सम्मेलन। इस सम्मेलन में जनसंख्या शिक्षा से सम्बन्धित विभिन्न तथ्यों पर विचार प्रस्तुत किए गए तथा विद्वानों ने यह भी उल्लेख किया कि इस प्रकार की शिक्षा को प्रदान करने के मुख्य उद्देश्य क्या है। विद्वानों ने यह भी तथ्य स्पष्ट किए कि जनसंख्या वृद्धि दर को कम करना आवश्यक क्यों है। उनके अनुसार छोटे परिवार की सहायता से व्यक्तिगत स्तर पर भौतिक दृष्टि से गुणात्मक को विकसित किया जा सकता है। उन्होंने यह भी स्पष्ट किया कि राष्ट्र में गुणात्मकता के स्तर को विकसित करके जीवन के स्तर को उच्च करने के लिए यह आवश्यक है कि जनसंख्या को नियंत्रित किया जाएं तथा इस कार्य के लिए सामान्य व्यक्तियों में जागरूकता विकसित करने का कार्य जनसंख्या शिक्षा की सहायता से कुशलता के साथ किया जा सकता है।

इस प्रकार यह कहा जा सकता है कि जनसंख्या शिक्षा एक विशिष्ट प्रकार की शैक्षणिक प्रक्रिया होती है जिसका मुख्य उद्देश्य विद्यार्थियों को जनसंख्या की स्थिति, उसमें होने वाली वृद्धि की दर, उससे उत्पन्न होने वाली विंभिन्न प्रकार की समस्याओं, परिवार, समाज तथा राष्ट्र पर पड़ने वाले प्रभावों तथा इसकी रोकथाम के लिए आयोजित किए गए कार्यक्रमों की जानकारी प्रदान करना है। यह कहा जा सकता है कि इस प्रकार की शिक्षा का मुख्य उद्देश्य वर्तमान में

परिवर्तन करके एक सुखद तथा विकसित भविष्य को निर्मित करना है तथा आज के विद्यार्थियों को इस तथ्य के लिए तैयार करना है कि वह भविष्य में एक छोटा परिवार ही रखेगे तथा उन सभी उपायों को प्रयोग करेगें, जिनकी सहायता से वह ऐसा कर सकते हैं। इस प्रकार की शिक्षा का आयोजन भावी पीढ़ी की जन्म दर को नियंत्रित करने के लिए प्रदान की जाती है जिससे राष्ट्र को तथा सामान्य व्यक्तियों के जीवन स्तर को बेहतर बनाया जा सकें अथवा विकसित किया जा सकें।

जनसंख्या शिक्षा के तत्त्व

आज सभी देशों में जनसंख्या शिक्षा के महत्व को समझ लिया गया है जिसके परिणामस्वरूप इस तथ्य को स्वीकार कर लिया गया है कि इस प्रकार की शिक्षा को सभी स्तरों के छात्रों को प्रदान किया जाना चाहिएं। जैसा कि उपरोक्त वर्णित चर्चा से स्पष्ट है कि जनसंख्या शिक्षा एक व्यापक शैक्षिक प्रणाली है जिसकी सहायता से विभिन्न प्रकार के उद्देश्यों को प्राप्त करने का प्रयास किया जाता है। इस प्रकार यह कहा जा सकता है कि जनसंख्या शिक्षा की ही भांति इसके द्वारा प्राप्त किए जाने वाले उद्देश्य भी बहुत व्यापक हैं। इस प्रकार की शिक्षा को प्रदान करते हुए मनुष्य जीवन के सभी पक्षों को विकसित करने का तथ्य पूर्ण रूप से ध्यान में रखा जाता है। इस तथ्य को ध्यान में रखते हुए जनसंख्या शिक्षा की विषय सामग्री में कुछ विशिष्ट तत्वों को सम्मिलित किया जाता है, जिनका उल्लेख इस प्रकार है :-

क. जनसंख्या से सम्बन्धित आंकड़ें : जनसंख्या से सम्बन्धित विभिन्न प्रकार की जानकारी प्रदान करने के लिए शिक्षक द्वारा विभिन्न प्रकार के आंकड़ों को प्रयोग किया जाता है, जो देश अथवा राज्य की जनसंख्या से सम्बन्धित होते हैं, अथवा उसे प्रदर्शित करते हैं। विभिन्न प्रकार की महत्वपूर्ण आवश्यकताओं की प्राप्ति इन्हीं आकड़ों की सहायता से प्राप्त की जाती है। इस प्रकार के आंकड़ों को प्राप्त करने

के लिए 10 वर्ष की अवधि पर जनगणना की जाती है जिसमें कुछ विशिष्ट व्यक्तियों को सभी घरों में जाकर यह जानकारी प्राप्त करनी होती है कि उनके परिवार में सदस्यों की संख्या क्या है तथा उनकी आयु क्या है। इस प्रकार से निर्मित होने वाली रिपोर्ट को जनगणना रिपोर्ट के नाम से सम्बोधित किया जाता है। केवल यही नहीं, जनसंख्या से सम्बन्धित आंकड़े निर्मित करने के लिए जन्म तथा मृत्यु के समय करवाएं गए पंजीकरण के तथ्यों को भी प्रयोग किया जाता है।

इन आंकडों की सहायता से इस तथ्य को जानना सरल हो जाता है कि विभिन्न राज्यों, प्रांतों तथा राष्ट्र की कुल जनसंख्या कितनी हैं। प्राप्त होने वाली जानकारी के आधार पर ही जन्म दर, मृत्यु दर तथा जनसंख्या में होने वाली वृद्धि दर को मूल्यांकित किया जाता है। इस प्रकार की जानकारी से इस तथ्य का पता लगाया जा सकता है कि परिवार नियोजन के लिए आयोजित किए गए कार्यक्रमों को किस राज्य के व्यक्ति अधिक मात्रा में प्रयोग करके लाभ प्राप्त कर रहें है। जिस राज्य में परिवार में होने वाली वृद्धि की दर अधिक पाई जाती है, वहां पर इसे नियंत्रित करने के लिए अन्य कार्यक्रमों अथवा सुविधाओं को प्रदान करने की व्यवस्था की जाती है। इस प्रकार यह कहा जा सकता है कि जनसंख्या से सम्बन्धित विभिन्न प्रकार के आकड़ों का प्रयोग जनसंख्या शिक्षा में किया जाता है तथा इस प्रकार के आंकडे इस शिक्षा का महत्वपूर्ण तत्व होते हैं।

ख. स्वास्थ्य तथा स्वास्थ्य विज्ञान: इस प्रकार के विज्ञान से सम्बन्धित सामान्य जानकारी का प्रयोग भी जनसंख्या शिक्षा में किया जाता है तथा विद्यार्थियों को इनका ज्ञान भी प्रदान किया जाता है। इसके अन्तर्गत विद्यार्थियों को यह जानकारी प्रदान की जाती है कि वह किस प्रकार से स्वयं को स्वस्थ रख सकते हैं अथवा किस प्रकार से विभिन्न प्रकार के रोगों से स्वयं की सुरक्षा कर सकते हैं। उन्हें इस प्रकार की

भी जानकारी जनसंख्या शिक्षा के अन्तर्गत प्रदान की जाती है कि किस प्रकार की सावधानियों को बरतकर वह स्वंय को स्वस्थ रख सकते हैं।

केवल यही नहीं, विभिन्न प्रकार के संक्रामक रोगों से बचाव करने तथा उनकी रोकथाम करने के लिए समय-समय पर सरकार द्वारा कई प्रकार की व्यवस्था की जाती है अथवा विशिष्ट प्रकार के कार्यक्रमों को आयोजित किया जाता है। जनसंख्या शिक्षा के माध्यम से विद्यार्थियों को इस प्रकार के कार्यक्रमों से सम्बन्धित जानकारी भी प्रदान की जाती है तथा यह भी बताया जाता है कि वह किस प्रकार से उन कार्यक्रमों द्वारा प्रदान की गई सुविधाओं का लाभ उठा सकते हैं।

इस प्रकार यह कहा जा सकता है कि जनसंख्या शिक्षा के द्वारा शिक्षक केवल जनसंख्या की दर को कम करने का ही प्रयास नहीं करता बल्कि यह भी प्रयास करता है कि देश के निवासी स्वस्थता के साथ जीवन व्यतीत कर पाएं क्योंकि केवल मानसिक तथा शारीरिक रूप से स्वस्थ नागरिक ही कुशल राष्ट्र को निर्मित करने में महत्वपूर्ण भूमिका निभा सकते हैं।

ग. प्रजनन व्यवहार तथा विधियां : जनसंख्या शिक्षा के माध्यम से विद्यार्थियों को स्त्रियों तथा पुरूषों के प्रजनन व्यवहार से सम्बन्धित विभिन्न प्रकार की जानकारियां प्रदान की जाती है। इसके अन्तर्गत उन सभी प्रजनन अंगों की जानकारी विद्यार्थियों को प्रदान की जाती है, जो प्रजनन क्रिया में महत्वपूर्ण सहायता प्रदान करते है तथा इस क्रिया में सक्रिय भूमिका अदा करते हैं। केवल यही नहीं, इस शिक्षा के माध्यम से विद्यार्थियों को इस तथ्य की भी जानकारी प्रदान की जाती है कि स्त्री तथा पुरूष का शरीर किस आयु में विवाह के लिए परिपक्व होता है तथा कम आयु में गर्भवती होने से एक स्त्री के शरीर पर किस प्रकार के दुष्प्रभाव पड़ते है। इसी प्रकार अनचाहे गर्भ से बचने के लिए किन-किन उपायों को प्रयोग किया जा सकता है तथा किस प्रकार से

सुरक्षा के साथ यौन सम्बन्ध स्थापित किए जा सकते हैं।

घ. स्वास्थ तथा जनसंख्या नीतियां : जनंसख्या शिक्षा प्रदान करने के लिए राष्ट्र की स्वास्थ्य नीति तथा जनसंख्या नीति से सम्बन्धित विभिन्न तथ्यों की जानकारी विद्यार्थियों को प्रदान की जाती है। इसके अन्तर्गत उन्हें यह जानकारी प्रदान की जाती है कि सरकार द्वारा निर्मित की गई स्वास्थ्य नीति से किस प्रकार के उद्देश्यों को प्राप्त करने का प्रयास किया जा रहा है तथा उनकी प्राप्ति के लिए किस प्रकार की सुविधाओं अथवा साधनों की व्यवस्था की गई है।

केवल यही नहीं, जनसंख्या नीति से सम्बन्धित अथवा उसमें सम्मिलित किए गए विभिन्न प्रकार के तथ्यों की जानकारी भी विद्यार्थियों को जनसंख्या शिक्षा के अन्तर्गत ही प्रदान की जाती है। इस नीति में सम्मिलित किए जाने वाले मुख्य तथ्य हैं : जनसंख्या की वर्तमान स्थिति, स्थिति को नियंत्रित करने के लिए आयोजित किए जाने वाले उपाय तथा उसमें प्राप्त होने वाली सफलता का स्तर। इस प्रकार के तथ्यों की जानकारी प्राप्त करने से विद्यार्थियों को सरकार द्वारा आयोजित किए जाने वाले कार्यक्रमों की जानकारी प्रदान की जाती है तथा उन्हें उन सुविधाओं को प्रयोग करने के लिए प्रेरित किया जाता है।

ङ. संतुलित आहार की आवश्यकता: मनुष्य का शरीर विभिन्न प्रकार की क्रियाओं को करता है तथा इन क्रियाओं को करने के लिए आवश्यक ऊर्जा की प्राप्ति विभिन्न प्रकार के आहार से प्राप्त होती है। शरीर के सभी अंगों को क्रियाशील स्थिति में रखने के लिए कुछ विशिष्ट प्रकार के पदार्थों अथवा तत्वों की आवश्यकता होती है, जो विशिष्ट प्रकार के भोजन से ही प्राप्त हो सकते हैं। ऐसा भोजन जिसकी सहायता से मनुष्य को आवश्यक तत्वों की प्राप्ति होती है, उसे संतुलित भोजन कहा जाता है। जनसंख्या शिक्षा के अन्तर्गत विद्यार्थियों को यह

जानकारी प्रदान की जाती है कि उन्हें कौन सा खाद्य पदार्थ कितनी मात्रा में ग्रहण करना चाहिएं तथा किस पदार्थ से उन्हें किस तत्व की प्राप्ति हो सकती है। इस प्रकार से वह अपने भोजन में उन सभी पदार्थों को सम्मिलित कर सकते है जिनके माध्यम से वह स्वयं को विभिन्न प्रकार के रोगों से सुरक्षित रख सकते हैं तथा अपने शरीर को स्वस्थ तथा क्रियाशील अवस्था में बनाएं रख सकते हैं।

च. पारिवारिक जानकारी : जनसंख्या शिक्षा के अन्तर्गत विद्यार्थियों को यह जानकारी भी प्रदान की जाती है कि उनके परिवार का आकार कितना होना चाहिएं। इसकी सहायता से उन्हें बड़े परिवार से होने वाली हानियों की जानकारी प्रदान की जाती है तथा इस बात के लिए तैयार किया जाता है कि भविष्य में वह अपना परिवार छोटा रखने का ही प्रयास करेंगे। इस संदर्भ में उन्हें वह उपाय अथवा साधन भी बताएं जाते हैं, जिनकी सहायता से परिवार के आकार को नियंत्रित किया जा सकता है। इस प्रकार से जनसंख्या शिक्षा की सहायता से विद्यार्थियों को भविष्य में अपने परिवार के आकार को सीमित रखने तथा भली प्रकार से नियंत्रित करने के लिए प्रेरित किया जाता है तथा उन्हें उन सभी कार्यक्रमों की जानकारी प्रदान की जाती है जो सरकार द्वारा इस उद्देश्य से आयोजित किए गए है।

छ. स्वच्छता तथा पर्यावरण : विद्यार्थियों को इस तथ्य की भी जानकारी प्रदान की जाती है कि बढ़ती हुई जनसंख्या उनके राष्ट्र तथा विश्व के पर्यावरण को किस प्रकार से प्रभावित कर रही है। स्वाभाविक है कि तीव्रता के साथ बढ़ती हुई जनसंख्या किसी भी प्रकार से पर्यावरण पर सकारात्मक प्रभाव नहीं डाल रही है इसलिए विद्यार्थियों को जनसंख्या वृद्धि से डाले जाने वाले नकरात्मक प्रभावों का ज्ञान प्राप्त हो पाता है। केवल यही नहीं, विद्यार्थियों को यह भी जानकारी प्रदान की जाती है कि दूषित पर्यावरण में जीवन व्यतीत करने से मनुष्य का

जीवन किस प्रकार से प्रभावित होता है तथा वह किस प्रकार से विभिन्न प्रकार के रोगों से ग्रसित हो जाते हैं। इस प्रकार, पर्यावरण पर पड़ने वाले दुष्प्रभावों की जानकारी विद्यार्थियों को प्रदान करके जनसंख्या शिक्षा की सहायता से विद्यार्थियों को इस बात के लिए तैयार किया जा सकता है कि वह भविष्य में उन सभी उपायों को अपनाएंगे जिनकी सहायता से वह अपने परिवार के आकार को नियंत्रित कर सकेंगे।

ज. मातृ तथा शिशु कल्याण कार्यक्रम : जनसंख्या शिक्षा के अन्तर्गत विद्यार्थियों को मातृ तथा शिशु कल्याण के लिए आयोजित किए जाने वाले कार्यक्रमों की जानकारी प्रदान की जाती है। विद्यार्थियों को इस तथ्य की जानकारी प्रदान की जाती है कि गर्भावस्था के दौरान एक स्त्री को किस प्रकार का पोषक आहार ग्रहण करना चाहिएं तथा इस प्रकार के आहार के अभाव में वह किस प्रकार के रोगों से ग्रसित हो सकती है तथा इसका होने वाले शिशु के स्वास्थ्य पर क्या प्रभाव पड़ेगा।

केवल यही नहीं, विद्यार्थियों को इस प्रकार की जानकारी भी प्रदान की जाती है कि नवजात शिशु को विभिन्न प्रकार के रोगों से किस प्रकार से सुरक्षित रखा जा सकता है। वास्तव में बचपन में ही कुछ विशिष्ट प्रकार के टीकों अथवा दवाईयों को पीलाकर बच्चे को सम्पूर्ण जीवन कुछ विशेष प्रकार की जानलेवा बीमारियों से ग्रसित होने से बचाया जा सकता है। इस कार्य को एक कार्यक्रम के रूप में आयोजित किया जाता है।

उदाहरण के लिए, राष्ट्र के सभी पांच वर्ष से कम के बच्चों को पोलियों की दवा पिलाने के लिए समय-समय पर सरकार द्वारा कार्यक्रम वर्तमान समय में आयोजित किया जा रहा है। इस प्रकार के कार्यक्रमों का आयोजन इस उद्देश्य से किया जाता है कि नवजात शिशुओं को विभिन्न प्रकार के रोगों से बचाया जा सकें क्योंकि वह ही

राष्ट्र के भविष्य निर्माता होते हैं तथा केवल शारीरिक एवं मानसिक रूप से स्वस्थ नागरिक ही एक स्वस्थ तथा सुदृढ़ राष्ट्र का निर्माण कर सकते है तथा देश के विकास में महत्वपूर्ण भूमिका निभा सकते हैं। इस प्रकार से कई अन्य कार्यक्रम सरकार द्वारा आयोजित किए जाते हैं तथा जनसंख्या शिक्षा के माध्यम से विद्यार्थियों को इस प्रकार के कार्यक्रमों की जानकारी प्रदान की जाती है तथा उनसे होने वाले लाभों को भी बताया जाता है जिससे वह समाज में रहने वाले सभी व्यक्तियों को इन कार्यक्रमों से लाभ प्राप्त करने के लिए प्रेरित कर पाते हैं।

इस प्रकार यह कहा जा सकता है कि आज जनसंख्या शिक्षा का विषय अति महत्वपूर्ण हो गया है तथा यही कारण है कि आज इसे विभिन्न स्तरों पर आयोजित किया जाता है। आज विभिन्न स्तरों के विद्यार्थियों के कार्यक्रम में इसे महत्वपूर्ण स्थान प्रदान कर दिया गया है तथा विभिन्न प्रकार के अन्य तत्वों को सम्मिलित करके इसके क्षेत्र को व्यापक बना दिया गया है। इस प्रकार की शिक्षा की आवश्यकता क्या होती है, इस तथ्य का वर्णन आगे वाले अध्यायों में किया गया है परन्तु यहां पर इतना कहना ही पर्याप्त होगा कि हमारे देश में इस प्रकार की शिक्षा अति महत्वपूर्ण है क्योंकि आज हमारा देश जनसंख्या दृष्टि से विश्व में पहला स्थान प्राप्त करने की सीमा पर है। इस श्रेणी में प्रथम स्थान है चीन का परन्तु वहां पर कई प्रकार के साधनों की सहायता से जनसंख्या वृद्धि दर को कम कर दिया गया है परन्तु भारत में आज भी यह दर अधिक बनी हुई है जिस कारण यह संभावनाएं बढ़ गई है कि कुछ ही समय में हमारा देश चीन को पछाड़ देगा तथा जनसंख्या की दृष्टि से प्रथम स्थान प्राप्त कर लेगा।

जनसंख्या शिक्षा को प्रभावकारी ढंग से प्रदान करने के लिए यह अति आवश्यक है कि यह कार्य योजनाबद्ध तरीके से किया जाएं तथा कुशल पाठ्यक्रम को निर्मित किया जाएं, जिस कार्य को करने का

दायित्व अनुभवी शिक्षकों, शैक्षणिक प्रशासकों तथा जनांकिकी विशेषज्ञों को सौंपा जाना चाहिएं। इस कार्य को करने के लिए जागरूक सरंक्षकों की सहमति को भी प्राप्त किया जाना चाहिएं तथा शिक्षा प्रदान करने के लिए कुशल शिक्षकों को ही नियुक्त किया जाना चाहिएं जिससे इस प्रकार की शिक्षा के उद्देश्यों को शीघ्रता के साथ प्राप्त किया जा सकें जिससे भारत में ज़नसंख्या वृद्धि दर को रोका जा सकें तथा इसे विकास की तरफ अग्रसित किया जा सकें।

2

जनसंख्या शिक्षा–विशेषताएं तथा क्षेत्र

भूमिका

मनुष्य को ईश्वर की सर्वश्रेष्ठ रचना माना जाता है परन्तु कोई भी मनुष्य जन्म के समय विद्वान नहीं होता। उसे विभिन्न प्रकार की जानकारी प्राप्त करने के लिए शिक्षा का सहारा लेना पड़ता है। इस प्रकार यह कहा जा सकता है कि सभी प्रकार के शिक्षण का मुख्य उद्देश्य एक व्यक्ति को शारीरिक तथा मानसिक रूप से विकसित करना होता है जिससे वह अपने समाज तथा राष्ट्र के विकास कार्य में महत्वपूर्ण योगदान निभा सकें तथा इस विकास कार्य की दर को तीव्र कर सकें।

जिस समाज अथवा परिस्थितियों में मनुष्य को जीवन निर्वाह करना पड़ता है वह समय-समय पर परिवर्तित होती रहती है तथा विकास के साथ उन आवश्यकताओं के प्राथमिकता स्तर में भी परिवर्तन होता रहता है। जिन आवश्यकताओं को प्राचीन समय में अधिक महत्वपूर्ण समझा जाता था, आज उन्हें इतना महत्वपूर्ण नहीं माना जाता। इस प्रकार से आवश्यकताओं में होने वाले परिवर्तन के कारण उन साधनों तथा

माध्यमों में भी परिवर्तन हो जाता है, जिनकी सहायता से उन आवश्यकताओं को पूर्ण करने का कार्य किया जाता है। शिक्षा ऐसे ही साधनों में से एक महत्वपूर्ण साधन है। वर्तमान समय में शिक्षा का स्वरूप भी पहले की अपेक्षा काफी मायनों में अथवा कई प्रकार से परिवर्तित हो गया है। आज केवल उसी प्रकार की शिक्षा प्रदान करने का प्रयास किया जाता है, जिसकी सहायता से समाज की विभिन्न आवश्यकताओं को पूरा किया जा सके।

विश्व के प्राय: अधिकतर विकासशील देशों की भांति हमारे देश के समक्ष आज जो समस्या अत्याधिक विकट रूप धारण कर के खड़ी हो गई है, वह है तीव्र गति से होने वाली जनसंख्या वृद्धि। जनसंख्या में यदि वृद्धि यदि मृत्यु दर के अनुपात में हो तो जन्म लेने वाले शिशु समाज तथा राष्ट्र के लिए महत्वपूर्ण साधन बनेंगे परन्तु जब जन्म दर मृत्यु दर की अपेक्षा अत्याधिक होती है तो वह किसी भी प्रकार से साधन नहीं रह जाते बल्कि ऐसी कठिनाई अथवा बाधाएं बन जाते हैं जो राष्ट्र की विकास दर को कम करते हैं। इसी प्रकार की स्थिति हमारे देश में भी विकसित हो गई है तथा यही कारण है कि आज उपलब्ध साधनों की पूर्ति समाज में रहने वाले सभी व्यक्तियों को सही प्रकार से नहीं हो पा रही। साधनों का कुशलता के साथ प्रयोग करने के लिए यह अति आवश्यक है कि भारत की जनसंख्या वृद्धि दर में कमी की जाएं जिससे विभिन्न प्रकार की समस्याओं से निपटा जा सकें।

जनसंख्या वृद्धि दर पर अंकुश लगाने के लिए कई प्रकार की योजनाएं अथवा कार्यक्रमों को निर्मित किया जा चुका है तथा उन पर भारी मात्रा में धन भी व्यय किया जा चुका है परन्तु किसी प्रकार के कुशल परिणाम अभी तक प्राप्त नहीं किए गए हैं। इसका मुख्य कारण यह है कि इस प्रकार के कार्यक्रमों की जानकारी सामान्य व्यक्तियों को भली प्रकार से प्राप्त नहीं होती तथा वह इस प्रकार के कार्यक्रमों से

लाभ प्राप्त करने के लिए सही प्रकार से प्रोत्साहित नहीं किए जाते। इन क्रियाओं को करने के लिए ही जनसंख्या शिक्षा को प्रयोग किया जाता है। इस प्रकार की शिक्षा से विद्यार्थियों तथा सामान्य व्यक्तियों को यह जानकारी प्रदान की जाती है कि उन्हें जनसंख्या वृद्धि दर को कम करने का प्रयास क्यों करना चाहिएं तथा यह किस प्रकार से किया जा सकता है।

जनसंख्या शिक्षा से सम्बन्धित विस्तृत चर्चा पिछले अध्याय में की जा चुकी है, जिसके आधार पर इससे सम्बन्धित कुछ अन्य तथ्यों का उल्लेख किया जा सकता है, जो इस प्रकार है :-

जनसंख्या शिक्षा के विशिष्ट गुण

जनसंख्या शिक्षा की एक महत्वपूर्ण विशेषता यह होती है कि इस शिक्षा को सभी प्रकार की स्थितियों में प्रयोग नहीं किया जाता। यह शिक्षा केवल उसी स्थिति में प्रयोग की जाती है, जब देश में जनसंख्या वृद्धि दर आवश्यकता से अत्याधिक हो। इस प्रकार यह कहा जा सकता है कि इस प्रकार की शिक्षा केवल उन्हीं देशों में प्रदान की जाती है, जिनमें जनसंख्या विस्फोट की समस्या विद्यमान होती है। इसके अलावा, इस प्रकार की शिक्षा की कुछ अन्य विशेषताएं हैं, जिनका उल्लेख इस प्रकार हैं :-

क. मूल्य केन्द्रित शिक्षाः जनसंख्या शिक्षा में उन मूल्यों को सम्मिलित किया जाता है, जो सामान्य व्यक्ति के जीवन पर आधारित होते हैं। शिक्षण क्रिया के दौरान इस प्रकार के विचारों को विद्यार्थियों के सम्मुख प्रस्तुत किया जाता है, जिनकी सहायता से शिक्षक विद्यार्थियों के मूल्यों को नई दिशा प्रदान करने का कार्य करता है। जनसंख्या शिक्षा की सहायता से शिक्षक विद्यार्थियों में नए मूल्यों को स्थापित करने का प्रयास करता है, जिनकी सहायता से वर्तमान आवश्यकताओं की पूर्ति की जा सकें। इस प्रकार यह कहा जा सकता है कि जनसंख्या शिक्षा

एक ऐसी शिक्षण प्रणाली है, जो मूल्य केन्द्रित होती है तथा इस शिक्षा की सहायता से विद्यार्थियों की अभिवृति को परिवर्तित करने का प्रयास किया जाता है नाकि उनके ज्ञानात्मक स्तर को विकसित करने का।

ख. पराधीन विषयः विद्यालय में प्रदान की जाने वाली शिक्षा का मुख्य उद्देश्य विद्यार्थियों का सर्वांगीण विकास करना होता है तथा इस कार्य के लिए उन्हें विभिन्न प्रकार के विषयों का ज्ञान प्रदान किया जाता है। जिन विषयों को इस कार्य के लिए पाठ्यक्रम में सम्मिलित किया जाता है, वह प्रायः स्वंतत्र होते हैं परन्तु जनसंख्या शिक्षा का विषय इन विषयों की भांति स्वतंत्र नहीं होता। विभिन्न विषयों से सम्बन्धित शिक्षा प्रदान करते समय शिक्षक इस विषय से सम्बन्धित जानकारी प्रदान करता है। जनसंख्या शिक्षा किसी भी प्रकार से कोई स्वतंत्रत विषय नहीं है, इस बात का एक कुशल प्रमाण यह है कि इस विषय की कोई विशिष्ट पुस्तिका विद्यालयों में प्रयोग नहीं की जाती तथा इससे सम्बन्धित तथ्यों का व्याख्यान केवल उन्हीं स्थितियों में किया जाता है, जब विषय शिक्षण में उनसे सम्बन्धित कोई प्रसंग उजागर होता है।

हमारे देश में कई राज्यों में इस प्रकार की शिक्षा को प्रदान करना आवश्यक घोषित कर दिया गया है परन्तु आज भी कई राज्यों में यह कार्य अनावयक रूप से किया जाता है।

ग. गुणात्मक उच्च जीवन स्तर से सम्बन्धितः जनसंख्या शिक्षा के माध्यम से विद्यार्थियों को पिछले 100 वर्षों के जनसंख्या से सम्बन्धित आंकड़ों की जानकारी प्रदान की जाती है। केवल यही नहीं, इस विषय की शिक्षा से उन्हें यह भी जानकारी प्रदान की जाती है कि राष्ट्र की जनसंख्या में किस मात्रा में तथा किस प्रकार से परिवर्तन हुआ है। समाज में रहने वाले व्यक्तियों के जीवन स्तर में होने वाले परिवर्तन का ज्ञान भी इसी शिक्षा की सहायता से विद्यार्थियों को प्रदान किया

जाता है। इस प्रकार यह कहा जा सकता है कि जनसंख्या शिक्षण केवल सांख्यिकी से सम्बन्धित जानकारी प्रदान कराने वाला विषय नहीं होता बल्कि यह प्रत्यक्ष रूप से गुणात्मक उच्च जीवन स्तर से सम्बन्धित होता है।

घ. समाज परिवर्तन करने का माध्यम: सभी राष्ट्रों, चाहे वह विकसित हो अथवा विकासशील, विभिन्न प्रकार की बुराईयां समाज को जकड़े रहती हैं। इस प्रकार की बुराईयों से राष्ट्र खोखला होता जाता है तथा सामान्य व्यक्ति का जीवन स्तर गिरता जाता है। इस प्रकार की बुराईयों को केवल शिक्षा के माध्यम से ही समाप्त किया जा सकता है। आज हमारे देश के समाज में पाई जाने वाली एक मुख्य बुराई है जनसंख्या वृद्धि तथा इस प्रकार की बुराई को समाप्त करके समाज में वांछनीय सुधार करने का कार्य जनसंख्या शिक्षा के माध्यम से किया जाता है। इस प्रकार यह कहा जा सकता है कि जनसंख्या शिक्षा समाज में पाई जाने वाली जनंसख्या वृद्धि नामक बुराई को समाप्त करके समाज सुधार करने का एक कुशल प्रयत्न है जिसकी सहायता से राष्ट्र को विकास के पथ पर तीव्रता के साथ बढ़ने के लिए समर्थन प्रदान किया जा सकता है।

ङ. जनसंख्या शिक्षा एक विशिष्ट विषय: जनसंख्या वृद्धि दर को कम करने के लिए विभिन्न प्रकार के कार्यक्रम सरकार द्वारा समय-समय पर आयोजित किए जाते है जिनका मुख्य उद्देश्य जनसंख्या वृद्धि दर को कम करना होता है। जनसंख्या शिक्षा की सहायता से भी जनसंख्या वृद्धि दर को नियंत्रित करने का प्रयास किया जाता है परन्तु इसमें अन्य कार्यक्रमों की भांति किसी भी प्रकार की सुविधाओं की व्यवस्था नहीं की जाती। इस प्रकार के शिक्षण का मुख्य उद्देश्य केवल विद्यार्थियों तथा सामान्य व्यक्तियों को सरकार द्वारा संचालित किए गए कार्यक्रमों से सम्बन्धित जानकारी प्रदान करना होता है तथा उन्हें इस

प्रकार के कार्यक्रमों को वास्तविक जीवन में प्रयोग करके कुशल परिणाम प्राप्त करने के लिए प्रेरित करना होता है। इस प्रकार यह कहा जा सकता है कि जनसंख्या शिक्षा किसी भी प्रकार का परिवार कल्याण कार्यक्रम नहीं होता। एक अन्य अंतर जो विभिन्न परिवार कल्याण कार्यक्रमों तथा जनसंख्या शिक्षा में पाया जाता है, वह यह है कि परिवार कल्याण कार्यक्रमों को मुख्य रूप से वयस्क तथा प्रौढ़ व्यक्तियों के लिए निर्मित किया जाता है जबकि जनसंख्या शिक्षा विद्यार्थियों को प्रदान करने के लिए निर्मित की जाती है तथा इसकी सहायता से विद्यार्थियों को इस प्रकार से प्रेरित करना होता है, जिससे वह भविष्य में परिवार कल्याण कार्यक्रमों को वास्तविक जीवन में अपना सकें तथा इस प्रकार से जनसंख्या वृद्धि की दर को कम करने में सहयोग प्रदान कर सकें।

च. जनसंख्या शिक्षा में लचीलेपन का गुण विद्यमानः किसी भी प्रकार के स्थायी मान्यताओं को जनसंख्या शिक्षा में महत्वपूर्ण नहीं माना जाता। इस प्रकार की शिक्षा प्रदान करने के कार्यक्रम में उपलब्ध साधनों तथा आवश्यकताओं के अनुसार परिवर्तन किया जा सकता है तथा इसके माध्यम से ऐसे नागरिकों को भी निर्मित किया जा सकता है, जो उपलब्ध साधनों को कुशलता के साथ प्रयोग करके उच्च स्तरीय परिणाम प्राप्त करने में सहायता प्रदान कर सकते हैं तथा विकास दर को बढ़ाने में महत्वपूर्ण भूमिका निभा सकते हैं। इस प्रकार यह कहा जा सकता है कि इस प्रकार की शिक्षा के माध्यम से राष्ट्र की आवश्यकताओं की पूर्ति की जा सकती है तथा उन क्रियाओं को किया जा सकता है, जिससे राष्ट्र के विकास की दर विकसित हो सकें।

उपरोक्त वर्णित सभी तथ्यों से यह स्पष्ट है कि जनसंख्या शिक्षा एक विशिष्ट प्रकार का विषय होता है, जिसका मुख्य उद्देश्य विद्यार्थियों को जनसंख्या में होने वाली आवश्यकता से अधिक वृद्धि से उत्पन्न

होने वाली कठिनाईयों की जानकारी प्रदान करना तथा सरकार द्वारा इस दर को कम करने के लिए किए जाने वाले प्रयास कार्यों तथा कार्यक्रमों की जानकारी प्रदान करना होता है।

जनसंख्या शिक्षा में सम्मिलित प्रकरण

जनसंख्या शिक्षा में ऐसे विषयों को सम्मिलित किया जाता है, जो जनसंख्या से प्रत्यक्ष रूप से सम्बन्धित होते हैं। इस प्रकार के कुछ विषयों का उल्लेख इस प्रकार हैं :-

क. विज्ञान विषय में विद्यार्थियों को निम्न प्रकार के तथ्यों की जानकारी प्रदान की जाती है, जिनमें मुख्य हैं : महिलाओं तथा पुरूषों में पाएं जाने वाले प्रजनन संस्थान तथा उनकी कार्यप्रणाली, संतुलित भोजन की अवधारणा तथा उसकी आवश्यकता, स्वास्थ्य पोषण की धारणा तथा विभिन्न प्रकार के प्रदूषणों से स्वास्थ्य पर पड़ने वाले दुष्प्रभाव।

ख. सामाजिक अध्ययन की सहायता से विद्यार्थियों को जिन तथ्यों की जानकारी विशिष्ट प्रकार से प्रदान की जाती है, वह है : विभिन्न प्रकार की सामाजिक मान्यताएं, समाज में नारी की स्थिति, विभिन्न प्रकार की कुरीतियां तथा अंधविश्वास आदि।

ग. समाजशास्त्र : इस विषय की सहायता से विद्यार्थियों को यह जानकारी प्रदान की जाती है कि समाज में रहने वाले व्यक्तियों की आवश्यकताएं क्या हैं, उसमें रहने वाले व्यक्ति किस प्रकार से उन आवश्यकताओं की पूर्ति में महत्वपूर्ण भूमिका निभा सकते हैं तथा वह किस प्रकार से अपने परिवार तथा समाज के अन्य व्यक्तियों के प्रति उत्तरदायी होते हैं।

घ. भूगोल : इस विषय की सहायता से शिक्षक विद्यार्थियों को जिन तथ्यों की जानकारी प्रदान करता है, उनमें निम्न का समावेश होता है: राष्ट्र तथा विश्व के विभिन्न भागों में पाएं जाने वाले प्राकृतिक

संसाधन, विभिन्न राष्ट्रों तथा राज्यों में पाई जाने वाली जनसंख्या की मात्रा तथा जनसंख्या घनत्व तथा किसी विशिष्ट स्थान पर भूमि तथा जनसंख्या का अनुपात।

ङ. अर्थशास्त्र : जिस देश में विद्यार्थी रह रहे हैं, उसकी आर्थिक स्थिति किस प्रकार की है तथा उसमें रहने वाले व्यक्तियों की व्यक्तिगत आय का स्तर क्या है। केवल यही नहीं, राष्ट्र में होने वाली आर्थिक विकास की दर क्या है तथा किस प्रकार से जनसंख्या में होने वाली वृद्धि दर आर्थिक विकास की दर को प्रभावित करती है, इस प्रकार के तथ्यों की जानकारी अर्थशास्त्र के माध्यम से ही विद्यार्थियों को प्रदान की जाती है।

जनसंख्या शिक्षा का कार्यक्षेत्र

जनसंख्या वृद्धि दर को नियंत्रित करने के लिए जनसंख्या शिक्षा की आवश्यकता को कई देशों, विशेषकर विकसित देशों में भली प्रकार से समझ लिया गया है परन्तु आज भी इस प्रकार की शिक्षा कई देशों, विशेषकर विकासशील देशों में अपनी प्रारम्भिक चरण में ही है तथा इसमें विकास कार्य भी बहुत धीमी गति से हो रहा है। यही कारण है कि हमारे देश में भी इस विषय की विषय वस्तु का निर्धारण नहीं हो पाया है। इस विषय में समय-समय पर विभिन्न नए प्रकार के पक्षों को सम्मिलित किया जाता है, जिसका मुख्य कारण यह है कि इस विषय की प्रकृति गत्यात्मक है।

जैसा कि ज्ञात है कि जनसंख्या शिक्षा एक ऐसा विषय है, जो मुख्य रूप से जनसंख्या से सम्बन्धित तथ्यों की जानकारी प्रदान करता है तथा जनसंख्या से सम्बन्ध रखने वाले विभिन्न पक्षों का शैक्षिक अध्ययन ही इस विषय के अन्तर्गत किया जाता है। इसके बावजूद कई विद्वानों द्वारा प्रदान किए गए जनसंख्या शिक्षा के क्षेत्र से सम्बन्धित मतों में काफी अन्तर अथवा विभिन्नता पाई जाती है। पहले विभिन्न विद्वानों

के मतों को प्रस्तुत किया जा रहा है जिसके पश्चात् उन कार्यक्षेत्रों का उल्लेख किया जाएंगा, जिनमें जनसंख्या शिक्षा सामान्य रूप से विभक्त की जाती है।

विलवर जेलिन्स्की के अनुसार जनसंख्या शिक्षा में उन लक्ष्णों का अध्ययन कार्य किया जाता है, जिन्हें मुख्य रूप से विकसित देशों में आंकड़ों के रूप में एकत्रित किया जाता है। इसी प्रकार, यह मत प्रस्तुत किया गया कि उपलब्ध आंकड़ों के आधार पर ही जनसंख्या भूगोल के विषय क्षेत्र का सीमांकन किया जाएं। जेलिन्स्की द्वारा एक जनसंख्या शिक्षा की पाठ्य पुस्तक भी प्रकाशित की गई, जो तीन खंडो में विभक्त थी। विलवर ने पुस्तक के प्रथम खंड में यह उल्लेख किया कि जनसंख्या शिक्षा का अर्थ क्या होता है, इसकी प्रकृति किस प्रकार की होती है तथा इसमें विभिन्न प्रकार के आंकड़ों को किस प्रकार से प्रयोग किया जाता है। इस पुस्तक के दूसरे खंड में जनसंख्या वितरण से सम्बन्धित जानकारी प्रदान की गई तथा उन कारकों को भी वर्णित किया गया, जो जनसंख्या वितरण को प्रभावित करते हैं। तीसरे खंड में जनसंख्या संसाधन सम्बन्ध तथा जनसंख्या प्रदेशों की विवचेना की गई।

-विलवर के मतानुसार जनसंख्या शिक्षण में अध्ययन किए जाने वाले लक्षणों को निम्न श्रेणियों में विभाजित किया जाना चाहिएं :-

क. आर्थिक, सामाजिक तथा सांस्कृतिक लक्षण : इसके अन्तर्गत यह जानकारी प्रदान की जानी चाहिएं कि राष्ट्र में रहने वाले व्यक्ति किस प्रकार के व्यवसायों अथवा जीवन निर्वाह की क्रियाओं में लगे हैं, वह किस प्रकार की भाषाएं प्रयोग करते हैं तथा राष्ट्र में पाई जाने वाली साक्षरता की वर्तमान दर क्या हैं तथा उसमें किस प्रकार के परिवर्तन हुए हैं।

ख. जनसंख्या के जैविक लक्षण : इसके अन्तर्गत विद्यार्थियों को यह जानकारी प्रदान की जानी चाहिएं कि राष्ट्र में लिंग अनुपात क्या

है तथा कौन–कौन सी प्रजातियां देश के किस राज्य में निवास करती हैं। इसकी सहायता से विद्यार्थियों को यह भी जानकारी प्रदान की जानी चाहिएं कि जनसंख्या में किस आयु वर्ग से सम्बन्धित अधिक व्यक्तियों की संख्या हैं।

ग. गत्यात्मक लक्षण : इसके अन्तर्गत विद्यार्थियों को विभिन्न राष्ट्रों तथा विशेषकर अपने देश की जन्मदर, मृत्युदर तथा स्थानान्तरण दर की जानकारी प्रदान करनी चाहिएं।

– जी.टी. ट्रिवार्था द्वारा सन् 1953 में जनसंख्या शिक्षा को एक क्रमबद्ध शिक्षा की शाखा के रूप में स्थापित किया गया। इन्होंने जनसंख्या शिक्षा को निम्न वर्गों में विभक्त करने का मत प्रस्तुत किया:–

क. ऐसे विषय को सम्मिलित किया जाना चाहिएं, जिसमें राष्ट्र की जनसंख्या का अध्ययन विभिन्न प्रकार के ऐतिहासिक कालों के आधार पर किया जाएं।

ख. विभिन्न प्रकार के अध्ययन कार्यों से सम्बन्धित जानकारी प्रदान की जानी चाहिएं, जो राष्ट्र की जनसंख्या, उसमें होने वाली वृद्धि दर तथा जनसंख्या वितरण जैसे तथ्यों की जानकारी प्रदान करने के लिए किए जाते हैं।

ग. जनसंख्या के उन लक्षणों का अध्ययन किया जाना चाहिएं, जिनकी सहायता से विद्यार्थियों को यह जानकारी प्राप्त हो सकें कि देश के किस भाग में कौन सी जाति के व्यक्ति निवास करते हैं तथा उनमें पाई जाने वाली लिंग अनुपात क्या है। केवल यही नहीं, उनकी जन्म तथा मृत्यु दर की जानकारी भी विद्यार्थियों को इन्ही लक्षणों की सहायता से प्रदान की जानी चाहिएं।

घ. ऐसे लक्षणों का अध्ययन किया जाना चाहिएं जिनकी सहायता से विद्यार्थियों को इस तथ्य की जानकारी प्राप्त हो सकें कि देश में रहने वाले व्यक्ति अधिक मात्रा में किस भाषा को प्रयोग करते हैं, उनकी

आर्थिक स्थिति क्या हैं तथा उनमें किस प्रकार की मान्याताओं को प्रयोग किया जाता है।

– जॉन आई. क्लार्क के अनुसार जनसंख्या शिक्षा की विषय वस्तु में मुख्य रूप से निम्न तथ्यों को सम्मिलित किया जाना चाहिएं :-

क. जनसंख्या की संख्या को स्पष्ट करने वाले आंकड़ों तथा इस क्षेत्र में किए जाने वाले अध्ययन कार्यों को।

ख. जनसंख्या में पाएं जाने वाले विभिन्न प्रकार के लक्षणों को प्रदर्शित करते हुए तथ्यों को, जिनमें मुख्यः रूप से यह तथ्य सम्मिलित किए जाते हैं कि राष्ट्र में रहने वाले अधिक व्यक्ति किस आयु वर्ग से सम्बन्ध रखते हैं तथा उनमें साक्षरता की दर क्या है। केवल यही नहीं, उन सभी लक्षणों को भी इस विषय में सम्मिलित किया जाना चाहिएं जिसकी सहायता से राष्ट्र में रहने वाले व्यक्तियों की आर्थिक स्थिति को समझा जा सकें तथा यह पता लगाया जा सके कि वह किस प्रकार की क्रियाओं अथवा कार्यों से जीवन यापन करते हैं।

ग. जनसंख्या शिक्षा में कुछ ऐसे तथ्यों को भी सम्मिलित किया जाना चाहिएं जिनकी सहायता से जनसंख्या में होने वाली गतिशीलता को पता लगाया जा सकें। उदाहरण के लिए, राष्ट्र में पाई जाने वाली जन्म दर तथा मृत्यु दर का ज्ञान। केवल यही नहीं, इन लक्षणों की सहायता से जनसंख्या में होने वाले परिवर्तन की दर का भी ज्ञान प्राप्त होना चाहिएं।

उपरोक्त वर्णित विभिन्न विद्वानों के मतों के आधार पर जनसंख्या शिक्षा के क्षेत्र को निम्न वर्गों में विभक्त किया जा सकता है :-

क. जनसंख्या से सम्बन्धित तथ्य : ऐसे आंकड़ों तथा कार्यों को आवश्यक रूप से सम्मिलित किया जाना चाहिएं जिससे राष्ट्र की जनसंख्या स्थिति तथा उसके आकार का पता लगाया जा सकें। जनसंख्या वृद्धि का तुलनात्मक अध्ययन करने के लिए विभिन्न वर्षों

के आंकड़ों को भी सम्मिलित किया जाना चाहिएं तथा यह भी पता लगाने का प्रयास करना चाहिएं कि जनसंख्या सरंचना में किस प्रकार से परिवर्तन हुआ है। इस प्रकार के आंकड़ों की सहायता से विद्यार्थियों को जनसंख्या में होने वाली वृद्धि का कुशलता के साथ बोध हो पाता है तथा वह जनसंख्या की स्थिति को भली प्रकार से समझ पाते हैं।

ख. सामाजिक विकास की दर : जनसंख्या वृद्धि में होने वाली अत्यधिक वृद्धि के कारण विभिन्न प्रकार की सामाजिक बुराईयां उत्पन्न होती है तथा यह दर सामाजिक विकास दर पर भी दुष्प्रभाव डालती है। इस प्रकार के आंकड़ों अथवा तथ्यों को जनसंख्या शिक्षण प्रदान करते समय प्रयोग किया जाना चाहिएं जिनकी सहायता से विद्यार्थियों को इस तथ्य की जानकारी प्राप्त हो सकें कि सामाजिक विकास की दर किस प्रकार से जनंसख्या वृद्धि दर से प्रभावित होती है जिससे वह इस दर को कम करने के लिए प्रेरित हो सकें।

ग. आर्थिक विकास की दर : ऐसा कोई भी राष्ट्र जिसमें पाएं जाने वाले व्यक्तियों की संख्या उपलब्ध साधनों से अधिक होती है, वह कभी भी अपनी विकास की दर को संतोषजनक स्तर तक विकसित नहीं कर सकता। विद्यार्थियों को इस तथ्य की जानकारी प्रदान की जानी चाहिएं कि किस प्रकार से जनसंख्या में होने वाली विकास दर आर्थिक विकास की दर को प्रभावित करती है तथा राष्ट्र को विकसित होने से रोकती है। इस प्रकार की जानकारी प्रदान करने के लिए ऐसे शोध कार्यों को प्रयोग किया जाना चाहिएं जो इस तथ्य को सिद्ध करते हों अथवा इसे उजागर करते हों।

घ. पारिवारिक स्थिति : विद्यार्थियों को इस प्रकार की जानकारी प्रदान की जानी चाहिएं कि उनकी विभिन्न प्रकार की आवश्यकताओं की पूर्ति को परिवार की सहायता से किस प्रकार से प्राप्त किया जा सकता है तथा व्यक्ति के विकास तथा समाज के विकास में परिवार

का क्या योगदान अथवा भूमिका होती है। जनसंख्या वृद्धि को कुशलता के साथ बताने के लिए विद्यार्थियों को इस प्रकार की जानकारी प्रदान की जानी चाहिएं कि परिवार के स्वरूप में किस प्रकार से परिवर्तन हुआ है। इसके साथ-साथ उन्हें यह जानकारी भी प्रदान की जानी चाहिएं कि परिवार के आकार को छोटा रखकर किस प्रकार के लाभ प्राप्त किए जा सकते हैं तथा किन साधनों की सहायता से वह ऐसा कर सकते हैं।

ङ. स्वास्थ्य स्तर : विद्यार्थियों को इस तथ्य की जानकारी प्रदान की जानी चाहिएं कि स्वस्थ रहना उनके लिए आवश्यक क्यों होता है तथा वह किन क्रियाओं अथवा आदतों की सहायता से एक स्वस्थ जीवन निर्वाह कर सकते हैं। केवल यही नहीं, बढ़ती जनसंख्या से परिवार के सदस्यों के स्वास्थ्य स्तर पर पड़ने वाले नकारात्मक प्रभावों का भी ज्ञान विद्यार्थियों को प्रदान किया जाना चाहिएं तथा इसके लिए ऐसे शोध कार्यों की जानकारी प्रदान की जानी चाहिएं, जो इस तथ्य को सिद्ध करते हों।

च. परिवार नियंत्रण कार्यक्रम: सरकार द्वारा परिवार के आकार को नियंत्रित करने के लिए विभिन्न प्रकार के कार्यक्रमों को लागू किया जाता है परन्तु इससे अधिक लाभ प्राप्त नहीं होता क्योंकि सामान्य व्यक्तियों को इनकी अधिक जानकारी नहीं होती तथा उनके मन में कई ऐसे प्रश्न होते है, जिनका उत्तर प्राप्त करने में उन्हें झिझक महसूस होती है। जनसंख्या शिक्षा की सहायता से विद्यार्थियों को सरकार तथा अन्य निजी संस्थाओं द्वारा आयोजित किए गए जनसंख्या नियंत्रण कार्यक्रमों का पूर्ण ज्ञान प्रदान करना चाहिएं तथा उन्हें ऐसे कार्यक्रमों को प्रयोग करने के लिए प्रेरित करना चाहिएं जिससे वह जनसंख्या वृद्धि दर को नियंत्रित करने में महत्वपूर्ण भूमिका निभा सके।

उपरोक्त चर्चा से यह स्पष्ट है कि जनसंख्या शिक्षा का क्षेत्र समय

के साथ अधिक व्यापक होता जा रहा है तथा इसमें ऐसे कई नए तथ्यों को सम्मिलित किया जा रहा है, जो जनसंख्या से सम्बन्धित आवश्यक जानकारी प्रदान करने में महत्वपूर्ण भूमिका निभा सकते हैं तथा विद्यार्थियों को जनसंख्या वृद्धि दर को नियंत्रित करने के लिए प्रेरित कर सकते हैं।

3

विभिन्न स्तरों पर जनसंख्या शिक्षण के उद्देश्य

भूमिका

मनुष्य द्वारा की जाने वाली सभी क्रियाएं कुछ विशिष्ट प्रकार के उद्देश्यों को प्राप्त करने के लिए की जाती है तथा जिन क्रियाओं का कोई उद्देश्य नहीं होता, वह अर्थहीन सिद्ध होती है। क्रिया से प्राप्त किए जाने वाले उद्देश्यों का निर्धारण क्रिया आरम्भ करने से पूर्व ही कर लेना चाहिएं। क्रिया समाप्ति के पश्चात् इस तथ्य को मूल्यांकित किया जाता है कि निर्धारित किए गए कितने उद्देश्यों को प्राप्त किया जा चुका है तथा यह किस सीमा तक हुआ है। यदि निर्धारित किए गए उद्देश्यों में से प्राप्त होने वाले उद्देश्य संतोषजनक हो तो क्रिया को सफल अन्यथा विफल माना जाएंगा।

अन्य क्रियाओं की भांति शिक्षण क्रिया को भी कुछ विशिष्ट प्रकार के उद्देश्यों को प्राप्त करने के लिए आयोजित किया जाता है। शिक्षण क्रिया को भी कुछ विशिष्ट प्रकार के उद्देश्यों को प्राप्त करने के लिए प्रयोग किया जाता है तथा इसे भी केवल उसी स्थिति में सफल माना जाता है, जब निर्धारित किए गए उद्देश्य संतोषजनक मात्रा में पाएं जाएं। कार्य आरम्भ करने से पूर्व निर्धारित किए जाने वाले उद्देश्यों के आधार

पर ही विषय वस्तु को निर्मित किया जाता है। मूल्यांकन क्रिया अति आवश्यक अथवा महत्वपूर्ण होती है क्योंकि इसी की सहायता से यह निर्धारित किया जा सकता है कि क्रिया करने से सफलता प्राप्त हुई है अथवा नहीं। मूल्यांकन की क्रिया को उद्देश्य निर्धारित किए बिना किसी भी प्रकार से नहीं किया जा सकता।

शिक्षण क्रिया में सम्मिलित किए जाने वाले सभी विषयों की सहायता से शिक्षक कुछ विशिष्ट प्रकार के उद्देश्यों को प्राप्त करने का प्रयास करता है तथा यह तथ्य जनसंख्या शिक्षा पर भी लागू होता है। इस विषय की शिक्षण क्रिया से एक शिक्षक जिन उद्देश्यों को प्राप्त करने का प्रयास करता है, उनका अध्ययन इस अध्याय में किया जाएंगा। इस विषय के शिक्षण से शिक्षक कुछ सामान्य उद्देश्यों को प्राप्त करता है परन्तु विभिन्न स्तरों पर प्रदान की जाने वाली जनसंख्या शिक्षा के उद्देश्य विशिष्ट होते है, जिन्हें पृथक रूप से उल्लेखित किया जाएंगा।

जनसंख्या शिक्षा के सामान्य उद्देश्य

जनसंख्या शिक्षा की सहायता से एक शिक्षक विद्यार्थियों की मानसिकता को तथा उनकी मान्यताओं को परिवर्तित करने का प्रयास करता है। इस शिक्षण की सहायता से वह विद्यार्थियों को जनसंख्या वृद्धि की दर को नियंत्रित करने के लिए सहायक साधनों को प्रयोग करने के लिए प्रेरित करता है तथा इस प्रकार एक बेहतर राष्ट्र को निर्मित करने का प्रयास करता है क्योंकि जनसंख्या वृद्धि की अत्याधिक दर के कारण विकास कार्य की गति धीमी हो जाती है।

आज जनसंख्या शिक्षा को विभिन्न स्तरों पर प्रदान किया जाता है तथा इन सभी स्तरों पर इस शिक्षा की सहायता से शिक्षक कुछ सामान्य प्रकार के उद्देश्यों को प्राप्त करने का प्रयास करता है, जिनका उल्लेख इस प्रकार हैं :-

क. विद्यार्थियों को इस तथ्य का ज्ञान प्रदान करना कि तीव्रता से बढ़ती हुई जनसंख्या से किस प्रकार की कठिनाईयां उत्पन्न हो सकती है तथा वह राष्ट्र के विकास में किस प्रकार से बाधक सिद्ध हो सकती है।

ख. विद्यार्थियों में ऐसे गुणों को विकसित करना जिनकी सहायता से वह अपने परिवार तथा समाज के हित को ध्यान में रखकर विभिन्न प्रकार के निर्णय ले सकें।

ग. विद्यार्थियों को यह जानकारी प्रदान करनी कि जनसंख्या की स्थिति तथा समाज में रहने वाले व्यक्तियों के जीवन की गुणवत्ता किस प्रकार से सम्बन्धित होते हैं।

घ. विद्यार्थियों को यह जानकारी प्रदान करनी कि प्रदूषण कितने प्रकार का होता है तथा वह समाज में रहने वाले व्यक्तियों के स्वास्थ्य को किस प्रकार से प्रभावित कर सकता है। विभिन्न प्रकार के प्रदूषणों से उत्पन्न होने वाले रोगों की जानकारी भी शिक्षक द्वारा विद्यार्थियों को प्रदान की जानी चाहिएं, जिससे वह स्वयं को उनसे सुरक्षित रख सकें तथा अपने स्वस्थता के स्तर को बनाएं रख सकें।

ङ. विद्यार्थियों में ऐसी अभिवृतियों को विकसित करना जिसकी सहायता से वह प्राकृतिक संसाधनों तथा मानवीय आवश्यकताओं के बीच संतुलन की स्थिति बना सकें।

च. विद्यार्थियों को यह जानकारी प्रदान करना कि जनसंख्या दर को नियंत्रित करना आवश्यक क्यों है तथा यह कार्य किन साधनों अथवा उपायों की सहायता से किया जा सकता है।

छ. विद्यार्थियों को यह जानकारी प्रदान करनी कि सरकार द्वारा जनसंख्या नियंत्रण के लिए किस प्रकार के कार्यक्रमों अथवा योजनाओं को आयोजित किया गया है, जिससे उनके प्रति जागरूकता को विद्यार्थियों में विकसित किया जा सके।

ज. विद्यार्थियों को यह जानकारी प्रदान करना कि समाज में नारी की क्या स्थिति है तथा उनमें ऐसे गुणों को विकसित करना जिनकी सहायता से वह नारी का आदर कर सकें तथा उसे एक सम्मानजनक पद प्रदान कर सकें।

झ. विद्यार्थियों में जनसंख्या से सम्बन्धित प्रत्ययों के प्रति वैज्ञानिक दृष्टिकोण विकसित करना।

उपरोक्त वर्णित उद्देश्यों के अलावा विभिन्न स्तरों पर शिक्षक जनसंख्या शिक्षा की सहायता से जिन उद्देश्यों को प्राप्त करने का प्रयास करता है, वह निम्न हैं :-

प्राथमिक स्तर पर जनसंख्या शिक्षण के उद्देश्य

आज कई विद्यालयों में शिक्षक विद्यार्थियों को जनसंख्या से सम्बन्धित कई प्रकार की जानकारी प्रदान करते है तथा यह कार्य जिन विशिष्ट उद्देश्यों को प्राप्त करने के लिए किया जाता है, वह निम्न हैं:-

क. शिक्षक इस शिक्षा की सहायता से विद्यार्थियों की अभिवृत्ति को परिवर्तित करने का प्रयास करता है। वह उनमें ऐसे मूल्यों को विकसित करता है, जिनसे वह कुछ विशिष्ट प्रकार की मान्यताओं को जीवन में अपनाने के लिए प्रेरित हो पाते है जैसे जनसंख्या नियंत्रण करना उनका एक महत्वपूर्ण कर्तव्य है तथा वह एक स्वच्छ वातावरण को विकसित करने के लिए भी तैयार हो पाते हैं।

ख. इस शिक्षा की सहायता से शिक्षक विद्यार्थियों को उनके राज्यों की जनसंख्या स्थिति से सम्बन्धित जानकारी प्रदान करता है तथा उन सभी कारकों का भी ज्ञान प्रदान करता है, जो जनसंख्या वृद्धि की दर को अधिक बनाते हैं।

ग. इस शिक्षा की सहायता से शिक्षक विद्यार्थियों को यह जानकारी प्रदान करने का प्रयास करता है कि बढ़ती हुई जनसंख्या किस प्रकार

से समाज तथा राष्ट्र के लिए हानिकारक हो सकती है तथा बड़े परिवार से होने वाली हानियों का ज्ञान भी इसी शिक्षा की सहायता से विद्यार्थियों को प्रदान किया जाता है। वह उन्हें ऐसी कठिनाईयों की जानकारी प्रदान करता है, जो जनसंख्या विस्फोट से उजागर होती है तथा छोटे परिवार से प्राप्त होने वाले लाभों की जानकारी भी इसी शिक्षा की सहायता से विद्यार्थियों को प्रदान किया जाता है।

घ. जनंसख्या शिक्षण के दौरान शिक्षक द्वारा विभिन्न प्रकार के साधनों को प्रयोग किया जाता है, जो राष्ट्र की जनसंख्या स्थिति से सम्बन्धित आवश्यक जानकारी चित्रों के रूप में प्रस्तुत करते हैं। इस प्रकार के साधनों को पढ़कर उनसे जानकारी समझने का गुण भी विद्यार्थियों में विकसित करने का प्रयास शिक्षक जनसंख्या शिक्षण की सहायता से ही करता है।

ङ. इस विषय के शिक्षण से शिक्षक विद्यार्थियों में ऐसे गुणों को विकसित करने का प्रयास करता है जिनकी सहायता से उन वस्तुओं तथा साधनों को कुशलता के साथ प्रयोग कर सकें जो जीवन निर्वाह के लिए अति आवश्यक होते है।

माध्यमिक स्तर पर जनसंख्या शिक्षण के उद्देश्य

इस स्तर पर जनसंख्या शिक्षण प्रदान करने से शिक्षक विद्यार्थियों की अभिवृतियों को नई दिशा प्रदान करने का प्रयास करता है तथा उन्हें उचित प्रकार से विकसित करने का भी प्रयास करता है। उन्हें विभिन्न प्रकार की नवीन जानकारी प्रदान की जाती है जिससे उनमें अभिवृतियों के प्रति रूचि उत्पन्न होती है तथा उनमें विभिन्न प्रकार के जनसंख्या सम्बन्धि साहित्यों को समझने का गुण विकसित हो पाता है। विद्यार्थी इन साहित्यों को समझकर अपने विचारों को अभिव्यक्त कर पाते है तथा वह अपनी आदतों को इस प्रकार से परिवर्तित कर पाते है जिससे वह स्वस्थता के साथ जीवन यापन कर सके।

इस स्तर पर जनसंख्या शिक्षण प्रदान करके एक शिक्षक जिन विशिष्ट प्रकार के उद्देश्यों को प्राप्त करने का प्रयास करता है, वह निम्न हैं:-

क. राष्ट्र तथा विश्व के विभिन्न देशों से सम्बन्धित जनसंख्या के आंकड़ों की जानकारी विद्यार्थियों को प्रदान करना तथा उनमें इस तथ्य की जागृति कर पाना कि भिन्न-भिन्न राष्ट्रों में जनसंख्या की सरंचना किस प्रकार से भिन्न हैं। केवल यही नहीं, राष्ट्र में पाई जाने वाली जन्म दर तथा मृत्यु दर का ज्ञान प्रदान करना तथा उसकी तुलना अन्य देशों में पाई जाने वाली जन्म दर तथा मृत्यु दर से करना।

ख. जनसंख्या सम्बन्धी साहित्यों में प्रयोग की जाने वाली विभिन्न शब्दों का अर्थ स्पष्ट करना जिससे वह किसी भी प्रकार के साधन तथा साहित्य को प्रयोग करके जानकारी प्राप्त कर सकें।

ग. विद्यार्थियों में ऐसी योग्यता को विकसित करना जिसकी सहायता से वह जनसंख्या तथा प्राप्त होने वाले विभिन्न प्राकृतिक संसाधनों में संतुलन को कायम रखने के लिए प्रेरित हो सकें तथा स्वयं को ऐसा करने के लिए तैयार कर सकें।

घ. समाज में पाई जाने वाली विभिन्न प्रकार की बुराईयों तथा अंधविश्वासों का ज्ञान भी विद्यार्थियों तक पहुंचाने का कार्य शिक्षक जनसंख्या शिक्षा के माध्यम से ही करता है। इस प्रकार की बुराईयों की जानकारी प्रदान करके वह उनमें तर्कपूर्ण तरीके से विचार व्यक्त करने की क्षमता को भी विकसित करता है तथा इस प्रकार से उन्हें एक कुशल सामाजिक प्राणी बनाने का प्रयास करता है।

ङ. विद्यार्थियों को इस प्रकार की जानकारी प्रदान कर पाता है कि वह किस प्रकार से अपने जीवन स्तर को उच्च बना सकते हैं तथा किस प्रकार से जीवन की गुणवत्ता को विकसित कर सकते हैं।

च. विद्यार्थियों में उन गुणों को विकसित करने का प्रयास किया

जाता है जिससे वह जनसंख्या से सम्बन्धित विभिन्न प्रकार के आंकड़ों को स्वयं संकलित कर सकें तथा विभिन्न प्रकार क चित्रों को प्रयोग करके जनसंख्या से सम्बन्धित जानकारी आत्म निर्भर होकर प्राप्त कर सकें।

छ. शिक्षक विद्यार्थियों में ऐसे गुणों को विकसित करने का प्रयास करता है जिनकी सहायता से वह जनसंख्या सम्बन्धित समस्याओं पर तर्कपूर्ण तरीके से अपने विचारों को व्यक्त कर सकें तथा प्रभावकारी ढंग से प्रस्तुत करने के योग्य बन सकें।

ज. विद्यार्थियों को इस प्रकार की जानकारी प्रदान करने का प्रयास किया जाता है कि विवाह करने की सही आयु क्या होती है तथा गर्भ धारण करने के लिए एक स्त्री का पुरूष किस आयु में पूर्ण रूप से परिपक्व हो पाता है। वह उन्हें यह भी जानकारी प्रदान करता है कि किस प्रकार से संतुलित तथा पौष्टिक भोजन ग्रहण करके एक स्त्री स्वस्थ शिशु को जन्म दे सकती है तथा किस प्रकार से उसे विभिन्न प्रकार के रोगों से मुक्त रख सकती है।

झ. इस शिक्षा की सहायता से शिक्षक विद्यार्थियों को किशोर व्यवहार के विभिन्न मनोवैज्ञानिक पक्षों की जानकारी प्रदान करता है तथा उन विभिन्न प्रकार के शारीरिक परिवर्तनों की जानकारी प्रदान करता है, जो प्रायः यौवनारंभ में बालकों तथा बालिकाओं में होते हैं।

ण. इस शिक्षा की सहायता से शिक्षक विद्यार्थियों में ऐसे गुणों को विकसित करने का प्रयास करता है जिनकी सहायता से वह कार्यगोष्ठियों को आयोजित कर सकें तथा इस कार्य में शिक्षक को आवश्यक समर्थन अथवा सहायता प्रदान कर सकें।

ट. जनसंख्या सम्बन्धी जानकारी प्रदान करने वाली विभिन्न प्रकार की श्रव्य दृश्य सामग्रियों को निर्मित करने की कला को विद्यार्थियों को प्रदान करने का कार्य भी शिक्षक इसी प्रकार की शिक्षा के माध्यम से

करता है।

ठ. शिक्षक इस शिक्षा की सहायता से विद्यार्थियों में ऐसे गुणों को विकसित करने का प्रयास करता है जिसकी सहायता से वह अन्य व्यक्तियों के साथ रहकर सामूहिक प्रकार से क्रियाओं को कर सकें तथा इसके लिए आवश्यक सहयोग तथा समर्थन प्रदान कर सकें। केवल यही नहीं, विभिन्न क्रियाओं में सामंजस्य स्थापित करने का गुण भी शिक्षक इसी शिक्षा की सहायता से विद्यार्थियों में विकसित करने का प्रयास करता है।

ङ. विद्यार्थियों में राष्ट्रीय स्तर पर नियोजित की जाने वाली जनसंख्या नीतियों का विश्लेषण कर पाने की योग्यता तथा गुण को विकसित करने का कार्य भी एक शिक्षक इसी शिक्षा की सहायता से करता है।

उपरोक्त वर्णित चर्चा से यह स्पष्ट है कि जनसंख्या शिक्षा के माध्यम से एक शिक्षक कई प्रकार के उद्देश्यों को प्राप्त करने का प्रयास करता है, जिन्हें प्रायः दो वर्गों में विभक्त किया जाता है, जो हैं : सामान्य तथा विशिष्ट उद्देश्य। जनसंख्या शिक्षा की क्रिया केवल उसी स्थिति में सफल मानी जा सकती है, जब शिक्षक इन दोनों प्रकार के उद्देश्यों को प्राप्त कर पाएं, इसलिए उद्देश्यों का निर्धारण बहुत ही सावधानी के साथ किया जाना चाहिएं क्यों क्रिया की सफलता तथा असफलता को मूल्यांकित करने के लिए इन्हें ही आधार के रूप में प्रयोग किया जाता है।

4

मानव संसाधन विकास और जनसंख्या

भूमिका

प्रत्येक देश की आर्थिक, सामाजिक, राजनैतिक तथा सांस्कृतिक उन्नति में उस देश की जनसंख्या की महत्वपूर्ण भूमिका रहती है। यह कहना अनुचित नहीं होगा कि जनसंख्या ही देश का निर्माण करती है और सम्पूर्ण राष्ट्र जनसंख्या पर ही टिका रहता है। मानव शक्ति का आकार तथा उसका गुणात्मक स्वरूप देश के विकास की दिशा, मात्रा एवं विकास का पथ निर्धारित करता है। मानव ही उत्पादन करता है और मानव ही उपभोग भी करता है। यही कारण है कि विगत कुछ दशकों से विश्व के अधिकांश देशों में होने वाली जनसंख्या गणना में मानव विकास तथा आर्थिक रूप से क्रियाशील जनसंख्या के विभिन्न रूपों का भी अध्ययन किया गया। उनके द्वारा प्राप्त आकंड़ों के से निष्कर्ष निकाले गए।

मानवीय विकास अथवा उन्नति का अर्थ

मानव विकास से अभिप्राय पूंजी निर्माण की एक ऐसी प्रक्रिया से लिया जाता है जिसके अन्तर्गत मानव शक्ति की उन्नति हेतु मुद्रा का निवेश किया जाता है ताकि में विद्यमान मानव शक्ति तकनीकी ज्ञान,

योग्यता एवं कुशलता की दृष्टि से विशिष्टता प्राप्त कर सके। इस सन्दर्भ में प्रो. हरबिंसन ने स्पष्ट किया है, "मानव पूंजी निर्माण से तात्पर्य ऐसे व्यक्तियों को प्राप्त करना तथा उनकी संख्या में बढ़ोत्तरी करना है जो कुशल, शिक्षित तथा अनुभवी हो, जिनकी देश के आर्थिक एवं राजनैतिक विकास के लिए नितान्त आवश्यकता होती है। इस प्रकार मानव पूंजी निर्माण, मानव में विनियोजन और उसके सृजनात्मक तथा उत्पादन साधन के रूप में विकास से सम्बन्धित है।"

अतः यह स्पष्ट होता है कि ऐसा कोई भी निवेश जो कि मानव शक्ति की शिक्षा, स्वास्थ्य, प्रशिक्षण, कार्यकुशलता तथा जीवन स्तर में वृद्धि करता है उसे मानव संसाधन के विकास में किया गया एक सक्रिय निवेश समझा जा सकता है। पूर्ण अर्थों में मानव विकास का अर्थ है, मानव की शिक्षा तथा प्रशिक्षा पर व्यय करना जबकि विस्तृत अर्थ में, अनेक सामाजिक सेवाओं तथा स्वास्थ्य, शिक्षा पर किए जाने वाले खर्च अथवा व्यय से लगाया जा सकता है।

मानव विकास का महत्व

किसी भी देश की आर्थिक, सामाजिक, राजनैतिक उन्नति उस देश के मानव संसाधनों पर आधारित होती है। जिस देश के नागरिक शिक्षित होगे वह देश शीघ्र उन्नति के शिखर पर पहुंच जाएगा और जिस देश के नागरिक अशिक्षित होंगे उस देश की उन्नति होना सम्भव नहीं है। भारत एक विकासशील देश है, इसलिए यहां के नागरिक ही विकास की दर में वृद्धि ला सकते हैं। परन्तु इसका यह अर्थ नहीं कि विकसित देशों में मानव संसाधनों का महत्व नहीं है वहां भी मानव संसाधन ही विकास की दर को ऊंचा उठाते है। अतः विकास की प्रक्रिया का सीधा सम्बन्ध मानव संसाधनों से होता है। वर्तमान में बहुत से विकासवादी अर्थशास्त्रियों ने अपना मत व्यक्त करते हुए कहा है कि मानव पूंजी में अधिक से अधिक विनियोग किया जाना चाहिए ताकि आर्थिक विकास

के सर्वाधिक महत्वपूर्ण घटक मानव संसाधन का समुचित विकास किया जा सके। किसी भी देश में उत्पादन का कार्य मानव संसाधन पर ही आधारित होता है। भौतिक पदार्थ मानव क्रिया का ही परिणाम होते है। इस तरह, आर्थिक विकास को गति प्रदान करने का श्रेय मनुष्य को ही जाता है। एक वरिष्ठ विद्वान के अनुसार, "मानवीय प्रयत्नों के कारण ही आर्थिक विकास सम्भव है।" आर्थिक विकास में मानव संसाधन के महत्व पर अपना मत व्यक्त करते हुए एक अन्य विद्वान कहते है कि, "आर्थिक विकास कोई यान्त्रिक प्रक्रिया नहीं है और न ही वह विभिन्न साधनों को जोड़ने वाली सामान्य समस्या है। यह एक मानवीय उपक्रम है, और सभी मानवीय उक्रमों की तरह इसके परिणाम अन्तिम रूप से उन लोगों की क्षमता, गुणों पर निर्भर करते हैं जो कि उसे अपने हाथों में लेते है।

यह बात स्पष्ट है कि किसी भी देश की जनसंख्या का जितना भाग शिक्षित होगा, बुद्धिजीवी होगा, तथा प्रशिक्षित होगा वहां उतनी ही तेजी से विकासात्मक कार्य होंगे। प्रो. जे.के. गैलब्रेथ के शब्दों में, "अब हमें अपनी औद्योगिक वृद्धि का एक बड़ा भाग अधिक पूंजी के विनियोग से नहीं मिलता है बल्कि वह मनुष्यों में निवेश और परिष्कृत मनुष्यों द्वारा किए गए सुधारों के कारण प्राप्त होता है। इस प्रकार, आर्थिक विकास की दृष्टि से भौतिक पूंजी की अपेक्षा मानव पूंजी को कही अधिक महत्वपूर्ण समझा जाता है क्योंकि मानवीय साधनों की कुशलता एवं दक्षता पर ही आर्थिक विकास का ढांचा खड़ा किया जा सकता है। वैसे भी व्यापक अर्थों में, पूंजी निर्माण के आशय, श्रमिकों की कार्यकुशलता में वृद्धि करना है। इस प्रकार व्यापक अर्थ में पूंजीगत स्टॉक लोगों का प्रशिक्षा, चरित्र एवं कार्यकुशलता है। मानव पूंजी ही किसी भी देश की असली पूंजी है। इसको स्पष्ट करने के लिए एडम स्मिथ ने कहा है, "पूंजी के स्टॉम्क में सब निवासियों की अर्जित तथा

उपयोगी योग्यताओं को भी सम्मिलित किया जाना चाहिए।" एक अन्य विद्वान का मत है कि मानव मात्र में विनियोजित होने वाली पूंजी ही सबसे मूल्यवान पूंजी है।

जितना विकास मानव संसाधन में किया जाएगा उतना ही विकास देश की आर्थिक उन्नति के क्षेत्र में होगा। इस प्रकार मानव संसाधन विकास आर्थिक विकास पर एक प्रभावकारी एवं सकारात्मक अवयव है। विकसित देश के विकास के लिए वहां के मनुष्यों का निपुण, ज्ञानी होना और बुद्धिमान होना अति आवश्यक है। यदि किसी प्राकृतिक संसाधन सम्पन्न देश में मूर्ख मानवीय संसाधन होगें तो वह उन संसाधनों का विनाश कर देंगे। जबकि इसके विपरीत यदि मानवीय संसाधन यदि कुशल होंगे तो वह कम प्राकृतिक संसाधनों में भी उन्नति के शिखर तक पहुंच जाएंगे। इसका सर्वोत्तम उदाहरण जापान है। अतः भौतिक पूंजी चाहे कितनी भी मात्रा में हो जब तक मानवीय पूंजी की प्रचूर मात्रा नहीं होगी देश का विकास नहीं हो सकता। इसलिए मानव विकास पर अत्यधिक जोर दिया जाना चाहिए। जिस प्रकार एक गाड़ी बिना इंजन के नहीं चलाई जा सकती है उसी प्रकार बिना मानव संसाधन के देश की विकासात्मक दर को नहीं बढ़ाया जा सकता है।

किसी भी देश की उन्नति उत्पादन की लागत पर निर्भर करती है अधिक उत्पादन का आयात तथा कम वस्तुओं का निर्यात किया जाता है। यह आयात-निर्यात भी मानवों द्वारा ही सम्भव होता है। वास्तविकता तो यह है कि किसी भी देश में पर्याप्त एवं श्रेष्ठतम मानव पूंजी उपलब्ध है तो उस देश की भौतिक पूंजी और अधिक उत्पादन बन जाती है। इसके विपरीत, यदि मानव पूंजी का अभाव है तो भौतिक पूंजी का लाभपूर्ण उपयोग नहीं हो सकता है क्योंकि ऐसी दशा में चलती हुई मशीने रूकने लगती है, उपकरण समय से पहले घिसने तथा जंग खाने लगते हैं। इस सन्दर्भ में जेफ रेन्स ने स्पष्ट किया है,

"आर्थिक विकास के लिए उत्सुक देश, विकसित देशों से आधुनिक तकनीक और नवीनतम मशीनरी का आयात करके विशालस्तरीय प्लांटों को स्थापित करते है फिर भी उनके यहां उत्पादन की किस्म व उत्पादन की मात्रा प्राय: असन्तोषजनक ही बनी रहती है क्योंकि अधिकांश स्थितियों में प्रबन्धन तथा श्रमिक पर्याप्त रूप से प्रशिक्षित नहीं होते है तथा उनमें वांछित अनुभव की कमी रहती है।" इस प्रकार केवल भौतिक पदार्थों पर निवेश करने से ही विकासशील देश उन्नति नहीं कर सकते है बल्कि भौतिक संसाधनों के साथ-साथ मानव संसाधनों पर भी निवेश किया जाना आवश्यक है। आज के युग में मानव पूंजी में विनियोग अथवा मानव संसाधन का विकास आर्थिक विकास की एक प्रमुख शर्त्र एवं पूर्व आवश्यकता बन चुकी है।

मानवीय निवेश के क्षेत्र

मानव संसाधनों के विनियोग से तात्पर्य मानव की शिक्षा, पौष्टिक आहार, उचित आवास उपलब्ध कराने तथा स्वास्थ्य की सुविधाएं मुहैया कराने से है। इसको और स्पष्ट रूप से समझाने के लिए हम नीचे लिखे हुए बिन्दुओं का अध्ययन करेंगे:-

(क) उचित आवास सुरक्षा- मानव को आवास की आवश्यकता सर्वप्रथम होती है। वह आवास में ही जन्म लेता है और अन्ततः आवास में ही उसका जीवन समाप्त भी होता है। आवास के साथ उसका अटूट सम्बन्ध रहता है। बिना आवास के उसका विकास सम्भव नहीं है, और बिना उसके विकास के देश का विकास होना आवश्यक नहीं है। उचित शिक्षा तथा चिकित्सा की सुविधा भी तभी उसे रास आती है जब उसके पास अपना आवास हो। इस प्रकार आवास की उचित व्यवस्था कराना उसके लिए सर्वप्रथम महत्वपूर्ण आवश्यकता है।

(ख) स्वास्थ्य सुविधाएं- स्वस्थ व्यक्ति ही सभी कार्यों को पूर्ण रूप से सम्पन्न करने में सक्षम होता है। स्वास्थ्य सुविधाओं के अन्तर्गत

उन समस्त प्रयोगों को सम्मिलित किया जाता है, जिसने लागों की जीवन-प्रत्याशा, शारीरिक शक्ति व योग्यता, काम करने की क्षमता तथा प्रेरणा आदि में वृद्धि होती है। स्वास्थ्य का सीधा सम्बन्ध पौष्टिक आहार, स्वच्छ वातावरण तथा आवास की अनुकूल दशाओं से है। स्वास्थ्य तब बिगड़ जाता है जब अनावश्यक परिस्थितियों में मनुष्य को कार्य करता है। स्वास्थ्य की दशाएं। प्रजननशीलता एवं मृत्यु क्रम को प्रभावित कर अन्ततः जनसंख्या के परिमाणात्मक एवं गुणात्मक स्वरूप को भी प्रभावित करती है। अतः यह आवश्यक है कि देश में लोगों को उचित स्वास्थ्य सुविधाएं मुहैया कराई जाएं ताकि वह बीमारियों से अपना बचाव करनें में सक्षम रहे और देश की उन्नति में सहायक हो।

(ग) शिक्षा एवं प्रशिक्षण सुविधाएं- मानव संसाधन विकास के लिए मानव को शिक्षित कराना आवश्यक है। बिना उचित शिक्षा ग्रहण किए उसका बौद्धिक स्तर नहीं ऊंचा उठाया जा सकता है। कुछ शिक्षा शास्त्रियों के अनुसार, "शिक्षा पर किया गया निवेश आर्थिक विकास की दृष्टि से सर्वाधिक सार्थक विनियोग समझा जाएगा।।" इस कथन से यह स्पष्ट होता है मानव संसाधन के विकास के लिए यदि शिक्षा पर निवेश किया जाता है तो वह निवेश न केवल मानव संसाधनों में उन्नति करता है बल्कि राष्ट्र की उन्नति में भी सहायता करता है। वस्तुतः शिक्षा तात्कालाक उपभोग की एक वस्तु के रूप में और भविष्य के उत्पादन के लिए विनिमयों के रूप में अत्यधिक महत्वपूर्ण है। यह न तो केवल उपभोग है और न केवल विनियोग, वरन् यह दोनों ही है। यह जानते हुए कि विकासोन्मुख देश के निवेश को कितना महत्व देते हैं, शिक्षा के केवल एक प्रकार का उपभाग समझना और इसे अनुचित रूप से कम प्राथमिकता देना, जोखिम उठाने के समान हैं कुछ निवोदित देशों में लगभग ऐसा किया भी है। उन्होंने इस्पात के कारखानों, बांधों और रासायनिक खाद के कारखानों को इस प्रकार के विकास का

वास्तविक विनियोग माना है। आस्वान, बोल्टा अथवा भांखड़ा नांगल उनकी दृष्टि में विकास के रूप हैं। उनके ऊपर विचार-विमर्श किया जाता है, निवेश किया जाता है, उन्हें देखने के लिए दर्शक भी आते हैं। तब हम अपनी गौरव और गरिमा की अनुभूति करते है। शिक्षा में किया गया निवेश एक ऐसा निवेश है जिसका लाभ हमें भविष्य में किसी न किसी रूप में अवश्य मिलता है। इस सन्दर्भ में एक विद्वान ने स्पष्ट किया है, "शिक्षा में किया गया विनियोग केवल एक उत्पादन में वृद्धि करने वाला नहीं होता बल्कि ये भविष्य में वर्द्धमान प्रतिफल भी प्रदान करता है। यही कारण है कि विकसित देशों द्वारा अपने आर्थिक विकास की प्रक्रिया के दौरान शिक्षा, अनुसंधान सवं प्रशिक्षण को अत्यधिक महत्व प्रदान किया जाता है।

मानवीय विकास के आवश्यक घटक

मानव के विकास के लिए जो महत्वपूर्ण घटक अपनी भूमिका का अदा करते है वे निम्नलिखित रूप से प्रस्तुत किए जा सकते है:-

(क) ऐसी स्वास्थ्य सुविधाओं की व्यवस्था करना जो लोगों की जीवन-प्रत्याशा, शक्ति उत्साह तथा कार्यक्षमता में वृद्धि कर सके।

(ख) प्रौढ़ शिक्षा को बढ़ावा देना तथा उसकी समुचित व्यवस्था करना भी मानव संसाधन के विकास में सहायता दे सकता है।

(ग) कार्य प्रशिक्षण को बढ़ाना देना।

(घ) प्राथमिक, माध्यमिक तथा उच्च स्तर पर शिक्षा की उपयुक्त व्यवस्था करना।

मानव विकास अथवा मानव कौशल की प्रक्रिया में मुख्य रूप से तीन बातों का ध्यान रखा जाना चाहिए वे निम्नलिखित हैं:-

(क) वर्तमान व्यक्तियों को केवल तथ्य के बारे में थोड़ी बहुत ही जानकारी देना ही पर्याप्त नहीं है बल्कि आवश्कता इस बात की भी

है कि उन्हें पूर्णतया नए विचारों से अवगत कराय जाए ताकि वे वास्तविकता को समझकर तथ्यों के आधार पर अपने निष्कर्ष निकाल सके। उन्हें नवीन उत्पदकों के बारे में पूरी जानकारी देनी चाहिए। उन्हें आगे बढ़ने के लिए प्रोत्साहन भी देना चाहिए।

(ख) लोगों इस बात की जानकारी देनी चाहिए कि किस प्रकार वह वर्तमान दशा को किस प्रकार एक नवीन रूप तथा दशा दे सकते है। इससे उनका बौद्धिक स्तर सुधरता है।

(ग) वर्तमान पीढ़ी की सभी क्रियाओं का आधार परम्परागत स्तर होता है। अत: वर्तमान पीढ़ी के उन स्तरों से अवगत कराया जाना चाहिए जिनका प्रयोग पिछली पीढ़ियों द्वारा किया जाता रहा है।

मानव संसाधन विकास के उपाय

मानवीय संसाधन विकास के अन्तर्गत निम्न उपायों को प्रयोग में लाया जा सकता है:-

(क) समुचित प्रेरणा- एक वरिष्ठ विद्वान के अनुसार तीव्र आर्थिक विकास के लिए शिक्षा में निवेश को अधिक बढ़ाना आवश्यक है। विकास की दर को बढ़ाने के लिए स्त्री-पुरूषों को इस बात की प्रेरणा दी जाएं कि वह उत्पादक क्रियाओं की ओर उन्मुख हो, जो आधुनिकरण की प्रक्रिया को बढ़ाने के लिए आवश्यक है। व्यवसायों से सम्बद्ध पद तथा पारिश्रमिक अर्थव्यवस्था की उच्च प्राथमिकता के अनुरूप होने चाहिए। शिक्षा को अधूरा छोड़ आने के कारण उत्पन्न ग्राम बेरोजगारी तथा शिक्षित बेरोजगारी को कृषि के आधुनिकीकरण को दूरव्यापी कार्यक्रमों की सहायता से दूर किए जाने का प्रयास किया जाना चाहिए। व्यक्तियों को प्रशिक्षित किए जाने का कार्यभार प्रमुख नियोजक संस्थाओं पर डाल देना चाहिए तथा इन संस्थाओं का समुचित पथ-प्रदर्शन किया जाना चाहिए ताकि वे आधुनिक रोजगार उन्मुख कार्यक्रमों का विकास कर सके।

(ख) प्रौढ़ शिक्षा– प्रौढ़ शिक्षा का महत्व अल्पविकसित राष्ट्रों में बहुत लाभप्रद पाया गया है। जहां शिक्षा व्याप्त रहती है वहा पर इस प्रकार की शिक्षा सकारात्मक प्रभाव डालती है। प्रौढ़ शिक्षा कार्यक्रमों को कृषकों, कृषि अनुसंधान केन्द्रों तथा प्रयोगशालाओं से जोड़ा जाना चाहिए। इससे कृषकों को दृष्टिकोण बदल जाता है तथा वे रूढ़िवादिता के चक्करों से आजाद हो जाते है। वह सदियों से चली आ रही प्रथाओं से मुक्त हो जाते है। उन्हें इन कार्यक्रमों के जरिए यह शिक्षा दी जाती है कि किस प्रकार वह अपनी उपज को बढ़ाकर देश की उन्नति में सहायता प्रदान कर सकते है। इन प्रौढ़ कार्यक्रमों को एक अंग के रूप में विकसित किया जाना चाहिए। कृषि प्रधान देश होने के कारण भारत में भी इस दिशा की ओर विशेष बल दिया जा रहा है। एक यह गैर–कृषि क्षेत्रों में नौकरियों के लिए बच्चों को नगरों मे जाने को प्रेरित करती है तो दूसरी ओर सुधरी कृषि तकनीकों को अपनाने की प्रेरणा देती है।

(ग) शिक्षा प्रणाली में परिवर्तन– शिक्षा प्रणाली में सुधारों के जरिए ही मानव पूंजी निर्माण की जा सकती है। शिक्षा मानव के चरित्र की नींव है। इसी के द्वारा उसका मानसिक, बौद्धिक तथा सामाजिक विकास सम्भव होता है। जहां निरक्षरता दूर करना जरूरी है वहीं उच्च शिक्षा केवल उन्हीं व्यक्तियों को दी जानी चाहिए जो इसके योग्य हो। व्यावसायिक एवं तकनीकी शिक्षा के विकास पर बल दिया जाना चाहिए। विश्वविद्यालयों तथा महाविद्यालयों में सामान्य स्नातक स्तर तक शिक्षा प्रदान करने मात्र से मानव पूंजी निर्माण नहीं होता, इससे शिक्षित बेरोजगारी बढ़ती है, जिससे सामाजिक असंतोष में वृद्धि होती है तथा उत्पादकता पर नकारात्मक प्रभाव पड़ता है।

(घ) तकनीकी शिक्षा पर अधिक बल– मानव पूंजी निर्माण हेतु तकनीकी शिक्षा के क्षेत्र में अधिक बल दिया जाना चाहिए।

अल्पविकसित देशों में विभिन्न व्यवसाओं में शिक्षित एवं प्रशिक्षित व्यक्तियों के रूप में मानव पूंजी की आवश्यकता इसलिए होती है क्योंकि वे जटिल विधियों एवं उपकरणों का प्रयोग करते है, अतएव उनके यहां सामान्य स्नातकों की अपेक्षा क्रांतिक कुशलताओं वाले व्यक्तियों की अधिक आवश्कयता पड़ती है। तकनीकी शिक्षा पाकर व्यक्ति इंजीनियर, व्यापार प्रबन्धक, वैज्ञानिक, तकनीशियन आदि बनते है, जिनकी प्रत्येक देश को आवश्यकता पड़ती है।

(ङ) अनिवार्य शिक्षा- शिक्षा ही व्यक्ति का गुप्त धन माना जाता है। यह वह धन होता है जिसे कोई चोर चुरा नहीं सकता। अतः सभी व्यक्तियों के लिए चाहे वह स्त्री हो या पुरूष शिक्षा को अनिवार्य कर दिया जाना चाहिए ताकि वे अपनी बुद्धि स्तर सामान्यतः ऊंचा उठा सकें। इस क्षेत्र में सरकार ने अनेक कदम उठाए है तथा कक्षा 1 से 5वीं तक की शिक्षा को निःशुल्क कर दिया गया है। एशिया, अफ्रीका एवं दक्षिण अमेरिका के अधिकांश देशों में प्राथमिक शिक्षा को ही निःशुल्क तथा अनिवार्य बनाया गया है तथा माध्यमिक शिक्षा को कम प्राथमिकता प्रदान की जाती है। वास्तविकता यह है कि माध्यमिक शिक्षा प्राप्त लोग ही वह कुशलता प्राप्त करते हे जो कि विकास में सहायक होती है। माध्यमिक शिक्षा के महत्व को स्पष्ट करते हुए यह कहा जा सकता है कि माध्यमिक शिक्षा प्राप्त व्यक्ति ही देश के ध्वजावाहक है।

मानव विकास के उद्गम

सामान्यतः मानवीय विकास के दो उद्गम अथवा स्त्रोत पाए जाते हैं जो इस प्रकार हैं:-

(क) बाह्य उद्गम- बाह्य स्त्रोत से अभिप्राय है कि बाहरी विदेशी विशेषज्ञों के द्वारा सहायता लेना और अपने देश का तथा अपना विकास करना। बाहर की संस्थाओं से सहायता प्राप्त करके अपनी

समस्याओं का समाधान करना बाह्य स्त्रोतों की परिधि में आते है। अल्प विकसित देशों में जिस तरह आर्थिक विकासके लिए विदेशी पूंजी का आयात किया जाता है उसी प्रकार उच्चस्तीय विदेशी कौशल अर्थात् उच्चस्तरीय तकनीकी ज्ञान रखने वाले कर्मचारियों, तकनीशियनों एवं प्रबन्धों की सेवाएं प्राप्त की जाती है। विदेशी कौशल के आयात के मुख्य रूप से चार स्वरूप हो सकते है जो कि इस प्रकार है- 1. तकनीकी विशेषज्ञता प्राप्त विदेशी श्रमिकों को देश में प्रवास के लिए प्रोत्साहित करना, 2. देश के श्रमिकों को तकनीकी शिक्षा एवं प्रशिक्षण हेतु विदेशों में भेजना, 3. घरेलू श्रमिकों को प्रशिक्षण देने के लिए कुछ समय के लिए विदेशी विशेषज्ञों को अपने देश में आमंत्रित करना, 4. विदेशी तकनीशियनों को स्थाई अथवा अस्थाई रूप से देश में नियुक्त करना।

(ख) आन्तरिक उद्‌गम- यदि किसी देश को आर्थिक विकास की दृष्टि से आत्मनिर्भता प्राप्त करनी है तो उसे घरेलू अथवा आन्तरिक संसाधनों को विकसित करना होगा। यद्यपि उच्च स्तरीय तकनीकी एवं कौशल विदेशों से आयात कराई जा सकती है, परन्तु यह स्थाई विकास के लिए उचित नहीं हो सकती है। अतः अपने देश की आन्तरिक विकास के लिए आंतरिक स्त्रोत जैसे- तकनीकी, संसाधनों आदि का विकास करना आवश्यक है। कौशल निर्माण के आन्तरिक साधनों के दो रूप हो सकते हैं- 1. औद्योगिक प्रशिक्षण संस्थानों की स्थापना कर उनमें प्रशिक्षण की समुचित व्यवस्था करना तथा 2. विशिष्ट तकनीकी संस्थाओं की स्थापना करना तथा उनके शिक्षण सुविधाएं उपलब्ध करना। आधुनिक समय में लगभग सभी विकासशील देशों में प्राविधिक संस्थानों की स्थापना की जा सकती है। भारत में भी इस प्रकार की अनेक संस्थानों की स्थापना की गई है जहां तकनीकी शिक्षा एवं प्रशिक्षण प्रदान किया जाता है।

भारतीय शिक्षण प्रणाली के स्तर के मूल संकेतक

भारत में पंचवर्षीय योजनाओं को लागू किया जा रहा है तथा इनमें शिक्षा की ओर विशेष रूप से बल दिया जा रहा है। देश में स्कूल, महाविद्यालयों तथा विश्वविद्यालयों की संख्या में वृद्धि की जा रही हैं, साथ ही साथ इनमें पढ़ने वाले छात्रों की भी संख्या में निरन्तर वृद्धि देखने को मिलती है। एक गणना के अनुसार देश में 1970-71 तक प्राथमिक विद्यालयों की संख्या 408.4 हजार थी जो बढ़कर 1996-97 में 598.4 हो गई है। इसी प्रकार 1970-71 में विश्वविद्यालयों की संख्या केवल 82 थी जो बढ़कर 1999-2000 में 244 हो गई है।

भारत में स्वास्थ्य सेवाओं का विस्तार- किसी भी देश में स्वास्थ्य का स्तर वहां की जनता की कार्यक्षमता एवं शक्ति के मापदण्ड के साथ ही साथ इस बात का भी संकेतक है कि व्यक्ति कितने समय तक निर्माण कार्य में लगा रहकर देश के उत्थान में योगदान कर सकता है। रूग्ण और कमजोर जनशक्ति देश की प्रगति में बाधा होती है साथ ही वह अनावश्यक रूप से संसाधनों का उत्पादन करने के स्थान पर उपभोग करते है। इसी बात को ध्यान में रखकर भारत में स्वतन्त्रता प्राप्ति के बाद से ही स्वास्थ्य की सुविधाओं में उन्नति की गई है।

अभी हाल ही के प्राप्त नवीन आंकड़ों के अनुसार भारत में अस्पतालों, प्राथमिक स्वास्थ्य केन्द्रों तथा इन अस्पतालों में कार्यरत चिकित्सकों एवं नर्सों की संख्या में क्रमशः वृद्धि होती जा रही हैं। इसके पीछे एक कारण है कि मानव संसाधनों को किसी भी बचाना है। फिर भी यदि विकसित दशों की तुलना की जाएं तो अभी भी देश में चिकित्सा सेवाओं की पर्याप्त कमी है। भारत में अभी भी चिकित्सा सेवाओं की पर्याप्त मात्रा में कमी है अभी इस क्षेत्र में विकास करना जारी है। भारत में अभी भी मृत्यु दर 8.7 प्रति हजार, जीवन प्रत्याशा 63 वर्ष तथा शिशु मृत्यु दर 69 प्रति हजार है जो विकसित राष्ट्रों की

तुलना में निम्न स्वास्थ्य सुविधाओं का संकेत करती है।

मानव विकास सूचकांक- मानव विकास सूचकांक के अन्तर्गत जीवन प्रत्याश, ज्ञान का स्तर तथा आय के स्तर को जांचा जाता है। संयुक्त राष्ट्र संघ विकास कार्यक्रम के तत्वधान में विश्व के सदस्य देशों के मानव विकास सूचकांक की गणना की गई है।

नवीन आंकड़ों से स्पष्ट है कि विश्व के 162 राष्ट्रों में मानव विकास की दृष्टि से भारत को 115वां स्थान है। यह प्रदर्शित करता है कि भारत में स्वास्थ्य, शिक्षा तथा रहन-सहन का स्तर विश्व के अन्य राष्ट्रों की तुलना में बहुत कम है। यहां अभी भी साक्षरता लगभग 65 प्रतिशत ही है, शिक्षा, स्वास्थ्य एवं शोध कार्यक्रमों पर अपेक्षाकृत कम धन व्यय किया जाता है। यहां प्रति व्यक्ति 2,496 कैलोरीज का भोजन मिल पाता है। यहां 320.37 मिलियन लोग गरीबी रेखा के नीचे का जीवन व्यवतीत कर रहे है।

भारत में मानव विकास के बुनियादी संकेतक- भारत में मानव विकास के बुनियादी संकेतक के जन्म के समय प्रत्याशा, साक्षरता दर, जन्म-दर, मृत्यु दर आदि की गणना की जाती है। भारत में अभी भी बहुत सी प्रचलित बीमारियां पाई जाती है जिनका ईलाज नहीं हो सकता है।

उपर्युक्त आंकड़े इस बात का संकेत करते है कि स्वास्थ्य की देखभाल परिवार कल्याण सेवाओं की बढ़ी हुई सुलभत से अखिल भारतीय मृत्यु दर, जन्म दर तथा शिशु मृत्यु दर में गिरावट आई है तथा साक्षरता के स्तर में सुधार हुआ है। इसके परिणामस्वरूप भारत का मानव विकास सूचंकाक ऊपर उठा है। भारत में मानव विकास के बुनियादी संकेतकों की यह प्रवृत्ति इस धारण के अनुरूप है कि देश में हुए आर्थिक विकास के फलस्वरूप सामान्य लोगों के जीवन स्तर में सुधार आया है।

भारत के प्रमुख राज्यों में मानव विकास के बुनियादी संकेतक- भारत के विभिन्न राज्यों में मानव विकास के सूचकों में पर्याप्त भिन्नता दृष्टिगोचर होती है। उपर्युक्त आंकड़ों से यह संकेत होता है कि केरल में जन्म के समय जीवन प्रत्याशा 73.3 वर्ष तथा समग्र साक्षरता का स्तर 90.92 बिहार, उड़ीसा, राजस्थान तथा उत्तर प्रदेश आदि राज्यों की अपेक्षा काफी अधिक है। स्पष्टतया इन राज्यों में जीवन की समग्र गुणवत्ता को सुधारने के लिए सकारात्मक प्रयास किए जाने की आवश्यका प्रतीत होती है।

इस प्रकार, यह कहा जा सकता है कि भारत में मानव पूंजी निर्माण अभी भी अपनी प्रारम्भिक अवस्था में है। यदि देश के आर्थिक विकास में तेजी लाना है तो देश में स्वस्थ नागरिकों, कुशल श्रमिकों, तकनीशियनों, वैज्ञानिकों तथा प्रविधिकों की संख्या में वृद्धि करनी आवश्यक है। इस सम्बन्ध में विश्वविद्यालय अनुदान आयोग का कहना है कि, भारत प्राकृतिक संसाधनों की दृष्टि से एक धनी तथा सम्पन्न देश है। इसके नागरिक प्रतिभाशाली और शक्तिशाली है। उनमें विकास एवं पुनर्निमाण की उत्कृष्ट अभिलाषा है, आवश्यकता है तो केवल उसके गति एवं व्यावहारिकता प्रदान करने की। यह उत्तरदायित्व अब विश्वविद्यालयों एवं तकनीकी संस्थाओं का है कि वे ज्ञान का सृजन करके नूतन मस्तिष्क को प्रशिक्षित करें ताकि प्राकृतिक एवं मानव संसाधनों का समन्वित एवं सन्तुलित ढंग से उपयोग किया जा सके। इस सम्बन्ध में सकारात्मक रूप अपनाते हुए सरकार नवीं पंचवर्षीय योजना के अन्तर्गत मानव विकास कार्यक्रमों पर पर्याप्त ध्यान देने का निर्णय लिया है। इस योजना में आत्म-निर्भरता प्राप्ति के लक्ष्य के साथ-साथ देश के नागरिकों को गुणवत्ता युक्त जीवन प्रदान करने का भी लक्ष्य रखा गया है।

नवीं योजना में यह स्पष्ट रूप से वर्णित किया गया है कि यह

योजना मानव विकास को सभी मानव प्रयासों का केन्द्र बिन्दु है केवल स्वास्थ्य एवं शिक्षित व्यक्ति ही आर्थिक विकास में योगदान कर सकते हैं और यह वृद्धि मानव कल्याण के बढ़ाती है। अतः शिक्षा, स्वास्थ्य, साक्षरता, पेयजल, आवास तथा कमजोर वर्गों के कल्याणकारी कार्यक्रम नवीं योजना के प्राथमिकता वाले क्षेत्र होंगे।

मानव पूंजी में विनियोग की सीमाएं

मानव पूंजी के विकास में विनियोग किया जाना आवश्यक है परन्तु आज अल्पविकसित देशों में मानव पूंजी में विनियोग अधिक मात्रा में नहीं किया जाता है इसका कारण है वहां पर व्याप्त गरीबी के कारण उत्पन्न हुई अव्यवस्था। अल्पविकसित देशों में निम्नलिखित कारणों से मानव पूंजी में निवेश की गति धीमी रहती है:-

(क) किसी व्यकित में कौशल का निर्माण करना कोई आसान कार्य नही है। यह एक दीर्घकालिक प्रक्रिया है। मानव संसाधनों के विकास की यह एक प्रक्रिया है जो निरन्तर किए जाने वाले प्रयासों के फलस्वरूप दीर्घकाल में ही फलीभूत हो पाती है क्योंकि कौशल निर्माण के प्रमुख तीन तत्वों- प्रशिक्षण, अनुभव एवं शिक्षा को साकार रूप प्रदान करने के लिए एक लम्बे समय तक विनियोग करना पड़ता है, उसके पश्चात् ही पर्याप्त निष्कर्ष पाए जा सकते है। अतः राष्ट्रीय स्तर पर कौशल निर्माण के लिए पर्याप्त एवं लगातार विनियोग, असीमित धैर्य सतर्कता की आवश्यकता पड़ती है।

(ख) प्रायः अल्पविकसित देशों में आर्थिक साधनों को अभाव होता है। इसलिए ऐसी दशा में यदि उपलब्ध साधनों का अधिकांश भाग मानवीय साधनों के विकास पर व्यय कर दिया जाए तो भौतिक विकास के लिए साधनों का अभाव बना रहता है, जो त्वरित आर्थिक विकास की दृष्टि से उचित नहीं कहा जा सकता।

(ग) इन देशों में लोग विकास, ज्ञान तथा कौशल के प्रति

उदासीनता प्रदर्शित करते है वे इनमें रूचि नहीं लेते है, इससे मानव पूंजी में विनियोग को प्रोत्साहन नहीं मिलता।

(घ) अल्पविकसित देशों में सामाजिक, राजनैतिक एवं सांस्कृतिक संगठनों तथा रूढ़िवादी विचारों के कारण भी प्राविधिक ज्ञान को अपनाने व लागू करने में कठिनाई बनी रहती है।

(ङ) अधिकतर अल्पविकसित अर्थव्यवस्थाएं कृषि प्रधान होती हैं और कृषि के अन्तर्गत नव-प्रवर्तन और कौशन निर्माण की संभावना कम रहती हैं।

(च) अल्पविकसित देशों को कौशल निर्माण के लिए विदेशी तकनीकी ज्ञान का आयात करना पड़ता है, जिसके लिए विदेशी विनिमय कोषों की आवश्कता होती है, परन्तु इन देशों में विदेशी विनिमय का सर्वथा अभाव पाया जाता है।

(छ) इन देशों में मानव संसाधनों के विकास हेतु विनियोजित की जाने वाली पूंजी का अभाव होता है।

2001 मानवीय राष्ट्रीय विकास रिपोर्ट

2001 की गणना के अनुसार निम्नलिखित मानव विकास निष्कर्ष एकत्रित किए गए इनका विश्लेषण हम निम्न प्रकार से कर रहे है:-

1. राज्यवार साक्षरता का स्तर- राष्ट्रीय मानव विकास रिपोर्ट-2001 के अनुसार भारत में शहरी तथा ग्रामीण साक्षरता में विभिन्न राज्यों में भिन्न-भिन्न आकड़े देखने को मिलते है उनके निष्कर्ष से यह पता चलता है कि ग्रामीण, नगरीय क्षेत्रों में स्त्री तथा पुरूषों का क्या शैक्षिक स्तर है। इन आकड़ों द्वारा यह पता चलता है कि ग्रामीण क्षेत्रों की तुलना में नगरीय क्षेत्रों में अधिक साक्षरता पाई जाती है।

2. प्रति व्यक्ति उपभोगं व्यय- राष्ट्रीय मानव विकास रिपोर्ट 2001 के अनुसार देश के विभिन्न राज्यों में प्रति व्यक्ति प्रति माह उपभोग व्यय का विवरण ज्ञात करने के पश्चात् यह निष्कर्ष निकाला

जा सकता है कि ग्रामीण क्षेत्रों की तुलना में नगरों में अधिक उपभोग किया जाता है। इसके पीछे एक कारण यह है कि ग्रामीण क्षेत्रों की तुलना में नगरों में अधिक रोजगार के अवसर पाए जाते है।

3. मानव गरीबी सूचकांक- योजना आयोग द्वारा निर्मित मानव गरीबी सूचकांक जिन पैरामीटर्स पर आधारित है, वे इस प्रकार हैं- गरीबी रेखा से नीचे के जीवन-यापन करने वाले लागों की संख्या, गरीबी रेखा के मध्य जीवन यापन करने वालों की संख्या तथा गरीबी रेखा उच्च जीवन यापन करने वाले लोगों की संख्या। इसके अतिरिक्त और भी कुछ सूचकांक है जो कि इस प्रकार है- स्वच्छता, विद्युत, जन्म के समय स्वास्थ्य सेवाएं उपलब्ध नहीं है, कच्चे घरों में निवास करने वाली जनसंख्या, अशिक्षित जनसंख्या का अनुपात तथा उस जनसंख्या का अनुपात जिसका 40 वर्ष से अधिक आयु के बाद जीवित रहने की सम्भावना नहीं रहती है। योजना आयोग द्वारा निर्मित मानव गरीबी सूचकांक के आधार पर यह कहा जा सकता है कि देश में सबसे गरीब प्रदेश बिहार है। गरीबी की दृष्टि से देश में द्वितीय स्थान उड़ीसा है तथा तीसरा स्थान अरूणाचल प्रदेश का है।

मानवीय संसाधन विकास

भारत एक कृषि प्रधान देश है इसलिए यहां पर मानव संसाधनों के विकास की बहुत आवश्यकता है। भारती भी तीव्र गति से आर्थिक चुनौतियों का मुकाबला कर रहा है। वह पंचवर्षीय योजनाओं के द्वारा मानव संसाधन के विकास की ओर अग्रसर हो रहा है। इस बात को स्पष्ट करते हुए तीसरी पंचवर्षीय योजना की रूपरेखा में स्पष्ट किया गया था कि आर्थिक क्षेत्र में तेजी से विकास करने, प्रौद्योगिकी के क्षेत्र में उन्नति करने तथा स्वतन्त्र, सामाजिक न्याय और समान अवसर के सिद्धान्त पर आधारित समाजवादी समाज की स्थापना के लिए, यदि कोई एक तत्व सबसे महत्वपूर्ण है तो वह है शिक्षा, स्वास्थ्य तथा

समाज कल्याण, समाज का कल्याण करने हेतु स्वास्थ्य सुविधाओं का विकास करना आवश्यक है। भारत में की गई एक पंचवर्षीय योजना (1997-2000) के आकड़ों से यह स्पष्ट होता है कि भारत में शिक्षा, चिकित्सा एवं जन पर कुल परियोजना व्यय मात्र 5 से 10 प्रतिशत के बीच व्यय किया जाता है। यह मानव संसाधन विकास की दृष्टि से उपयुक्त नहीं है। विकासवादी अर्थशास्त्रियों के अनुसार राष्ट्रीय आय का 30 से 40 प्रतिशत मानव संसाधन विकास पर अवश्य व्यय किया जाना चाहिए। इस प्रकार, भारत की पंचवर्षीय योजनाओं में मानव संसाधनों के विकास पर आवश्यकता के अनुरूप महत्व नहीं दिया जा सका है। इसके विपरीत, विकसित देशों में मानव संसाधनों के विकास पर पूर्ण रूप से बल दिया जाता हे। यही कारण है कि कौशल निमार्ण का स्तर विकसित देशों में अपेक्षाकृत ऊँचा है। विश्व बैंक की एक रिपोर्ट के अनुसार पिछले कुछ वर्षों में प्रतिरक्षा व्यय के बढ़ जाने के कारण सभी देशों में मानव संसाधन विकास व्यय में कमी आई है, परन्तु अल्प विकसित देशों में यह कटौती अधिक आई है। इसका मूल कारण शिक्षा, स्वास्थ्य एवं सामाजिक सुरक्षा के प्रति इन देशों में दृष्टिकोण का धुंधला होना है।

विश्व बैंक ने अपनी एक रिपोर्ट में यह स्पष्ट किया है कि अन्य सभी विकास प्रयासों अथवा उद्यमों की ही भांति शिक्षा और स्वास्थ्य भी अन्त-सम्बन्धित है और यह समग्र विकास प्रक्रिया का प्रभावित कर सकते है। मानव-विकास का पथ अन्तत आर्थिक विकास की ओर ही जाता है। विकाशील देशों में इस सच्चाई को जानना बहुत आवश्यक है। बीते हुए दो दशकों 1981-90 तथा 1991-95 के दौरान कुछ विकसित एवं विकासशील देशों में मानव संसाधन विकास सम्बन्धी व्यय की तुलनात्मक स्थिति को प्रदर्शित किया गया है। स्पष्ट है सभी राष्ट्रों में मानव विकास पर व्यय बढ़ा है जबकि भारत में 1981-1995 के दौरान यह आंकड़ा स्थिर रहा है।

5

जनसंख्या अध्ययन के आधारभूत सिद्धान्त

भूमिका

किसी भी राष्ट्र की जनसंख्या स्थिति का अध्ययन करना सरल कार्य नहीं होता क्योंकि इसके अन्तर्गत विभिन्न प्रकार की कठिनाईयों का सामना गणना करने वाले व्यक्ति को करना पड़ता है। इस कार्य को कुछ सरल बनाने के लिए कई प्रकार के सिद्धान्तों का निर्माण विद्वानों द्वारा किया गया है जिनमें से मुख्य सिद्धान्तों का उल्लेख इस अध्याय में किया जा रहा है।

माल्थस का सिद्धान्त

विभिन्न यूरोपीय राष्ट्रों, तथा विशेषकर इंग्लैंड में राबर्ट माल्थस नामक व्यक्ति ने अपने अनुभवों तथा पर्यवेक्षणों के आधार पर कुछ विशिष्ट प्रकार के निष्कर्ष निकाले, जिन्हें सामान्यत: माल्थस के जनसंख्या सिद्धान्त के नाम से जाना जाता है। माल्थस एक मानव-वाद था तथा उसकी सोच मानव कल्याण से सम्बन्धित थी। इन्होंने 18वीं शताब्दी में कई यूरोपीय देशों का भ्रमण किया एवं जनसंख्या वृद्धि से सम्बन्धित गहन अध्ययन किया तथा उससे प्राप्त होने वाले परिणामों से उन्हें इस तथ्य की प्राप्ति हुई कि जिस दर से जनसख्या में वृद्धि हो

रही थी, उससे मनुष्य जाति के लिए कठिन परिस्थितियां उत्पन्न हो सकती थी। प्राप्त होने वाले परिणामों के आधार पर ही उन्होंने जनसंख्या को नियंत्रित करने के तथ्य पर बल प्रदान किया तथा उसी समय उसने जनसंख्या सिद्धान्त को प्रतिपादित किया।

माल्थस के सिद्धान्त की मान्यताएं

यह सिद्धान्त जिन मान्यताओं पर आधारित है, उनका उल्लेख इस प्रकार हैं :-

क. सभी व्यक्तियों में काम वासना विद्यमान होती है जिस कारण संतान उत्पति की सम्भावनाएं सदैव अत्याधिक बनी रहती है।

ख. सन्तानोत्पत्ति आर्थिक समृद्धि के साथ प्रत्यक्ष रूप से सम्बन्धित होती है।

माल्थस के सिद्धान्त के मुख्य तथ्य

उपरोक्त वर्णित मान्यताओं के आधार पर ही माल्थस ने जनसंख्या के सिद्धान्त को प्रतिपादित किया। उसने अध्ययन से यह पाया कि जनसंख्या में होने वाली वृद्धि दर, उस दर से अधिक होती है जिससे विभिन्न प्रकार के आवश्यक संसाधन विकसित होते हैं। माल्थस के मतानुसार किसी भी प्रकार के नियंत्रण के अभाव में जनसंख्या में वृद्धि गुणोत्त अनुपात में होती है जबकि जीवन निर्वाह क्षमता में होने वाली वृद्धि समानान्तर अनुपात में होती है। इस प्रकार से यह पाया गया कि निर्वाह क्षमता की वृद्धि दर जनसंख्या की वृद्धि दर से सदैव कम ही होती है जिससे कुछ ही समय में वह निर्वाह क्षमता की दर को पछाड़ देती है जिससे मनुष्य को कुछ विशिष्ट प्रकार के लाभों से वंचित होना पड़ता है।

माल्थस के जनसंख्या सिद्धान्त को निम्न शीर्षकों के अन्तर्गत विश्लेषित किया जा सकता है :-

क. जनसंख्या में गुणोत्तर वृद्धि : जैसा कि पहले भी कहा गया है कि माल्थस का यह मानना था कि पुरूष तथा स्त्रियों में पाई जाने वाली काम भावना के कारण सन्तान उत्पति की सम्भावनाएं सदैव अधिक रहती है तथा इस कारण जन्म दर अधिक रहती है। इस जन्म दर को यदि नियंत्रित करने का प्रयास न किया जाएं तो जनसंख्या बहुत ही अधिक दर से विकसित हो जाती है जिस कारण से एक राष्ट्र की जनसंख्या को दुगनी होने में केवल 25 वर्षों का समय लगता है। इसलिए जनसंख्या वृद्धि दर को नियंत्रित करने के लिए किसी भी प्रकार के अवरोध को अवश्य प्रयोग किया जाना चाहिएं, जो प्राकृतिक अथवा कृत्रिम हो सकते हैं। माल्थस के अनुसार जिस प्रकार से खाद्य पदार्थों की मात्रा में वृद्धि होती है, उसी प्रकार से जनसंख्या में भी वृद्धि होती है तथा यह समस्या जनसंख्या के कुछ भाग के प्रवासी हो जाने से हल नहीं होगी क्योंकि वह पीछे जिन व्यक्तियों को छोड़ जाते हैं, वह सन्तान उत्पन्न करके जनसंख्या में पुनः वृद्धि कर देते हैं।

ख. साधनों में गणितीय वृद्धि : मनुष्य को जीवन यापन के लिए कुछ आवश्यक साधनों की आवश्यकता होती है, जिनमें विकास एक गणितीय अनुपात में ही होता है। माल्थस के मतानुसार भूमि में उत्पति ह्रास का नियम लागू होता है। खेतों में उत्पादन के क्रम में होने वाली वृद्धि उस क्रम के अनुपात में उत्पादन से सदैव अधिक होती है। माल्थस के अनुसार साधनों में होने वाली वृद्धि एक गणितीय रूप में होती है जिस कारण से जनसंख्या तथा विभिन्न साधनों के बीच पाएं जाने वाला अंतर कभी समाप्त नहीं होगा बल्कि समय के साथ यह बढ़ता ही रहेगा।

इस कथन को स्पष्ट करने के लिए माल्सथ द्वारा विभिन्न यूरोपीय देशों का भ्रमण किया गया तथा वहां पर उसने भिन्न प्रकार के ऐतिहासिक सामग्रियों तथा सिद्धान्तों को प्रयोग किया। इन सामग्रियों के

सहायता से उसने मुख्यतः तीन प्रतिस्थापनों को प्रस्तुत किया, जो इस प्रकार हैं :-

– जीवन यापन के साधनों के आधार पर जनसंख्या नियंत्रण दर को सीमित अथवा नियंत्रित किया जाना चाहिएं।

– जैसे-जैसे जीवन यापन के साधानों में वृद्धि होती जाती है, वैसे-वैसे जनसंख्या में भी वृद्धि होती जाती है। जनसंख्या में होने वाली वृद्धि दर को नियंत्रित करना अति आवश्यक होता है तथा इसके लिए कई प्रकार के साधनों को प्रयोग किया जा सकता है।

– जनसंख्या को नियंत्रित करने के लिए जिन निरोध साधनों को प्रयोग किया जाता है, उनमें मुख्य रूप से तीन का समावेश होता है, जो हैं: संयम, पापाचार तथा पीड़ा।

ग. जनसंख्या नियंत्रण के उपाय : माल्थस के मतानुसार जनसंख्या वृद्धि दर को मुख्य रूप से दो प्रकार के उपायों से नियंत्रित किया जा सकता है, जो हैं : प्राकृतिक तथा कृत्रिम।

प्राकृतिक नियंत्रक : जिस समय जनसंख्या खाद्य पदार्थों की तुलना में अधिक हो जाती है तथा प्रकृति द्वारा कुछ ऐसी क्रिया की जाती है जिससे जनसंख्या पुनः जीवन निर्वाह साधनों के अनुकूल हो जाती है। विभिन्न प्रकार की प्राकृतिक आपदाएं उत्पन्न हो जाती है जिसमें अधिक संख्या में जान तथा माल की हानि हो जाती है। इस प्रकार की घटनाओं अथवा आपदाओं के कारण जनसंख्या में कमी हो जाती है तथा जनसंख्या उस स्तर पर आ जाती है, जिसमें उपलब्ध प्राकृतिक साधन होते हैं।

इस प्रकार के नियंत्रण उपायों को व्यक्ति द्वारा व्यवस्थित नहीं किया जाता बल्कि यह स्वयं उत्पन्न हो जाते हैं। इस प्रकार के नियंत्रण से मनुष्य जाति को कई प्रकार के कष्ट तथा पीड़ा को सहन करना पड़ता है। इस प्रकार से जनसंख्या में होने वाली कमी अधिक समय

तक बनी नहीं रह पाती जिसका मुख्य कारण यह है कि जन्म दर में उस समय फिर से वृद्धि हो जाती है, जब मनुष्य में विद्यमान होने वाली स्वाभाविक प्रजजन की प्रवृति क्रियाशील अथवा सक्रिय हो जाती है। इस प्रकार से आवश्यक साधनों तथा जनसंख्या में पाई जाने वाली समानता कुछ ही समय में समाप्त हो जाती है तथा पुनः जनसंख्या का स्तर उपलब्ध साधनों की अपेक्षा अधिक हो जाता है। कुछ समय के पश्चात् अन्य प्राकृतिक आपदा उत्पन्न होती है जिससे यह स्तर फिर से संतुलित अवस्था में आ जाता है। इस प्रकार से प्राकृतिक नियंत्रण एक चक्र के रूप में क्रियाशील होता है तथा इस चक्र के कारण ही जनसंख्या का स्तर उपलब्ध होने वाले साधनों के स्तर के समान रह पाता है।

कृत्रिम नियंत्रकः माल्थस प्राकृतिक नियंत्रकों को कष्टदायक मानता था क्योंकि इससे मनुष्य जाति को कई प्रकार की पीड़ाओं को सहन करना पड़ता था। उसका यह मत था कि प्राकृतिक नियंत्रकों द्वारा उत्पन्न होने वाली पीड़ाओं तथा कष्टों से केवल उसी स्थिति में बचा जा सकता है जब जनसंख्या वृद्धि दर को नियंत्रित करने के लिए कृत्रिक नियंत्रकों को प्रयोग किया जाएं। इस प्रकार उसने इस बात पर बल दिया कि मनुष्य को जनसंख्या वृद्धि पर निरोधक प्रतिबंध लगाने के प्रयास करने चाहिएं। उसने यह कहा कि यदि मनुष्य विभिन्न प्रकार के कृत्रिक नियंत्रकों की सहायता से ही जनसंख्या के स्तर को नियंत्रित कर लेगा तो प्रकृति को यह कार्य करने के लिए सक्रिय होने की आवश्यकता नहीं होगी जिससे मनुष्य को किसी भी प्रकार के कष्ट अथवा पीड़ा को सहन नहीं करना पड़ेगा।

माल्थस के अनुसार जनसंख्या नियंत्रण करने के लिए विभिन्न प्रकार के कृत्रिक उपायों अथवा विधियों को प्रयोग किया जाना चाहिएं। उसके अनुसार मनुष्य को विभिन्न प्रकार के प्रतिबन्धक नियंत्रकों का

पालन अपने जीवन में करना चाहिएं जिससे वह स्वयं को ग्रहस्थ होने से बचा सकता है तथा इस प्रकार परिवार के जाल से स्वयं को दूर रख सकता है। इस कार्य को करने के लिए मनुष्य में आवश्यक आत्म संयम होना चाहिएं। जनसंख्या को कम करने के लिए गर्भपात तथा बाल हत्या जैसी सामाजिक कुरूतियों को वह पूर्णतः अनुचित मानते थे क्योंकि यह किसी भी प्रकार से नैतिक कार्य नहीं होते बल्कि इनमें अनैतिकता सम्मिलित होती है।

माल्थस के जनसंख्या सिद्धान्त की आलोचनाएं

आज कई विद्वानों द्वारा माल्थस की उन मान्यताओं को अनुचित माना गया है, जिस पर उसने अपने सिद्धान्त को आधारित अथवा निर्मित किया था। केवल यही नहीं, कई अन्य आधारों पर इस सिद्धान्त की आलोचना विश्व के कई विद्वानों द्वारा की गई है। इस सिद्धान्त के विरोध में विद्वानों द्वारा निम्न विचारों को प्रस्तुत किया गया है :-

क. काल्पनिक वृद्धि दर : माल्थस के मतानुसार यदि किसी भी प्रकार के अवरोध को प्रयोग न किया जाएं तो जनसंख्या गुणोतर में एक निशचित अनुपात में वृद्धि होती है तथा एक राष्ट्र की जनसंख्या 25 वर्षों में वर्तमान स्थिति से दोगुनी हो जाती है। परन्तु कई विद्वान इस तथ्य से सहमत नहीं हैं। उनका मत है कि जनसंख्या वृद्धि दर को कई तत्व अथवा घटक प्रभावित करते हैं, जिनमें से मुख्य हैं : आर्थिक विकास का स्तर तथा प्रौद्योगिकी का स्तर। इन्हीं घटकों के कारण जनसंख्या में होने वाली वृद्धि एक देश में अधिक समय लगाती है तथा दूसरे में कम।

माल्थ्स ने अपने सिद्धान्त में यह कहा है कि खाद्य सामग्रियों में होने वाली उत्पादन वृद्धि दर एक निशचित गणितीय अनुपात में विकसित होती है। विद्वान उसकी इस मान्यता से भी सहमत नहीं है। उनका कहना है कि आज तक उन्होंने ऐसा कोई भी राष्ट्र नहीं देखा

जहां पर उत्पादन वृद्धि दर में एक निश्चित गणितीय अनुपात में विकास होता है, इसलिए वह उसकी मान्यता को नकराते हैं।

ख. अवास्तविक मान्यताएं : जिन मान्यताओं पर माल्थस ने अपना जनसंख्या सिद्धान्त निर्मित किया है, उसे कई विद्वान अवास्तविक मानते है। उदाहरण के लिए, माल्थस ने यह कहा है कि मनुष्य में पाई जाने वाली कामवासना सदैव अधिक रहती है तथा इसी के कारण जन्म दर भी अधिक रहती है परन्तु विद्वानों ने इस तथ्य के विरूद्ध यह कहा है कि जैसे-जैसे व्यक्ति की आर्थिक स्थिति में सुधार होता जाता है, उसमें पाई जाने वाली कामवासना का स्तर कम होता जाता है। इसी प्रकार माल्थस के अनुसार कामवासना तथा संतानोत्पति में किसी भी प्रकार का कोई अंतर नहीं पाया जाता परन्तु कई विद्वान इन्हें भिन्न तथ्य मानते हैं। उनके अनुसार काम वासना सभी जीवित प्राणियों में विद्यमान होती है परन्तु सन्तान उत्पन्न करने की क्रिया विभिन्न प्रकार के घटकों अथवा तत्वों से प्रभावित होती है तथा यह परिस्थिति के अनुसार परिवर्तित होती है।

ग. स्वास्थ्य सेवाओं द्वारा मृत्यु दर में कमी : माल्थ्स ने अपने सिद्धान्त को प्रतिपादित करते समय यह धारणा प्रस्तुत की है कि जनसंख्या नियंत्रण का कार्य केवल कृत्रिक नियंत्रकों द्वारा ही नहीं किया जाता। जब इस प्रकार के नियंत्रक जन्म दर की वृद्धि दर को कम करने में असमर्थ हो जाते है तो प्रकृति द्वारा कुछ आपदाओं की उत्पति होती है, जिस कारण जनसंख्या का स्तर स्वयं ही उपलब्ध साधनों के समान हो जाता है। परन्तु विद्वान माल्थ्स के इस तथ्य से सहमत नहीं हैं। उनके अनुसार आज चिकित्सा क्षेत्र में इतना विकास हो गया है जिससे विभिन्न प्रकार से रोगों से सुरक्षित रखने तथा उनके उपचार ढूंढ निकाल लिए गए है जिससे मृत्यु दर कम हो गई है। इसलिए जिन प्राकृतिक प्रकोपों से जनसंख्या कम होने की बात माल्थ्स द्वारा कही गई

है, वह वास्तव में नहीं हो पाती क्योंकि उन समस्याओं के उपचार करने के तरीके भी आज ढूंढ निकाले गए हैं जो विभिन्न प्रकार की प्राकृतिक आपदाओं से उत्पन्न होती है। केवल यही नहीं, आज कई वैज्ञानिक उपचारों की सहायता से प्राकृतिक आपदाओं की सम्भावनाओं को भी पहले की अपेक्षा बहुत कम कर दिया गया है इसलिए कई विद्वानों द्वारा माल्थस की मान्यता पर शंका की जाती है।

घ. जनसंख्या वृद्धि की आवश्यकताः माल्थस ने अपने सिद्धान्त में इस तथ्य को उजागर किया है कि जनसंख्या में होने वाली किसी भी प्रकार की वृद्धि राष्ट्र की विकास दर को नकारात्मक रूप से प्रभावित करती है परन्तु कई विद्वानों का मत है कि यह सदैव हानिकारक नहीं होता। उस राष्ट्र अथवा समाज के लिए जनसंख्या में होने वाली वृद्धि लाभदायक तथा महत्वपूर्ण होती है, जिसकी वर्तमान जनसंख्या स्तर अनुकूलतम स्तर से नीचा होता है। इसलिए माल्थस की यह धारणा कि जनसंख्या वृद्धि सभी परिस्थितियों में राष्ट्र के लिए हानिकारक होती है, इसे विद्वान सही नहीं मानते इसलिए इसे नकारते हैं।

ङ. कृत्रिक नियंत्रकों का अव्यवहारिक स्वरूपः माल्थस के अनुसार जनसंख्या विकास दर को नियंत्रित करने में जो दो साधन अति महत्वपूर्ण भूमिका अदा करते हैं, वह है ब्रहाचार्य तथा आत्मसंयम। उसने अन्य किसी भी प्रकार के कृत्रिम नियंत्रकों को प्रयोग करने का समर्थन नहीं किया। इस प्रकार ब्रह्मचर्य तथा आत्मसंयम को वास्तविकता में प्रयोग करना तथा इनका पालन करना किसी भी प्रकार से सरल नहीं होता तथा आज के भाग-दौड़ वाले युग में, जहां युवा पीढ़ी केवल मनोरंजन प्राप्त करने का प्रयास करती है, ऐसी स्थिति में यह किसी भी प्रकार से व्यवहारिक प्रतीत नहीं होता। विद्वानों का यह भी मानना है कि कई अन्य प्रकार के नियत्रंकों की सहायता से जनसंख्या विकास दर को

कम किया जा सकता है इसलिए वह माल्थस के विचार से सहमत नहीं है तथा इसलिए उसे मानने से भी इंकार करते हैं।

च. तकनीकी विकास की उपेक्षा: माल्थस ने इस वास्तविकता को बिलकुल नजरअंदाज किया है कि प्रशिक्षण प्राप्त करने से एक व्यक्ति की कार्यक्षमता विकसित हो जाती है जिससे प्राप्त होने वाले उत्पादन की मात्रा भी विकसित हो जाती है। इस प्रकार कई विद्वान यह मानते हैं कि माल्थस द्वारा मनुष्य की उत्पादन क्षमता तथा तकनीकी विकास की पूर्ण रूप से अवहेलना की है, जिस कारण वह उससे सहमत नहीं हैं।

छ. सर्वव्यापकता की कमी : माल्थस का सिद्धान्त जिन मान्यताओं पर आधारित है, वह केवल विकासशील देशों में ही लागू होता है। विकसित देशों में स्त्रियों तथा पुरूषों में कामवासना सीमित अथवा कम तो नहीं पाई जाती परन्तु उन्हें इस तथ्य की पूर्ण जानकारी होती है कि उन्हें अपने परिवार का आकार कितना रखना है तथा ऐसा वह किस प्रकार से कर सकते हैं। विकसित देशों में विभिन्न प्रकार के उपायों की सहायता से जन्म दर तथा मृत्यु दर में समानता ला दी गई है जिससे जनसंख्या एक स्थायी रूप ग्रहण कर चुकी है। इसलिए कुछ विद्वानों का मत है कि माल्थस का जनसंख्या सिद्धान्त किसी भी प्रकार से सर्वव्यापक नहीं है क्योंकि यह केवल विकासशील देशों में ही लागू हो सकता है।

ज. आगमन विधि का दोष: माल्थस ने अपने सिद्धान्त का प्रतिपादन करने के लिए विभिन्न यूरोपीय देशों का भ्रमण किया तथा वहां किए जाने वाले अध्ययन से प्राप्त होने वाले निष्कर्षों के आधार पर ही जनसंख्या के सिद्धान्त प्रस्तुत किए। कुछ विद्वानों का यह मत है कि यूरोपीय देशों तथा अन्य देशों में पाई जाने वाली परिस्थितियों में विभिन्नता पाई जाती है जिस कारण से जो तथ्य वहां पर सत्य हो

सकते हैं, यह आवश्यक नहीं है कि वह अन्य देशों पर भी सत्य ही हो इसलिए विद्वानों के अनुसार माल्थस के जनसंख्या सिद्धान्त में आगमन प्रणाली का दोष पाया जाता है।

झ. माल्थस का सिद्धान्त स्थैतिक है: माल्थस ने उत्पति ह्रास नियम तथा प्राकृतिक साधनों को सीमित मानते हुए अपने सिद्धान्त को निर्मित तथा प्रस्तुत किया। कुछ विद्वानों का यह मानना है कि साधनों की मात्रा सदैव सीमित अथवा स्थिर नहीं रहती बल्कि वह समय अथवा परिस्थितियों के साथ परिवर्तित होती रहती है। उपलब्ध साधनों की मात्रा निरन्तर रूप से विकसित होती रहती है इसलिए विद्वानों का मत है कि माल्थस का दृष्टिकोण स्थिरता पर आधारित है जिससे वह उससे सहमत नहीं हैं।

उपरोक्त वर्णित चर्चा से यह भली प्रकार से स्पष्ट है कि माल्थस के जनसंख्या के सिद्धान्त में कुछ विशेष प्रकार की कमियां पाई गई है जिसके कारण कई विद्वानों ने इस सिद्धान्त को उचित मानने से इंक़ार कर दिया है। वास्तव में इन कमियों के कारण कई प्रकार की भ्रांतियों की उत्पति होती है जिससे सिद्धान्त के उचित होते हुए भी वह कुछ परिस्थितियों में अनुचित सिद्ध हो जाता है। विभिन्न प्रकार से विद्वानों ने इस सिद्धान्त की आलोचना की है परन्तु फिर भी जनसंख्या के विभिन्न सिद्धान्तों में आज भी इस सिद्धान्त को अति महत्वपूर्ण माना जाता है तथा विभिन्न शोध कार्यों में इसे प्रयोग किया जा रहा है।

जनसंख्या के जैविकीय सिद्धान्त

जनसंख्या के वह विचार जो जैविकीय अवधारणाओं से सम्बन्धित होते हैं, उनका अध्ययन जैविकीय सिद्धान्तों के अंतर्गत किया जाता है। यह सिद्धान्त इस कथन पर आधारित होते है कि मनुष्य में होने वाली जन्म तथा मृत्यु की क्रियाएं उसी प्रकार से होती है, जिस प्रकार से पेड़-पौधों तथा अन्य जीवित प्राणियों में। सभी संजीव प्राणियों की

भांति मनुष्य में भी विभिन्न प्रकार की मूल प्रवृतियों का समावेश होता है। इस विचारधारा के कई विद्वानों द्वारा जनसंख्या के सिद्धान्तों को प्रतिपादित किया गया, जिनमें से कुछ विद्वानों के मतों का उल्लेख इस प्रकार है:-

क. डबलडे का आहार सिद्धान्त : डबलडे एक अंग्रेज अर्थशास्त्री थे तथा इन्होंने एक जनसंख्या के एक महत्वपूर्ण जैविकीय सिद्धान्त को प्रतिपादित किया। इस सिद्धान्त के माध्यम से उन्होंने यह स्पष्ट किया कि जनसंख्या में होने वाली वृद्धि को उपलब्ध खाद्य पदार्थों की मात्रा निर्धारित करती है।

इस विचारक के अनुसार जनसंख्या में होने वाली वृद्धि तथा खाद्य पूर्ति की मात्रा में ॠणात्मक सम्बन्ध पाया जाता है। जनसंख्या की वृद्धि दर उतनी ही अधिक होगी जितनी खाद्य पूर्ति कम होगी। इसी प्रकार इस विद्वान के अनुसार जनसंख्या की प्रजनन दर इस तथ्य पर निर्भर करती है कि राष्ट्र के निवासियों को कितनी मात्रा में आहार की प्राप्ति हो पाती है। उसके अनुसार वास्तव में यही जनसंख्या का सामान्य नियम होता है।

डबलडे का सिद्धान्त इस मान्यता पर आधारित होता है कि उस समाज में जन्म दर अधिक होती है, जिसमें रहने वाले व्यक्तियों को जीवित रहने के लिए विभिन्न प्रकार की कठिनाईयों का सामना करना पड़ता है, जिसमें मुख्य रूप से आहार का अपर्याप्त मात्रा में उपलब्ध तता है। इसी प्रकार यदि जीवन यापन करने के लिए किसी भी प्रकार की कठिनाईयों का सामना नहीं करना पड़ता तो ऐसी स्थिति में स्थिति को संतुलित करने के लिए प्रकृति द्वारा प्रजननशीलता की दर को कम कर दिया जाता है। यह नियम केवल मनुष्यों पर ही लागू नहीं होता बल्कि पृथ्वी पर पाएं जाने वाले सभी जीव-जंतुओं पर समान रूप से लागू होता है।

अपने जनसंख्या के सिद्धान्त को प्रतिपादित करने के लिए डबलडे द्वारा मुख्य रूप से दो प्रकार की स्थितियों की कल्पना की गई, जिसमें उपलब्ध होने वाले आहार की मात्रा को भिन्न माना गया। एक स्थिति में सभी व्यक्तियों को आहार प्रचुर मात्रा में उपलब्ध हुआ माना गया तथा उसे बाहुल्यता की स्थिति कहा गया। इसी प्रकार एक ऐसी स्थिति मानी गई जिसमें व्यक्तियों को प्राप्त होने वाले आहार आवश्यकता से कम था तथा उसे रिक्तता की स्थिति कहा गया।

डबलडे के अनुसार बाहुलता की स्थिति में देश अथवा किसी विशिष्ट क्षेत्र में रहने वाले सभी व्यक्तियों को प्रचुर मात्रा में पौष्टिक आहार तथा आवश्यक खाद्य पदार्थों की प्राप्ति हो पाती है तथा इसके बिल्कुल विपरित रिक्तता की स्थिति में निवासियों को आवश्यक मात्रा में आहार उपलब्ध नहीं हो पाता। इन दोनों प्रकार की स्थितियों में प्रजनन क्षमता को स्पष्ट करने का प्रयास डबलडे ने किया। उसके अनुसार बाहुलता की स्थिति में सन्तानोत्पादन की क्षमता में कमी तथा रिक्तता की स्थिति में इसमें वृद्धि हो जाती है। उसने अन्य तथ्यों को प्रस्तुत करने के लिए विभिन्न जीवित जन्तुओं अथवा पक्षियों का उदाहरण लिया। उसके अनुसार वह जानवर तथा पक्षी जो देखने में दुबले-पतले होते है, उनमें सन्तान उत्पन्न करने की अधिक क्षमता पाई जाती है जबकि यह क्षमता मोटे जंतुओं में कम मात्रा में पाई जाती है।

उपलब्ध होने वाले आहार की मात्रा के आधार पर जनसंख्या को डबलडे ने तीन वर्गों में विभक्त किया, जो इस प्रकार है :-

क. जनसंख्या में कुछ व्यक्ति ऐसे वर्ग से सम्बन्ध रखते हैं, जिन्हें आहार प्रचुर मात्रा में प्राप्त हो पाता है तथा जिन्हें पौष्टिक आहार के साथ-साथ विलासिता का समय भी पर्याप्त मात्रा में प्राप्त हो पाता है। इस वर्ग के व्यक्ति द्वारा यदि कठिन शारीरिक परिश्रम किया जाएं तो इनका जीवन व्यस्त हो जाता है तथा इस प्रकार की स्थिति में उनकी

प्रजनन क्षमता में भी विकास हो जाता है।

ख. जनसंख्या में सम्मिलित होने वाले कुछ व्यक्ति ऐसे वर्ग से सम्बन्ध रखते है जिन्हें आहार की प्राप्ति आवश्यकता से भी कम मात्रा में हो पाती है। इस वर्ग के व्यक्तियों को जीवन निर्वाह करने के लिए अत्याधिक मात्रा में शारीरिक श्रम करना पड़ता है तथा इनके भाग्य में भोग विलासिता के साथ जीवन व्यतीत करना नहीं होता। इस वर्ग से सम्बन्ध रखने वाले व्यक्तियों को निर्धन कहा जाता है तथा इनका जीवन अत्याधिक कष्टदायक होता है। इस वर्ग के व्यक्तियों में प्रजनन क्षमता अधिक मात्रा में उपस्थित होती है जिस कारण यह अपने परिवार के आकार को निरन्तर रूप से बढ़ाते रहते हैं।

ग. तीसरे वर्ग में वह व्यक्ति सम्मिलित होते है जो ना तो अत्याधिक धनी होते हैं तथा न ही अत्याधिक निर्धन। इस वर्ग से सम्बन्ध रखने वाले व्यक्तियों को आहार की प्राप्ति प्रचुर मात्रा में होती है परन्तु इसकी किस्म बहुत अच्छी नहीं होती। इस वर्ग से सम्बन्ध रखने वाले व्यक्तियों को अत्याधिक शारीरिक परिश्रम नहीं करना पड़ता बल्कि वह जीवन निर्वाह के लिए मानसिक क्रियाओं का प्रयोग करते है तथा उनसे धन अर्जित करने का प्रयास करते हैं। इस वर्ग से सम्बन्ध रखने वाले व्यक्तियों की प्रजनन क्षमता न ही अत्याधिक अधिक होती है और न ही अत्याधिक कम इसलिए इस वर्ग के व्यक्तियों की संख्या प्रायः संतुलित अथवा समान ही रहती है।

इस प्रकार से डबलडे के आहार सिद्धान्त के अनुसार जिस प्रकार का भोजन एक व्यक्ति को प्राप्त होता है, उसी से उसकी प्रजनन शक्ति भी प्रभावित होती है। वह व्यक्ति जो मांसाहार आहार अधिक मात्रा में ग्रहण करते हैं, उनमें संतान उत्पन्न करने की क्षमता कम मात्रा में पाई जाती है जबकि शाकाहारी व्यक्तियों में यह क्षमता अधिक होती है। इस प्रकार यह कहा जा सकता है कि डबलडे का आहार सिद्धान्त यह

स्पष्ट करता है कि उपलब्ध होने वाले खाद्य पदार्थों की मात्रा में होने वाली वृद्धि के फलस्वरूप प्रजननशीलता की क्षमता कम हो जाती है तथा ऐसे राष्ट्र की जनसंख्या संतुलित अवस्था में रह सकती है, जहां पर शाकारी तथा मासांहारी, दोनों प्रकार के भोजन ग्रहण करने वाले व्यक्तियों का समावेश हो।

डबलडे आहार सिद्धान्त की आलोचना

कई विद्वानों द्वारा डबलडे के आहार सिद्धान्त की आलोचना की गई है तथा यह कार्य जिन आधारों पर किया गया है, उनका उल्लेख इस प्रकार हैं :-

– डबलडे के सिद्धान्त में इस तथ्य को प्रस्तुत किया गया है कि मानव जाति कालांतर में पूर्ण रूप से समाप्त हो जाएंगी परन्तु इस प्रकार की स्थिति कभी उत्पन्न नहीं हो सकती, जिस कारण उसकी इस मान्यता को अवास्तविक माना गया है।

– विभिन्न अध्ययन कार्यों से यह सिद्ध हुआ है कि गांवों में रहने वाले व्यक्तियों में प्रजनन दर अधिक होती है तथा यही दर शहरों में रहने वाले व्यक्तियों में कम होती है। इस प्रकार से डबलडे की एक अन्य मान्यता का विखंडन होता है, जिस कारण विद्वान इस पर शंका करते हैं।

– डबलडे के अनुसार प्रजननशीलता तथा प्रजनशक्ति में कोई अंतर नहीं होता जबकि वास्तविकता तो यह है कि यह दोनों एक–दूसरे से भिन्न होते हैं। यदि प्रजननशक्ति स्थिर हो तो भी वास्तविक प्रजननशीलता में अस्थिरता की स्थिति पाई जा सकती है।

ख. कोराडो गिनी का जैविक अवस्था सिद्धान्त : कोराडो गिनी इटली के एक महान समाजशास्त्री थे तथा उन्होंने जैविक अवस्था सिद्धान्त का प्रतिपादन किया था। इनके अनुसार जनसंख्या में होने वाले परिवर्तन प्राणिशास्त्रीय गुणों में होने वाले परिवर्तनों के कारण होता है।

गिनी के मतानुसार एक समाज में जनसंख्या वृद्धि दर में समय-समय पर परिवर्तन होता रहता है तथा यह दर भिन्न चरणों में भिन्न होती हैं, जिसका मुख्य कारण यह है कि विभिन्न जैविकीय शक्तियां मिलकर प्रजननशीलता की क्षमता को निर्धारित करती हैं।

गिन ने विभिन्न देशों का भ्रमण किया तथा उनकी जनसंख्या से सम्बन्धित आंकडों को एकत्रित किया और उनका भली प्रकार से विश्लेषण करने के पश्चात् इस निष्कर्ष पर पहुंचा कि एक सामाजिक विकास की क्रिया विभिन्न अवस्थाओं को पार करते हुए सम्पन्न होती है। समाज की पहली अवस्था में जनसंख्या में होने वाली वृद्धि की दर अत्याधिक होती है परन्तु विकास के साथ इस दर की तीव्रता कम होती जाती है तथा कुछ समय के पश्चात् समाज परिपक्वता की अवस्था को प्राप्त कर लेता है जिसमें यह दर कम हो जाती है तथा तीसरी अवस्था में समाज पूर्ण रूप से नष्ट हो जाता है, जिसमें जनसंख्या वृद्धि दर ना के बराबर रह जाती है।

इस प्रकार यह कहा जा सकता है कि आरम्भिक चरण में समाज की रचना बहुत ही सरल होती है तथा इस प्रकार की स्थिति में प्रजनन दर अधिक होती है परन्तु समय के साथ समाज दूसरी अवस्था को प्राप्त करता है, जिसमें विभिन्न प्रकार की सामाजिक तथा आर्थिक समस्याएं उत्पन्न होती है जिससे प्रजनन दर में कमी हो जाती है। इस परिपक्वता के पश्चात् आती है नाश की अवस्था जिसमें जनसंख्या वृद्धि दर बहुत ही कम रह जाती है।

उपरोक्त वर्णित चर्चा से यह स्पष्ट है कि मानव जाति में होने वाली जन्म तथा मृत्यु की क्रियाएं कुछ विशिष्ट प्रकार के जैविक तथ्यों पर आधारित होती है। केवल यही नहीं, व्यक्तियों में गुणात्मक विकास भी इन्हीं तथ्यों के आधार पर होता है। इस प्रकार से जनसंख्या में होने वाली वृद्धि की क्रिया विशिष्ट जैविक तथ्यों के कारण होती है जो

अवस्थाओं में होने वाले परिवर्तनों के साथ परिवर्तित होती रहती है।

ग. स्पेन्सर का प्रजनन फलन सिद्धान्त : हरबर्ट स्पेन्सर, जो एक अंग्रेजी समाजशास्त्री थे, उन्होंने इस सिद्धान्त को प्रतिपादित किया। इस सिद्धान्त की सहायता से स्पेन्सर ने यह तथ्य प्रस्तुत किया कि विभिन्न प्रकार के सामाजिक तथा प्राणीशास्त्रीय विकास कार्य प्राकृतिक शक्तियों के द्वारा होते हैं। इस विद्वान के अनुसार जनसंख्या में होने वाली वृद्धि एक प्राकृतिक कार्य होता है तथा यह तथ्य प्राकृतिक नियमों द्वारा ही निर्धारित होता है कि जनसंख्या में वृद्धि कितनी मात्रा में होगी।

इस प्रकार स्पेन्सर के मतानुसार कोई भी व्यक्ति इस तथ्य को जान नहीं सकता कि जनसंख्या में वृद्धि कितनी मात्रा में होगी क्योंकि यह पूर्ण रूप से प्राकृतिक नियमों द्वारा निर्धारित होता है। इस विद्वान के मतानुसार सामाजिक जीवन की जटिलता में वृद्धि के साथ-साथ प्रजनन दर में निरन्तर रूप से कमी होती जाती है। प्रकृति द्वारा मनुष्यों का दृष्टिकोण परिवर्तित किया जाता है, जिससे जनसंख्या में होने वाली वृद्धि की मात्रा का ज्ञान प्राप्त हो पाता है। प्रकृति द्वारा मनुष्य के दृष्टिकोण में होने वाले परिवर्तन से ही उनका ध्यान विभिन्न क्षेत्रों में होने वाले विकास कार्यों की तरफ जाता है। प्रकृति द्वारा कुछ इस प्रकार की परिस्थितियों अथवा वातावरण को निर्मित करने का प्रयास किया जाता है जिससे मनुष्य सन्तानोत्पादन की क्रिया में रूचि लेना कम कर दें।

इस सम्बन्ध में मुख्य रूप से दो तत्वों का उल्लेख स्पेन्सर द्वारा किया गया, जो हैं : व्यक्तिकरण तथा उत्पत्ति। वह क्रिया जिसकी सहायता से एक व्यक्ति का विकास हो पाता है, उसे व्यक्तिकरण कहा जाता है। इसमें कई तत्वों का समावेश होता है, जैसे शिक्षा, स्वास्थ्य तथा रहन-सहन की परिस्थितियां आदि। वह क्रिया जिसकी सहायता से एक जीव अपनी जाति के नए सदस्यों को उत्पन्न करता है, उसे उत्पति

कहा जाता है। उत्पति केवल उसी स्थिति में अधिक हो सकती है, जब जन्म दर अधिक होगी। स्पेन्सर के मतानुसार इन दोनों तत्वों में ऋणात्मक सम्बन्ध पाया जाता है।

एक व्यक्ति की सन्तानोत्पादन क्षमता में उतनी ही मात्रा में कमी होती जाएंगी, जितना वह व्यक्तिगत विकास की क्रियाओं में ध्यान देगा। यह तथ्य मुख्य रूप से स्त्रियों पर लागू होता है। इस प्रकार से सन्तानोत्पादन क्षमता में होने वाली कमी के कारण जनसंख्या को नियंत्रित करने का कार्य किया जा सकता है। स्पेन्सर इस मत को प्रस्तुत करता है कि उन स्त्रियों में प्रजनन शक्ति कम मात्रा में पाई जाती है जो बौद्धिक रूप से पूर्ण तरह से विकसित हो चुकी है तथा जो विभिन्न प्रकार के मानसिक कार्यों में व्यस्त रहती हैं। यही कारण है कि उन बालिकाओं में सन्तानोत्पादन क्षमता कम मात्रा में पाई जाती है जिनका पालन पोषण उच्च स्तरीय परिवारों में होता है।

इस प्रकार यह कहा जा सकता है कि स्पेन्सर के अनुसार वह बालिकाएं जिनमें व्यक्तिगत विकास अधिक होता है, उनमें सन्तानोत्पादन शक्ति कम मात्रा में पाई जाती है। इसी प्रकार, जिन बालिकाओं में व्यक्तिगत विकास का स्तर निम्न पाया जाता है, उनमें यह शक्ति अधिक मात्रा में विद्यमान होती है तथा यही कारण है कि निर्धन परिवारों से सम्बन्ध रखने वाली स्त्रियां अधिक संख्या में शिशु पैदा कर पाती हैं।

स्पेन्स ने अपने जनसंख्या के सिद्धान्त को प्रस्तुत करते हुए प्रजनन दर की प्रवृतियों को भी उल्लेखित किया है। इस धारणा के लिए विकासवादी सिद्धान्तों को प्रयोग किया गया है। स्पेन्सर के अनुसार जीव के आकार तथा प्रजनन दर में ऋणात्मक सम्बन्ध पाया जाता है। छोटे कद में प्राणियों में अधिक प्रजनन दर विद्यमान होती है। इसी प्रकार जैसे-जैसे जीव के आकार में वृद्धि होती जाएंगी, नए जीव को उत्पन्न

करने की क्रिया उतना ही जटिल रूप धारण करती जाएंगी। इस प्रकार की महिलाएं कम संख्या में शिशुओं को पैदा कर पाती है तथा उनकी प्रजनन दर भी कम पाई जाती है।

स्पेन्सर के सिद्धान्त की आलोचना

विभिन्न विद्वानों ने स्पेन्सर द्वारा प्रतिपादित किए गए सिद्धान्तों को पूर्ण रूप से सत्य नहीं माना है क्योंकि इसके द्वारा प्रदान किए गए तथ्यों का समर्थन करने के लिए अभी तक किसी प्रकार के आंकड़ों को प्राप्त नहीं किया गया है। जो आंकड़ें प्राप्त भी हुए है, वह इस सिद्धान्त को अनुचित ही सिद्ध करते हैं। इस प्रकार की आलोचनाओं का उल्लेख निम्न आधारों पर किया गया है :-

क. कोई भी आंकड़ें यह सिद्ध नहीं कर पाएं है कि बौद्धिक रूप से अधिक विकसित महिलाओं में सन्तानोत्पादन शक्ति अपेक्षाकृत कम मात्रा में पाई जाती है।

ख. वास्तविक जीवन में ऐसी कई स्त्रियों को पाया जाता है, जो निर्धन वर्ग से सम्बन्धित होती है परन्तु फिर भी उनमें बांझपन पाया जाता है।

ग. कई ऐसी स्थितियां देखी गई है जिसमें पतले शरीर वाले व्यक्तियों की कोई संतान ही नहीं होती इसलिए स्पेन्सर की उस धारणा को गलत सिद्ध करती है कि जितना जीव पतला होगा उसमें सन्तानोत्पादन क्षमता उतनी ही अधिक मात्रा में विद्यमान होगी।

उपरोक्त चर्चा से यह स्पष्ट है कि कई आधारों पर विद्वानों ने स्पेन्सर के सिद्धान्त की आलोचना की है परन्तु इसके बावजूद भी जनसंख्या के एक महत्वपूर्ण सिद्धान्त के रूप में इसे पहचाना जाता है।

जनसंख्या के सामाजिक सिद्धान्त

विकास के साथ कई प्रकार के विचारों का विकास हुआ तथा उन्नीसवीं शताब्दी में विकसित होने वाली एक महत्वपूर्ण विचारधारा थी

समाजवाद। इस युग में विद्वानों के विचारों में भी परिवर्तन आ गया तथा वह अब मानवीय कष्टों का कारण जनसंख्या को नहीं बल्कि समाज में पाई जाने वाली विभिन्न बुराईयों तथा आय के असमान वितरण को मानने लगे। कई विद्वानों ने जनसंख्या से सम्बन्धित सामाजिक सिद्धान्तों को प्रतिपादित किया, जिनमें से कुछ मुख्य विद्वानों द्वारा प्रस्तुत किए गए सिद्धान्तों का उल्लेख इस प्रकार हैं :-

क. ड्यूमां का सामाजिक केशिकात्व सिद्धान्त : डयूमां एक फ्रांसीसी विचारक थे तथा इन्होंने माल्थस के सिद्धान्त का बड़ी प्रबलता के साथ विरोध किया। इनके द्वारा प्रतिपादित किया गया सिद्धान्त मुख्य रूप से मनोवैज्ञानिक सामाजिक इच्छा पर आधारित था।

डयूमां के अनुसार समाज में रहने वाले सभी व्यक्तियों में सामाजिक जीवन में प्रगति करके प्रतिष्ठा प्राप्त करने की प्रबल इच्छा पाई जाती है। अपने विचार को प्रभावकारी ढंग से समझाने के लिए एक उदाहरण को ड्यूमां द्वारा प्रयोग किया गया जिसमें उसने यह स्पष्ट किया कि जिस प्रकार से केवल एक पतला पदार्थ ही केशिका क्रिया के द्वारा ऊपर की तरफ उठ सकता है, उसी प्रकार केवल वही परिवार सामाजिक पदानुक्रम के ऊपर उठ सकता है, जिसका आकार लघु हो तथा एक बड़े आकार के परिवार को इस प्रकार से ऊपर उठने में विशेष प्रकार की समस्याओं का सामना करना पड़ता है।

ख. हेनरी जार्ज का बौद्धिक विकासात्मक सिद्धान्त : जनसंख्या का एक सिद्धान्त हेनरी जार्ज नामक विद्वान द्वारा प्रस्तुत किया गया, जो एक अमेरिकी अर्थशास्त्री तथा समाज सुधारक था। इस विद्वान के मतानुसार जनसंख्या का सिद्धान्त बौद्धिक विकास के सिद्धान्त की भांति ही होता है तथा वह उस पर आधारित होता है। जार्ज का मानना था कि जमींदारी प्रथा तथा भूमि का असमान वितरण ही जनाधिक्य के प्रमुख कारण होते हैं। पर्याप्त खाद्य पदार्थों का उत्पादन इस कारण से नहीं हो

पाता क्योंकि जमींदारी प्रथा में उपस्थित होने वाले भूस्वामी ऐसा करने में बाधा उत्पन्न करते हैं।

प्रायः यह देखा जाता है कि खाद्य पदार्थों का उत्पादन इस कारण से सीमित रह जाता है क्योंकि कृषकों को खेती करने के लिए पर्याप्त मात्रा में भूमि ही प्राप्त नहीं हो पाती। जार्ज के अनुसार यदि खाद्य पदार्थों के उत्पादन में वृद्धि करनी है तो यह आवश्यक है कि भूमि को उन व्यक्तियों के मध्य वितरित किया जाएं, जो कृषि का कार्य कर सके। इस प्रकार से भूमि को ऐसे व्यक्तियों में वितरित करने से जनसंख्या में पाएं जाने वाले असंतुलन को समाप्त किया जा सकता है तथा उससे उत्पन्न होने वाली विभिन्न प्रकार की समस्याओं को हल किया जा सकता है। इस प्रकार से जार्ज के अनुसार जनसंख्या समस्या का समाधान केवल खाद्य पदार्थों के उत्पादन की मात्रा को बढ़ाकर किया जा सकता है तथा यह कार्य केवल उसी स्थिति में किया जा सकता है जब कृषि योग्य भूमि पर कृषकों को स्थायी अधिकार प्रदान कर दिए जाएं।

माल्थस के अनुसार जार्ज का भी यह मानना था कि सभी मनुष्यों में काम वासना विद्यमान होती है परन्तु उसके अनुसार जैसे-जैसे एक व्यक्ति बौद्धिक रूप से विकसित होता जाता है, उसमें पाई जाने वाली प्रजनन क्षमता के स्तर में कमी होती जाती है। बौद्धिक स्तर में विकास होने से व्यक्ति प्रजनन क्रिया को भी विचारपूर्ण तरीके से करता है इस प्रकार से जन्म दर को सफलतापूर्वक कर पाता है। जार्ज के अनुसार समाजिक विकास में कई प्रकार की सामाजिक व्यवस्थाएं सहायता भी प्रदान करती है तथा वही मुख्य रूप से बाधक भी सिद्ध होती है। इस प्रकार सामाजिक विकास की प्रगति को प्राकृतिक दशाएं किसी भी प्रकार से प्रभावित नहीं करती। मनुष्य जाति केवल उसी स्थिति में विकास कर सकती है जब वह अपनी सामाजिक व्यवस्थाओं में संतुलन

की स्थिति बनाएं रख सकें क्योंकि इसके बिना किसी भी प्रकार का विकास कर पाना सम्भव नहीं होता।

जार्ज ने भी इस मत पर सहमति जताई है कि जनसंख्या दर को नियंत्रित करने के लिए विभिन्न प्रकार के साधनों अथवा नियंत्रकों को प्रयोग करना अति आवश्यक है परन्तु उसने प्राकृतिक नियंत्रकों की अपेक्षा कृत्रिम नियंत्रकों को प्रयोग करने को अधिक महत्वपूर्ण तथा प्रभावकारी समझा है।

ग. मार्क्स का जनसंख्या सम्बन्धी सिद्धान्त: आज विश्व का शायद ही कोई ऐसा देश होगा जिसके निवासियों को कार्ल मार्क्स तथा उसके विचारों की जानकारी नहीं होगी। कार्ल मार्क्स उन्नीसवीं शताब्दी के एक महान दार्शनिक, अर्थशास्त्री तथा समाजशास्त्री थे। कई विद्वानों ने कार्ल मार्क्स को ही वैज्ञानिक समाजवाद का जनक माना है। यह समाजशास्त्री साम्यवाद विचारधारा के प्रबल समर्थक थे तथा इन्होंने प्रबलता के साथ पूँजीवादी अर्थव्यवस्था का बहिष्कार किया।

इन महान विचारक द्वारा किसी भी प्रकार से जनसंख्या से सम्बन्धित सिद्धान्तों का प्रस्तुतीकरण अथवा प्रतिपादन नहीं किया गया परन्तु इनके द्वारा लिखित पुस्तक 'दास कैपिटल' में ऐसे कई तथ्य मिलते हैं जिनके आधार पर जनसंख्या से सम्बन्धित सिद्धान्तों को निर्मित किया जा सकता है। वास्तव में इस पुस्तक में मार्क्स द्वारा कई तथ्यों से सम्बन्धित विचार प्रस्तुत किए गए, जिनमें से एक था जनसंख्या। इन्हीं विचारों के आधार पर मार्क्स के जनसंख्या सिद्धान्तों को प्रतिपादित किया गया।

कार्ल मार्क्स द्वारा ही पूंजीवादी अर्थव्यवस्था से उत्पन्न होने वाली समस्याओं का विस्तार में उल्लेख किया गया तथा उसने खुले रूप से इस व्यवस्था की आलोचना भी की। उन्होंने विभिन्न प्रकार की सामाजिक तथा आर्थिक समस्याओं का एक मुख्य कारण पूंजीवादी

व्यवस्था को बताया है। इन विभिन्न प्रकार की सामाजिक समस्याओं में से एक थी जनसंख्या की समस्या।

यद्यपि मार्क्स के विचारों के आधार पर कई विद्वानों ने मिलकर उसके जनसंख्या के सिद्धान्त को प्रतिपादित किया परन्तु मार्क्स का व्यक्तिगत रूप से यह मानना था कि जनसंख्या का कोई भी सिद्धान्त विश्वव्यापी स्तर पर निर्मित नहीं किया जा सकता क्योंकि इस प्रकार के सिद्धान्तों विभिन्न प्रकार की सामाजिक तथा आर्थिक परिस्थितियों पर निर्भर करते हैं। सभी राष्ट्रों में पृथक जनसंख्या के सिद्धान्त लागू होते है क्योंकि सभी देशों में भिन्न-भिन्न प्रकार की उत्पादन विधियों को प्रयोग किया जाता है।

विभिन्न प्रकार के विचारों को प्रस्तुत करते समय मार्क्स ने समाज को मुख्य रूप से दो वर्गों में विभक्त किया है, जो हैं : पूंजीपति वर्ग तथा सर्वहारा वर्ग। पूंजीपति वर्ग में ऐसे व्यक्ति सम्मिलित किए जाते है जिनके अधिकार में उत्पादन के विभिन्न साधन होते है जबकि सर्वहारा वर्ग में वह श्रमिक सम्मिलित होते है, जो अन्य व्यक्तियों के साधनों को प्रयोग करके उत्पादन करते है तथा इसके बदले में उन्हें मजदूरी की प्राप्ति होती है। परिवार का आकार बढ़ाने का प्रयास अधिकतम मात्रा में सर्वहारा वर्ग के व्यक्तियों द्वारा किया जाता है क्योंकि वह इसका अभिप्राय श्रम संचय मानते हैं।

पूंजीवादी उत्पादन प्रणाली का मार्क्स अत्याधिक विरोधक था क्योंकि उसका मानना था कि इस प्रकार की प्रणाली विभिन्न प्रकार की सामाजिक बुराईयों को पैदा करती है। उसके अनुसार समाज में पाई जाने वाली असमानता की स्थिति का कारण भी पूंजीवादी उत्पादन प्रणाली ही था। उसका मानना था कि समाज में पाई जाने वाली विभिन्न प्रकार की बुराईयों को केवल साम्यवादी व्यवस्था की सहायता से ही दूर किया जा सकता था। इस प्रकार यह कहा जा सकता है कि मार्क्स

के अनुसार जनसंख्या में होने वाली वृद्धि का मुख्य कारण पूंजीवादी व्यवस्था है क्योंकि इस व्यवस्था में पूंजीपति वर्ग अपने लाभ को अधिक करने के लिए श्रमिकों को प्रदान की जाने वाली मजदूरी में कटौती कर देते हैं तथा श्रमिक के परिवार के जितने अधिक सदस्य मजदूरी करेंगे, उतनी ही मात्रा में उसे धन प्राप्त हो पाएंगा इसलिए वह अपने परिवार का आकार बढ़ाने का प्रयास करते है जिससे जन्म लेने वाला शिशु भविष्य में उसी के प्रकार मजदूरी के काम में लगे तथा परिवार को प्राप्त होने वाली आय में वृद्धि करें।

मार्क्स के जनसंख्या सिद्धान्त की आलोचनाएं

कुछ विद्वानों द्वारा मार्क्स के जनसंख्या सिद्धान्त की आलोचना की गई है तथा यह कार्य निम्न आधारों पर किया गया :-

क. मार्क्स द्वारा जनसंख्या में होने वाली तीव्र वृद्धि का कारण पूंजीवाद की व्यवस्था को ठहराया गया परन्तु इस तथ्य की तरफ अधिक संख्या में विद्वानों ने संकेत दिया है कि मार्क्स के विचार का मुख्य कारण यह था कि वह पूंजीवादी व्यवस्था का कट्टर शत्रु अथवा आलोचक था तथा उसने इसी पूर्वाग्रह के कारण पूर्ण दोष पूंजीवादी व्यवस्था के पर ही लगा दिया। यह तथ्य उस समय अधिक स्पष्ट हो जाता है जब विभिन्न ऐसे देशों में भी जनसंख्या वृद्धि की समस्या पाई जाती है जहां पर साम्यवाद व्यवस्था को प्रयोग किया जाता है।

ख. मार्क्स ने इस तथ्य को भली प्रकार से प्रस्तुत नहीं किया कि साम्यवादी देशों में जनसंख्या में होने वाली वृद्धि की प्रवृति क्या होनी चाहिएं जिस कारण से कुछ विद्वान उसके द्वारा प्रदान किए गए सिद्धान्तों को अस्पष्ट तथा भ्रांमित मानते हैं।

ग. मार्क्स द्वारा इस तथ्य पर सहमति व्यक्त की गई है कि साम्यवाद व्यवस्था को प्रयोग करके समाज में पाई जाने वाली सभी प्रकार की कठिनाईयों को हल किया जा सकता है परन्तु ऐसा वास्तव

में नहीं होता। केवल साम्यवाद को प्रयोग करके जनसंख्या में होने वाली अधिक दर से वृद्धि को नियंत्रित कर पाना किसी भी प्रकार से सम्भव नहीं है। यह कार्य विभिन्न प्रकार के कृत्रिम नियंत्रकों को प्रयोग किए बिना नहीं किया जा सकता इसलिए मार्क्स के सिद्धान्त किसी भी प्रकार से व्यवहारिक नहीं है।

घ. मार्क्स के विचारों तथा सिद्धान्तों पर प्रश्न चिन्ह उस समय लग गया जब सोवियत संघ के कई राज्यों ने स्वतंत्रता प्राप्ति के पश्चात् पूंजीवादी प्रथा को अपना लिया। इस प्रकार की घटना से यह सिद्ध होता है कि मार्क्स ने जितना महत्व साम्यवाद व्यवस्था को प्रदान किया है, वह वास्तव में प्रदान नहीं किया जाता इसलिए कई विद्वानों ने उसके सिद्धान्तों को नकारा हैं।

उपरोक्त वर्णित सभी जनसंख्या के सिद्धान्तों को महत्वपूर्ण माना जाता है तथा विभिन्न स्तर पर जनसंख्या सम्बन्धी अध्ययन कार्य करने के लिए इन सिद्धान्तों को प्रयोग किया जाता है। यद्यपि विद्वानों द्वारा प्रयोग की गई कई धारणाएं वर्तमान समय में अनुचित सिद्ध हो गई है परन्तु इसके बावजूद इन सिद्धान्तों ने अपना महत्व नहीं खोया है तथा आज भी बड़े पैमाने पर प्रयोग किए जा रहे हैं।

अनुकूलतम् जनसंख्या का सिद्धान्त

जनसंख्या के अनेक सिद्धान्त प्रचलित हैं जिनमें से माल्थन का सिद्धान्त भी एक है जो कि प्रकाशित होते ही कटु आलोचनाओं का शिकार हो गया। आधुनिक अर्थशास्त्री इस विचारधारा को मानने को तैयार नहीं होते है कि जनसंख्या की उच्च वृद्धि दर देश के लिए हानिकार सिद्ध हो सकती है। इसी कारण अनुकूलतम् जनसख्या के सिद्धान्त की आवश्यकता पड़ी, इस सिद्धान्त में आर्थिक परिस्थितियों को ध्यान में रखते हुए यह अध्ययन किया जाता है कि उस देश की बढ़ती हुई जनसंख्या लाभदायक है अथवा हानिकारक। प्रो. सेलिगमैन

के अनुसार, "जनसंख्या की समस्या को केवल आकार की समस्या या क्षेत्रफल की समस्या ही नहीं समझा जाना चाहिए बल्कि यह कुशल उत्पादन तथा युक्तिसंगत वितरण की समस्या है। इसी नींव दृष्टिकोण के आधार पर जनसंख्या के अनुकूलतम सिद्धान्त का प्रतिपादन किया गया है। यह सिद्धान्त यह पता लगाता है कि किसी देश की राष्ट्रीय आय उसकी जनसंख्या की तुलना में पर्याप्त है या नहीं। यही कारण है कि माल्थम का सिद्धान्त एक ऐसा सिद्धान्त है जो कि किसी भी देश में लागू होता है। अनुकूलतम् सिद्धान्त एक विशिष्ट समस्या का अध्ययन करता है। अतः यह स्पष्ट होता है कि माल्थन के सिद्धान्त की अपेक्षा अनुकूलतम् का सिद्धान्त अधिक उपयोगी है, तथा युक्तिसंगत है। सबसे पहले एडवर्ड वेस्ट ने 1815 में यह घोषित किया था कि जनसंख्या में वृद्धि होने से उत्पादन की दर में भी वृद्धि होती है। यह विचार सिद्धान्त का एक संकेत मात्र माना जा सकता है। सिजविक के सिद्धान्त के अनुसार यदि एक अनुपात में सभी संसाधनों की मात्र को एक साथ लगाया जाए तो एक ऐसा बिन्दु आता है जबकि उत्पादन का स्तर ऊँचा होता है। इसमें उन्होंने अनुकूलतम् शब्द का प्रयोग नही किया लेकिन उनका संकेत उसी तरफ जाता है। आगे चलकर इसी प्रकार के अनेक सिद्धान्तों की व्याख्या डाल्टन, रॉबिन्स तथा सांण्डर्व के द्वारा की गई।

अनुकूलतम जनसंख्या सिद्धान्त की मान्यताएं

अनुकूलतम् जनसंख्या का सिद्धान्त निम्नलिखित मान्यताओं पर आधारित है:–

(क) प्रो. एरिक रॉल के अनुसार, "अनुकूलतम् जनसंख्या को किसी देश की वह जनसंख्या कहा जा सकता है जो अन्य साधनों के दी हुई मात्रा के सहयोग से अधिगतम उत्पादन कर सकती है।"

(ख) प्रो.जे.आर. हिक्स के अनुसार, "अनुकूलतम् जनसंख्या को

जनसंख्या का वह स्तर कहा जा सकता है जिस पर प्रति व्यक्ति उत्पादन अधिकतम होता है।"

(ग) प्रो. रोबिन्स के अनुसार, "अनुकूलतम् जनसंख्या सिद्धान्त वह है जिसके द्वारा अधिकतम उत्पादन किया जा सकता है।"

(घ) डाल्टन के अनुसार, "अनुकूलतम् जनसंख्या वह होती है जो प्रति व्यक्ति अधिकतम आय उपलब्ध कराती है।"

अतः यह कहा जा सकता है कि अनुकूलतम् जनसंख्या से तात्पर्य उस जनसंख्या से है जो दिए हुए साधनों का उपयोग करते हुए एक निश्चित समय में अधिकतम उपयोग करने के लिए आवश्यक है। जब देश की जनसंख्या का आकार आदर्श होता है तो प्रति व्यक्ति आय में वृद्धि होती है। इस प्रकार एक विशेष समय में और एक विशेष परिस्थिति में ही जनसंख्या सर्वोत्तम होती है।

अनुकूलतम् सिद्धान्त की व्याख्याएं

अनुकूलतम् सिद्धान्त के अनुसार एक निश्चित समय में जनसंख्या का वह भाग सर्वोत्तम होता है जो कि संसाधनों को अधिकतम तथा उच्च प्रयोग कर सकता है। किसी भी देश के भौतिक संसाधनों का उपभोग करने के लिए यह आवश्यक होता है कि उस देश में जनसंख्या का घनत्व बना रहे अर्थात् उस देश के साधनों का उपयोग करने हेतु विशाल जनशक्ति पर्याप्त मात्रा में विद्यमान रहे। इसके विपरीत यदि जनसंख्या का घनत्व कमा होगा और देश के ससांधनों का उपयोग सही प्रकार से नहीं हो सकेगा तो उत्पादन दर में कमी आएगी और संसाधनों का विनाश भी हो जाएगा। इसलिए संसाधनों का इष्टतम उपयोग करने के लिए यह आवश्यक है कि देश की जनसंख्या की मात्रा पर्याप्त हो। जनसंख्या में वृद्धि के फलस्वरूप श्रम की सीमांत उत्पादकता तथा औसत उत्पादकता में बढ़ोत्तरी होती है जिससे कि वृद्धि का नियम लागू होगा। यही नियम लागू रहते हुए एक ऐसा बिन्दु प्राप्त

होता है जिस पर जनसंख्या का उत्पत्ति के अन्य साधनों के साथ इष्टतम् सम्बन्ध स्थापित हो जाता है। यहां प्रति व्यक्ति औसत उत्पाद अर्थात् प्रति व्यक्ति आय अधिकतम होती है। इस स्थिति को ही हम अनुकूलतम् का सिद्धान्त कहते है। परन्तु यहा एक बात ध्यान देने वाली यह होती है कि यदि इस बिन्दु के पश्चात् भी यह दर इसी प्रकार बढ़ती रहती है तो अनुकूलतम् की स्थिति का सिद्धान्त यहां पर भंग हो जाता है। फलस्वरूप, जनसंख्या की प्रत्येक वृद्धि के साथ श्रम की सीमान्त उत्पादन और औसत उत्पादन घटता जाएगा अर्थात् ह्रास प्रतिफल का नियम लागू हो जाएगा। इसलिए यह स्पष्ट है कि अनुकूलतम् नियम को बनाए रखने के लिए जनसंख्या पर नियंत्रण आवश्यक है। यदि जनसंख्या का स्तर कम है तो इसे न्यून जनसंख्या कहा जाएगा और जनसंख्या के आकार का इस बिन्दु से अधिक होने पर देश में अति जनसंख्या समझी जाएगी।

अनुकूलतम् जनसंख्या के सम्बन्ध में डाल्टन एवं रॉबिन्ध के दृष्टिकोण इस प्रकार है:-

डाल्टन अपने सिद्धांत को प्रति व्यक्ति आय के सन्दर्भ में प्रस्तुत किया है उनके अनुसार अनुकूलतम जनसंख्या वह स्थिति है जहां पर प्रति व्यक्ति आय अधिकतम होती है। उन्होंने जनसंख्या का अध्ययन प्रति व्यक्ति आय को केन्द्र मानकर किया। डाल्टन के अनुसार जनसंख्या अनुकूलतम बिन्दु पर उसी समय पहुंचती है बकि वह देश में उपलब्ध प्राकृतिक संसाधनों, उत्पादन की तकनीक और पूंजी की सहायता से प्रति व्यक्ति अधिकतम आय उपलब्ध करती है। यदि देश की जनसंख्या इस अनुकूलतम् स्तर से कम होगी तब निश्चय ही साधनों को यथोचित् उपयोग नहीं हो पाएगा, जिससे कि अधिकतर संसाधन व्यर्थ ही जाएंगे। इसके विपरीत यदि जनसंख्या अनुकूलतम बिन्दु से अधिक होगी तब अन्य साधनों की प्रत्येक इकाई उत्पादन के

क्षेत्र में कम काम करेगी जिससे औसत आय भी कम हो जाएगी। इस प्रकार डाल्टन द्वारा प्रतिपादित सिद्धांत का अध्ययन करने से यह स्पष्ट होता है कि डाल्टन ने अपने सिद्धांत में मुख्य केन्द्र बिन्दु प्रति व्यक्ति आय को ही बनाया है। उनके अनुसार अधिकतम औसत आय तभी प्राप्त होगी जबकि उत्पादन के साधनों का इष्टतम उपयोग किया जाएगा। इस अनुकूलतम अनुपात से किसी भी दिश में विचलन औसत आय में कमी ला देगा।

दूसरे रॉबिन्स के अनुकूलतम सिद्धान्त के अनुसार अनुकूलतम सिद्धांत वह है जिससे कि अधिकतम सम्भव होता है। इस प्रकार रॉबिन्स का सिद्धांत डाल्टन के सिद्धांत से बिलकुल भिन्न है। उन्होंने अपने विश्लेषण में प्रति व्यक्ति आय के स्थानद पर अधिकतम कुल उत्पादन को विशेष स्थान दिया है। रॉबिन्स के दृष्टिकोण इस आधार पर सामाजिक है कि उसने प्रति व्यक्ति औसत आय के स्थान पर सामाजिक उत्पादन को महत्व दिया है। रॉबिन्स के अनुसार जनसंख्या में वृद्धि का हेते रहना उस सीमा तक उचित है जिस सीमा तक कुल उत्पादन में वृद्धि होती जाती है। ऐसी स्थिति में यह भी हो सकता है कि प्रति व्यक्ति आय अधिकतम् न रही हो। उनके मतानुसार, अनुकूलतम जनसंख्या तभी होगी जब प्रत्येक व्यक्ति के जीवन निर्वाह के लिए पर्याप्त के लिए पर्याप्त आय प्राप्त होती है। रॉबिन्स का विचार है कि जब तक देश का प्रत्येक व्यक्ति लाभदायक रोजगार में नहीं लगा हुआ है अर्थात् जब तक कि कोई व्यक्ति समाज को उतना उत्पादन करने में सहायता देता है जितना कि समाज में उस व्यक्ति के भरण-पोषण पर व्यय करना पड़ता है, तब तक देश में जनसंख्या की वृद्धि से कोई भय नहीं है।

अनुकूलतम जनसंख्या के सम्बन्ध में डाल्टन एवं रॉबिन्स के दृष्टिकोण में अन्तर

यद्यपि इन दोनों विद्वानों ने जनसंख्या के अनुकूलतम से सम्बन्धित अपने-अपने सिद्धांत व्यक्त किए है, फिर भी इनके दृष्टिकोणों में निम्नलिखित अन्तर पाया जाता है:-

(क) डाल्टन ने जहां पर अनुकूलतम जनसंख्या को अधिकतम प्रति व्यक्ति आय से सम्बन्धित किया है वहीं पर रॉबिन्स ने इसे अधिकतम उत्पादन से सम्बद्ध किया है।

(ख) डाल्टन का विश्लेषण व्यावहारिक है जबकि रॉबिन्स का विश्लेषण सैद्धांतिक है। डाल्टन के अनुसार अधिकतम् प्रति व्यक्ति आय का विचार अधिक व्यावहारिक हैं। जबकि रॉबिन्स के अनुसार यदि देश में प्रति व्यक्ति लाभपूर्ण अपने रोजगार में लगा है, जब अति जनसंख्या का कोई भय नहीं है। यह पर्याप्त आया एवं सामाजिक आय दोनों को मापना व्यावहारिक दृष्टि से कठिन हो जाता है।

(ग) डाल्टन ने अनुकूलतम जनसंख्या के विचार को व्यक्त करते हुए न केवल उत्पादन की मात्रा बल्कि उसके वितरण को भी महत्व प्रदान किया है। जबकि रॉबिन्स ने धन के उत्पादन को ही अपने सिद्धांत को ही अपना केन्द्र बनाया। इस सन्दर्भ में डाल्टन का दृष्टिकोण रॉबिन्स की तुलना में अधिक वैज्ञानिक प्रतीत होता है, क्योंकि प्रति व्यक्ति आय को अधिकतम बनाने में न केवल राष्ट्रीय धन का उत्पादन बल्कि इसमें वितरण का भी महत्वपूर्ण स्थान होता है। जनसंख्या की समस्या न केवल कुशल उत्पादन की समस्या है, वरन् न्याय वितरण की भी समस्या मानी जाती है।

(घ) रॉबिन्स के अनुसार जहां पर उत्पादन तथा उपभोग दोनों की मात्रा बराबर होती है वहां पर अनुकूलतम का स्तर संतुलित होता है। रॉबिन्सन में अनुकूलतम स्तर को उपभोग तथा उत्पादन दोनों को ही

शामिल किया गय है। जबकि डाल्टन ने जनसंख्या के अनुकूलतम बिन्दु का अध्ययन अन्य आर्थिक तत्वों के सन्दर्भ में नहीं किया। डाल्टन के अनुसार जब अनुकूलतम जनसंख्या आ जाए तो जन्म-दर इतनी ही होनी चाहिए कि जनसंख्या प्रतिस्थापित होती रहे। इसके विपरीत रॉबिन्स जनसंख्या की वृद्धि उस हद तक सही मानते है जिस हद तक वह उत्पादन को बढ़ाती है चाहे प्रतिव्यक्ति आय दर कुछ भी हो।

(ङ) रॉबिन्स प्रति व्यक्ति अधिकतम आय के स्थान पर उत्पादन को अधिकतम बनाने पर बल देते है। रॉबिन्स के अनुसार प्रति व्यक्ति अधिकतम आय के स्थान पर उत्पादन को अधिकतम बनाने पर बल दिया जाना चाहिए। उनके अनुसार जनसंख्या में तब तक वृद्धि लाभकारी है जक तक कि अधिकतम उत्पत्ति बिन्दु नहीं आ जाता है। डाल्टन ने अनुकूलतम जनसंख्या की व्याख्या स्पष्ट से व्यक्ति तथा उसकी आय के संदर्भ में ही रहकर की है। उन्होंने यह कहा है कि जनसंख्या अनुकूलतम बिन्दु पर उस समय पहुंचती है जबकि देश के साधनों की मात्रा तथा तकनीकी दी हुई होने पर प्रति व्यक्ति आय अधिकतम बनाने पर बल देते है।

अनुकूलतम जनसंख्या सिद्धान्त की माल्थस के सिद्धान्त से श्रेष्ठता

यद्यपि माल्थस के सिद्धांत में अनेक बुराईयां है फिर भी जनसंख्या सिद्धांत को माल्थस के जनसंख्या सिद्धांत से श्रेष्ठतर समझा जाता है। इसका कारण अनुकूतम जनसंख्या का सिद्धांत की अपनी कुछ विशेषताएं हैं जिन्हें निम्नलिखित प्रकार से वर्णित किया जा सकता है:-

(क) अनुकूलतम सिद्धांत के द्वारा हम जनसंख्या को नियन्त्रण करना सीख जाते है। अर्थात् जब जनसंख्या अनुकूलतम बिन्दु को पार करने लगे तो उसकी वृद्धि पर रोक लगानी चाहिए। माल्थस का सिद्धांत ऐसा कोई सुनिश्चित आधार प्रदान नहीं करता।

(ख) माल्थस का सिद्धांत इस अवास्तविक अवधारणा पर आधारित है, कि प्रकृति कृपण है क्योंकि कृषि में घटते प्रतिफल का नियम कार्यशील रहता है। परन्तु, इस दृष्टि से अनुकूलतम सिद्धांत की अवधारणा वास्तविक है। क्योंकि, हय सिद्धांत मानता है कि पहले अनुकूलतम बिन्दु तक बढ़ने प्रतिफल का नियम कार्य करता है और उसके उपरान्त घटते प्रतिफल का नियम।

(ग) माल्थस का सिद्धांत सैद्धान्तिमक अधिक और व्यावहारिक कम है। माल्थस जनसंख्या में होने वाली प्रत्येक वृद्धि को बुरा मानते थे क्योंकि वें लोगों पर कठिन विपत्तियां लाती है। उनका मानना था कि जो लोग प्रकृति में बिना बुलाए आते है उनको भूख ही रहना पड़ेगा। दूसरी ओर अनुकूलतम सिद्धांत यह मानता है कि देश के प्राकृतिक साधनों का अधिकतम विदोहन करने के लिए जनसंख्या में वृद्धि केवल वांछित ही नहीं आवश्यक भी है।

(घ) अनुकूलतम सिद्धांत प्रावैगिक है क्योंकि काल दक्षता, अवधि, पूंजी संभार तथा अन्य बातों में सुधारों के कारण उत्पादन में विस्तार होने पर प्रति व्यक्ति आय बढ़ सकती है। जबकि माल्थस का सिद्धांत एक स्थैतिक धारणा है जो कि एक काल अवधि पर लागू होती है।

(ङ) माल्थस ने जनसंख्या की समस्या पर केवल परिमाणात्मक दृष्टिकोण से ही विचार किया है। यह जनसंख्या के गुणात्मक पहलुओं जैसे- नैतिक स्तर, नैतिकता, जनसंख्या का स्वास्थ्य आदि पर विचार नहीं करता है। जबकि अनुकूलतम सिद्धांत इन सबकी ओर बल देता है।

(च) अनुकूलतम का सिद्धांत यह बताता है कि किसी समय विशेष पर देश की अनुकूलतम या आदर्श जनसंख्या कितनी होनी चाहिए, माल्थस का सिद्धांत जनसंख्या सम्बन्धी समस्या का सामान्य अध्ययन करता है क्योंकि यह आर्थिक परिस्थितियों पर ध्यान दिए बिना

सब देशों पर समान रूप से लागू होता है।

(छ) माल्थस के सिद्धांत की तुलना में अनुकूलतम सिद्धांत इसलिए श्रेष्ठ है क्योंकि वह किसी देश की आर्थिक स्थिति के सम्बनध में जनसंख्या सम्बन्धी समस्या का अध्ययन करता है।

(झ) माल्थस का दृष्टिकोण संकीर्ण था। उन्होंनं जनसंख्या का समबन्ध खाद्य पदार्थों की पूर्ति से कर दिया जबकि अनुकूलतम जनसंख्या सिद्धान्त जनसंख्या को कुल उत्पादन से सम्बद्ध करता है जो ज्यादा उचित है।

(ट) माल्थस की धारणा थी कि किसी देश में अकाल, बाढ़, सूखा आदि प्राकृतिक संकट क्रियाशील है तो वहां अनुकूलतम जनसंख्या की स्थिति विद्यमान होगी। अनुकूलतम जनसंख्या सिद्धांत किसी देश में प्राकृतिक संकटों का पाया जाना अति जनसंख्या का सूचक नहीं मानता। इनके अभाव में भी अति जनसंख्या विद्यमान हो सकती है यदि प्रति व्यक्ति वास्तविक आय गिर रही है।

(ठ) अनुकूलतम जनसंख्या सिद्धांत आशावादी है तथा वह निराशावाद से ग्रसत नहीं हैं क्योंकि इस सिद्धांत के अनुसार जनसंख्या की वृद्धि सदैव चिन्ता का विषय नहीं है तथा वह जनसंख्या को देश के धन से सम्बद्ध करता है। माल्थस का सिद्धांत निराशावादी है। वह मानव जाति के भविष्य को धुंधला चित्र प्रस्तुत करता है। जो विपत्ति, दुरचार, बाढ़, सूखा आदि संकटों से भरपूर है।

अनुकूलतम जनसंख्या सिद्धान्त की आलोचना

(क) प्रति व्यक्ति आय का ठीक-ठाक माप सम्भव नहीं- प्रति व्यक्ति आय को मापने में अनेक कठिनाइयां सामने आती है। इनके उपलक्ष में सही आंकड़ें प्राप्त क्ररना ही सबसे मुख्य समस्या है। कई व्यक्ति आय कर के डर से भी अपनी वास्तविक आय नही बताते है। इसलिए प्रति व्यक्ति आय को मापना ही निरर्थक है।

(ख) सिद्धांत का दृष्टिकोण संकुचित है- यह सिद्धांत जनसंख्या के प्रश्न को हल करने के लिए संकुचित दृष्टि से विचार करता है। किसी देश की उन्नति के लिए केवल प्रति व्यक्ति आय का माप ही उपयुक्त नही होता है बल्कि उसके लिए नागरिकों का स्वास्थ्य, शिक्षा, निर्माण कौशल तथा नैतिक दृष्टि पर भी बल देना आवश्यक होता है। इस प्रकार आदर्श जनसंख्या के आकार पर विचार करते समय आर्थिक उन्नति पर ही ध्यान देना पर्याप्त नहीं है बल्कि सामाजिक, राजनीतिक, नैतिक व सैनिक परिस्थितियों पर भी ध्यान देना आवश्यक है।

(ग) यह सिद्धांत आर्थिक नीति निर्धारण में सहायक नहीं- इस सिद्धांत के माध्यम से आर्थिक नीति का निर्धारण नहीं किया जा सकता है। जब वित्तीय नीति का उद्देश्य देश में रोजगार, उत्पादन दर को बढ़ाना आदि होता है या स्थिर करना है, तो जनसंख्या के अनुकूलतम स्तर की बात ही नहीं होती है। अतः इस सिद्धांत का कोई व्यावहारिक पक्ष नहीं दिखता है।

(घ) अनुकूलतम जनसंख्या ज्ञान करना कठिन- अनुकूलतम जनसंख्या सिद्धांत एक महत्वपूर्ण आलोचना यह है कि किसी निश्चित अवधि में अनुकूलतम जनसख्या का पता लगाना ही कठिन है। किसी देश में अनुकूलतम जनसंख्या स्तर के बारे में कोई प्रमाण नहीं मिलता। उसकी माप करना इसलिए सम्भव नहीं है क्योंकि अनुकूलतम जनसंख्या से तात्पर्य है देश के लिए परिमाणात्मक तथा गुणात्मक आदर्श जनसंख्या। गुणात्मक- आदर्श जनसंख्या में जनसंख्या का न केवल शारीरिक गठन, ज्ञान प्रज्ञान बल्कि उसकी श्रेष्ठतम आयु-सुरचा भी सम्मिलित रहती है। यह चर परिवर्तित होते रहते है और वातावरण में समबद्ध हैं। इस प्रकार जनसंख्या के अनुकूलतम स्तर की अवधारणा अस्पष्ट रहती है।

(ङ) यह सिद्धांत आय के वितरण पक्ष पर ध्यान नहीं देता- इस

सिद्धांत की इस बात पर भी आलोचना की जाती है कि यह सिद्धांत राष्ट्रीय आय के वितरण के सम्बन्ध में उदासीन है। केवल उत्पादन पक्ष पर ही ध्यान देना इस सिद्धांत का लक्ष्य है। प्रति व्यक्ति अधिकतम औसत आय का तब तक कोई महत्व नहीं जब तक कि राष्ट्रीय आय का समान रूप से नागरिकों में वितरण नहीं होता। यदि कुल राष्ट्रीय आय कुछ गिने-चुने धनी व्यक्तियों के हाथों में ही केन्द्रित हो जाए तो समाज के आर्थिक कलयाण में वृद्धि करना असम्भव है। इस प्रकार यह सिद्धांत राष्ट्रीय आय के समान वितरण जैसे मुख्य पक्ष की उपेक्षा करने के कारण आलोचनात्मक दृष्टि से देखा जाता है।

(च) स्थैनिक दृष्टिकाण- इस सिद्धांत की मान्यताओं पर सांख्यिकीय होने का भी आलोचनात्मक आरोप लगाया जाता है क्योंकि यह सिद्धांत यह मानकर चलता है कि किसी समय विशेष पर अनुकूलतम जनसंख्या सम्बन्धित जानकारी के लिए प्राकृतिक साधन, तकनीकी ज्ञान, आदि को स्थिर समझ लिया जाता है। परन्तु वास्तविक संसार गत्यात्मक है। वातावरण तथा परिस्थितियां निरन्तीर परिवर्तित होती रहती है। इनको स्थिर मानने का अर्थ है कि यह सिद्धांत स्थैनिक है। यह सिद्धांत इस अर्थ में स्थैनिक समझा जाता है कि यह कार्यशील जनसंख्या तथा कुल जनसख्ंया के मध्य स्थिर अनुपात तथा कार्य के घण्टे एवं मात्रा को स्थिर मानकर चलता है।

(छ) जनसंख्या का सिद्धांत मानना ही अनुचित है- इस सिद्धांत को जनसंख्या का सिद्धांत मानना ही अनुचित है। यह सिद्धांत कारणों तथा उनके द्वारा निकाले गए परिणामों पर प्रकाश नहीं डालता है। यह इस सन्दर्भ में मौन धारण किए हुए है कि जनसंख्या का विस्तार क्यों होता है और किस प्रकार उस पर नियन्त्रण पाया जा सकता है। इस सिद्धांत के निर्माण के लिए यह आवयश्क है कि कारण एवं परिणाम में सम्बन्ध स्थापित किया जाए। यह सिद्धांत वस्तुतः जनसंख्या विवेचन

में अनुकूलन के प्रत्यये का प्रयोग मात्र है।

अनुकूलतम जनसंख्या सिद्धांत की महत्वपूर्ण विशेषताएं निम्न है-

अनुकूलतम जनसंख्या सिद्धांत में किसी देश की आर्थिक परिस्थितियों को ध्यान में रखते हुए इस बात का अध्ययन किया जाता है कि उस देश की बढ़ती हुई जनसंख्या लाभदायक है या नहीं। इससे यह स्पष्ट होता है कि यदि जनसंख्या की वृद्धि आर्थिक विकास में सहायक है तो वह जनसंख्या आर्थिक की दृष्टि से लाभदायक है अन्यथा नहीं। इसलिए इसकी विशेताओं को हम निम्न प्रकार से स्पष्ट कर सकते है:-

(क) अनुकूलतम जनसंख्या परिमाणात्मक ही नहीं गुणात्मक विचार भी है- अनेक विद्वानों ने अनुकूलतम जनसंख्या के सिद्धांत को गुणात्मक विचार कहा है इसलिए बोल्डिंग ने प्रति व्यक्ति आय के स्थान पर जीनव स्थर शब्दा का प्रयोग इस सिद्धांत के सन्दर्भ में किया है। प्रो. बाई के अनुसार जनसंख्या का वह भाग अनुकूलतम है जिसमें कि प्रति व्यक्ति आय के साथ-साथ सामाजिक एवं आर्थिक जीवन भी उच्चतम है। स्वभावत: जब उत्पादन तथा आय बढ़ती है तो लोगों के आर्थिक विकास में भी बढ़ोत्तरी होती है जिससे उनके जीवन का स्तर ऊंचा उठने लगता है। परन्तु चरित्र, स्वास्थ्य आदि बातों को सम्मिलित करने से किसी समय पर एक दशे के लिए सही रूप से अनुकूलतम जनसंख्या को ज्ञात करना कठिन हो जाता है।

(ख) अनुकूलतम जनसंख्या बिन्दु गतिशील होती है- इसका तात्पर्य यह है कि यदि साधनों में वृद्धि की जाती है तो प्रति व्यक्ति आय में बढ़ोत्तरी होती है जिसके कारण राष्ट्रीय आय में भी वृद्धि होती है। परिणामस्वरूप अनुकूलतम जनसंख्या बिन्दु में गति आती है। अत: अनुकूलतम जनसंख्या बिन्दु गतिशील होता है। यदि देश में वैज्ञानिक तकनीक में विकास हो, प्राकृतिक साधनों की खोज हो, उत्पादन की

नई-नई तकनीकों को अपनाया जाए तो यह बिन्दु गतिशील होता है।

(ग) उत्पत्ति ह्रास नियम पर आधारित- इस नियम में यदि साधन कम हो और जनसंख्या अधिक तो ह्रास का नियम उत्पन्न होने का भय रहता है। इस प्रकार यह नियम परिवर्तनशील अनुपात या उत्पत्ति ह्रास सिद्धान्त पर आधारित है।

6

जनसंख्या वितरण तथा जनसंख्या घनत्व

जनसंख्या वितरण से तात्पर्य

किसी राष्ट्र अथवा प्रदेश विशिष्ट में जिस प्रकार से जनसंख्या वितरित होती है, उसे तकनीकी भाषा में जनसंख्या वितरण कहा जाता है। जनसंख्या वितरण में इस तथ्य का भी समावेश होता है कि जनसंख्या के वितरण में किस प्रकार के परिवर्तन होते हैं। केवल ऐसा राष्ट्र अथवा राज्य ही विकास मार्ग पर तीव्रता के साथ चल पाता है, जिसमें जनसंख्या का वितरण कुशलता के साथ हो।

वर्तमान समय में विश्व की कुल जनसंख्या लगभग 600 करोड़ है तथा इसमें से करीब 60 प्रतिशत जनसंख्या केवल एशिया महाद्वीप में ही निवास करती है। विश्व की जनसंख्या का पता लगाने के लिए विभिन्न प्रकार के अध्ययन कार्य किए जाते हैं तथा संयुक्त राष्ट्र संघ द्वारा इस दिशा में सन् 2001 में एक अध्ययन कार्य किया गया। प्राप्त होने वाले परिणाम के अनुसार उस समय विश्व की कुल जनसंख्या 615 करोड़ से अधिक थी तथा जनसंख्या का अत्याधिक भाग एशिया महाद्वीप में निवास करता है। विभिन्न प्रकार के चित्रों तथा मानचित्रों की सहायता से यह प्रस्तुत किया गया कि विश्व में जनसंख्या का वितरण

कितनी असमानता के हो रखा है। विश्व के कुछ ऐसे भाग हैं जहां पर जनसंख्या का अधितकम भाग रहता है जबकि कई क्षेत्र ऐसे है जहां पर पाई जाने वाली जनसंख्या की मात्रा बहुत ही कम हैं।

उदाहरण के तौर पर अंटार्कटिका तथा ग्रीनलैंड के अधिकांश भागों में जनसंख्या कम मात्रा में पाई जाती है क्योंकि यह क्षेत्र पूर्ण रूप से बर्फ से ढके हैं। इस प्रकार यह कहा जा सकता है कि विश्व की आधे से अधिक जनसंख्या कुछ विशिष्ट स्थलीय क्षेत्रों में ही निवास करती है जिस कारण से जनसंख्या का वितरण असमान पाया जाता है।

कई प्रकार के अध्ययन कार्य किए गए है जिनकी सहायता से महाद्वीपों के अनुसार जनसंख्या का वितरण प्रतिरूप प्राप्त करने का प्रयास किया गया है। इस संदर्भ में प्राप्त होने वाली जानकारी को निम्न प्रकार से व्यक्त किया जा सकता है :-

महाद्वीपों के आधार पर जनसंख्या का वितरण प्रतिरूप

विश्व की सम्पूर्ण जनसंख्या का करीब 60 प्रतिशत भाग एशिया महाद्वीप पर निवास करता है तथा इसे निम्न प्रकार से उल्लेखित किया जा सकता है :-

क. एशिया में जनसंख्या का वितरण : जैसा कि पहले भी कहा जा चुका है कि विश्व की आधी से अधिक जनसंख्या एशिया महाद्वीप पर ही निवास करती है। यह महाद्वीप विश्व के कुल स्थलीय क्षेत्रफल के करीब एक-तिहाई भाग पर फैला हुआ है। सघनता तथा सामान्य वितरण प्रतिरूप के अनुसार एशिया महाद्वीप को मुख्य रूप से तीन श्रेणियों में विभक्त किया जाता है, जो इस प्रकार है :-

- अधिक जनसंख्या वाले क्षेत्र,
- मध्यम जनसंख्या वाले क्षेत्र, तथा
- निम्न जनसंख्या वाले क्षेत्र।

एशिया महाद्वीप के उस भाग पर अधिक मात्रा में व्यक्ति निवास करते हैं जिसकी जलवायु मानसुनी होती है। जिन क्षेत्रों पर अधिक जनसंख्या निवास करती है उसमें मुख्य रूप से एशिया के पूर्वी भाग तथा दक्षिणी भाग सम्मिलित है। विभिन्न प्रकार के अध्ययन कार्यों से इस तथ्य का कारण ढूंढने का प्रयास किया गया तथा प्राप्त हुए निष्कर्षों से इस नतीजे पर पहुंचा गया कि व्यक्ति प्रायः ऐसे स्थान पर ही निवास करना पसन्द करता है जहां पर जीवन निर्वाह के लिए आवश्यक सुविधाएं पर्याप्त मात्रा में प्राप्त होती है तथा जहां पर भूमि उपजाऊ हो, जिस पर सरलता के साथ कृषि की जा सके। आज का युग औद्योगिक युग है तथा इस स्थिति में भी मनुष्य ऐसे स्थानों पर ही निवास करना पसंद करता है जहां पर उद्योग के लिए आवश्यक सभी सुविधाओं की प्राप्ति हो जाएं।

ख. अफ्रीका में जनसंख्या वितरण: आज अफ्रीका पर लगभग 80 करोड़ की आबादी पाई जाती हैं। इस स्थान पर जनसंख्या कम ही पाई जाती है। इसके उत्तरी तथा दक्षिणी भाग में विश्व का सबसे बड़ा रेगिस्तान तथा मरूस्थल स्थित है। क्योंकि मरूस्थलीय भाग पर किसी भी प्रकार की सुविधाओं का अभाव है, इसलिए यहां की आबादी बहुत ही कम है। इसी प्रकार इसके मध्य भाग में एक बड़ा क्षेत्र जंगल तथा दलदल से ढका हुआ है जिस कारण मनुष्य यहां पर निवास करना पसन्द नहीं करते। इस प्रकार की भूमि पर कृषि करना किसी भी प्रकार से सम्भव नहीं होता इसलिए ऐसे स्थान पर निवास करने का विचार भी व्यक्ति करना पसन्द नहीं करते। इस भाग में रहने वाले व्यक्तियों की संख्या कितनी कम है, यह इसी तथ्य से स्पष्ट है कि इस महाद्वीप में औसत जनसंख्या घनत्व 25 व्यक्ति प्रति वर्ग कि.मी. मापा गया है।

ग. यूरोप में जनसंख्या वितरण : आज इस महाद्वीप में 85 करोड़ से अधिक जनसंख्या पाई जाती है। विभिन्न अध्ययन कार्यों के

आधार पर यह स्पष्ट हुआ है कि इस महाद्वीप के उत्तरी तथा दक्षिणी भाग में कम मात्रा में जनसंख्या पाई जाती है जबकि इसके पश्चिमी तथा मध्यवर्ती भाग में पाई जाने वाली आबादी अधिक है।

घ. दक्षिणी अमेरिका में जनसंख्या वितरण : आज इस भाग में करीब 50 करोड़ तक की आबादी पाई जाती है। इसके बावजूद इसके कई भाग आज भी खाली पड़े हुए है और कई भूखंडो में अधिक आबादी नहीं पाई जाती। इस महाद्वीप पर अधिक मात्रा में व्यक्ति इसके समुद्रतटीय भागों में ही निवास करना पसन्द करते हैं।

जनसंख्या की दृष्टि से ब्राजील नगर सबसे सघन है क्योंकि यहां पर निवास करने वाली आबादी सबसे अधिक है। इसके पश्चात् इसके उत्तरी तथा पूर्वी तटों पर मनुष्य निवास करना पसन्द करता है और यही कारण है कि यहां की जनसंख्या का करीब दो तिहाई भाग इन स्थानों पर निवास करता है।

इस महाद्वीप के पृष्ठ प्रदेशों में रहने वाले निवासी कृषि का व्यवसाय करते हैं तथा मुख्य रूप से कपास तथा कहवे का उत्पादन करते हैं। ब्राजील के आंतरिक भाग में जनसंख्या कम पाई जाती है जिसका कारण यह है कि यह भाग पठारी है। इस प्रकार यह कहा जा सकता है कि ब्राजील के कुछ भाग में उपजाऊ भूमि पाई जाती है जबकि इसके कुछ भागों में पठारी भूमि पाई जाती है जिस कारण इस प्रदेश में जनसंख्या का वितरण बहुत ही असमान है।

ङ. आस्ट्रेलिया में जनसंख्या वितरण : इस महाद्वीप में भी जनसंख्या की सघनता तटवर्ती क्षेत्र के कुछ भागें में पाई जाती है। इसका पश्चिमी तथा आन्तिरक भाग आज भी निर्जन सा ही प्रतीत होता है जिसका मुख्य कारण यह है कि यह भाग शुष्क रेगिस्तान है। इस महाद्वीप पर रहने वाली कुल जनसंख्या का एक बड़ा भाग इसके दक्षिणी पूर्वी तट पर निवास करता है। यहां पर पाएं जाने वाला

मरूस्थलीय भाग पूर्ण रूप से विरान है परन्तु इसके समीप ही कुछ जनसंख्या पाई जाती है।

इस महाद्वीप में अधिकांश मात्रा यूरोपीय निवासियों की है। इसमें रहने वाले अधिक निवासी प्रायः अंग्रेज है। यदि यह कहा जाएं कि यह महाद्वीप अंग्रेजों के शासन में है, तो किसी भी प्रकार से अनुचित न होगा। इस महाद्वीप में एशिया तथा अफ्रीका के निवासियों को निवास करने की अनुमति नहीं हैं। आज आस्ट्रेलिया एक विकसित देश माना जाता है जिसका कारण यह है कि यहां पर रहने वाले निवासियों का रहन–सहन अन्य विकसित देशों की भांति उच्च है। आज यहां पर निवास करने वाली जनसंख्या में से अधिकतर अंग्रेज ही है।

च. उत्तरी अमेरिका में जनसंख्या वितरण : यह महाद्वीप कुछ ही समय पूर्व निर्मित अथवा स्थापित हुआ है। इस महाद्वीप में मुख्य रूप से यूरोपीय मूल के व्यक्ति ही निवास करते है। आज यहां पर करीब 65 करोड़ तक की आबादी निवास करती है। इस महाद्वीप का पता लगाने का कार्य कोलम्बस द्वारा 17वीं शताब्दी में किया गया तथा उसके पश्चात् इस पर अमेरिका में अपना आधिपत्य स्थापित कर लिया।

आज इसमें बसने वाली जनसंख्या में अधिकतर आंग्ल भाषा प्रयोग करने वाले व्यक्ति रहते हैं जिस कारण इसे आंग्ल अमेरिका भी कहा जाता है। इस महाद्वीप के मैक्सिको में मुख्य रूप से लैटिन भाषा बोलने वाले व्यक्ति निवास करते है, जिस कारण इस भाग को लैटिन अमेरिका के अन्तर्गत सम्मिलित किया जाता है। अमेरिका के उत्तरी भाग में जनसंख्या की सघनता बहुत ही कम है तथा यह सघनता इसके पूर्वी भाग में अधिक हो जाती है। इस प्रकार यह कहा जा सकता है कि उत्तरी अमेरिका में जनसंख्या वितरण किसी भी प्रकार से समान नहीं है बल्कि यहां पर जनसंख्या वितरण में बहुत असमानता पाई जाती है।

उपरोक्त वर्णित चर्चा से यह स्पष्ट है कि विभिन्न महाद्वीपों में जनसंख्या किसी भी प्रकार से समान रूप से वितरित नहीं हैं। किसी भी राष्ट्र अथवा स्थान का जनसंख्या वितरण मूल्यांकित करने के लिए जनसंख्या के घनत्व की जानकारी होना अति आवश्यक होता है, इसलिए यहां पर जनसंख्या घनत्व से सम्बन्धित जानकारी प्रदान करना भी आवश्यक है, जो इस प्रकार है :-

जनसंख्या घनत्व-अभिप्राय

जनसंख्या तथा भू-भाग में पाएं जाने वाले अनुपात को जनसंख्या घनत्व कहा जाता है। इस प्रकार यह कहा जा सकता है कि प्रति इकाई क्षेत्रफल पर निवास करने वाले व्यक्तियों की संख्या को जनसंख्या का घनत्व कहा जाता है।

किसी भी राष्ट्र अथवा क्षेत्र पर रहने वाली जनसंख्या का घनत्व मूल्याकित करने के लिए कुछ विशिष्ट सूत्रों को प्रयोग किया जाता है। सामान्य रूप से जनसंख्या का घनत्व निकालने के लिए कुल जनसंख्या को कुल क्षेत्रफल से भाग कर दिया जाता है। प्राप्त होने वाली संख्या ही उस क्षेत्र में पाई जाने वाली जनसंख्या का घनत्व होता है।

इस सूत्र को एक उदाहरण की सहायता से अधिक कुशलता के साथ स्पष्ट किया जा सकता है। सन् 2001 में की गई जनगणना के अनुसार यह पाया गया कि भारत की कुल आबादी 10,270 लाख है तथा इसका कुल क्षेत्र फल था 31.7 लाख वर्ग कि.मी.। इस स्थिति में यदि जनसंख्या का घनत्व निकाला जाएं तो 10,270 को 31.7 से भाग किया जाएंगा तथा प्राप्त होने वाली संख्या होगी 324, जो जनसंख्या का घनत्व होगा। इस प्रकार सन् 2001 में की गई जनगणना के अनुसार भारत में पाई जाने वाली जनसंख्या का घनत्व 324 व्यक्ति प्रति वर्ग कि.मी. होगा।

यदि विश्व स्तर पर जनसंख्या घनत्व की बात की जाएं तो यह

तथ्य उभर कर आएंगा कि इसमें भी जनसंख्या वितरण की भांति अत्याधिक असमानता पाई जाती है। कई अध्ययन कार्यों से जो तथ्य उजागर हुआ है, उसके अनुसार विश्व की करीब 90 प्रतिशत से अधिक जनसंख्या केवल 10 प्रतिशत भाग पर ही निवास करती है।

जनसंख्या घनत्व के आधार पर विभिन्न प्रदेशों को भिन्न-भिन्न वर्गों में विभाजित किया जा सकता है, जिनका उल्लेख इस प्रकार है:-

क. घनी जनसंख्या वाले प्रदेश,

ख. विरल जनसंख्या वाले प्रदेश,

ग. सामान्य जनसंख्या वाले प्रदेश।

क. घनी जनसंख्या वाले प्रदेश : इस श्रेणी में उन प्रदेशों अथवा क्षेत्रों को सम्मिलित किया जाता है जिनमें प्रति वर्ग किलोमीटर रहने वाले व्यक्तियों की संख्या करीब 200 होती है। पूर्वी एशिया, जापान तथा कोरिया जैसे देश इसी प्रकार के जनसंख्या घनत्व को प्रदर्शित करते हैं। इनके अतिरिक्त इस प्रकार का जनसंख्या घनत्व जिन क्षेत्रों में पाया जाता है, उनका उल्लेख इस प्रकार है :-

– यूरोप : इस क्षेत्र में अधिक जनसंख्या निवास करती है जिसका मुख्य कारण यह है कि यहां पर विभिन्न उद्योगों के लिए आवश्यक साधनों अथवा सुविधाएं पर्याप्त मात्रा में उपलब्ध हो जाती है। यहां पर निवास करने वाले व्यक्ति विभिन्न प्रकार के व्यापार तथा उद्योगों में लगे हुए है। ऐसे नगरों में जनसंख्या अधिक मात्रा में पाई जाती है जहां पर उद्योगों के लिए आवश्यक कच्चा माल उपलब्ध होता है। इंग्लिश चैनल से नीपर नदी तक सघन जनसंख्या की पेटी विद्यमान है और यही कारण है कि इस क्षेत्र को प्राय: जनसंख्या की धूरी के नाम से भी जाना जाता है। इसके अलावा नदी घाटियों के समीप भी अधिक संख्या में जनसंख्या निवास करती है।

– मानसून एशिया : चीन, भारत, जापान तथा बांग्लादेश जैसे देशों

को इस प्रदेश में सम्मिलित किया जाता है। इन क्षेत्रों में होने वाली वर्षा की मात्रा पर्याप्त होती है तथा यहां पर पाई जाने वाली भूमि भी उपजाऊ होती है जिस कारण यहां पर विभिन्न प्रकार की फलसों को उत्पन्न किया जा सकता है। यही कारण है कि इन देशों में रहने वाले अधिकतर व्यक्ति कृषि के व्यवसाय में जुटे होते हैं।

इन देशों में प्रति वर्ग किलोमीटर में निवास करने वाले व्यक्तियों की संख्या 400 से 800 होती है। जनसंख्या की मात्रा में समय-समय पर परिवर्तन होता रहता है। प्रायः विकास के साथ इनकी जनसंख्या बढ़ती जाती है। इस श्रेणी में सम्मिलित किए जाने वाले चीन देश की जनसंख्या आज विश्व में सबसे अधिक है तथा उसके पश्चात् स्थान है भारत का। चीन में कई ऐसे साधनों की व्यवस्था की जा चुकी है जिनकी सहायता से जनसंख्या में होने वाली वृद्धि दर को कम कर दिया गया है परन्तु भारत में अभी भी जनसंख्या जिस तीव्रता के साथ बढ़ रही है, उसे देखते हुए यह शंका की जा रही है कि कुछ ही समय में भारत चीन को पीछे छोड़ देगा तथा जनसंख्या की दृष्टि से विश्व का सबसे आबादी वाला देश बन जाएंगा।

ख. विरल जनसंख्या वाले प्रदेश : ऐसे क्षेत्र जिनमें प्रति वर्ग किलोमीटर में एक अथवा दो व्यक्ति निवास करते हैं, उन्हें विरल जनसंख्या वाले क्षेत्र कहा जाता है। इस प्रकार के क्षेत्रों से कुल भूमि का करीब तीन चौथाई भाग ढका हुआ है। इसमें जिन प्रदेशों को सम्मिलित किया जाता है, उनमें से मुख्य निम्न हैं :-

– अतिशीत क्षेत्र : इसमें मुख्य रूप से ध्रुवीय क्षेत्रों को सम्मिलित किया जाता है। इस प्रकार के क्षेत्रों की विशेषता यह होती है कि इनमें तापमान कम होता है तथा कृषि के लिए वर्धनकाल की अवधि कम होती है जिसके कारण यहां पर मनुष्य निवास करना पसन्द नहीं करते जिस कारण यहां पर कम आबादी पाई जाती है।

– उष्ण मरूस्थल : इसमें सभी ऐसे स्थान जहां पर मरूस्थल पाएं जाते हैं, उन्हें सम्मिलित किया जाता है। ऐसे स्थानों पर जल बहुत ही कम मात्रा में मिलता है तथा यहां पर वर्षा भी बहुत कम मात्रा में होती है जिसके कारण यह प्राय: विरान ही रहते है।

– विषुवत् रेखीय क्षेत्र : इस प्रकार के क्षेत्र में मुख्य रूप से अमेरिका का अमेजन बेसिन तथा अफ्रीका का जायरे बेसन सम्मिलित होते हैं। इस प्रकार के प्रदेशों की मुख्य विशेषता यह होती है कि यहां का तापमान अत्याधिक होता है तथा यहां पर वर्षा भी अधिक मात्रा में होती है। इन दोनों तथ्यों के कारण यहां पर अधिकतम क्षेत्र जंगलों से ढका होता है। यह जंगल बहुत ही सघन होते है जिस कारण इनमें से रास्ता ढूंढ पाना किसी भी प्रकार से सरल नहीं होता। इस प्रकार की जलवायु में रहकर मनुष्य के स्वास्थ्य पर नकारात्मक प्रभाव पड़ता है जिस कारण यहां पर बहुत ही कम मात्रा में आबादी पाई जाती है।

ग. सामान्य घनत्व वाले प्रदेश : इस श्रेणी में उन प्रदेशों अथवा देशों को सम्मिलित किया जाता है जहां पर जनसंख्या का घनत्व न तो बहुत अधिक है और न ही बहुत कम। इस प्रकार यह कहा जा सकता है कि उपरोक्त वर्णित दोनों प्रकार के प्रदेशों में पाई जाने वाली स्थिति का यह मध्य स्तर होता है। इस प्रकार के प्रदेश में निम्न देशों तथा उनके भागों को सम्मिलित किया जाता है :-

– यूरोप : इस महाद्वीप के स्वीडन, नार्वे, डेनमार्क तथा एस्तोनिया जैसे क्षेत्र इस श्रेणी में सम्मिलित किए जाते है।

– एशिया : पश्चिमी चीन, भारत का दक्षिणी क्षेत्र, थाईलैंड, म्यांमार जैसे क्षेत्रों को इस श्रेणी में सम्मिलित किया जाता है।

– संयुक्त राज्य अमेरिका : इस देश के पश्चिमी तथा मध्य भागों में जनसंख्या का घनत्व सामान्य मात्रा में पाया जाता है।

विश्व के विभिन्न देशों में जनसंख्या का घनत्व असमान पाया

जाता है। वास्तव में जनसंख्या घनत्व को कई तत्व प्रभावित करते है जिनका उल्लेख इस प्रकार है :-

जनसंख्या घनत्व को प्रभावित करने वाले तत्व

प्राय: यह देखा जाता है कि ऐसा देश जहां पर भौगोलिक तथा आर्थिक कारण अनुकूल हो, उसमें जनसंख्या का घनत्व अधिक पाया जाता है। इसके अलावा कई प्रकार के राजनैतिक तथा धार्मिक कारण भी जनसंख्या के घनत्व को प्रभावित करते है। इन कारणों में विभिन्न प्रकार के घटकों को सम्मिलित किया जाता है, जिनका विवरण इस प्रकार है :-

क. आर्थिक तत्व : इसमें निम्न घटकों को सम्मिलित किया जाता है:-

- आवास सुविधाएं : मनुष्य का अपना जीवन निर्वाह करने के लिए कुछ सुविधाओं अथवा साधनों की आवश्यकता होती है, जिन्हें प्राय मनुष्य की मूलभूत आवश्यकताएं कहा जाता है। इन आवश्यकताओं को रोटी, कपड़ा तथा मकान के रूप में स्पष्ट किया जाता है। ऐसे स्थान जहां पर इस प्रकार की आवश्यकताओं की पूर्ति सरलता के साथ होती है, ऐसे क्षेत्रों में जनसंख्या घनत्व अधिक होता है। इसी प्रकार, वह स्थान जहां पर इन आवश्यकताओं की व्यवस्था करने में व्यक्ति को कठिनाइ होती है, वहां पर जनसंख्या का घनत्व कम होता है।

- कृषि के लिए आवश्यक सुविधाओं की उपलब्धतता : ऐसे क्षेत्रों में जनसंख्या का घनत्व अधिक पाया जाता है जहां पर कृषि के लिए उपजाऊ भूमि उपलब्ध होती है तथा सिंचाई के लिए पर्याप्त मात्रा में जल की पूर्ति होती है। यही कारण है कि रेगिस्तान जैसे क्षेत्र में जनसंख्या की मात्रा तथा घनत्व कम होते है।

- औद्योगिकरण : ऐसे स्थानों पर जनसंख्या का घनत्व अधिक पाया जाता है जहां पर विभिन्न प्रकार के उद्योगों का केन्द्रीकरण हो

चुका होता है। साधारण शब्दों में, ऐसा स्थान जहां पर विभिन्न प्रकार के उद्योग भली प्रकार से स्थापित हो जाते है, वहां पर व्यक्ति निवास करना पसन्द करते है जिस कारण यहां पर अधिक मात्रा में व्यक्ति रहने लगते है तथा इसलिए इस प्रकार के क्षेत्रों की जनसंख्या का घनत्व भी अधिक हो जाता है।

– सुरक्षा : ऐसे क्षेत्रों में जनसंख्या का घनत्व सदैव अधिक पाया जाएंगा, जहां पर व्यक्ति निश्चित होकर जीवन यापन कर सकें। इस प्रकार यह कहा जा सकता है कि ऐसे क्षेत्र जहां पर मनुष्य को अपनी जान तथा माल की सुरक्षा प्राप्त हो सकें, वहां पर वह अधिक रहना पसन्द करेगा। इसी के विपरित ऐसा स्थान जहां पर व्यक्ति को हमेशा अपनी जान अथवा चोरी एवं डकैती का भय लगा रहेगा, वह कुछ ही समय में उसे छोड़ कर चला जाएंगा। यही कारण है कि भारत के जम्मू प्रदेश से कई निवासी अपने घर छोड़कर अन्य भागों में जा बसें क्योंकि वहां पर रोजाना उग्रवाद की घटनाओं से उन्हें अपनी सुरक्षा खतरे में प्रतीत हुई।

– परिवहन सुविधाएं : प्राचीन काल में परिवहन अथवा यातायात की सुविधाओं का अभाव था तथा व्यक्ति मीलों तक पैदल चलकर लम्बी दूरियों को तय करता था जिसमें अधिक समय व्यर्थ हो जाता था। आज का समय तीव्रता का समय है तथा आज एक स्थान से दूसरे स्थान पर पहुंचने के लिए विभिन्न प्रकार के यातायात के साधनों को प्रयोग किया जाता है। इस प्रकार के साधनों की सहायता से व्यक्ति कुछ ही समय में लम्बे से लम्बी दूरी को तय कर लेता है। ऐसे स्थान पर जनसंख्या घनत्व अधिक पाया जाएंगा, जहां पर विभिन्न प्रकार के यातायात के साधनों की उचित व्यवस्था होगी।

– संचार सुविधाएं : अपने संदेश एक स्थान से दूसरे स्थान पर पहुंचाने के लिए आज व्यक्ति विभिन्न संचार के साधनों को प्रयोग

करता है जिनकी सहायता से वह अपना संदेश कुछ ही मिनटों में अथवा घंटों में पहुंचा पाता है। जनसंख्या का घनत्व ऐसे क्षेत्रों में अधिक होगा, जहां पर संचार के साधनों की पूर्ण व्यवस्था होगी।

ख. भौगोलिक तत्व : इसमें सम्मिलित किए जाने वाले घटकों का उल्लेख इस प्रकार है :-

– उपजाऊ भूमि : जिन क्षेत्रों में इस प्रकार की भूमि पाई जाती है, वहां पर कृषि करना बहुत ही सरल होता है तथा यही कारण है कि ऐसे स्थानों पर व्यक्ति अधिक संख्या में रहना पसन्द करते हैं। इसके साथ ऐसे कई उद्योग, जो कृषि से सम्बन्धित होते हैं, वह भी इन क्षेत्रों में विकसित होने लगते है तथा उन सभी सुविधाओं की व्यवस्था यहां पर कर दी जाती है, जो उद्योगों के लिए आवश्यक होती है। इसके पश्चात् तो ऐसे क्षेत्रों की जनसंख्या बहुत ही तीव्रता के साथ बढ़ने लगती है।

– उचित भौगोलिक स्थिति : वह क्षेत्र जिसकी भौगोलिक स्थिति उचित होती है, वहां पर जनसंख्या का घनत्व अधिक होता है। उपर्युक्त भौगोलिक स्थिति वह होती है जहां की जलवायु न ही अधिक गर्म हो तथा न ही अधिक ठंडी। ऐसे क्षेत्र में वर्षा भी उचित मात्रा में होती है। इसके विपरित ऐसे क्षेत्र जिनक भौगोलिक स्थिति अनुचित है, वहां पर जनसंख्या का घनत्व कम पाया जाता है।

– प्राकृतिक साधनों की कुशल उपलब्धतता : ऐसे स्थान जहां पर विभिन्न प्रकार के प्राकृतिक संसाधन पर्याप्त मात्रा में पाएं जाते हैं, वहां पर जनसंख्या का घनत्व अधिक होता है। इसका मुख्य कारण यह होता है कि इन संसाधनों को प्रयोग करने वाले विभिन्न उद्योग ऐसे क्षेत्रों में विकसित किए जाते है जिससे यहां पर रहने वाले व्यक्तियों को रोजगार प्राप्त हो पाता है।

ग. अन्य कारण : इसमें मुख्य रूप से विभिन्न प्रकार के

राजनैतिक, शैक्षणिक तथा धार्मिक घटकों को सम्मिलित किया जाता है, जो इस प्रकार हैं :-

– राजधानियां : प्रत्येक देश तथा राज्य की राजधानियां अवश्य होती है, जहां पर सरकार द्वारा किए जाने वाले सभी कार्यों के कार्यालय स्थापित होते है तथा यहीं से सभी कार्यवाहियां की जाती है। ऐसे प्रदेशों में सभी प्रकार की सुविधाओं की उचित व्यवस्था होती है जिस कारण यहां पर रोजगार के अवसर भी अधिक मात्रा में प्राप्त होते हैं। यही कारण है कि देश अथवा प्रदेश की राजधानियों में जनसंख्या का घनत्व अधिक पाया जाता है।

– राजनैतिक स्थिति : ऐसे स्थान जहां पर प्रतिदिन कुछ न कुछ राजनैतिक हिंसा की घटनाएं घटित होती रहती है, ऐसे स्थानों पर व्यक्ति अधिक मात्रा में रहना पसन्द नहीं करते, जिसका मुख्य कारण यह होता है कि ऐसे स्थानों पर उन्हें अपनी सुरक्षा पर आशंका होती है। इसी कारणवश ऐसे स्थानों पर जनसंख्या का घनत्व कम पाया जाता है। मनुष्य केवल ऐसे स्थानों पर ही अधिक मात्रा में निवास करते हैं, जहां पर उन्हें अपनी सुरक्षा प्रतीत होती है।

– ऐतिहासिक स्थान : ऐसे स्थानों में जनसंख्या का घनत्व अधिक पाया जाता है, जो ऐतिहासिक दृष्टि से महत्वपूर्ण होते हैं। इस प्रकार के स्थानों पर विदेशी तथा देशी पर्यटक घुमने-फिरने आते है जिस कारण यहां पर रोजगार के अवसर अधिक मात्रा में प्राप्त हो पाते है। यही कारण है कि भारत में राज्यस्थान तथा आगरा जैसे राज्यों में जनसंख्या का घनत्व अधिक पाया जाता है।

– धार्मिक स्थान : ऐसे स्थान जो धार्मिक दृष्टिकोण से अधिक महत्व रखते है, उनमें जनसंख्या का घनत्व अधिक पाया जाता है। इसका मुख्य कारण भी यह होता है कि यहां पर विभिन्न भागों से पर्यटक आते है जिस कारण रोजगार के विभिन्न अवसर प्राप्त हो पाते

है जिससे व्यक्ति ऐसे क्षेत्रों में ही बस जाते हैं।

इस प्रकार हम देखते है कि जनसंख्या वितरण तथा जनसंख्या घनत्व दो बहुत ही महत्वपूर्ण तथ्य होते है, जिनकी सहायता से यह जानकारी प्राप्त की जा सकती है कि किस एक राष्ट्र अथवा विश्व के विभिन्न भागों में जनसंख्या किस प्रकार से निवास करती है।

7

जनसंख्या अध्ययन–एक परिचय

भूमिका

जनसंख्या अध्ययन के प्रति मानव की रूचि एवं जागरूकता के प्रादुर्भाव की कोई निश्चित तिथि बताना सम्भव नहीं है परन्तु ऐतिहासिक तथ्यों के आधार पर यह कहा जा सकता है कि हिन्दू, मिश्र, चीनी एवं बेबीलोनिया सभ्यताओं में जनगणना का विशिष्ट महत्त्व रहा है। सम्भवतः मौर्यकाल एवं मुगल काल में जनगणना एवं जनांकिकीय घटनाओं के पंजीकरण का मुख्य उद्देश्य राज्य सम्पत्ति, कर एवं सेना आदि का वास्तविक लेखा रखना था। कौटिल्य का अर्थशास्त्र एवं आन-ए-अकबरी के माध्यम से भारतवर्ष में जनसंख्या के अध्ययन की रूचि का अनुमान लगाया जा सकता है। यद्यपि सभी प्रसिद्ध विद्वानों जैसे कि अरस्तु, प्लेटो, कनफ्यूशियन, इब्न -खालदुन और जैसुट, गियोवानो, बोटेरो सोलहवीं शताब्दी ने जनसंख्या के विभिन्न पहलुओं पर विचार व्यक्त किये थे, फिर भी सत्रहवीं शताब्दीं के आरम्भ तक यूरोपियन भाषाओं में 'जनसंख्या' के लिए किसी भी निश्चित शब्द का प्रयोग नहीं होता था। सर्वप्रथम सन् 1612 में फ्रांसिस बेकान ने अपने लेख "ग्रेटनेस आफ किंग्डम एण्ड स्टेट्स" के फ्रेंच संस्करण में जनसंख्या शब्द का प्रयोग किया। जनांकिकी का प्रयोग सर्वप्रथम एक स्विटजरलैण्ड के प्राणीशास्त्री फिलिक्स प्लेटर ने 1609-11 के दौरान

बेसल में फैली हुई प्लेग का प्रभाव जानने का श्रेय अचले गुईलार्ड को है। थामस आर. माल्थस के ऐतिहासिक सिद्धान्त के पूर्व ही जनगणना के आंकड़े एकत्रित करने के वैज्ञानिक तरीकों को प्रतिपादित करने के प्रयास आरम्भ हो गये थे। वैज्ञानिक पद्धति के आधार पर जनसंख्या अध्ययन का आरम्भ 1662 से माना जाता है जब जॉन ग्राण्ट ने 1662 में "नेचुरल एण्ड पॉलिटिकल आब्जरवेशनस् मेड अप ऑन द बिल्स आफ मार्टिलिटी" नामक लेख प्रकाशित किया था। वक्तव्यों के रूप में जॉन ग्राण्ट ने अपनी 'बिल्स' प्रकाशित किये जो मूलतः मृत्यु संख्याओं के स्थान एवं कारण पर आधारित थे। मृत्यु विश्लेषण के साथ-साथ जॉन ग्राण्ट ने जनसंख्या के समकालीन महत्त्वपूर्ण पहलुओं पर जैसे देशान्तर, पारिवारिक आंकड़े, सेना योग्य लोगों की संख्या पर भी प्रकाश डाला। जॉन ग्राण्ट के वैज्ञानिक अध्ययन के महत्त्व के अतिरिक्त सबसे मुख्य तथ्य यह है कि इनके प्रयासों के फलस्वरूप ही जनांकिकी का एक नये विज्ञान के रूप में प्रादुर्भाव हुआ और लोगों में जनसंख्या के प्रति रूचि बढ़ी। जॉन ग्राण्ट का शोधकार्य उनके मित्र विलियम पेट्टी की सांख्यिकीय विचारधारा से प्रभावित था। जनांकिकी के एक नये विज्ञान के रूप में विकसित होने में विलियम पेट्टी की पुस्तक-'राजनैतिक गणित' में प्रस्तुत मूल विचारों का विशेष योगदान रहा है।

जनांकिकी के विकास का ऐतिहासिक समय 1662 से लेकर 1696 तक का माना जाता है। लोटका ने सर्वप्रथम प्रजनन का गणितीय नमूना तैयार किया। 1663 में इडमुन्ड हेली ने पहली बार वास्तविक आंकड़ों के आधार पर जीवन सारिणी तैयार की थी। ब्रिटिश पार्लियामेंट में जनसंख्या सम्बन्धी बढ़ती हुई रूचि के फलस्वरूप 1696 में ग्रिगोरी किंग ने आंशिक जनगणना एवं कर-लेखा के आधार पर जनसंख्या के अनुमान प्रकाशित किए। जर्मन के जनांकिकी शोधकर्ता जॉन ससमीलक

ने 1741 में "द डिवाइन आर्डर" नामक पुस्तक प्रकाशित की।

थामस आर. माल्थन का जनांकिकी के इतिहास में विशेष स्थान है। माल्थन के लेखों ने अपने समकालीन सभी बुद्धिजीवियों को आकर्षित किया और अभी तक जनांकिकी के विद्यार्थियों का एक वर्ग माल्थस द्वारा प्रतिपादित सिद्धान्त में पूरी आस्था रखता है। सन् 1799 में माल्थस ने "एन. एस. ऑन प्रिंसिपल्स ऑफ पापुलेशन ऐज इट एफेक्ट्स द फ्यूचर इम्प्रूवमेन्ट आफ सोसाइटी" नामक लेख प्रकाशित किया। इस लेख के ऊपर बहुत वाद-विवाद हुआ और अपने सिद्धान्त के पक्ष में माल्थस ने अनेकों आंकड़े एकत्रित किये। सन् 1830 में माल्थस ने एक लेख प्रकाशित किया जिसका शीर्षक "ए समरी व्यू आफ दि प्रिंसिपल्स आफ पापुलेशन" माल्थस की तरह कार्ल मार्क्स के जनसंख्या सम्बन्धी सिद्धान्त की भी कटु आलोचना हुई और आधुनिक जनांकिकी में इन सिद्धान्तों का केवल ऐतिहासिक महत्त्व है। कार्ल मार्क्स ने माल्थस की आलोचना करते हुये 1907 में "दास कैपिटल" नामक पुस्तक में अपने विचार प्रस्तुत किये।

उन्नीसवीं शताब्दी में जनांकिकी के विकास के श्रेय को लेकर ब्रिटिश, फ्रेन्च, इटेलियन एवं जर्मन जनांकिकी विशेषज्ञों में कुछ वाद-विवाद उत्पन्न हो गया। यद्यपि जनांकिकी शब्द को सर्वप्रथम प्रतिपादित करने का श्रेय फ्राँस के अचले गुईलार्ड को है फिर भी वास्तविक आंकड़ों के विश्लेषण के लिए जनांकिकी विधियों का प्रयोग रजिस्ट्रार-जनरल विलियम फर का रहा है। ब्रिटिश जनगणना प्रणाली को तैयार करने और कार्यान्वित करने के अतिरिक्त विलियम फर ने प्रथम अधिकृत जीवन तालिका तैयार की। इन्होनें आंकड़ों के मूल्यांकन एवं समायोजन की ओर विशेष ध्यान दिया तथा मृत्यु के कारणों को जानने के लिए सर्वेक्षण किये।

इंग्लैण्ड में उन्नीसवीं शताब्दी के अन्त में एकत्रित जनगणना के

आधार पर यह अनुमान लगाया गया कि जन्म दर कम हो रही है जिसके फलस्वरूप का आरम्भ हुआ और यह समझा जाने लगा कि अशिक्षित एवं गरीब वर्ग में जन्म-दर यदि अधिक है तो यह वर्ग 'योग्य वर्ग' से अधिक हो जायेगा। इसी भय के कारण 1911 में प्रजनन आंकड़ों को जनगणना में एक विशेष स्थान दिया गया और प्रजनन के अध्ययन के लिए कमीशन नियुक्त किया गया। सन् 1823 में जन्म नियन्त्रण अभियान आरम्भ हो गया और इसको प्रचारित करने के लिए इंग्लैण्ड के फ्रेंसिसप्लेस द्वारा लिखे हुये अनेकों पर्चे बांटे गये परन्तु सरकार की ओर से जन्म नियन्त्रण अभियान का विरोध किया गया। फलस्वरूप उन्नीसवीं शताब्दी में प्रजनन विषय में शोध कार्य को प्राथमिकता नहीं मिल सकी।

सन् 1800 से 1925 तक के समय को सामान्यत: जीव-वैज्ञानिक विचार, मूलभूत प्रवृत्ति सम्बन्धी सिद्धान्त और माल्थस के सिद्धान्त पर मतभेद का समय कहा जा सकता है। सन् 1952 में ए० एम० कार साउन्डर्स की "द पापुलेशन प्राब्लम-ए स्टडी इन इवैलुएशन" नामक पुस्तक से यह आभास होना आरम्भ हुआ कि जीव-वैज्ञानिक सिद्धान्तों के अतिरिक्त जनसंख्या का अध्ययन सामाजिक विज्ञान के सिद्धान्तों के आधार पर किया जा सकता है। सन् 1915 के बाद से ही जनांकिकी को समाज-विज्ञान की श्रेणी में रखा जाने लगे।

जनसंख्या अध्ययन की आवश्यकता, परिभाषा एवं प्रकृति

परिवार-नियोजन कार्यक्रम के निर्धारण, संचालन एवं मूल्यांकन में जनांकिकी एवं जनसंख्या अध्ययन का विशिष्ट स्थान है। लगभग सभी समाज विज्ञान में जनसंख्या अध्ययन की आवश्यकता है क्योंकि वर्तमान समय की सभी आर्थिक, सामाजिक एवं राजनैतिक समस्याओं का समाधान खोजने के लिए जनांकिकी का ज्ञान अत्यंत लाभप्रद सिद्ध होगा। प्रारम्भ में जनगणना को ही जनसंख्या का अध्ययन समझा जाता

था क्योंकि जनगणना के माध्यम से राज्य की प्रशासनिक आवश्यकताएँ पूरी हो जाया करती थीं। धीरे-धीरे यह अनुभव किया जाने लगा कि जनसंख्या अध्ययन के लिए जीवन की महत्त्वपूर्ण घटनाओं जैसे जन्म, विवाह, मृत्यु आदि के क्रम को समझना आवश्यक है। बीसवीं शताब्दी के अनुभावनात्मक, सांख्यिकीय एवं गणितीय शोधों ने यह सिद्ध कर दिया कि जनांकिकी विषय के अन्तर्गत उन सभी कारकों का यथार्थवादी एवं परिणात्मक अध्ययन किया जा सकता है जो प्रत्यक्ष अथवा अप्रत्यक्ष रूप से जनसंख्या को प्रभावित करते हैं। प्रशासनिक, सामाजिक, आर्थिक एवं राजनैतिक नीति निर्धारण में जनांकिकी आंकड़ों की आवश्यकता समझी जाने लगी जिसके फलस्वरूप विभिन्न विषय के विद्यार्थियों ने जनांकिकी के क्षेत्र मे कार्य करना आरम्भ किया और इस विषय को बहु-विषयक दिशा प्रदान की। बढ़ती हुई जनसंख्या के फलस्वरूप जनसंख्या अध्ययन की आवश्यकता और बढ़ गई है।

जनांकिकी शब्द की उत्पत्ति ग्रीक के दो शब्द डेमो और ग्राफी से हुई है। डेमो का अर्थ जनता एवं ग्राफी का अर्थ लिखना है। अत: जनांकिकी का शाब्दिक अर्थ जनता के विषय में लिखना है परन्तु जनता के विषय में लिंखी गई प्रत्येक सामग्री को जनांकिकी के अन्तर्गत नहीं माना जा सकता है। जनांकिकी जनसंख्या का अनुभावनात्मक, सांख्यिकीय एवं गणितीय अध्ययन है। साधारणत: जनांकिकी को उन पांच महत्त्वपूर्ण प्रक्रियाओं प्रजनन, मृत्यु, विवाह, देशान्तर, एवं सामाजिक गतिशीलता का परिणात्मक अध्ययन कहा जा सकता है जो जनसंख्या के आकार, गठन एवं वितरण को प्रभावित करती है। हाउजर एवं डंकन के अनुसार "जनांकिकी जनसंख्या के आकार, भौगोलिक वितरण, और गठन एवं इनमें परिवर्तन तथा इन परिवर्तनों के अंग जन्म दर, मृत्यु-दर, प्रादेशिक गठन एवं सामाजिक गतिशीलता का अध्ययन है।"

यद्यपि जनसंख्या अध्ययन का क्षेत्र बहुत व्यापक है फिर भी

मुख्यत: निम्नांकित तीन प्रश्नों का उत्तर इस अध्ययन के माध्यम से प्राप्त हो सकता हैं :

1. जनसंख्या समूह में जो व्यक्ति हैं उनकी क्या विशेषतायें हैं एवं यह विशेषतायें किसी अन्य समूह से किस रूप में भिन्न हैं?

2. जनसंख्या समूह कितने भौगोलिक क्षेत्र में फैला हुआ है और इस वितरण में क्या परिवर्तन हो रहे हैं?

3. एक जनसंख्या समूह में कितने व्यक्ति हैं, समूह के आकर में क्या परिवर्तन हो रहे हैं एवं यह परिवर्तन आकार को किस तरह से प्रभावित कर रहे हैं?

उपर्युक्त तीनों प्रश्नों के उत्तर जनता के कल्याण के लिए आवश्यक है अत: संक्षेप में जनसंख्या अध्ययन के विद्यार्थियों को जनसंख्या के आकर, गठन, वितरण एवं इनमें समयानुसार होने वाले परिवर्तन, उसके कारणों का परिणात्मक एवं गुणात्मक अध्ययन करना चाहिए।

गठन : इस विषय के अन्तर्गत जनसंख्या की वह सभी विशेषताएँ आती हैं जिनकों मापा जा सकता है। दो जन–समूहों की विशेषताएँ भिन्न–भिन्न होती हैं। जनसंख्या अध्ययन में जनांकिकीय क्रम से सम्बन्धित विशेषताओं का महत्त्व हैं उदाहरणत: आयु एवं लिंग विशेषताओं का जनसंख्या अध्ययन में अधिकतम प्रयोग होता है। जनसंख्या की अन्य विशेषताएँ जैसें वैवाहिक स्तर, निवास स्थान, व्यवसाय आदि जनांकिकीय क्रमों से प्रभावित होते रहते हैं एवं जनांकिकीय क्रमों को प्रभावित करते हैं। अतएव किसी जनसंख्या के गठन को केवल जान लेना पर्याप्त नहीं है। साथ में यह भी ज्ञात होना चाहिए कि जनसंख्या की किन विशेषताओं में परिवर्तन हो रहे हैं और उसके क्या कारण है?

आकार : साधारणत: यह समझा जाता है कि किसी निश्चित स्थान में एक निश्चित समय में रहने वाले व्यक्तियों की संख्या, गणना

द्वारा प्राप्त की जा सकती है परन्तु जनसंख्या का वास्तविक आकार जानने के लिए आवश्यक है कि 'स्थान', 'व्यक्ति' एवं 'समय' की परिभाषा निश्चित करते हुए आंकड़े एकत्रित करने की विश्वसनीय एवं मान्य विधि का प्रयोग किया जाए। जनसंख्या के आकार की जानकारी प्राप्त करने का मुख्य उद्देश्य यह ज्ञात करना है कि वर्तमान जनसंख्या का आकार पहले से अधिक है अथवा कम है तथा भविष्य में इस आकार में परिर्वतन के कारणों का पता लगाना भी जनसंख्या अध्ययन का विषय क्षेत्र है। जनांकिकी प्रक्रिया के द्वारा जनसंख्या के आकार में परिवर्तन का अध्ययन केवल जीव वैज्ञानिक सांख्यिकी के ज्ञान के आधार पर नहीं किया जा सकता वरन् इसके लिए समाज विज्ञान का ज्ञान भी अत्यन्त आवश्यक है।

वितरण : जनसंख्या के वितरण का अध्ययन भौगोलिक सीमा एवं कुछ विशेषताओं के आधार पर किया जा सकता है। उदाहरणत: भारतवर्ष के विभिन्न प्रदेशों मे कितनी जनसंख्या है एवं विश्व के विकसित, विकासशील एवं अविकसित देशों में जनसंख्या के वितरण की जानकारी अत्यन्त आवश्यक है। इसी प्रकार किसी भी भौगोलिक सीमा एवं विशेषताओं को आधार मानकर जनसंख्या का वितरण किया जा सकता है। जनसंख्या के वितरण में परिवर्तन होते रहते हैं जिनका अनुभव किसी भी स्थान में रहने वाले व्यक्तियों की संख्या एवं उसके अनुपात का अध्ययन करके किया जा सकता है। जनसंख्या वितरण के परिवर्तन के कारण एवं उनका विश्लेषण जनसंख्या अध्ययन का विषय है।

जनसंख्या अध्ययन एवं जनांकिकी

जनांकिकी की अपेक्षा जनसंख्या अध्ययन का क्षेत्र अधिक व्यापक है। जनांकिकी का अध्ययन केवल जनसंख्या सांख्यिकी तक ही सीमित है जब कि जनसंख्या अध्ययन के अन्तर्गत जनसंख्या को प्रभावित

करने वाले सभी कारणों का विश्लेषणात्मक रूप प्रस्तुत किया जाता है। परिवार नियोजन को जनसंख्या अध्ययन का विषय माना जाता है। अग्रवाल ने जनांकिकी और जनसंख्या अध्ययन की तुलनात्मक व्याख्या प्रस्तुत करते हुए कहा है, "जनांकिकी, जनसंख्या सांख्यिकी से सम्बन्धित है, जनसंख्या अध्ययन का वृहत् क्षेत्र है क्योंकि यह विश्लेषणात्मक विवेचन से सम्बन्धित है।"

बोग का मत है कि –"जनसंख्या अध्ययन एवं जनांकिकी, के अर्थ में भिन्नता बताने का असफल प्रयत्न अवश्य किया गया है।" उन्होंने जनांकिकी, जनसंख्या अध्ययन एवं सामाजिक जनांकिकी की व्याख्या करते हुए लिखा है - जनांकिकी या औपचारिक जनांकिकी जीव सम्बन्धी क्रम के अध्ययन से सम्बन्ध रखती है जब कि दूसरी ओर जनसंख्या अध्ययन अधिक व्यापक है क्योंकि इसमें केवल जनांकिकी ही निहित नहीं है वरन् जनसंख्या का गठन एवं वितरण का सामान्य अंकगणितीय अध्ययन भी सम्मिलित है। कुछ लोगों ने जनसंख्या अध्ययन के व्यापक स्वरूप के कारण सामाजिक जनांकिकी शब्द का प्रयोग किया है।

जनांकिकीय आंकड़ें एकत्रित करने की विधियाँ एवं स्त्रोत

मनुष्य को प्रभावित करने वाली बाह्य जगत की स्वाभाविक घटनाओं के अध्ययन एवं अनुभव से जो आंकड़े एकत्रित किये जाते हैं उन्हें जनांकिकीय आंकड़े कहा जाता है। जिस प्रकार आधुनिक समय में भी कुछ महत्त्वपूर्ण घटनाओं को लिखकर रखा जाता है उसी प्रकार से प्राचीन समय में भी जन्म, मृत्यु और विवाह आदि का लेखा-जोखा रखा जाता था। पारिवारिक आवश्यकताओं के लिए जैसे पेन्शन, नौकरी एवं शिक्षा आदि के लिए जन्मतिथि का महत्त्व है तथा साथ ही जनांकिकीय आंकड़ों का प्रशासनिक, औद्योगिकरण एवं सामाजिकरण में भी विशेष महत्त्व है।

आंकड़ें एकत्रित करने की पद्धतियां

जनांकिकीय आंकड़े एकत्रित करने की दो पद्धतियाँ प्रयोग में लायी गयी हैं। प्रथम विधि में या तो सम्पूर्ण जनसंख्या के आंकड़े एकत्रित किये जाते हैं अथवा प्रतिवर्ष के तौर से किसी चुनें हुए क्षेत्र की जनसंख्या के आंकड़े ले लिए जाते हैं। दूसरी विधि के अन्तर्गत समय-समय पर घटित होने वाली घटनाओं को लेखाबद्ध किया जाता है।

जनगणना तथा नमूना सर्वेक्षण की विधियां जो विभिन्न देशों में अपनाई गई हैं उन्हीं के आधार पर जनांकिकीय आंकड़े एकत्रित करने के नियम निर्धारित किये गये हैं। प्रायः जनसंख्या के विभिन्न पहलुओं के सम्बन्ध में जानकारी के लिए प्रश्न तैयार कर लिए जाते हैं। जिस प्रकार की जानकारी करनी है उसी से सम्बन्धित व्यक्तियों से प्रश्न पूछे जाते हैं और उनके उत्तरों को लिपिबद्ध किया जाता है; फिर इन आंकड़ों का मिलान जनसंख्या के अन्य भागों के आंकड़ों से इस उद्देश्य से किया जाता है कि एकत्रित किये गये आंकड़ों की प्रामाणिकता सिद्ध की जा सके।

भिन्न-भिन्न क्षेत्रों की जनसंख्या, रीति-रिवाज, आर्थिक-सामाजिक असमानतायें आदि ऐसी बातें हैं जिनके कारण जनगणना उतनी सही नहीं हो पाती जितनी होनी चाहिए। यद्यपि जनगणना के विशेषज्ञों ने नई-नई विधियाँ अपना कर जनगणना को शुद्ध बनाने का भरसक प्रयत्न किया है। परन्तु फिर भी सही-सही जनगणना नहीं हो पाती है। इस विषय में अनुसंधान होना शेष है।

अन्य समाज विज्ञानों की अपेक्षाकृत जनांकिकी के विस्तृत आंकड़े विश्वसनीय स्त्रोतों से प्राप्त होते रहे हैं। मुख्यतः जनांकिकीय आंकड़ों के स्त्रोतों को निम्नांकित तीन भागों में विभाजित किया जा सकता है :

1. जनगणना,

2. जन्म, मृत्यु-दर विवाह आदि का पंजीकरण,

3. नमूना सर्वेक्षण।

जनगणना : किसी निश्चित समय पर और निश्चित भौगोलिक सीमा में रहने वाले व्यक्तियों की गणना उनकी सामाजिक, आर्थिक एवं जनांकिकी विशेषताओं का सर्वेक्षण, संकलन एवं प्रकाशन करने की प्रक्रिया को जनगणना कहा जाता है। जनगणना के आधार से प्राप्त आंकड़े प्रशासनिक कार्यों के लिए महत्त्वपूर्ण होते हैं। परन्तु जनांकिकीय पद्धतियों से जनगणना के आंकड़ों का विश्लेषण करने से प्रशासकों को वर्तमान एवं भविष्य की अनेकों ऐसी महत्त्वपूर्ण सूचनाएँ उपलब्ध करायी जा सकती हैं जो बहुधा जनगणना के आकड़ों से प्राप्त नहीं हो पाती हैं। जनांकिकी के वैज्ञानिक विश्लेषणों का सरकार की आवश्यकता के अनुरूप होना अनिवार्य नहीं हैं सर्वप्रथम वैज्ञानिक पद्धति पर आधारित जनगणना 1665 में क्यूबैक और 1703 में आइसलैण्ड में की गई थी।

जनगणना को पूरा करने में निम्नांकित 6 कार्य क्रमानुसार किये जाते हैं:

3. कार्य क्षेत्र में सूचनाएँ दो प्रकार से प्राप्त की जाती हैं :-

(क) प्रशिक्षित अन्वेषक को निश्चित भौगोलिक क्षेत्र दे दिया जाता है और उसको निर्देश होते हैं कि उस क्षेत्र में रहने वाले प्रत्येक व्यक्ति के विषय में सूचनाएँ घर के किसी विश्वसनीय व्यक्ति का साक्षात्कार करके प्राप्त करें। इस विधि को प्रत्यक्ष गणना कहते हैं।

(ख) डाक के माध्यम से अथवा घर-घर बाँट कर जनगणना प्रश्नावली घर के मुखिया के पास भिजवा दी जाती है और वह प्रत्येक सदस्य के विषय में वांच्छित सूचनाएँ प्रेषित करता है। इस विधि को चूल्हा परिगणन कहते हैं।

4. चौथे क्रम के अन्तर्गत प्राप्त आंकड़ों के सारिणीकरण के लिए

उनका सम्पादन एवं सांकेतिकीकरण किया जाता है।

5. आंकड़ों का सारिणीकरण एक महत्त्वपूर्ण कार्य है। विद्युत मशीनों एवं कम्प्यूटरों आदि की उपलब्धियों से जनगणना के सारिणीकरण का कार्य शीघ्रता एवं शुद्धता से पूरा किया जाने लगा है।

6. प्रकाशन के माध्यम से जनगणना को विभिन्न संस्थाओं, पुस्तकालयों एवं कार्यालयों आदि में उपलब्ध कराया जाता है।

पंजीकरण: पंजीकृत आंकड़ों की त्रुटियों का पता लगाकर उनको शुद्ध करने में जनांकिकीय विषयों का प्रयोग किया जाता है। सामान्यतः जनांकिकीय घटनाओं का पंजीकरण प्रमाण-पत्र भरकर किया जाता है और पंजीकरण का मुख्य उद्देश्य सांख्यिकी एकत्रित करना नहीं होता वरन् प्रशासनिक अभिलेख तैयार करना होता है। पंजीकरण के आधार पर जन्म, मृत्यु, नागरिकता, वैवाहिक स्तर, उत्तराधिकारिकता आदि का निर्धारण किया जाता है। आंकड़ों के पंजीकरण में मुख्यतः दो प्रकार की कमियाँ पाई गयी हैं। जनांकिकीय घटनाओं के पंजीकृत ऐतिहासिक आंकड़ें चर्चों में अभी भी पाए जाते हैं। सर्वप्रथम पंजीकरण की प्रथा एक अधिनियम के अन्तर्गत 1748 में स्वीडन में लागू की गई। वर्तमान समय में स्कैन्डियन देशों एवं नीदरलैण्ड में पंजीकरण प्रणाली सर्वोत्तम है। दुर्भाग्य से एशिया में केवल दो तिहाई जन्म एवं मृत्यु को पंजीकृत किया जाता है।

(क) यदि व्यक्ति जो घटना को पंजीकृत करा रहा है अपर्याप्त अथवा गलत सूचना देता है तो पंजीकृत आंकड़ें दोषपूर्ण रहते हैं।

(ख) पंजीकरण को लोग आवश्यक नहीं समझते जिसके फलस्वरूप पंजीकरण अधूरा ही रह जाता है।

नमूना सर्वोक्षण : पंजीकरण का सभी के द्वारा उपयोग न करने के कारण एवं दो जनगणना के बीच की लम्बी अवधि के कारण वर्तमान समय में नमूने सर्वेक्षणों का प्रयोग कम से कम समय में

विश्वसनीय आंकड़े एकत्रित करने के लिए किया जा रहा है। जनगणना से जो सूचनाएँ प्राप्त होती हैं वह सर्वथा जनांकिकी के दृष्टिकोण से पर्याप्त नहीं होती हैं। अन्य आवश्यक सूचनाएँ नमूना सर्वेक्षण के द्वारा प्राप्त की जाती हैं। यह सर्वेक्षण समूह से छांटे गये व्यक्तियों का किया जाता है। चूंकि यह व्यक्ति वैज्ञानिक पद्धतियों के आधार पर छांटे जाते हैं अतः इन व्यक्तियों से प्राप्त आंकड़ें जनसमूह का प्रतिनिधित्व करते हैं। अन्य स्त्रोतों की भांति नमूने सर्वेक्षण से प्राप्त आंकड़े दोषमुक्त नहीं होते। वर्गीकरण एवं सभी को न सम्मिलित करने से सम्बन्धित दोषों के साथ–साथ नमूने सर्वेक्षण के मुख्य दोष छाँटने की त्रुटियाँ हैं। परन्तु वैज्ञानिक पद्धतियों के माध्यम से एवं प्रशिक्षण जनांकिकीशास्त्रियों द्वारा किए गए सर्वेक्षण में उपर्युक्त दोष कम से कम पाए जाते हैं।

जनसंख्या अध्ययन एवं अन्य समाज विज्ञान

जनसंख्या अध्ययन लगभग सभी सामाजिक विज्ञानों में अर्न्तनिहित है परन्तु कोई अन्य सामाजिक विज्ञान इस अध्ययन का पूरक नहीं है। यद्यपि जनसंख्या अध्ययन अन्य सामाजिक विज्ञान के विषय को न तो दोहराता है और न ही उसको अपने क्षेत्र में मिलाता है किन्तु फिर भी इस विषय के अध्ययन में सामजिक विज्ञान के सिद्धांतों का समन्वय एवं समावेश पाया जाता है। उदाहरणतः जैसे जनसंख्या विषय पर अध्ययन करने वाले सामाजशास्त्री, अर्थशास्त्री जनांकिकी के आंकड़ों को विश्वसनीय मानते हैं उसी तरह प्रजनन के कारणों के विश्लेषण में जनांकिकी विशेषज्ञ समाजशास्त्र, मनोविज्ञान, मानवशास्त्र आदि के सिद्धान्तों का अध्ययन करते हैं।

जनसंख्या अध्ययन एवं अर्थशास्त्र

स्प्रेंगलर के मतानुसार प्रजनन अवस्था राष्ट्र के आर्थिक व्यय, मूल्य–स्तर एवं आर्थिक योजनाओं के द्वारा प्रभावित होती है। अतः यह

आवश्यक है कि कोल एवं हूवर की भांति उपर्युक्त प्रश्नों पर आंकड़े एकत्रित करके प्रत्येक व्यक्ति आय की तुलना में जनसंख्या के मूल्य का अनुमान लगाया जाय। स्प्रेंगलर ने यह भी सुझाव दिया है कि यह पता लगाया जाये कि जनसंख्या वृद्धि के कारण राज्य की ओर से मिलने वाली निःशुल्क सेवाओं पर क्या प्रभाव पड़ा।

दूसरे शब्दों में यह कहा जा सकता है कि यह आवश्यक नहीं है कि जनसंख्या किसी भी राष्ट्र अथवा समुदाय की सम्पूर्ण आर्थिक स्थिति को प्रभावित करती है वरन् कभी-कभी सूक्ष्म प्रभावों के द्वारा भी आर्थिक परिवर्तनों का आभास किया जा सकता है। जनसंख्या अध्ययन एवं अर्थशास्त्र में गहन सम्बन्ध है। जनसंख्या की बहुत सी विशेषताएँ जैसे आयु, लैंगिक, व्यवसायिक गठन एवं वृद्धि दर आदि आर्थिक अवस्था एवं कार्यक्रमों को प्रभावित करती हैं। दूसरी ओर जनसंख्या की देशान्तरण, शहरीकरण, घनत्व, वर्गीकरण आदि विशेषताएँ आर्थिक विकास से प्रभावित होती रहती हैं। अर्थशास्त्रयों में जनसंख्या के आर्थिक विकास पर पड़ने वाले प्रभाव के सम्बन्ध में दो विचारधराएँ पाई जाती हैं। एक मत के अनुसार घटती हुई जनसंख्या के फलस्वरूप भविष्य में गंभीर आर्थिक समस्याओं की सम्भावना हैं क्योंकि विकासशील पूंजीवादी प्रणाली में विकास के लिए जनसंख्या वृद्धि अत्यन्त आवश्यक है।

विनियोग की सम्भावना घटती हुई जनसंख्या के कारण घट जाती है। दूसरे मतानुसार बढ़ती हुई जनसंख्या आर्थिक विकास में रूकावट है क्योंकि विकास कार्य का प्रभाव जनसंख्या वृद्धि के कारण मालूम नहीं पड़ता है और अनेकों प्रयत्नों के पश्चात् भी समाज अविकसित अथवा विकासशील अवस्था में ही रहता है। जनांकिकी संक्रमण सिद्धांत के माध्यम से जनसंख्या को प्रभावित करने वाले आर्थिक विकास का विश्लेषणात्मक अध्ययन किया जाता है।

जनसंख्या अध्ययन एवं समाज शास्त्र

जनसंख्या अध्ययन के लिए समाजशास्त्र का ज्ञान आवश्यक है क्योंकि कुछ जनांकिकीय विशेषताएँ जैसे-विवाह, परिवार का स्वरूप, प्रजनन, व्यवहार आदि सामाजिक मूल्यों पर निर्भर रहते हैं। जन्म और मृत्यु को साधारणत: जीवशास्त्री घटना समझा जाता है जो कि जनसंख्या के आकार को प्रभावित करती है परन्तु वास्तव में यह समाजशास्त्री भी है जो किसी भी समाज की विशेषताओं से सम्बन्धित है। जनांकिकी आंकड़ों जैसे आकार, आयु, लिंग आदि के अभाव में समाज का अध्ययन नहीं किया जा सकता है। अत: समाजशास्त्र जनसंख्या अध्ययन को अपनी एक शाखा मानता है।

स्थानांतरण भी सामाजिक व्यवस्था पर ही आधारित रहता है परन्तु स्थानान्तरण का परिणाम सामाजिक एवं जनांकिकी दोनों प्रकार का हो सकता है। जनांकिकीय घटनाओं की विभिन्नताओं का विश्लेषणात्मक अध्ययन करने में समाजशास्त्रीय आदर्श असफल रहे हैं। इसीलिए जनसंख्या अध्ययन के क्षेत्र में अधिकतर शोध उन सामाजिक एवं मनोवैज्ञानिक कारकों को जानने के लिए किये जा रहे हैं जो प्रजनन से सम्बन्धित हैं। प्रजनन, मृत्यु एवं देशान्तरण जनसंख्या अध्ययन के तीन विशेष अंग हैं। इन तीनों में प्रजनन का विशेष महत्त्व है। प्रजनन केवल एक जीववैज्ञानिक प्रक्रिया नहीं है वरन् यह व्यवहार सामाजिक प्रेरणा का परिणाम है। अत: प्रजनन भिन्नता एवं प्रजनन को प्रभावित करने वाले कारकों का विश्लेषणात्मक विवेचन समाजशास्त्रीय सिद्धान्तों के आधार पर किया जा सकता है। मृत्यु स्वयं के नियन्त्रण एवं समाज की विशेषताओं दोनों से ही प्रभावित होती है। लगभग प्रत्येक वर्ग, समाज एवं समुदाय में किसी न किसी रूप से मृत्यु नियन्त्रण का प्रयत्न किया जाता रहा है और पिछले समय में जबकि आधुनिक चिकित्सा प्रणाली का प्रचार नहीं था सामाजिक नियन्त्रणों का मृत्युक्रम एवं मृत्यु-दर में महत्त्वपूर्ण प्रभाव पड़ा था।

8

जनसंख्या शिक्षा का महत्व

जनसंख्या शिक्षा की आवश्यकता

जनसंख्या एक व्यापक समस्या है जिसका समाधान करने के लिए व्यक्तियों को इसके भयंकर रूपों का ज्ञान देना आवश्यक है। उनको यह बताना आवश्यक है कि किस प्रकार बढ़ती जनसंख्या के कारण हमारे संसाधनों का उत्पादन कम और उपभोग अधिक हो रहा है जिससे कि ये सीमित संसाधन धीरे-धीरे नष्ट हो रहे है। इसलिए पाठ्यक्रम में जनसंख्या की शिक्षा का विशेष स्थान होना चाहिए, क्योंकि हमारे देश के विद्यार्थी ही देश के भविष्य का निर्माण करते है। यदि वे इस समस्या से अवगत होंगे तो शायद आने वाले कुछ ही वर्षों में इस भयंकर समस्या का समाधान अपने आप ही हो जाएगा। भारत एक विकासशील देश है, इसलिए यहां पर अभी अनेकों प्रगतियां अपनी चरम सीमा तक पहुंचने के लिए अग्रसर है। यदि ऐसे समय में संसाधनों की कमी का सामना इस तकनीकों के सामने आता है तो न केवल व्यक्ति का ही अपितु देश का विकास भी रूक जाएगा। जिस्से कि बहुत बड़ी मात्रा में हानि का सामना करना पड़ सकता है।

भारत ने अपनी पंचवर्षीय योजनाओं के अन्तर्गत अनेक नीतियों द्वारा शिक्षा के विस्तार की ओर विशेष बल दिया है। यही कारण है कि

आज देश में प्राथमिक, माध्यमिक तथा विश्वविद्यालयों की संख्या में वृद्धि हो गई है, साथ ही इनमें पढ़ने वाले विद्यार्थियों की संख्या में भी वृद्धि देखने को मिली है। एक अनुमान के अनुसार 1970-71 में प्राइमरी विद्यालयों की संख्या 408.4 हजार थी जो कि 1996-97 में बढ़कर 598.4 हजार हो गई है। इसी प्रकार 1970-71 में विश्वविद्यालयों की संख्या पहले 82 थी जो बढ़कर 1999-2000 में 244 हो गई। इस प्रकार यह ज्ञात होता है कि भारत की सरकार देश में शिक्षा की उन्नति करने में कितनी कार्यशील है जिससे कि देश की आर्थिक, सामाजिक, राजनैतिक उन्नति हो सके।

विद्यालयों में जनसंख्या शिक्षा का महत्व

विद्यालयों में ही विद्यार्थियों के चरित्र का सर्वांगीण विकास होता है। इसलिए यह आवश्यक है कि विद्यालयों में विद्यार्थियों के मागदर्शन हेतु जनसंख्या शिक्षा को अनिवार्य रूप दिया जाए। परन्तु इस सम्बन्ध में अनेक समस्याएं उत्पन्न हो जाती है। जैसे कि कया उच्च प्राथमिक स्तर के बालकों भी जनसंख्या की शिक्षा दी जानी आवश्यक है, जनसंख्या की शिक्षा का स्वरूप कैसा हो, जनसंख्या की शिक्षा किस विषय के अन्तर्गत विद्यार्थियों को दी जाए तथा जनसंख्या शिक्षा किस स्तर पर विद्यार्थियों के समक्ष रखी जाए। इस बारे में अनेक विद्वानों में अनेक मतभेद उत्पन्न हुए। बहुत से शिक्षाविदों ने स्पष्ट कहा कि विद्यालय में प्राथमिक स्तर पर बालकों को जनसंख्या से सम्बन्धित कोई शिक्षा नहीं दी जानी चाहिए, क्योंकि इस समय बालक का मस्तिष्क इतना विकसित नहीं होता है कि वह इस समस्या के समाधान को समझ सके तथा इसका समाधान खोजने में सहायता प्रदान कर सके। परन्तु कुछ विद्वानों का मानना है कि इस शिक्षा का पाठ्यक्रम के अन्तर्गत विद्यार्थियों को प्राथमिक स्तर से ही पढ़ाना उचित रहता है। क्योंकि वह धीरे-धीरे इस समस्या से अवगत होकर इसका समाधान सीख जाते है।

कुछ विद्वानों ने यह माना है कि उच्च प्राथमिक स्तर पर जनसंख्या की शिक्षा देना इसलिए आवश्यक है क्योंकि इस समय बालक की बुद्धि का स्तर निम्न होता है उसमें जिन बातों को भरा जाता है बालक उन बातों को नहीं भूलता है और उन्हीं के अनुसार कार्य करता है। इस उम्र में बालक को जो कुछ शिक्षा दी जाती है उसका प्रभाव स्थाई रहता है। उच्च प्राथमिक स्तर तक के बालकों के ज्ञान, अभिवृत्ति, अवबोध इस योग्य हो जाता है कि वे जनसंख्या शिक्षा से सम्बन्धित सामान्य बातों को समझ सकता है।

विद्यालय शिक्षा में जनसंख्या शिक्षा का स्थान

शिक्षा का उद्देश्य होता है कि वह बालक के स्तर को इतना ऊंचा उठा सके कि उनमें हर प्रकार की निपुणता का विकास हो सके, उसमें ऐसी चिन्तनशीलता का विकास हो सके जिससे कि वह प्रत्येक क्षेत्र में सोच-विकार ही निर्णय ले। दूसरे, सामाजिक कर्त्तव्यों तथा देश के प्रति अपने कर्त्तव्यों का ज्ञान भी बालकों को शिक्षा के माध्यम से ही होता है। इस प्रकार परिवार के बाद बच्चों का भावी विकास विद्यालयों में ही होता है। यहां पर बच्चे विभिन्न प्रकार से विद्यार्थियों के साथ सम्बन्ध स्थापित करते है तथा विभिन्न प्रकार की भाषाओं का ज्ञान प्राप्त करके अपने बौद्धिक स्तर का विकास करते है। बच्चों को वर्तमान तथा भावी जीवन जीने में सहायक विषय शाला- पाठ्यक्रम के महत्वपूर्ण भाग होते हैं। क्योंकि जनसंख्या वृद्धि बालक के व्यक्तित्व, पारिवारिक, राष्ट्रीय तथा सम्पूर्ण संसार के मानवीय जीवन के सीधे तथा परोक्ष रूप से प्रभावित करती है, अतः जनसंख्या शिक्षा के शालेय शिक्षा का अभिन्न अग बनाया जाना चाहिए। एक विद्वान के अनुसार, "यद्यपि संसार के विभिन्न संस्थाओं का रूझान जनसंख्या के निवारण की ओर हो रहा है परन्तु आज भी विद्यालयों में इस समस्या की ओर कोई भी ध्यान नहीं दिया जा रहा है, और यदि दिया जा रहा है तो केवल

नाममात्र रूप से ही" परन्तु आज इस तथ्य को भी ठुकराया नहीं जा सकता है कि विद्यालयों में इस समस्या की ओर ध्यान दिया जा रहा है क्योंकि विद्यालय ही एक ऐसी शाला है जहां पर बालक का भावी जीवन विकास होता है। यह माना जा चुका है कि जनसंख्या की शिक्षा विद्यालय के पाठ्यक्रम में एक अनिवार्य रूप ग्रहण कर चुकी है। इस सम्बन्ध में वारे एस. थामसन तथा फिलिप ने कहा है कि पाठ्यक्रम में जनसंख्या की शिक्षा में उतना ही महत्व दिया जाना चाहिए जितना की अन्य विषयों को दिया जाता है। यह विद्वान जनसंख्या शिक्षा को यौन शिक्षा या पारिवारिक नियोजन शिक्षा कहकर इसलिए सम्बोधित करना चाहते थे क्योंकि इन नामों में जनसंख्या अध्ययन का झुकाव अन्य ऐसी बातों से होता है जो बाल-जीवन तथा उनके अनुभवों से बहुत भिन्न एवं असम्बद्ध है। जनसंख्या शिक्षा विषय की शिक्षा से उनका तात्पर्य ऐसी बातो की शिक्षा से है जो बालक को यह बताए कि परिवार किस प्रकार सीमित रखकर जनसंख्या में तीव्र वृद्धि को रोका जा सकता है। परिवार नियोजन सम्भव है तथास आवश्यक भी है, परिवार की संख्या या समाज की जनसंख्या का उसके तथा राष्ट्र के सामाजिक, आर्थिक या अन्य विकास कार्यक्रमों से क्या सम्बन्ध है, जनसंख्या इन्हें किन रूपों में तथा किस प्रकार प्रभावित करती है, जीवन-स्तर उन्नत करने में जनसंख्या नियन्त्रण कैसे सहायका होता है। देश का बालक ही आने वाला नागरिक बनता है जो कि जनसंख्या की समस्या को सुलझाने में मदद कर सकता है इसलिए पाठ्यक्रम में जनसंख्या अध्ययन को विशेष महत्व दिया जाना चाहिए।

अतः जनसंख्या शिक्षा विषय को पाठशाला स्तर से ही बालकों के पाठ्यक्रम में शामिल किया जाना अत्यंत आवश्यक है। अनेक विद्वानों के विचारों से भी यह स्पष्ट हो गया है कि पाठ्यक्रम के अन्तर्गत जनसंख्या शिक्षा विषय को विशेष महत्व देना जरूरी है।

स्वतन्त्र विषय के रूप में पाठ्यक्रम- जनसंख्या के विषय को एक स्वतन्त्र विषय के रूप में विद्यालयों के पाठ्यक्रम के अन्तर्गत स्थान दिया जाना चाहिए। इसे एक अलग विषय के रूप में पढ़ाया जाना चाहिए न कि किसी विशेष विषय के अन्तर्गत एक सहायक अध्याय के रूप में। यदि इसको एक विशेष विषय के रूप में पढ़ाया जाएगा तो विद्यार्थियों की रूचि इसके सन्दर्भ में अधिक बढ़ेगी तथा वे इस विषय में गहनता से विचार करेंगे। एक महत्वपूर्ण बात जो कि जनसंख्या की शिक्षा देते समय पाठ्यक्रम में ध्यान में रखनी चाहिए वह यह है कि अस्थाई प्रक्रिया से जुड़ने वाला नहीं माना जाना चाहिए, यह तो पाठशला शिक्षा का अभिन्न अंग बनना चाहिए चाहे जनसंख्या नियन्त्रित हो या अनियन्त्रित हो।

व्यक्तिगत सम्पर्क कार्यक्रम द्वारा जनसंख्या शिक्षण के उद्देश्य

विभिन्न व्यक्तिगत सम्पर्क कार्यक्रम द्वारा जनसंख्या शिक्षण के निम्नलिखित महत्वपूर्ण उद्देश्य होते हैं:-

(क) गुणात्मक सुधार करने के लिए दूरवर्ती- अध्ययन के छात्रों के स्तर को बनाए रखना।

(ख) केवल विशेष पाठ्यवस्तु की ओर ही प्रकाश डालना और अति संक्षिप्त रूप में अधिक जानकारी देना जिससे कि बालकों को विषय को समझने में कोई भी कठिनाई उत्पन्न न हो।

(ग) विषय सूची की प्रत्ययों व मौलिकता में अन्तदृष्टि तथा रूचि का विकास करना।

(घ) विद्यार्थियों को अपने घरों में स्वयं अध्ययन करने हेतु प्रेरित करना ताकि वे विभिन्न समस्याओं के सन्दर्भ में अपने चिन्तन के जरिए निष्कर्ष निकाल सके।

(ङ) विद्यार्थियों के द्वारा प्रस्तावित विषयों में उनके सकारात्मक मनोभावों और रूचियों का विकास करना।

(च) जनसंख्या से सम्बन्धित विभिन्न पुस्तकों से छात्रों को अवगत कराना, साथ ही उनकों इस सम्बन्ध में अधिक जानकारी देना।

(छ) प्रस्तावित पाठ्यक्रम का ज्ञान प्राप्त करने के महत्व के विषय में विद्यार्थी को पूर्ण जानकारी प्रदान करना।

(झ) इस विषय के कठिन प्रत्तयों तथा मूलभूत प्रत्ययों के सही ज्ञान प्रदान करना।

(ट) विद्यार्थियों को गृहकार्यों को पूर्ण करने हेतु स्वयं प्रयास करने को अभिप्रेरित करना ताकि उनका बौद्धिक स्तर ऊँचा उठ सके।

(ठ) विद्यार्थियों को विषय से सम्बन्धित कठिनाइयों का समाधान करने हेतु वाद-विवाद करने की स्वतन्त्रता होनी चाहिए, दूसरे छात्रों के साथ मिलकर वह अपनी इन समस्याओं का समाधान कर सकते है। साथ ही उनकी अभिव्यक्तियों को उजागर करने हेतु उन्हें अभिप्रेरित करना भी एक आवश्यक बात है।

जनसंख्या शिक्षा का पाठ्यक्रम

पाठशाला के अन्तर्गत जनसंख्या के पाठ्यक्रम का अध्ययन कराया जाना अति आवश्यक है। यह पाठ्यक्रम विधिवत् पूर्ण कराया जा सके इस सन्दर्भ में निम्नलिखित रूप से इसका अध्ययन कराया जाना आवश्यक है:-

(क) प्राथमिक स्तर पर जनसंख्या शिक्षा का उद्देश्य- क्योंकि बच्चे का स्तर इस समय बहुत निम्न होता है इसलिए इस समय बालक को निम्न प्रकार से जनसंख्या के सम्बन्ध में जानकारी देनी चाहिए।

1. सर्वप्रथम बालकों को यह बताना चाहिए कि किस प्रकार वह अपने आप को स्वस्थ रख सकते है, कहते है कि एक स्वस्थ शरीर में ही एक स्वस्थ मस्तिष्क का विकास होता है। अतः उन्हें पोषण तत्वों, भोजन से सम्बन्धित अन्य तथ्यों के बारे में जानकारी देनी चाहिए।

2. बालकों एक प्रकार का तुलानात्मक अध्ययन कराया जाना चाहिए उन्हें दृश्य-श्रृव्य सामग्री के द्वारा अर्थात् चित्रों, चार्ट या टी.वी. के द्वारा छोटे परिवार के रहन सहन तथा एक बड़े परिवार के रहन-सहन के बारे में जानकारी देनी चाहिए जिससे कि उकने मस्तिष्क में एक चित्र का विकास होगा और वह जनसंख्या के कुप्रभाव को समझ पाने में समर्थ होंगे।

3. बालकों को अपने आस-पड़ौस में रहने वालों घरों की जनसंख्या के सम्बन्ध में जानकारी देनी चाहिए जिससे कि वह तुलना करके यह जान सके कि कौन सा परिवार अधिक व्यक्तियों वाला है तथा कौन सा परिवार कम लोगों वाला हैं।

4. बालकों को यह बताना चाहिए कि कौन सा परिवार आरामदायक जीवन व्यतीत कर रहा है और क्यों कर रहा है तथा कौन सा परिवार कष्टपूर्वक जीवन व्यतीत कर रहा है और क्यो कर रहा है।

5. बालकों कुछ वनस्पतियों, जीवन-क्रम, वृद्धि एवं विनाश के सम्बन्ध में जानकारी देनी चाहिए।

6. बालकों के मस्तिष्क में यह चित्र बिठा देना चाहिए कि जनसंख्या की वृद्धि से कौन-कौन सी समस्याएं उत्पन्न होती है तथा उनका सामना किस प्रकार सरकार व अन्य व्यक्तियों को करना पड़ता है।

7. अन्ततः यह कहना अनुचित नहीं होगा कि प्राथमिक स्तर के बालकों को भी जनसंख्या की समस्या से अवगत कराया जा सकता है। इस समय उनका दिमाग कोरा होता है और वह प्रत्येक बात को शीघ्रता से समझ जाते हैं।

जनसंख्या का शिक्षण विद्यार्थियों की दक्षताओं, योग्यताओं तथा अभिवृत्तियों के अनुकूल होना चाहिए। इस शिक्षण को देते समय निम्नलिखित बातों को ध्यान में रखना चाहिएः-

(क) सर्वप्रथम बालकों को उनकी योग्यताओं के आधार पर ही यह शिक्षण देना चाहिए ऐसा न हो कि उनके स्तर के अनुकूल शिक्षण न मिलने पर वह उस विषय से अव़गत होने पाने में असक्षम हो।

(ख) विद्यार्थियों में पारस्पिरिक तथा सामुदायिक जवीन में आपसी भाई-चारे की भावना को विकसित करना चाहिए जिससे कि वह आपसी प्रेम और सद्भावना से परिचित हो सके। बच्चों का मानसिक स्तर बहुत ही निम्न होता है अतः उन्हें स्नेह के साथ ही जनसंख्या का शिक्षण दिया जा सकता है।

(ग) प्राथमिक स्तर के विद्यार्थियों को अपने शारीरिक स्वास्थ्य की देखभाल करने की ओर ध्यान देने को कहना चाहिए।

(घ) विद्यार्थियों में व्यक्तिगत व्यय तथा लेखा-जोखा रखने की आदतों को विकसित करना चाहिए जिससे कि उनमें एक नई आदत का विकास हो सके।

(ङ) विद्यार्थियों को यह जानकारी देनी चाहिए कि किस प्रकार वह अपने आस-पास के वातावरण तथा पर्यावरण को स्वच्छ एवं निर्मल बनाए रख सकते है।

(च) विद्यार्थियों को विद्यालयों द्वारा यह गृहकार्य देना चाहिए कि वे अपने मोहल्ले, नगर आदि से सम्बन्धित जनसंख्या आंकड़ों को एकत्रित करके लाएं। तत्पश्चात् कक्षा में किन्हीं दो मोहल्लों के आंकड़ों की तुलना करके बालकों जनसंख्या से सम्बन्धित जानकारी दी जा सकती है।

(छ) विद्यार्थियों को उन क्षेत्रों से अवगत कराना चाहिए जिसमें कि अत्यधिक आबादी है तथा साथ ही उन क्षेत्रों से भी अवगत कराना चाहिए जिनमें निम्न आबादी है।

(झ) विद्यार्थियों में जनसंख्या घनत्व सम्बन्धी नक्शे, साधारण चित्र आदि बनाने का प्रशिक्षण दिया जाए, बालक अपने आप ही कम

जनसंख्या वाले परिवार, देश में अधिक धन सम्पदा का चित्रण करेंगे तथा अधिक जनसंख्या वाले देशो में कम संम्पदा का।

(ट) अन्ततः यह कहना अनुचित नहीं होगा कि यदि जनसंख्या की शिक्षा देते समय बालकों के शैक्षिक स्तर तथा साथ ही उनके बौद्धिक स्तर, उनकी दक्षताओं को समक्ष रखा जाएगा तो निश्चित ही उन्हें इस सम्बन्ध में प्रभावपूर्ण जानकारी दी जा सकती है।

माध्यमिक स्तर पर जनसंख्या शिक्षा का उद्देश्य

माध्यमिक स्तर के विद्यार्थियों में समझ व सूझ-बूझ प्राथमिक स्तर के बालकों की अपेक्षा अधिक होती है। वह प्राथमिक स्तर में से ही आते है तथा उन्हें इस बात का ज्ञान भलि-भांति हो जाता है कि जनसंख्या की बढ़ी हुई दर किसी भी राष्ट्र के लिए एक अभिशाप के रूप में यदि संसाधनों का विकास करना है तो जनसंख्या की बढ़ी हुई दर को घटाना अति आवश्यक है। फिर भी ज्ञान एवं अवबोध के स्तर पर निम्नलिखित बिन्दुओं को ध्यान में रखकर उनको शिक्षा देनी चाहिएः-

(क) सर्वप्रथम उन्हें जनसंख्या को सन्तुलित करने के उपाय के बारे में बताना कि किस प्रकार वह जनसंख्या की वृद्धि को रोक सकते है।

(ख) दूसरे, माध्यमिक स्तर के बालकों के समक्ष किसी विशेष वर्ष के सम्बन्ध में मृत्यु-दर तथा जन्म-दर से सम्बन्धित आंकड़ों का ब्यौरा रखना तथा उन्हें इसके अध्ययन के लिए अभिप्रेरित करना।

(ग) उन्हें इस बात का अध्ययन करना की किस प्रकार उत्तम जीवन, आय, सुविधाओं, सामाजिक सुरक्षा का सीधा सम्बन्ध जनसंख्या पर निर्भर करता है। किस प्रकार एक देश में संसाधनों की कमी जनसंख्या से प्रभावित होती है, किस प्रकार जनसंख्या राष्ट्रोन्नति में बाधक है।

(घ) उन्हें यह जानकारी देना कि परिवार का आकार परिवार की आय के अनुरूप होना चाहिए नही तो जीवन स्तर में गिरावट आने का खतरा उत्पन्न हो जाता है।

(ङ) उन्हें सम्पूर्ण विश्व के सन्दर्भ में भारत की बढ़ी हुई जनसंख्या के सम्बन्ध में आकड़ों का अध्ययन कराना साथ यह भी बताना कि किस प्रकार यह बढ़ी हुई जनसंख्या हमारे सीमित संसाधनों को नष्ट कर रही है। उन्हें शेष विश्व की जनसंख्या के परिमाप के बारे में भी जानकारी देना आवश्यक है।

(च) विद्यार्थियों को यह जानकारी देना कि राष्ट्रीय, सामाजिक, राजनैतिक तथा आर्थिक विकास किस प्रकार जनसंख्या से प्रभावित होता है।

(छ) उन्हें प्रजनन सम्बन्धी जानकारी देना ताकि वह बिना किसी हिचक के इस जानकारी को शेष ग्रामीण इलाकों में बांट सके।

(झ) उन्हें राष्ट्रीय स्तर पर भोजन, निवास, चिकित्सा एवं स्वास्थ्य, शिक्षा आदि सुविधाओं के बारे में जानकारी देना।

(ट) उन्हें यह बताना कि किस प्रकार जनसंख्या की वृद्धि के कारण भारत में प्रति वर्ष हजारों लोग बेरोजगार होते है।

(ठ) अन्ततः यह निष्कर्ष निकाला जाता है कि माध्यमिक स्तर पर बालकों को स्तर प्राथमिक स्तर की तुलना में श्रेष्ठ होता है, अतः उन्हें उच्च प्रकार की जानकारी देनी चाहिए।

माध्यमिक स्तर पर विद्यार्थियों को जनसंख्या की शिक्षा देते समय निम्नलिखित दक्षताओं, योग्यताओं तथा अभिवृत्तियों का ध्यान रखना चाहिएः-

(क) सर्वप्रथम अपने लिए तथा समाज के लिए स्वच्छ एवं पोषक भोजन की आवश्कता का अनुभव करना चाहिए।

(ख) बड़े शहरों में झुग्गी-झोपड़ियों तथा जनसंख्या वृद्धि से

उत्पन्न सामाजिक एवं आर्थिक कठिनाईयों का आभास कराना चाहिए।

(ग) उन कारणों का अध्ययन करना चाहिए जिनके द्वारा जनसंख्या में वृद्धि हुई है और उनका हल खोजने के लिए चिंतन करना चाहिए।

(घ) इस स्तर पर विद्यार्थी ग्राफ, चित्र आदि का उपयोग भली-भांति करना जान जाते है तथा इन्हीं की सहायता से विद्यार्थियों को ज्ञान देना चाहिए।

(ङ) उन्हें यह जानकारी दी जानी चाहिए कि किस प्रकार जनसंख्या वृद्धि से राष्ट्रीय विकास में बाधा उत्पन्न होती है।

(च) व्यक्तिगत एवं सामाजिक स्वच्छता के प्रत्यय का विकास करना चाहिए।

(छ) विद्यार्थियों के समक्ष किसी विशेष वर्ष के या गत बीते वर्ष के जनसंख्या सम्बन्धी आंकड़ों को प्रदर्शित करना चाहिए जिनके अध्ययन से वह जनसंख्या की वृद्धि- कमी का अध्ययन कर सके।

(झ) जन्म-दर में बढ़ोत्तरी के कारण तथा मृत्यु दर में कमी के कारणों से भी विद्यार्थियों को अवगत करना चाहिए। जनसंख्या वृद्धि तथा उच्च जीवन-स्तर के मार्ग में अन्धविश्वासों की भूमिका का ज्ञान कराना चाहिए।

(ट) जनसंख्या वृद्धि दर, जनसंख्या घनत्व एवं प्राकृतिक साधनों सम्बन्धी प्रदत्तों के संकलन की योग्यता विकसित करनी चाहिए।

(ठ) अन्ततः यह स्पष्ट होता है कि माध्यमिक स्तर के बालकों को जनसंख्या के सम्बन्ध में सम्पूर्ण जानकारी देना अति आवश्यक है, क्योंकि वह इस स्थिति से अवगत होने तथा उसका समाधान ढूंढने में समर्थवान स्थिति पा लेते है।

जनसंख्या शिक्षा के लिए विभिन्न संगठनों की भूमिका

भारत में जनसंख्या शिक्षा का कार्य भारत मानव संसाधन मंत्रालय तथा सूचना एवं प्रसारण मन्त्रालय को सौंपा गया है। उनका यह कर्त्तव्य

है कि भारत के प्रत्येक क्षेत्र में जनसंख्या के कुप्रभावों से नागरिकों को अवगत कराए। केन्द्रीय शैक्षिक प्रौद्योगिकी संस्थान तथा विश्वविद्यालय अनुदान आयोग को समन्वित भूमिका निभाते रहना चाहिए। राज्य की एजेंसियों/विश्वविद्यालयों को उत्पादन सुविधायें स्थापित करने तथा प्रबन्ध करने, उनके कर्मचारी वृन्द को प्रशिक्षत करने, मूल्यांकन तथा शोध कार्यक्रम के लिए सहायक सामग्री तथा यन्त्रों का डिजाइन तैयार करने में आवश्यक नेतृत्व करना चाहिए। राज्य सरकार का यह कर्त्तव्य है कि वह नागरिकों को जनसंख्या की समस्या के समाधान से अवगत कराने के लिए विशेष प्रकार की सुविधाओं का निर्माण करे जैसे- वह सर्वप्रथम सूचना एवं प्रौद्योगिकी का विकास करें जिससे कि ग्रामीण क्षेत्रों में इस समस्या का समाधान हो सके, दूसरे वह सहायक सामग्री के रख रखाव की ओर भी ध्यान दे। इस समस्या का हल तभी सम्भव हो सकता है जबकि ग्रामीण क्षेत्रों में शिक्षा का विस्तार हो जाए। इसके अतिरिक्त इलेक्ट्रॉनिक विभाग के ऊपर इस क्षेत्र की सबसे अधिक जिम्मेदारी है तथा विभिन्न शिक्षा संस्थाओं पर भी इस क्षेत्र की जिम्मेदारी को नकारा नहीं जा सकता है। राज्य सरकारें तथा अनकों एजेंसियां, विश्वविद्यालय अनुदान आयोग तथ उच्च स्तर पर व्यावहारिक शिक्षा को संचालित करने वाली सर्वाधिक निकास भी जनसंख्या सम्बन्धी विषयों के पाठ्यक्रम तथा उनमें प्रवेश की जरूरतों में आवश्यक परिवर्तन करने में अपना विशेष सहायोग दे रही है। इसके अतिरक्त केन्द्रीय सरकार का भी इस क्षेत्र में एक महत्वपूर्ण योगदान होना चाहिए, उसको राज्य को इतनी स्वतंत्रता प्रदान करनी चाहिए जिससे कि वह जनसंख्या के समाधान कर सके। भारत में अनेक संगठनों का निर्माण जनसंख्या शिक्षा के प्रचार-प्रसार के लिए किया जा रहा है जिन्होंने इस क्षेत्र में अपेक्षाकृत कदम उठाएं है। इनका मुख्य कार्य है कि देश के ग्रामीण तथा पिछड़े इलाकों को जनसंख्या के

हानिकारक तत्वों से अवगत कराना तथा यह जानकारी देना कि किस प्रकार इस बढ़ती हुई जनसंख्या को रोका जा सकता है।

राष्ट्रीय शैक्षिक अनुसंधान एवं प्रशिक्षण परिषद् द्वारा जनसंख्या शिक्षा के पाठ्यक्रम से सम्बन्धित कुछ महत्वपूर्ण सुझाव

एन.सी.ई.आर.टी. भारत की सुविख्यात शैक्षिक संस्था है जो कि सम्पूर्ण शिक्षा का उत्तरदायित्व अपने कन्धों पर लेती है। राष्ट्रीय शैक्षिक अनुसंधान एवं प्रशिक्षण परिषद् के द्वारा 25 से 29 सितम्बर, 1973 तक इलाहाबाद में आयोजित एक कार्यगोष्ठी में माध्यमिक स्तर के अध्यापकों के लिए जनसंख्या शिक्षा का विद्यार्थियों निर्माण किया था। यह विद्यार्थियों नौकरी के पश्चात् प्रशिक्षण विद्यार्थियों के लिए बनाया गया था। इस विद्यार्थियों का निम्न उद्देश्य निर्धारित किया गया-

(क) क्योंकि एक शिक्षक ही समाज को सही राह दिखाता है इसलिए सामाजिक परिवर्तन तथा राष्ट्र के नव-निर्माण के लिए जनसंख्या शिक्षा एक सक्शक्त साधन है यह मानकर शिक्षकों को इस उद्देश्य की पूर्ति के लिए प्रोत्साहित किया गया।

(ख) आंकड़ों के द्वारा विश्लेषण निकालकर एवं उनकी व्याख्या कर सकने की कुशलता का विकास भी किया गया।

(ग) लोगों को जनसंख्या को नियन्त्रित करने के लिए विभिन्न सुझाव देना ताकि वह बढ़ती हुई जनसंख्या को रोकने में सक्षम हो सके।

(घ) बढ़ती हुई जनसंख्या का राष्ट्रीय, सामाजिक, आर्थिक, राजनैतिक तथा व्यक्तिगत विकास में बाधा बनना तथा उसका समाधान के लिए उपाय भी देना।

(ङ) विभिन्न पाठ्यक्रम सहगामी क्रियायाओं तथा पाठ्यक्रमों में जनसंख्या शिक्षा की विषय-वस्तु का समाकलन करने की योग्यताओं का विकास करना।

(च) प्रौद्योगिकी तथा आयुर्विज्ञान के विकास के लाभों से परिचित कराना।

(छ) जनसंख्या वृद्धि द्वारा उत्पन्न अवरोधों को उजागर करना तथा यह स्पष्ट करना कि किस प्रकार इसके द्वारा सम्पूर्ण राष्ट्र का विकास रूक जाता है।

(झ) परिवार नियोजन की ओर ध्यान प्रदर्शित करना।

(ट) जनसंख्या नियंत्रण के सम्बन्ध में प्रचलित अंधविश्वासों, मिथ्या-झूठी धारणाओं को नष्ट करना तथा लोगों को वास्तविकता से अवगत कराना।

(ठ) जनसंख्या वृद्धि द्वारा उत्पन्न शारीरिक, मानसिक, सामाजिक प्रभावों पर प्रकाश डालना।

(त) जनसंख्या वृद्धि के कारण शिक्षा पर पड़ने वाले कुप्रभावों से नागरिकों को अवगत कराना।

(थ) मानव जनतंत्र और जनन-प्रक्रिया की समझ विकसित करना ताकि लोग इनके कुप्रभावों से स्वयं तथा दूसरों को अवगत करा सके।

निष्कर्षतः यह कहा जा सकता है कि राष्ट्रीय शैक्षिक अनुसंधान एवं प्रशिक्षण परिषद् ने जनसंख्या शिक्षा के पाठ्क्रमों में विशेष ध्यान दिया है।

अभिनवीकरण कार्यक्रम

शिक्षकों को तब तक सेवारत प्रशिक्षण या अभिनवीकरण कार्यक्रमों द्वारा प्रशिक्षित किया जाना वांछनीय समझा जाता है जब तक कि जनसंख्या शिक्षा के पाठक्रमों को सेवापूर्वक शिक्षक प्रशिक्षण संस्थाओं में अनिवार्य रूप से लागू नहीं किया जाता है। केन्द्र द्वारा सभी राज्यों में बीते वर्षो में केन्द्र द्वारा प्रवर्तित ग्रीष्मकालीन शिक्षक अभिनवन कार्यक्रमों द्वारा राष्ट्रीय शिक्षा नीति के अनुरूप शिक्षकों का अभिनवन किया गया। इस प्रकार शिक्षा के अन्य स्तरों पर भी विभिन्न अभिकरणों

के द्वारा अध्यापकों का अभिनवीकरण किया जाना आवश्यक है जिससे जनसंख्या शिक्षा का समावेश अनिवार्यतः किया जा सके। इस सन्दर्भ में डॉ. भोपालसिंह ने यह स्पष्ट किया है कि एक बार जनसंख्या जैसे विषय पर प्रशिक्षण प्राप्त कर लेने के पश्चात इस विषय के बारे में और शिक्षा ग्रहा करने से मुक्त नहीं हुआ जा सकता इसलिए प्रशिक्षण कार्यक्रम आवश्यक है। जनसंख्या शिक्षा के लिए अभिवनीकरण पाठ्यक्रम सतत रूप से चालू रहे है। शिक्षा विभाग, एन.सी.ई.आर.टी. के माध्यम से भी नवीनतम जानकारियां अध्यापकों तक पहुंचाई गई है।

अध्यापकों को जनसंख्या देने के लिए यह आवश्यक है कि एन. सी.ई.आर.टी. भी जनसंख्या एकल या जनसंख्या शिक्षा विभाग की स्थापना करे। यह विभाग प्रत्येक विद्यालय की जनसंख्या से सीधे सम्बन्धित होने चाहिए ताकि विषय पर प्रकाशित सामग्री बिना विलम्ब के अध्यापकों तक पहुंचाई जा सके। पाठ्यक्रम तहसील या विद्यालय संगम स्तर अभिनवीकरण पाठ्यक्रम कार्यक्रम चालए जा सकते है। प्रत्येक प्रशिक्षित अध्यापक को तीसरे वर्ष अभिनवीकरण पाठ्यक्रम का पूरा करने का अवसर अनिवार्य रूप से उपलब्श हो जाएं।

सामाजिक विज्ञान वर्ग के विषय में जनसंख्या शिक्षा की समाकलन में सम्भावनाएं

जीव-विज्ञान, गृह-विज्ञान, गणित सांख्यिकी आदि विषय सभी विज्ञान के विषयों में आते है। इन्हीं के अन्तर्गत जनसंख्या के विभिन्न रूपों का भी अध्ययन किया जाता है। निम्नलिखित प्रकरणों के द्वारा हम सामाजिक विज्ञान में जनसंख्या का अध्ययन कर सकते है:-

(क) अर्थशास्त्र- अर्थशास्त्र में विभिन्न आंकड़ों के आधार पर जनसंख्या का अध्ययन किया जाता है, यह जनसंख्या के परिमाण को समझने के लिए एक आसान तरीका है। अर्थशास्त्र से सम्बन्धित विषयों को निम्नलिखित आधार पर बांटा जा सकता है:-

1. सर्वप्रथम इसमें वितरण सम्बन्धी समस्याओं तथा उनके कारण व उपायों का अध्ययन किया जाता है।

1. दूसरे, अर्थशास्त्र में इस बात का अध्ययन किया जाता है कि पूंजी और उत्पादन का अनुपात क्या है।

3. मानवीय संसाधनों के द्वारा आर्थिक विकास में योगदान।

4. आर्थिक नियोजन का महत्व, विकासशील देशेां के आर्थिक नियोजन में कठिनाईयां तथा उनका समाधान।

5. प्रशिक्षित तथा अप्रशिक्षित श्रमिकों की उपलब्धि को प्रभावित करने में जनसंख्या-वृद्धि का योगदान।

6. मूल्यवृद्धि के कारण, मांग तथा पूर्ति में आपसी सम्बन्ध व उनके बढ़ने तथा घटने के कारणों पर प्रकाश डालना, आर्थिक मंदी, मंहगाई का आर्थिक विकास पर प्रभाव आदि का अध्ययन इसके अन्तर्गत किया जाता है।

7. छोटे तथा बड़े परिवारों के बजट में अन्तर, पारिवारिक बजट का अध्ययन करना।

8. राष्ट्रीय प्रति व्यक्ति आय पर प्रभाव डालने वाले कारकों में जनसंख्या का स्थान।

9. भारत की जनसंख्या का क्रमानुसार अध्ययन करना।

10. बढ़ती जनसंख्या के कारण उत्पन्न हुई बेरोजगारी, प्रच्छन्न बेरोजगारी, मौसमी बेरोजगारी आदि गम्भीर समस्याओं पर विचार करना तथा उनका समाधान निकालना।

11. पर्ल तथा माल्थस के सिद्धांतों की समोलचना।

(ख) भूगोल- भूगोल में भौगोलिक स्थितियों के आधार पर जनसंख्या के बढ़ते हुए रूप का अध्ययन किया जाता है। जनसंख्या जितनी अधिक होगी उसे रहने के लिए उतनी अधिक भूमि की आवश्कता पड़ेगी, परन्तु भौगोलिक संसाधन एवं भूमि स्थिर मात्रा में है,

यही कारण है प्रति वर्ष केवल रहने के स्थान में वृद्धि करने के लिए लाखों की मात्रा में जंगल उजाड़े जा रहे है। भूगोल से सम्बन्धित विषय निम्नलिखित है:-

1. सर्वप्रथम जनसंख्या अधिक होने के कारण भौगोलिक रूप से जो समस्या पैदा होती है वह है आवास के निर्माण के भारी मात्रा में वनों का विनाश जिससे कि भूक्षरण होता है।

2. आयात-निर्यात संतुलन की आवश्यकता, असंतुलन के कारण तथ प्रभाव।

3. आव्रजन तथा प्रव्रजन के द्वारा उत्पन्न समस्याएं।

4. पर्यावरण को जो तत्व प्रत्यक्ष रूप से प्रभावित करते उनका अध्ययन करना।

5. विश्व के खाद्योत्पादन क्षेत्र, भारत की स्थिति का विश्लेषण करना।

7. वन सम्पदा के लाभ का अध्ययन, उनको बचाने के उपायों का अध्ययन करना।

8. विभिन्न देशों के तथा विभिन्न प्रांतों के जनसंख्या घनत्वों का तुलनात्मक अध्ययन करना।

(ग) नागरिक शास्त्र- नागरिक शास्त्र के अन्तर्गत देश की आन्तरिक व बाह्य नीतियों का अध्ययन किया जाता है। नागरिकों के कर्तव्यों, अधिकारों, स्वतन्त्रता, समानता आदि अधिकारों के बारे में इस विषय के अन्तर्गत अध्ययन किया जाता है। नागरिक शास्त्र से सम्बन्धित विषयक निम्नलिखित है:-

1. सर्वप्रथम इस विषय में वृद्धावस्था, बीमारी, अशक्ता तथा बेरोजेगारी आदि गम्भीर समस्याओं पर विचार किया जा सकता है। इसके अन्तर्गत इन सभी समस्याओं के समाधान पर भी विचार किया जाता है।

2. जो तत्व राष्ट्रीय विकास में बाधा उत्पन्न करते है उनका अध्ययन भी इसी विषय में किया जाता है।

3. आदर्श परिवार के मुख्य तत्व।

4. जनाधिक्य का नैतिकता पर प्रभाव का अध्ययन।

5. राज्य के नागरिकों के प्रति दायित्व तथा नागरिकों के राज्य के प्रति दायित्वों का अध्ययन।

6. जीवन के स्तर के उन्नयन के नीति निदेशक तत्वो की पूर्ति के लिए राज्य के द्वारा किए जाने वाले कार्यों की समझ तथा उनमें अवरोध पैदा करने जनाधिक्य की भूमिका।

7. राज्यों के द्वारा नागरिकों को दी जाने वाली निःशुल्क शिक्षा का अध्ययन, महिलाओं को विशेषाधिकार, इनके लिए विशेष प्रावधान आदि।

8. नागरिक शास्त्र के अन्तर्गत पर्यावरण संरक्षण में जनाधिक्य के प्रभाव का अध्ययन, वन्य-जीव संरक्षण से सम्बन्धित नागरिक दायित्व, एकता और अखण्डता की रक्षा को प्रभावित करने वाले कारणों में जनाधिक्य का स्थान, कर्त्तव्य बोध-नागरिक बोध और दशे की अखण्डता, प्रभुता आदि को प्रभावित करने वाले कारको का अध्ययन भी इसी विषय में किया जा सकता है।

जनसंख्या शिक्षा के शिक्षक प्रशिक्षण पाठ्यक्रमों में प्रावधान की समीक्षा

भारत में जनसंख्या की वृद्धि इतनी तीव्र गति से हो रही है कि इसको रोक पाना असंभव सा प्रतीत हो रहा है। इस क्षेत्र में केवल शिक्षा ही ऐसा माध्यम है जो कि लाभदायक सिद्ध हो सकता है। एन.सी.ई. आर.टी. ने सन 1974 में माध्यमिक शिक्षण प्रशिक्षण महाविद्यालयों हेतु जनसंख्या शिक्षा पाठ्यक्रम प्रस्तुत किया। शिक्षक प्रशिक्षण के उद्दश्यों की पूर्ति के लिए एन.सी.ई.आर.टी. द्वारा जो तीन कार्यशाला बनाई गई

वह इस प्रकार है- अजमेर कार्यशाला जिसकी स्थापना 1984 में की गई, उदयपुर कार्यशाला जिसकी स्थापना 1983 में की गई तथा दिल्ली कार्यशाला जिनकी स्थापना 1979 में की गई थी। शिक्षक प्रशिक्षण के उद्देश्यों की पूर्ति हेतु निम्नलिखित तत्व महत्वपूर्ण बताए जाते है:-

1. शिक्षक प्रशिक्षक में जनसंख्या शिक्षा के समावेश के उपागम

(क) समन्वित शिक्षण उपागम- इस उपागम के अनुसार शिक्षक प्रशिक्षण के पाठ्यक्रम पाठ्यक्रम अनिवार्य प्रश्न पत्रों के अन्तर्गत जनसंख्या शिक्षा को समन्वित करने का प्रयास किया जाता है। इसका कारण यह है कि बी.एड. स्तर के पाठ्यक्रम की अवधि केवल एक वर्ष है, अत: इस पाठ्यक्रम में एक अलग अनिवार्य विषय के रूप में जनसंख्या की शिक्षा का समावेश किया जाना सम्भव नहीं है। अनिवार्य चार प्रश्न पत्रों में से शैक्षिक प्रबन्ध या शाला संगठन और भारतीय शिक्षा की समस्याएं ही जनसंख्या शिक्षा की एक इकाई मानी जा सकती है। बी.एड. के स्तर में जनसंख्या के विषय को पाठ्यक्रम का अंश दिया जाना न्यायसंगत माना जा सकता है।

(ख) एक अलग विषय अथवा विशिष्टीकरण अध्ययन उपागम- वर्तमान में जनसंख्या पाठ्यक्रम को शिक्षा में अलग विषय अथवा एक विशिष्ट विषय के रूप में पढ़ाया जाना अनिवार्य प्रतीत होता है। परन्तु इस सन्दर्भ में अभी तक किसी प्रकार का प्रावधान देखने में नहीं आया है। यद्यपि यह एक गम्भीर समस्या है फिर भी यह सत्य है कि जनसंख्या शिक्षा को उतना महत्व पाठ्यक्रम में नहीं दिया जा रहा है। यह सत्य है कि जनसंख्या शिक्षा अभी एक विषय नहीं बना हैन इसके निकट भविष्य में ऐस बनने की कोई संभावना है क्योंकि यह शिक्षण का एक नया क्षेत्र है जो विभिन्न विषयों से अपनी सामग्री का चयन करता है।

(ग) प्रस्तार व्याख्यान उपागम- प्रस्तार व्याख्यान उपागम के

अन्तर्गत बी.एड. के पाठ्यक्रम में किसी भी प्रकार की कोई बाधा उत्पन्न नहीं हुई है। प्रस्तार व्याख्यान उपागम में बी.एड. के वर्तमान पाठ्यक्रम में बिना बाधा पहुंचाते हुए सत्र पर्यन्त जनसंख्या शिक्षा सम्बन्धी व्याख्यानों की एक श्रृंख्ला का आयोजन किया जाता है। यह उपागम अधिक उपयुक्त सिद्ध हो सकता है, यदि इसमें प्रशिक्षणार्थियों की उपस्थिति तथा इसके मूल्यांकन में उनकी सफलता अनिवार्य कर दी जाए। इससे अन्य दो उपागमों का समन्वय भी किया जा सकता है। यह व्याख्यान सह पाठ्यक्रमीय प्रवृत्तियों के अन्तर्गत आयोजित किए जा सकते है जिसके लिए स्थाई रूप में शिक्षकों की नियुक्ति न कर समय-समय पर कुछ सन्दर्भ व्यक्तियों में शिक्षकों की सेवाएं ली जाती है। उपरोक्त उपगामों के अध्ययन से हमें यह ज्ञात होता है कि यदि बी. एड. में जनसंख्या शिक्षण को बढ़ावा दिया जाए तो यह निश्चय ही प्रभावी होगा। इसके अतिरिक्त जनसंख्या के शिक्षण के द्वारा बी.एड. के शिक्षण को प्रभावी रूप दिया जा सकता है।

घ. अनौपचारिक शिक्षा- जनसंख्या शिक्षण को अनौपचारिक शिक्षा तथा प्रौढ़ के अन्तर्गत ही अध्ययन किए जाने का प्रावधान होना चाहिए। इस प्रकार की की शिक्षा के केन्द्रों पर स्कूली शिक्षा से वंचित 6 से 14 वर्ष तथा 15 से 35 वर्ष की आयु के विद्यार्थी होते हैं जिनके शिक्षण के लिए जनसंख्या शिक्षा से अनुपस्थिति शिक्षकों की आवश्कता पड़ती है। इन शिक्षकों को सेवा काल के बाद विभिन्न प्रकार के शिक्षा शिविरों में आमन्त्रित किया जाना चाहिए। यह कार्य विभिन्न शिक्षक प्रशिक्षक संस्थाएं, जिला शिक्षक शिक्षा संस्थान तथा राज्य शिक्ष अनुसंधान द्वारा सम्पन्न किया जाना चाहिए। इस प्रकार यह स्पष्ट होता है कि जनसंख्या समस्या के समाधान में शिक्षक प्रशिक्षक की अपनी विशेष भूमिका है। इस क्षेत्र में उद्देश्यों की पूर्ति करना ही शिक्षा प्रशिक्षक का परम उद्देश्य है।

2. शिक्षण प्रशिक्षण में जनसंख्या शिक्षा के उद्देश्य

शिक्षण प्रशिक्षण में जनसंख्या शिक्षा के निम्नलिखित उद्देश्य होने चाहिएः-

क. शिक्षक का दायित्व सुनियोजित होना चाहिए, उसके जीवन का स्तर तथा जीवन की गुणवत्ता के उन्नयन के प्रति सकारात्मक अभिवृत्ति का विकास करना भी आवश्यक है।

ख. जनसंख्या की शिक्षा का प्रचार करने हेतु विभिन्न प्रकार की दृश्य-श्रृव्य सामग्रियों का उपयोग किया जाना चाहिए ताकि प्राथमिक स्तर के बालकों को इसकी जानकारी लेने में किसी भी प्रकार की कठिनाई अनुभव न हो।

ग. उनमें विभिन्न पाठ्यक्रमीय तथा उपपाठ्यक्रमीय क्रिया-कलापों में जनसंख्या शिक्षा तत्वों का समन्वय करने के कौशल का विकास करना चाहिए जिससे कि पाठ्यक्रम का ज्ञान देते समय उनमें किसी भी प्रकार की हिचक न आए।

घ. उनको जनसंख्या से सम्बन्धित आकड़ों को एकत्रित करने की प्रेरणा दी जानी चाहिए क्योंकि यह एक प्रभावशाली तरीका है।

ङ. राष्ट्रीय निर्माण में बाधा डालने वाली जनसंख्या की तीव्र गति को किस प्रकार रोका जा सकता है यह शिक्षण उनकों देना चाहिए ताकि वह आगे इस शिक्षण का लाभ उठा सके।

च. जनसंख्या को रोकने हेतु केवल भारत की ही नीति का नहीं अपितु विदेशी नीतियों का भी अध्ययन कराया जाना चाहिए।

छ. विज्ञान तथा प्रौद्योगिकी की प्रगति के अवबोध के विकास हेतु जनसंख्या वृद्धि तथा जीवन प्रत्याशा का अध्ययन करना।

ज. मानव कल्याण कार्यक्रमों पर जनसंख्या वृद्धि के प्रभाव का अवबोध विकसित करना।

झ. मनो-सामाजिक प्रभावों तथा मानव लिंग भेद प्रभावों का

अवबोध विकसित करना।

ञ. अनियंत्रित जनसंख्या का देश के प्राकृतिक संसाधनों पर पड़ने वाला प्रभाव तथा पर्यावरण के सन्तुलन पर पड़ने वाले कुप्रभाव पर प्रकाश डालना।

ट. मानव जीवन के विभिन्न पक्षों- शारीरिक व मानसिक, सामाजिक व सांस्कृतिक, नैतिक व आचारिक तथा आर्थिक व राजनीतिक पक्षों पर जनसंख्या वृद्धि के प्रभाव का अवबोध विकसित करना।

पाठ्यक्रम की समीक्षाः- भारत में जो पाठ्यक्रम पढ़ाया जा रहा है उसमें निम्नलिखित कमियां पाई जाती है:-

(क) शोध-कार्य तथा एम.एड. स्तर पर अभी तक जनसंख्या से सम्बन्धित किसी भी प्रकार के पाठ्यक्रम का विकास नहीं किया है। यह तथ्य अत्यन्त विचारनीय तथा चिन्तनीय है।

(ख) दूसरे पाठ्यक्रम व्यावहारिक रूप पर बल देने की अपेक्षा केवल सैद्धांतिक पक्ष पर ही अधिक बल दिया गया है। क्रियात्मक पक्ष जिससे प्रशिणार्थियां में छोटे परिवार के प्रति सकारात्मक अभिवृत्ति विकसित हो सके को गौण स्थान दिया गया है, केवल स्वल्प सत्रीय कार्य से यह उद्देश्य पूरा नहीं किया जा सकता।

(ग) ऊपर वर्णित उद्देश्यों को आधुनिक पाठ्यक्रम में शिक्षा प्रशिक्षण के विभिनन स्तरों पर परिभाषित नहीं किया गया है जिससे पाठ्यक्रम सोद्देश्य नहीं बना।

(घ) पाठ्यक्रमों में जनसंख्या शिक्षा का प्रावधान होना चाहिए परन्तु अभी तक इस क्षेत्र में किसी भी प्रकार का कोई भी चरण नहीं उठाया गया है। इस अध्ययन को केवल एक सहायक विषय के रूप में ही पढ़ाया जाता है। मात्र ऐच्छिक अथवा विशिष्टीकरण के रूप में इसका प्रावधान किया जाना प्रशिक्षणार्थियों को जनसंख्या शिक्षा अनभिज्ञ रखता है तथा विद्यालीय शिक्षा के विभिन्न स्तरों पर जनसंख्या शिक्षा के

शिक्षण हेतु उन्हें सक्षम नहीं बनाता। अतः इसे सभी प्रशिक्षणार्थियां के लिए अनिवार्य किया जाए। जनसंख्या प्रत्येक क्षेत्र को प्रभावित करती है अतः इसका अध्ययन भी प्रत्येक क्षेत्र में किया जाना आवश्यक है।

शिक्षा प्रशिक्षण में जनसंख्या शिक्षा पाठ्यक्रमों की उपयोगिता तथा क्रियान्वयन

एन.सी.ई.आर.टी. द्वारा अनुमोदित देश में समय-समय पर आयोजित गोष्ठियों व कार्यसशालाओं में पर्याप्त विचार-विमर्श के पश्चात शिक्षक प्रशिक्षण में जनसंख्या शिक्षा के पाठ्यक्रम प्रस्तावित किए गए है, विकसित हुए है। इसे ए.टी.सी. तथा बी.एड. स्तर पर लागू कर दिया गया है। राजस्थान के शिक्षा विभाग ने दो वर्षीय एस.टी.सी. के पाठ्यक्रम में प्रथम वर्ष में इसे वैकल्पिक विषय के में अपनाया है, इतना ही नही राजस्थान में बी.एड. के स्तर पर इसे तृतीय प्रश्न पत्र के रूप में अनाया गया है। जनसंख्या को वैकल्पिक तथा ऐच्छिक विषय के एक अलग पक्ष के रूप में समाविष्ट किया गया है। एम.एड. स्तर पर अभी इस दिशा में किसी प्रकार की प्रगति देखने को नहीं मिली है। जनसंख्या शिक्षा एक अत्यंत गम्भीर समस्या है इसका समाधान करने हेतु छोटे परिवार के प्रति सकारात्मक अभिवृत्ति विकसित करने हेतु अच्छे प्रशिक्षित अध्यापकों की आवश्यकता प्रतीत होती है। इन आवश्यकताओं की पूर्ति तब तक सम्भव नहीं हो सकती है जब तक कि सेवापूर्व शिक्षक प्रशिक्षण के सभी स्तरों पर जनसंख्या के उपरोक्त वर्णित पाठ्यक्रमों को बिना किसी भी प्रकार के विलम्ब के लागू किया जाएंगा।

अतः यह स्पष्ट है कि इसके लिए सेवारत लघुकालीन प्रशिक्षण शिक्षक सक्षम सिद्ध नहीं हो पा रहे है। अर्थात् अभिनवीकरण कार्यक्रमों की आवश्यकता है जिससे कि सभी शिक्षका विद्यालय स्तर पर अपने विषयों में समाकलित जनसंख्या शिक्षा का प्रभावी शिक्षण कर सके।

जनसंख्या शिक्षा का विभिन्न विद्यालीय विषयों से सम्बन्ध

अध्यापकों द्वारा जनसंख्या को बालकों पर बिना किसी प्रकार का दबाव डालते हुए पाठ्यक्रम में सम्मिलित किया जाना चाहिए। इसके लिए निम्न बातों पर ध्यान देना चाहिए:-

(क) जनसंख्या का विषय एक बहुविषयक विषय है। इसमें व्यक्ति के स्वास्थ्य, शिक्षा, आयुविज्ञान, जीव-विज्ञान, नागरिक शास्त्र, भूगोल आदि सभी विषयों को सम्मिलित किया जाता है।

(ख) विद्यार्थियों पर पहले से ही बहुत अधिक विषयों का बोझा लाद दिया जाता है इसलिए जनसंख्या विषय को उनके समक्ष इस प्रकार प्रस्तुत किया जाएं कि वह इस विषय को एक बोझ न समझकर इसमें अपनी रूचि ले।

(ग) अध्यापक को जनसंख्या की शिक्षा देते समय यह बात ध्यान में आवश्यक रखनी चाहिए कि उन विद्यार्थियों के जिनका परिवार आकार में बड़ा है तथा उनके आय के साधन कम है उनके मन में अपने माता-पिता तथा सहदरों के प्रति आपसी विद्वेष, क्रोध आदि न उत्पन्न हो सके, बल्कि वे अपने परिवार के प्रति सजग हो जाए। जनसंख्या शिक्षा के द्वारा उनमें पूर्व-व्याप्त अग्रघर्षण समाप्त हो तथा भविष्य-सापेक्ष प्रत्याशा का अनुप्राण न हो।

(घ) कक्षा में विचार-विमर्श कराया जाए। इन विवादों के अन्तर्गत अध्यापक स्वंय का निर्णय छात्रों पर न थोपकर विद्यार्थियों के द्वारा दिए जाने विचारों पर विचार-विमर्श किया जाना चाहिए। छात्र समूह-चर्चा के बाद निर्णयों का निस्त्रण स्वयं करें।

(ङ) प्रकरणों का निर्धारण करते समय यह भी ध्यान में रखा जाए कि मानवीय भूले कम-से-कम होने की सम्भावना हो।

(च) सम्मिलित किए जाने प्रकरणों में इस बात का ध्यान दिया जाना अति आवश्यक है कि वह प्रकरण छात्रों की आयु और

आवश्यकताओं के अनुकूल हो।

(छ) भारत एक पंथ निरपेक्ष राज्य है। यहां पर राष्ट्रीय एकता देखने को मिलती है। इस एकता का खन्डन न होने पाए इस बात को भी ध्यान में रखना अति आवश्यक है।

(ट) बालकों के हित संरक्षण, पोषाहार, स्त्रियों को समानाधिकार, उन्नयन और जीवन स्तर में सुधार करना जहां हमारे प्रजातंत्रात्मक लोकतंत्र के नीति निदेशक तत्व हैं वहीं वह जनसंख्या शिक्षा की विषय-वस्तु भी स्वीकार किए गए है। अतः समाकलन करते समय इन सबकी ओर विशेष ध्यान दिया जाना चाहिए।

विज्ञान वर्ग के विषयों में जनसंख्या शिक्षा की समाकलन में संभावनाएं

विज्ञान वर्तमान में प्रत्येक क्षेत्र में उन्नति कर रहा है। भारतीय परिवेश में भी जीव-विज्ञान के क्षेत्र में सार्थक परिवर्तन देखने को मिले है। जहां तक जीव-विज्ञान और जनसंख्या शिक्षा का सम्बन्ध है, विभिन्न शिक्षा परिषदों के सैकण्डरी तथा सीनियर परीक्षाओं के पाठ्यक्रमों में जो प्रकरण सम्मिलित किए जा सकते है उनकी सूची को इस प्रकार प्रकट किया जा सकता है:-

(क) गणित में जनसंख्या शिक्षा प्रत्यय- गणित के अध्ययन के द्वारा ही विद्यार्थी की चिन्तन, तर्क आदि शक्तियों का विकास होता है। अध्यापक अपने विषय का शिक्षण कराता है तथा कही-कही ऐसे प्रकरण भी आते है, जिनमें जनसंख्या शिक्षा के प्रत्तयों पर विशेष बल दिया जा सकता है। जनसंख्या शिक्षा का शिक्षण सभी विषयों में महत्वपूर्ण है तथा इसका सभी विषयों के अन्तर्गत अध्ययन किया जा रहा है। उच्च प्राथमिक तथा प्राथमिक कक्षाओं में गणित तथ्यों पर आधारित है। इसलिए यह आवश्यक है कि गणितीय प्रश्न स्वाभाविक तथा व्यावहारिक समस्याओं पर आधारित होने चाहिए। जनसंख्या वृद्धि

व उसके प्रभाव को गणितीय आंकड़ों के द्वारा प्रभावपूर्ण तरीके से समझाया जा सकता है। गणित में संख्या पद्धति, मूल क्रियाएं, दशमलव, औसत, प्रतिशत, साझा, क्षेत्रफल, रेखाचित्र आदि प्राथमिक, उच्च प्राथमिक कक्षाओं में पढ़ाए जा रहे है। इस सम्बन्ध में निम्नलिखित प्रकार के प्रश्न एक परिवार अथवा संपूर्ण जनसंख्या को आधार मानकर बनाए सकते है:-

(अ) जन्मदर, मृत्यु आदि जनसंख्या विषयक धारणाओं को अनुपात, प्रतिशत आदि में व्यक्त करके दिखाय जा सकता है, गत बीते वर्ष की जनसंख्या का घनत्व की तुलना वर्तमान जनसंख्यया निरीक्षणों आंकड़ों से की जा सकती है।

(ब) परिवार के सदस्य संख्या, मासिक आय तथा औसत शिक्षण दर को भी गणितीय आंकड़ों के द्वारा स्पष्ट रूप से व्यक्त किया जा सकता है।

(स) जनसंख्या प्रति वर्ग किलोमीटर के बारे में अध्ययन किया जा सकता है।

(द) जनसंख्या वृद्धि से निश्चित मात्रा में उत्पादन, उपलब्धि में कमी की धारणा को गुणा भाग अथवा घटा आदि क्रियाओं के द्वारा अभ्यास कराया जा सकता है।

इस प्रकार गणित का अध्यापक उपरोक्त दिए गए विवरणों को ध्यान में रखते हुए जनसंख्या से सम्बन्धित विभिन्न प्रश्नों को विद्यार्थियों के समक्ष प्रस्तुत कर सकता है।

गणित के द्वारा जनसंख्या के अध्ययन को पूर्णता समझने के लिए निम्न प्रकार से अध्ययन किया जा सकता है:-

(क) मान लीजिए कि एक गांव की जनंसख्या 800 व्यक्ति है। उस गांव में 35 हजार वर्ग मीटर कृषि भूमि उपलब्ध है। छः वर्ष के पश्चात् गांव की आबादी 1000 व्यक्ति हो गई है तो बताईए-

1. यदि एक वर्ग मीटर भूमि में 7 किलो अनाज पैदा होता हो तो प्रारम्भ में प्रति व्यक्ति कितना अनाज होता था?

2. 3 वर्ष बादि प्रति व्यक्ति औसत भूमि कितनी हो जाएगी?

3. प्रारम्भ में प्रति व्यक्ति औसत भूमि कितनी थी?

(ख) राजू के परिवार में 5 सदस्य है तथा राजेश के परिवार में 10 सदस्य है। दोनों के परिवार की मासिक आय 5000 रूपये तो बताइए कि-

1. राजू के प्रत्येक सदस्य को राजेश के सदस्य से कितने अधिक रूपये मिलते है?

2. राजू, राजेश के परिवार में प्रति सदस्य औसत आय कितनी है?

(ग) एक माध्यमिक विद्यालय में 1999 में विद्यार्थियों की संख्या 500 थी। यदि प्रतिवर्ष 30 प्रतिशत की वृद्धि विद्यार्थियों की संख्या में होती जाए तो बताएं कि-

1. यदि एक कक्षा में 60 छात्र बैठ सकते हैं तो उनके लिए कितने कमरे होने चाहिए?

2. 2002 में एक कक्षा में कितनी छात्र होगे।

यह बात स्पष्टता मानी जाती है कि छोटे परिवारों में बड़े परिवारों की अपेक्षा संसाधनों की कमी नहीं रहती है। उनका जीवन का स्तर भी ऊंचा होता है। जनसंख्या शिक्षा के प्रत्ययों को गणित विषय के माध्यम से स्पष्ट करने के लिए बालक में सामन्यतः निम्नलिखित व्यवहारगत परिवर्तन हो सकेंगे-

1. उसकी विचारधारा में यह परिर्वतन आएगा कि वह बड़ा होकर छोटे परिवार, सीमित परिवार को ही प्राथमिकता देगा तथा उसका अपना स्वयं का परिवार भी नियोजित होगा। वह परिवार नियोजन के सिद्धांतों को अपनाएगा।

2. वह यह समझ जाएगा कि बेरोजगारी तभी बढ़ती है जबकि

जनसंख्या में वृद्धि होती हैं। अतः जिसके परिणामस्वरूप साधनों की कमी के कारण हमें विदेशों से सामान आयात करना पड़ता है।

3. उसके मन में यह धारणा उत्पन्न हो जाएगी कि यदि जनसंख्या का घनत्व अधिक होगा तो एक छोटा खेत भी कई भागों में विभाजित हो जाएगा। उसका यह मानसिक स्तर गणित के अलावा अन्य किसी भी विषय में सम्भव नहीं हो सकता है।

4. छोटे परिवार के प्रति सही धारणा का विकास उसके मन में उजागर हो जाएगा। वह स्वयं के अलावा अपने पास-पड़ौस में रहने वालों तथा अपने मित्रों को भी इस सम्बन्ध में जानकारी देगा कि वह भी परिवार नियोजन के सिद्धांतों को अपनाए। बालक यह भी समझा सकेगा कि कम आय होने के कारण बड़े परिवार में संतुलित व पुष्ट नहीं मिल सकता, कुपोषण होता है। इस प्रकार गणित अध्ययन से उसे कई प्रकार के लाभ प्राप्त होते है।

(ख) गृह विज्ञान- गृह विज्ञान एक बहुत ही महत्वपूर्ण विषय है। क्योंकि इसका सम्बन्ध ही गृह के कार्यो से है इसलिए इसके अन्तर्गत जनसंख्या के कारणों व समाधानों का अध्ययन किया जाना विशेष रूप से लाभदायक सिद्ध हो सकता है। विभिन्न परिषदों में यह विषय अब वैकप्तिक विषयों के रूप में माध्यमिक स्कूलों की परीक्षा के पाठ्यक्रमों में शामिल कर लिया गया है। सीनियर सैकेण्डरी पाठ्यक्रम तथा सीनियर सैकण्डरी के व्यवसायिक पाठ्यक्रमों में निम्नलिखित प्रकरण सम्मिलित किए जाने योग्य है:-

1. सर्वप्रथम महिलाओं को उनके गर्भाव्यवस्था के समय में उठाए जानें विशेष कदमों से अवगत करना इस विषय का उद्देश्य है।

2. प्राथमिक उपचार के सम्बन्ध के बारेमें जानकारी देना तथा दुर्घटनाओं के तुरन्त पश्चात् उठाए जाने वाले कदमों के बारे में जानकारी देना भी इसी विषय का दूसरा महत्वपूर्ण उद्देश्य है।

3. स्वास्थ्यपूर्ण पर्यावरण का संप्रत्यय, जनसंख्या का पर्यावरण पर पड़ने वाला प्रभाव आदि की जानकारी भी इसी विषय के अन्तर्गत दी जाती है।

4. माता की शारीरिक, संवेगात्मक तथा मानसिक स्थिति का भ्रूण पर पड़ने वाला प्रभाव, इन स्थितियों पर परिवार के आकर से सम्बन्ध की जानकारी भी इसी विषय के अन्तर्गत दी जाती है।

5. पोषणयुक्त भोजन तथा पोषणहीन भोजन का बच्चों पर पड़ने वाले प्रभाव की जानकारी भी इसी विषय के अन्तर्गत दी जाती है।

6. महिलाओं और बच्चों पर अल्पपोषण से पड़ने वाले प्रभावों का विवरण भी इसी विषय के अन्तर्गत दिया जाता है।

7. बाल्यवस्था में पोषण का महत्व, अल्प-पोषण का मानसिक विकास से सम्बन्ध।

8. शारीरिक विकास-शारीरिक विकास में भोज्य-पदार्थों की आवश्यकता विकास तथा कार्य, पोषण का परिवार के सदस्यों की संख्या में सम्बन्ध।

(ग) जीव विज्ञान- जीव विज्ञान एक महत्वपूर्ण विषय है। इस विषय के अन्तर्गत जनसंख्या और पर्यावरण, मानवीय जनसंख्या का गतिशास्त्र, मानवीय प्रजनन, उद्‌विकास आदि सभी महत्वपूर्ण विषयों के बारे में अध्ययन किया जाता है। इसके अन्तर्गत निम्नलिखित तत्वों के बारे में अध्ययन किया जाता है:-

1. सामाजिकी वानिकी- सामाजिक वानिकी का अभिप्राय और उपयोगिता।

2. भूक्षरण एंव भूसंरक्षता- भूरक्षण में जनसंख्या वृद्धि का योगदान भूसंरक्षण के उपाय।

3. स्वास्थ्य को खतरे- पर्यावरण में व्याप्त प्रदूषण का स्वास्थ्य पर बहुत अकिध कुप्रभाव पड़ता है। इससे न केवल हमारा पर्यावरण

बल्कि हमारे शरीर को भी हानि पहुंचती है। इसलिए वनों के संरक्षण हेतु हमारी सरकार ने विशेष कदम उठाएं है।

4. भोज्य तत्व- भोजन तत्वों के प्रकार, प्राप्त के स्त्रोत, अल्प-पोषण तथा कुपोषण से हाने वाले रोग तथा उनके कारण, प्रोटीन, कैलोरी तथा विटामन ए की कमी के कारण होने वाले रोगों का अध्ययन भी जीव विज्ञान की परिधि में आता है।

5. निषेचन और संसेचन- निषेचन तथा संसेचन की कृत्रिम विधियां पशुओं तथा पौधों की उत्तम नस्लें है।

9

जनसंख्या शिक्षा की विभिन्न समस्याएं

भूमिका

जैसा कि पिछले अध्यायों से स्पष्ट है कि जनसंख्या शिक्षा एक विशिष्ट प्रकार की शिक्षा है जिसकी सहायता से विद्यार्थियों को जनसंख्या से सम्बन्धित विभिन्न तथ्यों की जानकारी प्रदान की जाती है। आज जनसंख्या में हो रही तीव्रता के साथ वृद्धि भारत के सामने एक जटिल समस्या के रूप में खड़ी हो गई है तथा इस कारण पहले की अपेक्षा जनसंख्या शिक्षा अति महत्वपूर्ण बन गई है। परन्तु यह एक निराशाजनक तथ्य है कि आज भी इस शिक्षा के प्रति आम व्यक्ति भली प्रकार से जागरूक नहीं है तथा उनका झुकाव इस प्रकार की शिक्षा की तरफ कम ही पाया जाता है।

वास्तव में भारतीय समाज में आय का वितरण इतनी विभिन्नता के साथ हो रखा है जिस कारण कई वर्ग के व्यक्ति तो विकास की चरम सीमाओं को छू चुके हैं परन्तु कई व्यक्ति आज भी रूढ़िवादी विचारों तथा अन्धविश्वासों पर विश्वास करते है तथा उन्हीं के अनुसार अपने जीवन को व्यतीत करते हैं। समाज में पाएं जाने वाले यह व्यक्ति प्राय: निरक्षर होते है जिस कारण उनका जनसंख्या में होने वाली वृद्धि के प्रति दृष्टिकोण भी बिल्कुल परिवर्तित होता है। वह परिवार के आकार

को बढ़ाने पर जोर देते है क्योंकि उनके अनुसार परिवार में सम्मिलित होने वाला प्रत्येक सदस्य आय का साधन बनता है।

विभिन्न प्रकार के कार्यक्रमों को सरकार द्वारा परिवार नियोजन के लिए संचालित तो किया जाता है परन्तु इनसे सम्बन्धित आवश्यक जानकारी सामान्य व्यक्तियों को प्रदान नहीं की जाती जिस कारण वह इन कार्यक्रमों के प्रति जागरूक नहीं होते तथा इसलिए उन कार्यक्रमों को प्रयोग नहीं कर पाते।

भारतीय समाज में कुछ शिक्षिक वर्ग में सम्मिलित होने वाले व्यक्ति इस तथ्य को समझ भी गए है कि परिवार का आकार छोटा रखने से उन्हें विभिन्न प्रकार के लाभ प्राप्त हो सकते है परन्तु वह भी अपनी सन्तान के रूप में बेटा चाहते है जिस कारण वह उस समय तक बच्चे पैदा करते रहते है जब तक स्त्री बेटे को जन्म नहीं देती। इस प्रकार से जनसंख्या में होने वाली वृद्धि की दर अधिक ही बनी रहती है तथा इस कारणवश जनसंख्या सदा की भांति एक विकट समस्या के रूप में ही आज भी हमारे देश में खड़ी हो रखी है।

जनसंख्या शिक्षा को विद्यालयों में पाठ्यक्रम में सम्मिलित कर तो लिया गया है परन्तु इस प्रकार की शिक्षा को प्रदान करना तथा इससे कुशल परिणामों को प्राप्त करना इतना सरल नहीं होता, जितना की प्रतीत होता है। इस शिक्षा को प्रदान करने में मुख्य रूप से जिन कठिनाईयों का सामना करना पड़ता है, उनका उल्लेख इस प्रकार हैं :-

क. जनसंख्या शिक्षण में विभिन्न प्रकार के शोध कार्यों से प्राप्त होने वाले आंकड़ों को प्रयोग किया जाता है परन्तु हमारे देश में इस प्रकार के शोध कार्य अधिक मात्रा में नहीं किए जाते जिस कारण जनसंख्या शिक्षा को प्रभावकारी ढंग से प्रदान नहीं किया जाता। यही कारण है कि जिन विद्यार्थियों को जनसंख्या शिक्षण प्रदान भी किया जाता है, उनमें भी विभिन्न प्रकार के तथ्यों से सम्बन्धित भ्रंतिया पाई

जाती है तथा यही भ्रांतिया जनसंख्या शिक्षा को पूर्ण रूप से विकसित होने से रोकती है।

ख. सभी विषयों की भांति जनसंख्या शिक्षा से सम्बन्धित जानकारी प्रदान करने का कार्य विद्यालय में नियुक्त किए गए शिक्षकों द्वारा किया जाता है तथा यह शिक्षक भी केवल उसी स्थिति में सही प्रकार से शिक्षा प्रदान कर पाते है जब उन्हें ऐसा करने के लिए सही प्रकार से प्रशिक्षण प्राप्त होता है परन्तु हमारे देश में ऐसा कोई भी संस्थान अभी तक स्थापित नहीं किया गया है, जहां पर जनसंख्या शिक्षा से सम्बन्धित प्रशिक्षण शिक्षकों को प्रदान किया जाता है। केवल यही नहीं, इस विषय पर लिखी गई पुस्तकों की संख्या भी बहुत कम है जिस कारण शिक्षकों को यह विषय सम्पादित करने में बहुत कठिनाई का सामना करना पड़ता है। उचित पाठय पुस्तकों के अभाव में जनसंख्या से सम्बन्धित विभिन्न आवश्यक तथ्यों की जानकारी शिक्षक विद्यार्थियों को प्रदान नहीं कर पाता जिस कारण उनका ज्ञान का स्तर अपूर्ण ही रह जाता है तथा वह भली प्रकार से विषय को समझ नहीं पाते।

ग. सभी विषयों की भांति जनसंख्या शिक्षा को सम्पादित करने के लिए शिक्षकों को विभिन्न प्रकार के साधनों की आवश्यकता होती है। जनसंख्या शिक्षा में प्रयोग किया जाने वाला एक महत्वपूर्ण साधन होता है विभिन्न अध्ययन कार्यों से प्राप्त होने वाले आंकड़े। परन्तु इस प्रकार के अध्ययन कार्यों को हमारे देश में उचित स्तर पर नहीं किया जाता जिस कारण से प्राप्त होने वाले आंकड़ें भी पर्याप्त नहीं होते तथा शिक्षक के लिए किसी भी प्रकार की जानकारी प्रदान करना सरल नहीं रह जाता तथा वह अपना कार्य सही प्रकार से नहीं कर पाता।

घ. जनसंख्या शिक्षा के लिए विभिन्न प्रकार के उपकरणों तथा साधनों को प्रयोग करने की आवश्यकता होती है तथा इस प्रकार के उपकरणों की व्यवस्था हमारे देश जैसे विकासशील देश में अपूर्ण मात्रा

में ही होती है जिस कारण शिक्षक अपना कार्य भली प्रकार से सम्पादित नहीं कर पाते तथा शिक्षण का स्तर अकुशल ही रह जाता है।

ङ. प्रायः यह देखा जाता है कि सरकारी विद्यालयों में पढ़ने वाले विद्यार्थी समाज के पिछड़े वर्ग से सम्बन्ध रखते है जिस कारण से उनके अभिभावक विद्यालय में जनसंख्या शिक्षा प्रदान करने का विरोध करते है और यदि शिक्षक उनकी मर्जी के विरूद्ध ऐसा करता भी है तो वह या तो अपने वह इसका कड़ा विरोध करना आरम्भ कर देते है अथवा अपने बच्चों को ही विद्यालय से निकलवा लेते है। इस प्रकार की स्थिति में शिक्षक के लिए अपना कार्य करना अत्यन्त कठिन हो जाता है तथा वह अपना कार्य भली प्रकार से नहीं कर पाता जिस कारण वह जनसंख्या शिक्षा का सम्पादन प्रभावकारी ढंग से नहीं कर पाता।

उपरोक्त वर्णित सभी समस्याओं के कारण किसी भी स्तर पर जनसंख्या शिक्षण को कुशलता के साथ प्रतिपादित कोई भी शिक्षक नहीं कर सकता इसलिए इन समस्याओं का कुशलता के साथ समाधान करना भी आवश्यक है। समस्याओं का समाधान करने का कार्य करना किसी भी प्रकार से सरल नहीं होता परन्तु यह कार्य निम्न प्रकार से किए जा सकते हैं :-

क. जनसंख्या शिक्षा के स्तर को विकसित करने के लिए केवल सरकारी संस्थाओं को ही कार्य नहीं करना चाहिएं तथा विभिन्न निजी संस्थाओं को भी इन कार्यक्रमों को संचालित करने के लिए अवसर प्रदान किए जाने चाहिएं।

ख. जनसंख्या शिक्षा के प्रति जागरूकता विकसित करने के लिए विभिन्न सरकारी संस्थाओं द्वारा भिन्न-भिन्न प्रकार के प्रचार कार्यक्रम आरम्भ करने चाहिएं तथा इस कार्य के लिए एक बड़ी धन राशि की व्यवस्था की जानी चाहिएं जिसकी सहायता से इससे सम्बन्धित

आवश्यक जानकारी सभी वर्गों से सम्बन्ध रखने वाले व्यक्तियों को प्राप्त हो सकें तथा वह इसकी सहायता से अधिक से अधिक जानकारी प्राप्त करने के लिए प्रेरित हो सकें।

ग. विभिन्न विद्यालयों तथा अनौपचारिक शिक्षा केन्द्रों में जनसंख्या शिक्षा के पाठ्यक्रम में सम्मिलित किए जाने वाले विषयों अथवा मुख्य तत्वों को प्रभावकारी ढंग से समाहित अथवा प्रदर्शित किया जाना चाहिएं।

घ. विभिन्न स्तर के विद्यार्थियों को शिक्षा प्रदान करते समय पाठ्यक्रम में जनसंख्या शिक्षा को महत्वपूर्ण स्थान प्रदान किया जाना चाहिएं। इससे वह इस विषय से सम्बन्धित अधिक जानकारी प्राप्त करने के लिए प्रेरित हो पाएंगे।

ङ. विभिन्न प्रकार के जनसंख्या शिक्षा केन्द्र स्थापित किए जाने चाहिएं तथा यह कार्य राज्यों तथा शिक्षा विभाग द्वारा किया जाना चाहिएं। इसमें कुशल शिक्षकों को नियुक्त किया जाना चाहिएं तथा उन सभी साधनों की भी कुशल व्यवस्था की जानी चाहिएं जिनकी सहायता से वह अपना कार्य सुचारू रूप से कर सकें।

च. जैसा कि पहले भी कहा जा चुका है कि कुछ अशिक्षित अभिभावक अपने बच्चों को इस प्रकार की शिक्षा प्राप्त करने से रोकते है इसलिए वह सभी उपाय किए जाने चाहिएं जिनकी सहायता से अभिभावकों को भी जनसंख्या शिक्षा की जानकारी प्रदान की जा सकें जिससे वह अपने बच्चों को इस प्रकार की शिक्षा प्राप्त करने के लिए ओर अधिक प्रेरित कर सकें। इस प्रकार की व्यवस्था करने के लिए यह आवश्यक है कि बच्चों के साथ अभिभावकों को भी संस्था में आयोजित किए जाने वाले समारोहों तथा गोष्ठियों में सम्मिलित किया जाएं। इस प्रकार से उनमें जनसंख्या शिक्षा की जागरूकता को विकसित किया जा सकता है।

छ. किसी भी विषय की शिक्षा को कुशलता के साथ सम्पादित करने के लिए उपर्युक्त साहित्यों को प्रयोग करना अति आवश्यक होता है तथा भारत में इस विषय से सम्बन्धित पुस्तकों का अभाव है इसलिए सरकारी संस्थाओं को विदेशी लेखकों द्वारा लिखी गई पुस्तकों की व्यवस्था करने का प्रयास करना चाहिएं जिससे शिक्षक अपना कार्य अधिक कुशलता से कर सकें तथा आवश्यक जानकारी प्रभावकारी ढंग से विद्यार्थियों को प्रदान कर सकें।

ज. सरकार द्वारा ऐसी व्यवस्थाएं की जानी चाहिएं जिससे निशचित समय पर जनसंख्या सम्बन्धी शोध कार्यों को करने की सभी तैयारियां की जा सकें। इस प्रकार के शोध कार्यों के लिए आवश्यक सभी प्रकार की सुविधाओं की व्यवस्था सरकार द्वारा की जानी चाहिएं तथा यह कार्य करने के लिए विशिष्ट समितियों को गठित किया जाना चाहिएं, जिसमें अनुभवी शिक्षक तथा विद्वानों को नियुक्त किया जाना चाहिएं। इस प्रकार की समिति द्वारा किए गए शोध कार्यों से प्राप्त होने वाले परिणामों से कुशलता के साथ जनसंख्या शिक्षा प्रदान की जा पाएंगी।

झ. शिक्षकों को जनसंख्या शिक्षा का प्रशिक्षण प्रदान करने के लिए कुछ ऐसी संस्थाओं को स्थापित किया जाना चाहिएं जहां पर विशिष्ट प्रकार के कोर्सों के माध्यम से प्रशिक्षण प्रदान करने की व्यवस्था की जाती हो। इस प्रकार के संस्थाओं को स्थापित करने का कार्य सरकार द्वारा किया जाना चाहिए। आज विभिन्न प्रकार की निजी संस्थाएं भी शिक्षण क्रिया में महत्वपूर्ण योगदान निभा रही है इसलिए यदि हो सकें तो इस कार्य को करने के लिए निजी संस्थाओं से भी मदद अथवा सहायता ली जानी चाहिएं।

ण. प्रायः विद्याथी जनसंख्या शिक्षा को प्राप्त करने में झिझकते है क्योंकि उन्हें ऐसा लगता है कि जनसंख्या शिक्षा तथा यौन शिक्षा समान विषय होते है, जबकि वास्तव में यह दोनों ही बिलकुल भिन्न विषय

होते हैं। यह जानकारी विद्यार्थियों को प्रदान करना अति आवश्यक होता है तथा यह कार्य विद्यालय के शिक्षक को ही करनी चाहिएं।

ट. वर्तमान समय में जितनी तीव्रता तथा प्रभावकारी ढंग से किसी भी जानकारी को विभिन्न प्रकार के संचार माध्यमों की सहायता से प्रस्तुत किया जा सकता है, वैसा किसी अन्य माध्यम से नहीं किया जा सकता। इसलिए जनसंख्या शिक्षा का प्रचार तथा प्रसार करने के लिए सरकार द्वारा विभिन्न प्रकार के संचार माध्यमों अथवा साधनों को प्रयोग करने की व्यवस्था की जानी चाहिएं क्योंकि इससे अधिक मात्रा में सामान्य व्यक्तियों को यह जानकारी प्रदान की जा सकती है तथा इस प्रकार से जानकारी प्रभावकारी ढंग से प्रस्तुत की जा सकती है, जिस कारण वह उसे भली प्रकार से समझ जाते हैं।

ठ. विद्यालयों में विभिन्न प्रकार के साधनों का प्रयोग महत्वपूर्ण तथ्यों को विद्यार्थियों के सम्मुख प्रदर्शित करने के लिए किया जाता है। इसी प्रकार का एक साधन है बुलेटिन बोर्ड। इस बोर्ड पर शिक्षक विशिष्ट तथ्यों से सम्बन्धित चित्र तथा रंग-बिरंगे चार्ट पर आवश्यक जानकारी को प्रभावकारी ढंग से लिखता है तथा इस पर चिपका देता है। इसे बोर्ड को विद्यालय में किसी ऐसे स्थान पर स्थित किया जाता है, जहां पर सभी छात्र इसे देख सकें तथा इस द्वारा प्रदान की जाने वाली जानकारी को पढ़ सकें। शिक्षक को इस बोर्ड पर जनसंख्या शिक्षा से सम्बन्धित विभिन्न तथ्यों को उल्लेखित करना चाहिएं तथा यह भी प्रदर्शित करना चाहिएं कि इस प्रकार की शिक्षा प्राप्त करने से विद्यार्थियों को किस प्रकार के लाभ प्राप्त हो सकते हैं।

ड. समय-समय पर समारोहों तथा विभिन्न प्रकार के कार्यक्रमों को आयोजित करना चाहिएं, जिसमें विभिन्न विद्यालयों तथा संस्थाओं से विद्वानों को आमंत्रित किया जाना चाहिएं, जो जनसंख्या शिक्षा से सम्बन्धित आवश्यक जानकारी विद्यार्थियों को प्रदान करेंगे। इस प्रकार

की जानकारी की सहायता से विद्यार्थियों में इस विषय से सम्बन्धित अधिक जानकारी प्राप्त करने की प्रेरणा का विकास हो पाता है तथा वह विभिन्न साधनों की सहायता से अपने ज्ञान के स्तर को विकसित करने का प्रयास करते हैं।

उपरोक्त वर्णित चर्चा से यह स्पष्ट है कि जनसंख्या शिक्षा को प्रभावकारी ढंग से सम्पादित कर पाना किसी भी शिक्षक के लिए सरल कार्य नहीं है क्योंकि इस कार्य में विभिन्न प्रकार की बाधाएं उत्पन्न हो रखी है। जनसंख्या शिक्षा के स्तर को बेहतर बनाने के लिए यह आवश्यक है कि उन बाधाओं को ही जड़ से समाप्त किया जाएं जिससे शिक्षक कुशल परिणाम प्राप्त कर सकें तथा इस प्रकार से जनसंख्या में होने वाली वृद्धि दर को कुछ कम करने में सहायता प्रदान कर सकें।

भारत की जनसंख्या में वृद्धि एवं समस्याएँ

भारत चीन के बाद, दूसरा जनसंख्या घनत्व वाला विशाल राष्ट्र है, जिसकी जनसंख्या 1 अरब से अधिक है जो कि पूरे विश्व का एक तिहाई हिस्सा है। इन दोनों देशों की जनसंख्या का योग 1.1 बिलियन है, जो मोटे रूप से विश्व जनसंख्या का एक तिहाई है जो लगभग 3. 3 बिलियन है। 1961 की जनगणना के समय भारत की जनसंख्या 43. 9 करोड़ थी। आज यह 1 अरब की आकड़ा भी पार कर गई है। यह लगभग अफ्रीका की दुगुनी तथा सम्पूर्ण अमेरिका महाद्वीप से अधिक है।

स्वतन्त्रता के पश्चात् भारत ने अपनी जनसंख्या मोटे तौर पर 16 करोड़ की वृद्धि की है, जो संख्या पाकिस्तान, बर्मा, श्रीलंका, नेपाल की समस्त जनसंख्या के योग के बराबर है। केवल 1951-61 के दशक में भारत की जनसंख्या 7.8 करोड़ बढ़ी, जो मोटे तौर से विभाजन के समय पाकिस्तान की थी। प्रतिवर्ष हमारी जनसंख्या में 1.

1 करोड़ की वृद्धि होती है, जो संख्या के हिसाब से पूरे श्रीलंका की जनसंख्या के समान है।

भारत की जनसंख्या 1961 की जनगणना के समय 43.9 करोड़ तथा 1951 में 36.11 करोड़ थी। इस प्रकार 1951-61 के दशक के बीच की वृद्धि 21.6 प्रतिशत रही, जो अभूतपूर्व है। यहाँ यह ध्यान देने की बात है कि 1901 से 1921 के बीच जनसंख्या वृद्धि की दर केवल 5.4 प्रतिशत थी, जब कि अगले बीस वर्षों में अर्थात् 1921 से 1941 तक वृद्धि 26.0 प्रतिशत रही, जो लगभग पांच गुना अधिक है। अगले बीस वर्षों में अर्थात् 1941 से 1961 तक वृद्धि की दर 38.7 प्रतिशत पहुंच गई। इस प्रकार यह स्पष्ट है कि हमारी जनसंख्या 1921 से अत्यन्त तीव्र गति से बढ़ रही है।

1921 का वर्ष बड़ी उछाल का वर्ष माना जाता है, क्योंकि इसके पूर्व भारत की जनसंख्या मन्द गति से बढ़ रही थी, पर इस समय के बाद से वृद्धि अत्यन्त तीव्र हो गई। इस तीव्र गति का मुख्य कारण मृत्यु-दर में कमी है न कि जन्म-दर में वृद्धि उदाहरण के लिए वर्ष 1861 में जन्मदर 49 प्रति हजार थी तथा मृत्यु दर 40 थी। उदाहरण के लिए वर्ष 1961 में जन्म-दर 42 थी तथा मृत्यु-दर केवल 23 थी।

सन् 2004 में 44 वर्ष पश्चात् भारत की जनसंख्या 50 करोड़ से बढ़कर 1 अरब हो गई है, जो कि सन् 1960 की जनसंख्या के आंकड़ों के अनुसार दुगुनी है। अगर इसी रफ्तार से जनसंख्या में वृद्धि होती रही, तो वो दिन दूर नहीं जब हमारे देश से प्रकृति के सभी साधन लुप्त हो जाएंगे।

साक्षरता

जनगणना, 1961 के आंकड़ों के आधार पर यह कहा जा सकता है कि 5-14 वर्ष की आयु की जनसंख्या में लगभग 28 प्रतिशत इस प्रकार के साक्षर थे जो समझदारी के साथ लिख-पढ़ सकते थे। पन्द्रह

वर्ष की आयु के ऊपर की जनसंख्या में साक्षरता 28 प्रतिशत थी। यह प्रतिशत 1951 में 19.2 थी।

ग्रामीण क्षेत्रों में साक्षरता बहुत नीची है। केवल 10.7 प्रतिशत ग्रामीण पुरूष एवं 2.6 प्रतिशत ग्रामीण महिलाएं इस श्रेणी के अन्तर्गत आते हैं। अगर वे व्यक्ति लिए जाएं, जिनकी शैक्षणिक योग्यता मैट्रिक तथा उससे ऊपर की है, तब केवल 1.5 प्रतिशत ग्रामीण पुरुष तथा 0. 1 प्रतिशत ग्रामीण महिलाएँ इस श्रेणी के अन्तर्गत रखी जा सकती हैं। परन्तु शहरी क्षेत्रों मे प्रतिशत हिसाब प्रशंसात्मक रूप से उच्च है, जो क्रमश: 12.5 तथा 3.5 है। लेकिन उन महिलाओं का अखिल भारतीय प्रतिशत हिसाब, जिनकी शैक्षणिक योग्यता मैट्रिक तथा उससे ऊपर है, केवल 0.7 हैं। यह भारतीय महिलाओं की शिक्षा के निम्न स्तर का परिचायक है।

आयु का ढांचा

भारत की आयु के ढांचे का, जैसा कि सभी कम विकसित देशों में विशिष्ट रूप से पाया जाता है, आधार अत्यन्त विस्तृत है तथा शिखर स्तूपकार है। इस प्रकार की रचना को पिरामिडल या कोण स्तूपकार कहा जाता है। अधिकांश कम विकसित देशों में मोटे तौर से 40 प्रतिशत जनसंख्या 15 वर्ष की अवस्था से कम की, 55 प्रतिशत जनसंख्या 15 और 55 वर्ष की अवस्था के बीच की, तथा 5 प्रतिशत 55 वर्ष की अवस्था से ऊपर की होती है। नीचे दी हुई सारिणी में भारतीय जनसंख्या के प्रतिशत का विभाजन आयु एवं यौन भेद के आधार पर दिया गया है। इसमें दिखाया गया है कि हमारी लगभग 41 प्रतिशत जनसंख्या 15 वर्ष की अवस्था के नीचे है तथा लगभग 8 प्रतिशत 55 वर्ष की अवस्था के ऊपर है।

विवाह की आयु

भारत में स्त्रियों के विवाह की आयु संसार में सबसे कम आयु में

से एक है। इसका कारण बाल-विवाहों की बड़ी हुई संख्या है। 1929 के बाल-विवाह निरोध कानून से पूर्व 45 से 50 प्रतिशत कन्याओं का विवाह 15 वर्ष की अवस्था से पूर्व कर दिया जाता था। 1961 में इस प्रकार की कन्याओं का अनुपात घटकर 20 आ गया। आज भी दस में से दो कन्याओं का विवाह वैधानिक रूप से स्वीकृत विवाह की न्यूनतम आयु से पूर्व किया जाता है। 1961 मे भारत में स्त्री के विवाह की औसत 16 वर्ष तथा पुरूषों की 22 वर्ष थी। लेकिन बिहार, उड़ीसा, मध्य प्रदेश राजस्थान तथा उत्तर प्रदेश में कन्याओं के विवाह किए जाने की औसत आयु 15 वर्ष से कम रही।

प्रसवन शक्ति

भारतीय महिलाओं की प्रसवन शक्ति के सम्बन्ध में आंकड़े अभी तक अपर्याप्त हैं और पूरे भारतवर्ष की सूचनाएँ प्राप्त नहीं है। लेकिन प्राप्त सूचनाओं के आधार पर कहा जा सकता है कि औसतन एक विवाहित भारतीय महिला प्रजनन के रूकने के समय से पूर्व लगभग 6.6 बच्चों को दो जन्म देती है। आंकड़े यह भी दर्शाते हैं कि प्रसवन शक्ति सम्बन्धी ग्रामीण तथा शहरी अन्तर विशेष नहीं है। इससे यह भी ज्ञात होता है कि नागरीकरण तथा आधुनिकीकरण, ऐसे कारण जो प्रसवन शक्ति को दबाते हैं, भारत में अभी प्रभावकारी नहीं है।

ग्रामीण-शहरी जनसंख्या

प्रत्येक 100 व्यक्तियों में 82 ग्रामीण क्षेत्रों में रहते हैं तथा 18 शहरी क्षेत्रों में। पिछले दशकों में शहरी जन संख्या का अनुपात सम्पूर्ण जनसंख्या की तुलना में बहुत धीरे-धीरे बढ़ा है और यह वृद्धि 1901 के 11 प्रतिशत से 1961 तक 18 प्रतिशत तक रही है।

यह ध्यान देने की बात है कि भारत की शहरी जनसंख्या का 44 प्रतिशत भाग 1,00,000 जनसंख्या वाले 107 नगरों में रहता है। इनमें से 17 प्रतिशत तक के लोग उन सात नगरों में रहते हैं, जिनकी संख्या

10 लाख से अधिक है। अन्य 13 प्रतिशत शहरी जनसंख्या उन नगरों में रहती है, जिनकी जनसंख्या 50,000 से 1,00,000 है; 20 प्रतिशत उन नगरों में जहाँ की जनसंख्या 20,000 से 50,000 है; तथा 14 प्रतिशत 10,000 से 20,000 की जनसंख्या वाले नगरों में। केवल 9 प्रतिशत उन नगरों में रहते हैं, जिनकी जनसंख्या 10,000 से कम है।

आर्थिक क्रियाशीलता

पिछले साठ वर्षों के दौरान पुरूष जनसंख्या की क्रियाशीलता का प्रतिशत लगभग एक-सा रहा है। उन व्यक्तियों का अनुपात कम है, जो द्वितीयक तथा तृतीयक क्षेत्र को में कार्य करते और प्राथमिक क्षेत्रक की प्रधानता है। पिछले दो शतकों में द्वितीयक तथा तृतीयक क्षेत्रों में कार्य करने वाले पुरुषों के अनुपात में थोड़ी-सी वृद्धि हुई है, पर नियुक्त महिलाओं के विषय में विशेष कमी आई है।

काम करने वाली जनसंख्या

1961 की जनगणना के अनुसार भारत में 18.9 करोड़ काम करने वाले थे, जिनमें 12.9 करोड़ पुरूष तथा 6 करोड़ महिलाएँ थीं। इसके अर्थ यह हुए कि सम्पूर्ण जनसंख्या में से तैतालिस प्रतिशत काम पर लगे थे। शहरी क्षेत्रों में पुरूषों और स्त्रियों के विषय में अन्तर और अधिक था जिनका भाग शहरी क्षेत्रों में बहुत निम्न है।

भारत में 1 अरब की विपुल जनसंख्या है । हमारी वर्तमान जनसंख्या वृद्धि की दर मोटे तौर से 2.2 प्रतिशत प्रतिवर्ष है और जब तक जन्म-दर अगले 20 वर्षो में प्रभावशाली ढंग से घटती नहीं है, तब तक वृद्धि की दर के और भी बढ़ जाने की सम्भावना है। इसका कारण यह है कि ऐसे दृढ़ प्रमाण मिलते हैं जो यह इंगित करते हैं कि मृत्यु-दर प्रति वर्ष 10 प्रतिशत गिरने की सम्भावना है। 80 प्रतिशत जनसंख्या हमारे ग्रामीण क्षेत्रों में रहती है, जहां शैक्षणिक तथा अन्य सुविधाएं नगण्य हैं। आधुनिकीकरण की प्रक्रिया ने अभी हमारे देश में

अपनी जड़े नहीं जमाई हैं, जिसका परिणाम यह है कि शहरी तथा ग्रामीण दोनों क्षेत्रों में जन्म-दर ऊंची है। इन सभी कारणों ने हमारे देश के आर्थिक विकास की गति को दबा रखा है और यह योजना तथा नीतियां प्रस्तुत करने वालों के लिए गम्भीर चिन्ता का करण है।

तमाम कोशिशों के बाद भी जनसंख्या वृद्धि हो रही है। 11 मई सन् 2000 तक हमारे देश की जनसंख्या एक अरब को पार कर चुकी है। अभी तक हम अपनी ठोस जनसंख्या नीति को कार्यरूप नहीं दे सके हैं। जनसंख्या शिक्षा के नाम पर प्रकोष्ठ तो बने हैं किंतु उनसे जिस स्तर की योजनाओं और परिणामों की आशा थी वह पूरी नहीं हो पायी है। दूसरी ओर जनसंख्या वृद्धि के साथ-साथ नई-नई समस्याएँ बढ़ती जा रही हैं। जनसंख्या वृद्धि से उत्पन्न होने वाली कुछ प्रमुख समस्याएँ इस प्रकार हैं:-

भोजन, वस्त्र और आवास की समस्या

जैसे-जैसे जनसंख्या बढ़ती जा रही है भोजन, वस्त्र और आवास की समस्या बढ़ती जा रही है। यद्यपि हमारे देश में कृषि के पर्याप्त साधन हैं। जो ग्रामीण क्षेत्रों के निवासी हैं उनका एक बड़ा भाग बेरोजगारी का सामना कर रहा है इसीलिए कुपोषण और भूखमरी की समस्या लगातार बढ़ती जा रही है।

गाँव में बेरोजगार व्यक्ति के लिए भोजन की समस्या है जब वही शहर भाग कर आता है तो यहाँ भले ही उसे मजदूरी करने का अवसर मिल जाये किंतु रात गुजारने के लिए फुटपाथ भी मयस्सर नहीं होता। यद्यपि गाँव की खस्ता हालत से शहर उसे अपनी ओर लगातार खींच रहा है। वस्त्र उद्योग ने भी खूब तरक्की की है। आज गरीब से गरीब व्यक्ति को भी तन ढकने के लिए नया या पुराना वस्त्र तो मिल जाता है परंतु गाँवों की स्थिति अभी नहीं सुधरी है। पिछड़े और आदिवासी क्षेत्रों में भोजन, वस्त्र की समस्या आज भी बनी हुई है। इसका कारण

भ्रष्टाचार भी है। हमारे देश में सार्वजनिक वितरण प्रणाली भी दोषपूर्ण है। वास्तविक व्यक्ति तक सरकारी पैसा या सहायता की किसी प्रकार की वस्तु नहीं पहुँच पाते। हमने उत्तरकाशी में आएं भूकंप के बाद तथा उड़ीसा में आए तथा अभी हाल ही में 26 जनवरी, 2001 में भुज, कच्छ तथा गुजरात के और कई क्षेत्रों में आए भीषण भूकम्प से जहाँ लाखों लोगों की जान गई, वहाँ अरबों की सम्पत्ति का नुकसान भी हुआ। सरकार ने लोगों के पुर्नवास के लिए कई योजनाएँ व फन्ड भी जुटाया पर पीड़ित लोगों की हालत जग-जाहिर है। चक्रवात के बाद वहां की जनता की करूण गाथा सुनी और देखी ही है। प्रजनन की गति यदि नियंत्रित नहीं हुई तो भूखमरी और आवास की समस्या की लगातार लहराते जाने की स्थिति बनती जाएगी।

एक कमाने वाला तो सारे परिवार का भरण-पोषण उसके द्वारा संभव नहीं है। इसके लिए परिवार के अन्य लोगों को भी आय बढ़ाने के लिए कुछ न कुछ करना होता है। परंतु जिन परिवारों में एक भी कमाने वाला नहीं है वहां तो यह भूखमरी और आवासीय समस्याएँ लगातार अपना वर्चस्व बनाये हुए हैं। निश्चित तौर पर हमें इन सभी समस्याओं से निपटने के लिए जनसंख्या की समस्या पर अंकुश लगाना होगा।

सबको भोजन सबको मकान जैसे वादे करने वाले जाने कितने नेता और सरकारें आयीं और चली गयीं परंतु बढ़ती हुई जनसंख्या की दर के और नेताओं के स्वार्थपूर्ण दृष्टिकोण के कारण समस्याओं का समाधान नहीं हो पाया। बहुत-से प्रदेशों में श्रम के बदले अन्न की योजना भी चलायी गयी। परंतु उसके भी अच्छे परिणाम नहीं आये हैं। जनसंख्या वृद्धि के साथ-साथ यह भूखमरी और आवास की समस्या लगातार विकराल रूप लेती जा रही है। महानगरों का जनसंख्या घनत्व लगातार बढ़ता जा रहा है। दिल्ली, मुंबई और कोलकत्ता जैसे शहरों में

भूखमरी के साथ-साथ आवासीय समस्या बड़ी जटिल हो गयी है। लगातार शहरों की ओर भागती आबादी ने शहरों का रूप बिगाड़ दिया है। अवैध निर्माण तो इन शहरों में आम बात हो गयी है।

निरक्षरता की समस्या

माँ के पेट से तो कोई पढ़-लिख कर पैदा नहीं होता। जिस शिशु को जन्म देने वाले माँ-बाप भूखमरी और गरीबी का बोझ ढो रहे हों उसके लिए शिक्षा और साक्षरता प्रदान करना धीरे-धीरे एक बड़ी समस्या का रूप लेता जा रहा है। हमें अपने साक्षरता के अभियान को तेज करने की आवश्यकता है।

हमारा समाज रूढ़िवादी है। इसलिए केवल निरक्षरता दूर कर देने भर से समस्या का समाधान नहीं हो जाएगा। निरक्षरता के कलंक को मिटाने के साथ ही उन्हें सामाजिक जागृति और व्यावसायिक मार्गदर्शन देने की भी आवश्यकता है। निरक्षरों को सरकारी योजनाओं का लाभ प्रायः नहीं मिल पाता। वे अपने अधिकारों के विषय में कुछ भी नहीं जानते। जो कुछ ऐसे नागरिक अपने अधिकारों के विषय में जान भी पाते हैं उन्हें अनपढ़ होने के नाते कदम-कदम पर इस भ्रष्ट व्यवस्था के चलते शोषण का शिकार होना पड़ता है। आंकड़ों के अनुसार एक दशक में हमारी जनसंख्या में 23 प्रतिशत से अधिक वृद्धि हो जाती है जबकि साक्षरता के प्रतिशत में इस गति से वृद्धि संभव नहीं हो पा रही है। इसलिए बढ़ती हुई जनसंख्या की गति पर नियंत्रण लगाने के साथ साक्षरता मिशन जैसे आंदोलनों को पूरी ईमानदारी से चलाने की आवश्यकता है।

इस बढ़ती हुई जनसंख्या से निपटने के लिए आवश्यक है कि हम शिक्षा के मूल ढांचे में भी सुधार करें। पाठ्यक्रमों में काम शिक्षा, पारिवारिक जीवन शिक्षा, पर्यावरण शिक्षा, जनसंख्या शिक्षा जैसे विषय भी शामिल करें।

बेरोजगारी

जिस देश में दुनिया का 2.4% भूखंड हो और दुनिया की आबादी की 16% जनसंख्या निवास करती हो वहां सबको शिक्षा सबको रोजगार दे पाना केवल एक सपना ही हो नहीं सकता है। सरकारी रोजगार की दिशा में लगातार उपलब्धता की समस्या बढ़ती जा रही है।

बेरोजगारी के कई दुष्परिणाम हमारे सामने आने लगे हैं। युवकों में लगातार अपराध भावना का विकास हो रहा है। बार-बार असफलता देखने के बाद बहुत से युवक आत्महत्या करने के लिए विवश हो जाते हैं। हीनभावना से ग्रस्त होना तो आम बात है। अपनी दैनिक आवश्यकता की पूर्ति न होने पर बहुत-से युवक चोरी, डकैती तथा अन्य जघन्य अपराधों की ओर बढ़ने लगे हैं। सरकार द्वारा चलाये जा रहे स्वरोजगार कार्यक्रमों में भी अनेक ऐसी समस्याएँ सामने आती हैं कि युवक उनसे ऊब कर भाग खड़े होते हैं। भ्रष्ट अधिकारी बेरोजगारों को अपना रोजगार शुरू करने के लिए समय पर आर्थिक सहायता नहीं देते। उनका कमीशन तय है उसे अदा करने पर ही सहायता राशि का भुगतान संभव हो पाता है। ये सब तो उन लोगों के लिए है जो पढ़े-लिखे हैं।

बेरोजगार जनसंख्या का बड़ा भाग तो अशिक्षित या अल्पशिक्षित ही है। उनके लिए रोजगार के अवसर प्रदान करना सरकार के लिए बड़ी टेढ़ी खीर है। ऐसे अशिक्षित और अकुशल श्रमिकों को रोजगार के अवसर प्रदान करने के लिए सरकार को कोई पारदर्शी योजना बनाने की आवश्यकता है। महानगरों में ऐसे परिवार भी हैं जिनके सभी सदस्य सरकारी नौकरियों में हैं और ऐसे परिवार भी हैं जिनका एक भी सदस्य सरकारी या गैर-सरकारी नौकरी में नहीं हैं। इस असंतुलन को समायोजित करने के लिए सरकारी नौकरियों में आरक्षण की भी व्यवस्था की गयी है परंतु आरक्षण की सुविधाओं का लाभ भी कुछ

लोगों तक ही पहुँच सका है। व्यापक रूप से आर्थिक और सामाजिक रूप से पिछड़ा वर्ग इन अवसरों से लाभान्वित नहीं हो पा रहा है। नौकरियों में आरक्षण का जातीय आधार भी बहुत कामयाब नहीं हुआ है।

प्रदूषण की समस्या

जनसंख्या लगातार बढ़ रही है और प्राकृतिक संसाधन सीमित हैं। मनुष्य अपने हित साधन के लिए लगातार प्रकृति का दोहन कर रहा है। वृक्ष काटे जा रहे हैं। नदियाँ का जलस्तर कम हो रहा है। कुएं सूख रहे हैं। चारागाह नष्ट हो रहे हैं। पशुओं-पक्षियों का जीवन दूभर हो रहा है। महानगरों में लगातार बढ़ रहे जनसंख्या के घनत्व के कारण शुद्ध जल और शुद्ध वायु की कमी होती जा रही है। आंत्रशोध, दमा, टी. बी. , हैजा जैसी बीमारियाँ लगातार प्रदूषण के चलते अपना दबदबा बनाये हुए हैं।

जल प्रदूषण, वायु प्रदूषण और ध्वनि प्रदूषण महानगरों में आम समस्या के रूप में हमारे सामने हैं।

पेय जल संकट और जल प्रदूषण-संयुक्त राष्ट्र संघ ने 1977 में अर्जेण्टीना में एक अंतर्राष्ट्रीय सम्मेलन आयोजित किया जिसमें जल को आवश्यक आवश्यकता के रूप में स्वीकार किया गया। यह भी तय किया गया है कि विकसित हो या विकासशील कैसा भी देश हो उचित मात्रा में पेयजल प्राप्त करना सभी का अधिकार है। सभी देशों का यह प्रथम कर्त्तव्य है कि अपने नागरिकों को पेय जल उपलब्ध कराएँ। 1997 में संयुक्त राष्ट्र संघ की आम सभा में इस बात को पुनः दुहराया गया।

परंतु हमारे देश में पेय-जल का संकट लगातार गहराता जा रहा है। स्पष्ट है कि इसका प्रमुख कारण बढ़ती आबादी ही है। जितनी आपूर्ति हम नहीं कर पाते उससे अधिक मांग बढ़ जाती है। ध्यान देने योग्य

यह भी तथ्य है कि लगभग 44 प्रतिशत शहरी आबादी ही नल के पानी का प्रयोग करती है। संयुक्त राष्ट्र जनसंख्या इकाई के ताजा अध्ययन से ज्ञात हुआ है कि भारत में लगभग 15 करोड़ लोग स्वच्छ पेय-जल से वंचति हैं। शेष 85 करोड़ हैण्डपम्पों का जल जो प्रायः ग्रामीण क्षेत्रों में प्रयोग किया जा रहा है वह कितना शुद्ध है यह नहीं कहा जा सकता। भारत सरकार ने 1980 से इस दिशा में लगातार ध्यान देना शुरू किया है किंतु बढ़ती जनसंख्या के दबाव के कारण सबको पेयजल उपलब्ध करा पाना एक सपना ही लगता है। बढ़ती जनसंख्या एवं सुनियोजित आवास की समस्या के कारण यह संकट लगातार गहराता जा रहा है। विश्व स्वास्थ्य संगठन ने स्वीकार किया है कि एक व्यक्ति को सामान्य जीवन जीने के लिए लगभग 200 लीटर पानी प्रतिदिन आवश्यक होता है।

पेय-जल संकट के साथ-साथ लगातार प्रदूषण की समस्या भी बनी हुई है। शहरों का जिस तरह से अनियोजित विकास हो रहा है इससे बड़ी-बड़ी नदियाँ गंदे नाले में तब्दील हो गयी है। गंगा-यमुना जैसी बड़ी नदियों में पानी की लगातार कमी होती जा रही है उनमें शहरों का कचरा और मलवा लगातार बहाया जा रहा है। इस कारण लगातार नदियों के जल में जानलेवा वायरस विकसित होने लगे हैं। उद्योगों से निकलने वाला जहरीला पानी तथा सीवर का मलमूत्र ही इतना अधिक हो जाता है कि वह नदियों के जल को विष में बदलने के लिए पर्याप्त हैं।

यद्यपि केन्द्रीय प्रदूषण नियंत्रण बोर्ड जैसी संस्थाओं के गठन के बाद लोगों का ध्यान लगातार इस ओर जाने लगा है। राष्ट्र के बीच नदियों के जल के बंटवारे को लेकर राष्ट्रीय नीति तैयार करना भी इसी बोर्ड के अधीन है।

वायु प्रदूषण-महानगरों में बढ़ते हुए वाहनों की संख्या ओर उद्योगों

के फैलाव ने शहरी वातावरण को धुंआधार कर दिया है। यद्यपि केन्द्रीय प्रदूषण नियंत्रण बोर्ड ने शहरों मे चलने वाले सभी बड़े-छोटे वाहनों को प्रदूषण रहित होने का प्रमाण प्रत्र लेकर ही सड़कों पर चलाने का नियम बना दिया है। महानगरों में इस नियम का पालन भी किया जा रहा है। पेट्रोल पंपों पर सीसा रहित पेट्रोल की बिक्री की जा रही है, फिर भी वायु प्रदूषण बढ़ता जा रहा है।

पर्यावरण एवं वन मंत्रालय लगातार वृक्षारोपण को बढ़ावा देने के कार्यक्रम चला रहा है। परंतु बढ़ती आबादी का घनत्व सबसे बड़ी समस्या है। शहरों में लगातार हो रहे अनियोजित आवासीय निर्माण तथा छोटे-छोटे उद्योग-धंधों के कारण शहरों के आसपास की कृषियोग्य भूमि अब कंकरीट के जंगल में बदल चुकी है। यही कारण है कि खास कर महानगरों में खांसी संबंधी अनेक बीमारियाँ फैलने लगी हैं।

ध्वनि प्रदूषण-बढ़ती आबादी और शहरीकरण के प्रभाव के कारण लगातार महानगरों में ध्वनि प्रदूषण की समस्या बढ़ती जा रही है। दिल्ली, बंबई, कलकत्ता और चैन्नई जैसे महानगरों में तो ध्वनि प्रदूषण बहरेपन का मुख्य कारण बनता जा रहा है। एक समय था कि आम आदमी जो चाहता था वही सुनता था परंतु आज अनचाहे तौर पर उसे बहुत कुछ सुनना पड़ रहा जो आदमी सुनना नहीं चाहता।

तेज हार्न बजाकर चलते वाहन, कारखाने का अनियंत्रित शोर, मंदिरों, मस्जिदों, गुरुद्वारों से नित्य होने वाले धार्मिक अनुष्ठानों का तेज शोर, लाउडस्पीकरों का तेज संगीत, जागरण, नेताओं के भाषण, विज्ञापन आदि सभी कुछ तो, न हर व्यक्ति सुनना चाहता है न ही यह सब सबको रुचिकर लगता है। हमारे कान लगातार शोर सुनने के भारी दबाव के अभ्यस्त होते जा रहे हैं। इस तेज शोर को सुनते रहने के कारण लोगों में चिड़चिड़ापन तनाव, पुट्ठों का दर्द, नीरसता, बचैनी, हृदय गति में वृद्धि, उच्च रक्त चाप, अपच, सिरदर्द, कान दर्द, उलटी

आने आदि की शिकायतें मिलने लगी हैं।

जनसंख्या बढ़ने के साथ-साथ टी वी, रेडियो, टेप, लाउडस्पीकर, स्कूटर, कार, बस आदि सभी की संख्या में लगातार वृद्धि हो रही है। जैसे-जैसे इनका प्रयोग बढ़ रहा है ध्वनि प्रदूषण की समस्या भी लगातार बढ़ी रही है।

प्रदूषण को बढ़ावा देने में अन्य प्रमुख कारण पालीथीन की थैलियाँ और जगह-जगह कूड़े-कचरे के ढेर हैं। टूटी हुई सड़कें खुली हुई नालियाँ, खुले शौच स्थानों के कारण भी लगातार प्रदूषण की समस्या बढ़ती जा रही है। जैसे-जैसे आबादी बढ़ रही है हम अपनी दुनिया नराकीय बनाते जा रहे हैं।

ऊर्जा संकट एवं विद्युतीकरण का अभाव

भारतीय अर्थव्यवस्था पिछड़ी हुई है जिसे विकासशील भी कहा जा सकता है। परंतु बढ़ती जनसंख्या के कारण हमारी विकास गति और धीमी दिखाई देने लगी है। हम अभी एक ओर भारत के प्रत्येक गाँव तक बिजली नहीं पहुँचा सके हैं दूसरी ओर शोरों में लगातार बढ़ती मांग और चोरी की समस्या के कारण समुचित विद्युत आपूर्ति बाधित होने लगी है। शहरों का ढांचा कुछ इस प्रकार विकसित हो रहा है कि बिजली की आपूर्ति न होने पर जन-जीवन बिल्कुल ठप्प हो जाता है। बिजली नहीं तो पानी भी नहीं, गर्मियों में खासतौर पर दिल्ली जैसे महानगर का हाल बुरा हो जाता है। पानी विद्युत चालित मोटरों से ही बड़ी टंकियों से भरा जाता है यदि बिजली ही नहीं आई तो उस दिन पानी भी नहीं मिलेगा। दिल्ली की अनकेकानेक अच्छी कॉलोनियों में भी गर्मियों में बिजली, पानी का संकट बढ़ने लगा है। यमुना का जल स्तर गिरते जाने के कारण पानी की समस्या तो और भीषण बनी हुई है। स्वाभाविक है कि जनसंख्या बढ़ रही है तो विद्युत की आपूर्ति भी बढ़ानी पड़ेगी परंतु जितनी तेजी से शहरीकरण बढ़ता है उतनी तेजी से

विद्युतीकरण हो पाना संभव नहीं है। बिजली का कनेक्शन लग जाये तो भी विद्युत आपूर्ति के अभाव में इस समस्या से निजात पाना बड़ा मुश्किल है।

ज्ञातव्य है कि ऊर्जा का यह संकट लगातार उन्हीं क्षेत्रों में सर्वाधिक बढ़ा है जहां आबादी का घनत्व अधिक है। बिजली ऐसी चीज है जिसका अभी तक कोई विकल्प भी नहीं बन पाया है। गैस, डीजल तथा मिट्टी के तेल से चलने वाले जनरेटरों से इस समस्या का कुछ समय के लिए निदान तो किया जा सकता है, परन्तु स्थायी तौर पर इस संकट का कोई हल नहीं है। गाँवों में लगाए जाने वाले गोबर-गैस संयंत्र भी पूरी तरह कामयाब नहीं हो पाए हैं। आजादी के 57 वर्षों के बाद भी हम अपने देश के बहुत-से ग्रामीण क्षेत्रों में बिजली पहुँचा ही नहीं सके हैं। यदि जनसंख्या इसी प्रकार बढ़ती रही तो शहरीकरण भी लगातार बढ़ता जाएगा और जब तक शहरीकरण होता रहेगा गांवों के लिए बिजली की आपूर्ति बाधित होती रहेगी।

धीमी विकास गति-पिछले 57 वर्षो में भारत में विकास की गति बढ़ी है। विशेषकर वैज्ञानिक क्षेत्र में और तकनीक के क्षेत्र में हमने अच्छी प्रगति की है। परमाणु ऊर्जा, अंतरिक्ष कार्यक्रम और सागर विकास कार्यक्रम के क्षेत्र में हमारा अच्छा विकास हुआ है। आकाश में स्थापित हमारे उपग्रहों से दूरदर्शन तथा अंतरिक्ष कार्यक्रमों में आत्मनिर्भरता बढ़ी है। इन सभी वैज्ञानिक व तकनीकी संबंधी क्षेत्रों में हुई अभूतपूर्व प्रगति से निश्चित तौर पर भारत दुनिया के देशों में अपनी महत्त्वपूर्ण छवि रेखांकित करने में सक्षम हुआ है।

परंतु ग्रामीण विकास की गति हमें धीमी दिखाई देती है। नागरिक सुविधाओं से संबंधित विकास जो सीधा हमारे दैनिक जीवन पर प्रभाव डालता है उसकी प्रगति धीमी दिखाई देती है। इसका एक मात्र कारण जनसंख्या वृद्धि की अनियंत्रित दर ही है। 1999 में गाँवों की ओर

प्रगति सुनिश्चित करने के उद्देश्य से जवाहर ग्राम समृद्धि योजना, स्वर्ण-जयंती ग्राम स्वरोजगार योजना तथा ग्रामीण आवास और प्राकृतिक आवास योजना प्रारंभ की गयी है। इसके अतिरिक्त भूमि सुधार कृषि उत्पादन बढ़ाने के उद्देश्य से तथा किसानों को अधिक राहत देने के लिए अनेक प्रकार की योजनाएँ सरकार ने बनायी हैं। कुछ हद तक गाँवों की हालत बदली भी है विकास का ढांचा तो खड़ा हो ही गया है, किंतु बढ़ती जनसंख्या, निरक्षरता शहर की ओर पलायन तथा भ्रष्टाचार के कारण अधिक ग्राम सुधार की योजनाओं का लाभ वास्तविक व्यक्ति या समाज को नहीं मिल पाया है।

यदि जनसंख्या पर सही अंकुश नहीं लग पाया तो हमारी सारी विकास योजनाओं का कोई अच्छा परिणाम हमारे सामने नहीं आ पाएगा। यही कारण है कि विकास की दर धीमी दिखाई देती है। ग्रामीण क्षेत्रों में सूखा, बाढ़ तथा अकाल के कारण भी विकास की गति रूक जाती है। ग्रामीण क्षेत्रों में जनसंख्या नियंत्रण को लेकर भी यद्यपि अनेक योजनाएँ लगातार चल रही है परंतु अभी तक हमें अपेक्षित सफलता नहीं मिल सकी है। देश में उत्पादन बढ़ा है, प्रतिव्यक्ति औसत आय में भी वृद्धि हुई है।

कानून और व्यवस्था की समस्या-आबादी जैसे-जैसे बढ़ती गई है, तमाम समस्याओं के साथ जो सबसे बड़ी समस्या उभर कर सामने आयी है वह कानून और व्यवस्था का अनुपालन न हो पाना। हमारे देश में बहुत सारे कानून हैं जिनके तहत सामाजिक व्यवस्था का ढांचा आगे बढ़ रहा है किंतु प्रायः सभी कानून कहीं-कहीं मध्यवर्ग या निम्न मध्यवर्ग के आदमी के ही लिए लागू हो पाते हैं। जिसके पास पैसा है वह हर स्तर पर कानून और व्यवस्था को अंगूठा दिखाने में कामयाब हो जाता है।

कानून और व्यवस्था की बिगड़ती हुई दशा के कारण अधिकांश

अति उत्साही नौजवान कानून का खुले आम उल्लंघन करने लगे हैं। अफसरशाही और नेताओं की स्वार्थपूरक राजनीति के कारण ऐसे नवयुवकों को गुंडा-गर्दी करने का प्राथमिक तौर पर खूब मौका मिलता है। बाद में इनमें से ही कई युवक जघन्य अपराध करने से भी नहीं कतराते। कभी-कभी न्यायालयों से न्याय न मिलने तथा पुलिस के बर्बर व्यवहार के चलते भी लोगों का कानून और व्यवस्था से विश्वास उठ जाता है और वे अपनी मनमर्जी के हिसाब से अपने क्षेत्र के क्षत्रप बन जाते हैं।

अब तक हमारे देश में सर्वोच्च न्यायालय के अलावा कुल 18 उच्च न्यायालय ही हैं तथा इनसे जुड़े हुए कुल 14 न्यायपीठ हैं। गौरतलब है कि हमारे देश में कुछ राज्यों का आकार इतना बड़ा है कि न्याय के लिए उच्च न्यायालय तक पहुंचने में प्रार्थी को सैकड़ों मील का फासला तय करना पड़ता है। कानून व्यवस्था को धता बताने वाले अपराधियों तथा अपराधिक मनोवृत्ति का लगातार समाज में विकास हो रहा है। बेरोजगार पढ़े-लिखे नवयुवक हीन भावना से ग्रस्त होकर अपराधवृत्ति की ओर सर्वाधिक मुड़ते हुए दिखाई दे रहे हैं। यद्यपि इन पचास वर्षों में कुछ महत्त्वपूर्ण नये कानूनों का निर्माण भी हमारी विधायिका ने किया है जिससे अनेक ढांचागत सुधार हुए हैं। जैसे बाल-विवाह अवरोध अधिनियम 1978 में बना और विवाह के लिए पुरुष की आयु 21 वर्ष तथा महिला की उम्र 18 वर्ष न्यूनतम तय की गयी। अब तक विवाह संबंधी कुल 12 अधिनियम बनाये गए हैं जिनसे कानूनी तौर पर तलाक और विच्छेद की समस्या आने पर महिलाओं के हितों को ध्यान में रखा गया है। परंतु सवाल यह है कि पीड़ित निर्धन महिला कानून के दरवाजे तक पहुंचे तो पहुंचे कैसे?

न्यायालयों और वकीलों द्वारा आम आदमी को न्याय के लिए अपना भरपूर आर्थिक शोषण ही कराना पड़ रहा है। हमारे सामाजिक

मूल्य लगातार विघटित हो रहे हैं। यदि जनसंख्या वृद्धि दर को नियंत्रित करने में हम सफल नहीं हुए तो अराजकता, आतंक, गुंडा-गर्दी, भ्रष्टाचार तथा शोषण को रोक पाना लगातार कठिन होता जाएगा।

शहरीकरण और पलायन की समस्या- बढ़ती हुई आबादी के कारण गांवों में भी तरह-तरह की समस्याएँ पैदा हो रही है। तमाम विकास के बावजूद छोटे नेताओं तथा अधिकारियों के क्रूर सामंतवादी शिकंजों में जकड़ा आदमी लगातार गाँव छोड़कर शहरों तथा महानगरों की ओर पलायन कर रहा है। अनपेक्षित जनसंख्या वृद्धि के कारण गाँवों का जो विकास होना था वह नहीं हो पाया। परिणाम स्वरूप गांवों से शहरों की ओर और शहरों से महानगरों की ओर पलायन जारी है। बिहार, पूर्वी उत्तर प्रदेश, उड़ीसा, पश्चिम बंगाल, मध्य प्रदेश, आंध्र प्रदेश आदि राज्यों में शहरों व महानगरों की ओर पलायन की समस्या सबसे अधिक है। यही कारण है दिल्ली, कोलकत्ता, मुंबई तथा चेन्नई जैसे महानगरों में तथा प्रदेशों की राजधानियों व औद्योगिक शहरों की ओर लगातार आम आदमी का पलायन जारी है। इन शहरों की जनसंख्या में इसी पलायन के कारण तीव्र वृद्धि हो रही है। इन स्थानों पर आवास, जल विद्युत पर्यावरण आदि का संकट खड़ा होने लगा है। निश्चित तौर पर यह अवस्था बढ़ती हुई अनियंत्रित जनसंख्या का ही दुष्परिणाम है।

शहरीकरण के व्यापक अभियान के कारण मूल शहरों का स्वरूप बदल गया है। शहरों के आसपास का क्षेत्र जो प्रायः कृषि की भूमि थी, शहरी विकास और विस्तार में आ गई है। स्पष्ट है कि इस आवासीय निर्माण से लगातार हमारे पर्यावरण को क्षति पहुंच रही है। नागरिकों को जल, विद्युत, सड़कों आदि की बुनियादी आवश्यकताओं से वंचित रहना पड़ रहा है। सरकार ने शहरीकरण को न रोक पाने की दशा में 1999 में शहरी भूमि निरस्त्रीकरण कानून बना दिया। इस कानून से

भले ही आवासों के निर्माण को बढ़ावा मिले परंतु आम नागरिक सुविधाएँ तो लोगों को नहीं मिल पा रही हैं। बढ़ती हुई जनसंख्या और शहरीकरण को देखते हुए सरकार ने शहरी बेरोजगारी दूर करने तथा गरीबी उन्मूलन की योजनाएँ भी बनायी हैं

गाँवों से महानगरों में भाग कर आने वाले निर्धन लोग शहर की मलीन बस्तियों के आसपास अपनी झुग्गी-झोंपड़ी बनाकर रहने लगते हैं। जब इनकी संख्या अधिक हो जाती है तो प्रायः सरकार इन झुग्गियों को मान्यता दे देती हैं और धीरे-धीरे बिजली, पानी, शौचालय आदि की व्यवस्था भी करती है। पूरे देश की तुलना में मुंबई, दिल्ली और कोलकत्ता जैसे महानगरों में इस प्रकार की झुग्गी-झोपड़ी बस्तियों की संख्या सर्वाधिक है। सरकार को इनके विकास के लिए इनकी शिक्षा, चिकित्सा, पुनर्वास व रोजगार आदि के लिए लगातार योजनाअ0ो10 पर कार्य करना पड़ता है। इसी उद्देश्य की पूर्ति के लिए सरकार ने स्वतंत्रता की स्वर्ण जयंती के अवसर पर स्वर्ण जयंती शहरी रोजगार योजना का आरंभ किया है। इस योजना तहत शहरी बेरोजगारों या अर्धबेरोजगारों को दिहाड़ी रोजगार एवं स्वरोजगार उद्यम करने के लिए अवसर व सुविध एँ प्रदान की जा रही हैं। लेकिन निश्चित रूप से हमें जनसंख्या वृद्धि को नियंत्रित करने के साथ-साथ ग्रामीण विकास पर ज्यादा ध्यान देने की आवश्यकता है ताकि गांवों से शहरों की ओर पलायन पर नियंत्रण किया जा सके।

विशिष्ट पहचान खोने की समस्या-अनियंत्रित जनसंख्या वृद्धि के कारण आम आदमी मानवीय मूल्यों से लगातार पतित हो रहा है। वह भीड़ का एक हिस्सा बनकर रह गया है। वैश्वीकरण के कारण तो आज आम आदमी की कोई पहचान ही नहीं रही है। यह विशिष्टता खोने की समस्या व्यक्तिगत स्तर पर, परिवार के स्तर पर तथा सामाजिक स्तर पर भी लागू होती है। उदाहरण के लिए तहजीब के

मामले में लखनऊ का संदर्भ पूरे देश में दिया जाता था। आज वहाँ भी शहरीकरण और जनसंख्या के दबाव के कारण लखनवी अंदाज कहीं गुम हो गया है। इसी प्रकार काशी, हरिद्वार, आगरा, हैदराबाद, उज्जैन, दिल्ली, कोलकत्ता, मुंबई, चैन्नई आदि जैसे शहरों में वहां की विशिष्ट सांस्कृतिक पृष्ठभूमि लगातार बिगड़ती जा रही है। इन शहरों की अधिकांश जनता गरीबी रेखा के नीचे जीवन बसर कर रही है।

10

स्वास्थ्य, परिवार कल्याण एवं जनसंख्या शिक्षा

परिवारों से ही जनसंख्या का निर्माण हुआ जो कि किसी भी राष्ट्र की उन्नति के लिए महत्वपूर्ण भूमिका अदा करते है। परिवार न हो तो समुदायों का निर्माण नहीं हो सकता और समुदाय ही नही होंगे तो राज्य और राष्ट्र के अस्तित्व के बारे में तो सोचा भी नही जा सकता है। इसलिए यह आवश्यक है कि जनसंख्या की शिक्षा देते समय परिवारों के स्वास्थ्य और उनके कल्याण के बारे में सोचा जाए। इस बारे में विस्तार से निम्न प्रकार अध्ययन किया जा सकता है।

राष्ट्रीय एड्स नियंत्रण कार्यक्रम

भारत की सरकार ने वर्तमान में अनेक जानलेवा बीमारियों पर नियन्त्रण करने के लिए विभिन्न प्रकार के कार्यक्रमों का गठन किया है। उनमें एक कार्यक्रम राष्ट्रीय एड्स नियन्त्रण कार्यक्रम भी है। इसके अन्तर्गत एड्स जैसी भंयकर बीमारी के समाधान हेतु सुझाव सुझाए जाते है। यद्यपि इस बीमारी एक बार लग जाने से व्यक्ति इसके प्रभाव से मुक्त नहीं हो सकता परन्तु फिर भी इसकी जानकारी से व्यक्ति अपना बचाव कर सकता है।

सरकार एड्स पीड़ित व्यक्तियों के लिए विभिन्न प्रकार के

कार्यक्रमों का निर्माण कर रही है उन्हें समाज में उपेक्षित न समझा जाएं इसलिए सरकार विभिन्न प्रकार के कार्यक्रम आयोजित कर रही है। इस सन्दर्भ में हमारी सरकार ने एच.आई.वी. पीड़ित व्यक्तियों के लिए सन्तुलित भोजन की व्यवस्था की है ताकि वह अधिक समय तक जीवित रह सके। राष्ट्रीय एड्स नियंत्रण कार्यक्रम के दो मुख्य उद्देश्य है कि (क) एच.आई.वी. पीड़ित लोगों को इस भंयकर बीमारी से जूझने के लिए उन्हें पोषक तत्व देना तथा (ख) भारत में व्याप्त एच. आई.वी. में कमी लाना।

इस सन्दर्भ में राज्य तथा राष्ट्रीय स्तर पर अनेक समीतियों का गठन किया गया है। केन्द्रीय सरकार राज्य सरकार को वित्तीय ससांधन उपलब्ध कराती है ताकिं वह विभिन्न कार्यक्रमों का क्रियान्वयन कर सके।

एक अनुमान के अनुसार भारत में 1992 में एड्स से पीड़ित व्यक्तियों के उपचार हेतु 735 क्लीनिक स्थापित किए जा चुके है। इतना नही आज देश के प्राय: सभी क्षेत्रों में ऐसे अस्पतालों की स्थापना की जा चुकी है जिनमें नि:शुल्क चिकित्सा सुविधाए दी जा रही है जिससे कि एड्स पीड़ित व्यक्तियों को शीघ्र ठीक होने के लिए प्रोत्साहन मिलती है। उनमें ठीक होने तथा जीवन के प्रति आशावादी दृष्टिकोण का उदय होता है। आज जिला स्तर पर भी अनेक प्रयोगशालाओं का गठन किया जा चुका है। इन विभिन्न प्रकार के संगठनों ने एड्स नियंत्रण में अपना विशेष सहयोग दिया है।

राष्ट्रीय संक्रामक रोग नियंत्रण कार्यक्रम

वर्तमान में एड्स के नियंत्रण के लिए विभिन्न प्रकार के कार्यक्रमों का आयोजन किया जा रहा है। इस कार्यक्रम का कार्य है देश में फैली विभिन्न जानलेवा बीमारियों को नियन्त्रित करना है। आज हमारे देश में मलेरिया, हैजा, टी.बी., एड्स आदि बिमारियां अपने पैर पसार रही है।

इन बीमारियों से छुटकारा पाने के लिए ही राज्य अनेक प्रकार के अस्पतालों का निर्माण किया जा रहा है। भारत में पाई जाने वाली विभिन्न प्रकार की बीमारियां निम्नलिखित है:-

(क) क्षयरोग- यह रोग अत्यन्त गम्भीर रोग है इस रोग को ही टी.बी. का रोग कहा जाता हैं भारत में अनेक व्यक्ति इस रोग के शिकार है। इस रोग में खून पानी के रूप में में परिवर्तित हो जाता है। बीमार का शारीरिक स्तर गिर जाता है और वह दुबला-पतला हो जाता है। इस प्रकार यह रोग अत्यन्त संक्रमित रोगों की परिधि में आता है। भारत में प्रतिवर्ष 18 लाख टी.बी. के मरीजों की संख्या बढ़ जाती है। यह रोग शीघ्र ही एक व्यक्ति से दूसरे में फैल जाता है।

इस रोग से भारत को मुक्ति दिलाने के लिए राष्ट्रीय स्तर पर क्षयरोग नियंत्रण कार्यक्रमों का आयोजन किया जा रहा है। इन कार्यक्रमों में नागरिकों को इस रोग के बारे में जानकारी दी जाती है तथा यह भी बताया जाता है कि किस प्रकार इस बीमारी से बचाव किया जा सकता है। वर्तमान में क्षयरोग से को कम करने के लिए भारत में जिला स्तर अधिकतम अस्पतालों का निर्माण किया गया है। इस क्षेत्र में एक महत्वपूर्ण उपाय डाट्स है। डाट्स के अन्तर्गत यह देखा जाता है कि संक्रमित व्यक्ति का रोग पाजिटिव है अथवा नैगेटिव। डाट्स को 1997 में शुरू किया था। इस प्रकार भारत में क्षयरोग से मुक्ति के लिए विभिन्न स्तरों पर कार्यक्रमों को शुरू किया गय है और इनका अपेक्षित लाभ भी प्राप्त हुआ है।

(ख) काला ज्वर- यह एक परजीवी बीमारी की श्रेणी में आती है, ये फलेबोटोमस अर्जेटाइपस नाम मरूमक्षिका के काटने से फैलती है। इस बीमारी को ग्रामीण क्षेत्रों में बहुत अधिक मात्रा में पाया जाता है। इससे पीड़ित व्यक्ति को बहुत तेज बुखार आता है और उसकी मृत्यु भी हो सकती है। इस बीमारी का यह लक्षण है कि इसमें व्यक्ति

में चिड़चिड़ापन आ जाता है। व्यक्ति पागल भी हो सकता है। यह बीमारी व्यक्ति में काफी समय तक विद्यमान रहती है जिस कारण व्यक्ति का स्वास्थ्य बिगड़ जाता है। इस सन्दर्भ में केन्द्रीय सरकार ने स्वास्थ्य नीति 2002 के अन्तर्गत काला आजार उन्मूलन कार्यक्रम का गठन किया। इस कार्यक्रम के चलते काला ज्वार में बहुत कमी देखने को मिली।

(ग) डेंगू- डेंगू मादा मच्छर के काटने से फैलता है। यह मच्छर विशेष प्रकार का होता होता है जो कि अपने डंक में जहर रखता है। मानव शरीर के सम्पर्क में आते ही यह उस डंक को मानव के शरीर में छोड़ देता है। इस प्रकार मानव इसकी चपेट में आ जाता है। इस प्रकार का रोग प्रायः ग्रामीण इलाकों में अधिक देखने को मिलता है परन्तु वर्तमान में यह रोग शहरों में भी देखने को मिलता है। इस रोग को फैलाने वाला मादा मच्छर कूलरों में ठहरने हुए बहुत दिनों के पानी में पाया जाता है या फिर गन्दगी वाली जगहों पर भी इस मच्छर का जन्म होता है। यह भी एक संक्रमण रोग यह अर्थात् यह शीघ्र ही एक व्यक्ति से दूसरे व्यक्ति में फैल जाता है। इस बुखार में भारत को 2003 में सबसे अधिक प्रभावित किया था। इसके उन्मुलन हेतु भारतीय सरकार ने अनेक अस्पतालों में इसके ईलाज का मुफ्त प्रबंधन करवाया है।

(घ) फाइलोरिया- फाइयेरिएसिस के अन्तर्गत व्यक्ति के शारीरिक अंग बहुत कमजोर हो जाते है जिससे कि वह दैनिक कार्यों को करने में सक्षम नही होता है। इस बीमारी का जन्म क्यूक्स क्वीनक्यूफसीएटस नामक मच्छर से होता है। इस बीमारी के कारण पीड़ित व्यक्ति के समक्ष बहुत सी समस्याएं उत्पन्न हो जाती है जैसे- पीड़ित के जननांगों में सूजन आना, किसी भी प्रकार के कार्य में असमर्थ होना आदि। इसके अतिरिक्त पीड़ित को तेज बुखार के साथ शरीर में दर्द की

अनुभूति भी होती है। भारत में इस बीमारी का फिलहाल कोई भी ईलाज नहीं है। इसके इलाज हेतु यह सुझाया जाता है कि पीड़ित व्यक्ति को नियमित व्यायाम करना चाहिए जिससे कि उसके प्रभावित अंगों में विकास हो सके और वे क्रियाशील बन सके। इस बीमारी को नियंत्रित करने के लिए भारत में राष्ट्रीय फाइेरिया कार्यक्रम चलाया जा रहा है। इस बीमारी के चपेट में भारत के ग्रामीण तथा शरही दोनों ही वर्ग है।

(ङ) जापानी एन्सेफलाइटिस- यह एक वायरल बीमारी है, इसके कारण अनेकों मौते हो रही है। इस बीमारी का समयकाल बहुत लम्बा होने के कारण यह पीड़ित को बहुत परेशान कर देती है। यह रोग सूक्ष्म विषाणु के द्वारा होता है जो कि खेतों में पाए जाने वाले पानी में पैदा होता है। इस प्रकार किसानों में यह रोग अधिक मात्रा में पाया जाता है। इसके उन्मूलन हेतु भारत में एन्सेफेलाइटिस नामक एक टीका विकसित किया गया है।

(च) मलेरिया- मलेरिया एक आम बीमारी मानी जाती है क्योंकि इसकी मात्रा वर्षा के दिनों में भारत में बहुत अधिक पाई जाती है। यह बीमारी भी मच्छर के काटने से ही फैलती है। भारत में मच्छरों की बहुत सी प्रजातियां पाई जाती है उनमें से ही एक फाल्सीपेरम या प्लाजमोडियम नाक मच्छर है। इस बीमारी में व्यक्ति की हालत बहुत गम्भीर हो जाती है वह मरने वाली हालत में आ जाता है। भारत में इस बीमारी को कम करने के लिए विशेष प्रबन्ध किए गए है जैसे कि विभिन्न सरकारी अस्पतालों में इस बीमारी का पूर्ण इलाज निःशुल्क रूप से कराया जाता है।

(छ) दृष्टिहीन नियंत्रण- भारत में दृष्टिहीन मोतियांबिन्द के कारण उत्पन्न होता है। दृष्टिहीनता एक अभिशाप समझी जाती है। जो कि किसी कारणवश या जन्म से ही हो सकती है। परन्तु इस सम्बन्ध

में भारत में अनेक दृष्टिहीन व्यक्तियों के लिए कार्यक्रमों का आयोजन किया जा रहा है। जिन देशों में नेत्रों की बीमारियां अधिक पाई जाती है उन क्षेत्रों में प्राय: लोगों को इनसे बचाने के लिए विभिन्न प्रकार की नेत्र दवाइयों की सुविधा कराई जाती है।

(झ) यौन संक्रमिक रोग- वर्तमान में एक नवीन प्रकार का रोग देखने में आया है जिसे यौन-संक्रमण रोग कहते है। यह रोग असुरक्षित यौन-सम्बन्धों के कारण स्त्रियों एवं पुरूषों में पाया जाता है। इस रोग के चलते व्यक्ति में जीवन के प्रति प्रत्याशा खत्म हो जाती है। उसका न केवल शारीरिक स्तर ही गिरता है बल्कि उसका मानसिक स्तर भी कमजोर हो जाता है। इस बीमारी के नियंत्रण हेतु भारतीय सरकार ने यौन-बीमारियों से व्यक्तियों को टी.वी., रेडियो आदि पर जानकारी देना शुरू कर दिया है।

इस सन्दर्भ में भारतीय सरकार ने राष्ट्रीय एड्स नियंत्रण कार्यक्रमों का प्रांरभ कर दिया है। यह कार्यक्रम इन लोगों में जीवन को जीने की नई प्रेरणा का विकास करते है तथा इन्हें विभिन्न प्रकार के हीन भावनाओं से छुटकारा दिलाते है। एड्स एक जानलेवा बीमारी भले ही है परन्तु यह एक संक्रमित बीमारी नहीं है। इस प्रकार यह एक व्यक्ति से दूसरे व्यक्ति में हस्तांतरित नही होती है। इसलिए इस बीमारी से ग्रसित व्यक्तियों के मन व्याप्त हीन भावना को कम करने के लिए राष्ट्रीय स्तर पर अनेक समितियों का गठन किया जा रहा है। जिनमें से राष्ट्रीय एड्स नियंत्रण कार्यक्रम भी एक माना जाता है।

केन्द्रीय सरकार स्वास्थ्य योजना

भारतीय सरकार ने केन्द्रीय कर्मचारियों, पेशनधारियों, न्यायाधीशों सभी सरकारी कर्मियों को और उनके परिवारजनों को नि:शुल्क स्वास्थ्य चिकित्सा उपलब्ध कराने का बीड़ा उठाया है। केन्द्रीय सरकार द्वारा चालित योजना प्रारंभ में केवल दिल्ली में चालित थी परन्तु धीरे-धीरे

इसका विस्तार हो रहा है। इस स्वास्थ्य योजना के अन्तर्गत केन्द्रीय सरकार के अधीनस्थ कर्मचारियों को विशेष प्रकार की सुविधाएं मुहैया कराई जाती है। उन्हें मुफ्त चिकित्सा उपलब्ध कराई जाती है। इसके अन्तर्गत इन कर्मचारियों को निम्न प्रकार की चिकित्सा उपलब्ध कराई जाती है:-

1. निःशुक्ल औषधियां- केन्द्रीय सरकार के अधिनस्थ यदि कोई कर्मचारी किसी जानलेवा बीमारी से या किसी सामान्य बीमारी से ग्रस्त होता है तो उसे निःशुल्क औषधियां दी जाती है। इतना ही नहीं मात्र के कार्ड के जरिए वह अपना ईलाज बड़े से बड़े अस्पताल में करवा सकता है और उसका सारा खर्चा केन्द्रीय सरकार उठाती है।

2. टीके आदि का प्रबन्ध भी केन्द्रीय सरकार द्वारा खोली गई विशेष डिस्पैंसरियों में लगाए जाते है। इस प्रकार केन्द्रीय सरकार द्वारा चलाई गी सी.जी.एस.एस. योजना के अन्तर्गत सरकारी कर्मचारियों को विभिन्न प्रकार की चिकित्सा सुविधाएं मुहैया कराई जाती है।

चिकित्सा राहत और आपूर्ति

वर्तमान में बढ़ती हुई जानलेवा बीमारियों को ध्यान में रखते हुए सरकार द्वारा अनेकों चिकित्सा सुविधाएं सार्वजनिक स्तर पर दी जा रही है। इसके अतिरिक्त सरकारी अस्पतालों में मुफ्त औषधालय खोले गए है जहां से निःशुल्क दवाएं भी मुहैया कराई जाती है। इस प्रकार भारतीय सरकार नागरिकों के स्वास्थ्य को बनाए रखने के लिए अनेकों उपाय कर रही है। आज शहरों में अस्पतालों की कोई कमी नही है परन्तु यदि एक नजर गांवों पर डाली जाए तो वहा भी किसी भी प्रकार की चिकित्सा सुविधाओं की कमी नही है। वहा पर भी अच्छे डॉक्टरों की सुविधा कराई गई है। पिछले कुछ दशकों की तुलना में वर्तमान में भारतीय गांवों में अस्पतालों की संख्या में पर्याप्त रूप से वृद्धि देखने को मिली है। इस प्रकार यह कहा जा सकता है भारत में बीमारियों के

नियन्त्रण हेतु आवश्यक कदम उठाए जा रहे है।

राष्ट्रीय कैंसर योजना

कैंसर एक जानलेवा बीमारी है जिसका अभी तक कोई निश्चित ईलाज नहीं ढूंढा जा सका है। यह बीमारी व्यक्ति को कमजोर कर देती है और वह अपने दैनिक कार्य करने में असमर्थ रहता है। भात में इस बीमारी का विस्तार बहुत तेजी से हो रहा है और इसको नियन्त्रित करने के उपाय भी बहुत तेजी से चलाए जा रहे है। इस बीमारी में रोगी की मृत्यु समय से पहले ही हो जाती है। इस बीमारी से सम्बन्धित प्रचलित इलाज यह है कि बीमार को अधिकाधिक हरी सब्जियों का सेवन कराया जाए। भारतीय सरकार ने इसे नियंत्रित करने के लिए राष्ट्रीय कैंसर नियंत्रण कार्यक्रम चलाए है और समय-समय पर इसमें संशोधन किए जाते है। भारत में लगभग 20 क्षेत्रों में कैंसर राहत कैंपों का आयोजन किया गया है।

गिनी कृमि उन्मूलन कार्यक्रम

राष्ट्रीय संचारी रोग संस्थान द्वारा सन 1983-84 तक गिनी कृमि उन्मूलन कार्यक्रम चलाया गया। देश में व्याप्त इस बीमारी के उन्मूलन हेतु सरकार ने देश के गिनी क्रमि प्रभावित क्षेत्रों में अस्पतालों का निर्माण किया है। राजस्थान में यह रोग देखने में आया था जिसे विश्व स्वास्थ्य संगठन ने सन 2000 में गिनी कृमि प्रभावित क्षेत्र से मुक्त करार दे दिया था।

आयोडीन होने वाले रोग

आयोडीन हमारे शरीर का एक आवश्यक पदार्थ है इसकी कमी से हमारे शरीर में विभिन्न प्रकार के रोग उत्पन्न हो जाते है। मनुष्य की शारीरिक वृद्धि के लिए आयोडीन की मात्रा का एक सन्तुलित भाग अत्यधिक आवश्यक है। मनुष्य के शरीर में प्रायः प्रतिदिन 90 से 135 माइक्रोग्राम आयोडीन की आवश्यकता होती है। आयोडीन की कमी से

हमारे शरीर में की हड्डियों में विकास उत्पन्न हो जाते है। भारतीय सरकार ने इस बीमारी के उन्मूलन हेतु अनेको कार्यक्रमों का आयोजन किया है। इस सन्दर्भ में राष्ट्रीय आयोडीन न्यूनतम विकृति नियंत्रण कार्यक्रम अपना एक विशेष महत्व रखता है।

प्रायः यह देखा गया है कि जो नमक आज बाजार में बेचा जाता है उसमें आयोडीन के मात्रा कम होती है या होती ही नहीं है। जिसके कारण अनेक समस्याएं उत्पन्न होती है। इसलिए सरकार ने नमक से सम्बन्धित सभी प्रकार के उद्योगों के नमक की जांच करके ही उसे बाजार में बिक्री करने की अनुमति दी जाती है।

राष्ट्रीय संचारी रोग निगरानी कार्यक्रम

यह कार्यक्रम रोग निगरानी कार्यक्रम माना जाता है। इस कार्यक्रम को भारत में 1997-98 में प्रयोग में लाया गया। इस कार्यक्रम के द्वारा जिला स्तर पर और राज्य स्तर पर सभी प्रकार की बीमारियों की पहचान करके उनका उन्मूलन किया जाता है। राष्ट्रीय संचारी कार्यक्रम और विश्व स्वास्थ्य संगठन की एक संयुक्त टीम ने सन् 1999-2000 में सात राज्यों का निरीक्षण किया तथा वहा यह कार्यक्रम चलाया था। इस कार्यक्रम का उद्देश्य है कि बीमारी से बचने के लिए पर्याप्त उपायों के विकास और प्रयोगशाला सहायता प्रणाली में सुधार के संकेत देना है।

राष्ट्रीय मानसिक स्वास्थ्य कार्यक्रम

यह कार्यक्रम भारत में सन् 1983 में शुरू किया गया था। इस कार्यक्रम के तहत वर्तमान चिकित्सा सुविधाओं के आधार पर लोगों की मानसिक तथा शारीरिक विकास की ओर बल देना था। हमारे देश में प्रायः अनेक प्रकार की महामारियों पर नियन्त्रण करना भी इसी कार्यक्रम का दायित्व है। इस कार्यक्रम के अन्तर्गत चिकित्सा विद्यालयों के मनोचिकित्सा विभाग को सुदृढ़ करना मानसिक चिकित्सालय का

आधुनिकरण करना तथा लोगों प्राथमिक चिकित्सा सुविधाएं प्रदान करना आदि है।

आपातकालीन चिकित्सा राहत

भारत में वर्तमान में आपातकालीन चिकित्सा राहत कार्यक्रम अपनी चरम सीमा पर कार्यरत है। हमारे देश में विभिन्न राज्यों में विभिन्न प्रकार की जलवायु पाई जाती है। इन विविध जलवायु के कारण प्राकृतिक आपदाएं मनुष्य को झेलनी पड़ती है। भारत में भी अनेकों प्राकृतिक प्रकोपों के माध्यम से प्रतिवर्ष लाखों लोगों को क्षति पहुंचती है।

इस सन्दर्भ में परिवार कल्याण मंत्रालय ने स्वास्थ स्तर पर इन विभिन्न आपदाओं से निपटने से लिए राज्य सरकारों को समय-समय पर आर्थिक सहायता प्रदान की है। बाढ़, सूखा, ज्वालामुखी आदि प्राकृतिक प्रकोपों के कारण सरकार को अत्यधिक सर्तक रहना पड़ता है। इसलिए सरकार प्राथमिक चिकित्सा शिविरों का निर्माण समय-समय पर करती है। जिनमें निःशुल्क यह चिकित्सा नलागरिकों को दी जाती है।

विश्व बैंक समर्थित खाद्य सुरक्षा पर निर्माण परियोजनाएं

आज अन्तर्राष्ट्रीय स्तर पर खाद्य पदार्थों का व्यापार किया जाता है जिसके कारण यह मुद्दा किसी समुदाय मुद्दा न रहकर आज सम्पूर्ण विश्व का मुद्दा बन गया है। सरकार द्वारा राष्ट्रीय स्तर इस मुद्दे से निपटने के लिए अनेकों उपाय किए जा रहे है। यह मुद्दा केवल उत्पाद सम्बन्धी मानकों से ही सम्बन्धित न होकर उत्पादन की प्रक्रिया से भी सम्बन्धित है। इस परियोजन के निम्न उद्देश्य बताए जा सकते है:-

(क) इस परियोजना का सर्वप्रथम उद्देश्य है कि आंकड़ों के संकलन के लिए प्रबंधन सूचना प्रणाली तथा राज्यों व केन्द्रों के

कार्यालयों के केंन्द्रीय एवं राज्य स्तर की प्रयोगशालाओं के बीच इलेक्ट्रानिक्स संपर्क की स्थापना करना है।

(ख) नियमित रूप से ग्राहकों के विचारों को जानने के लिए समय-समय पर सर्वेक्षण किए जाते है।

(ग) अंगठित तथा छोटे स्तरों के क्षेत्रों में प्रशिक्षण के माध्यम से सुरक्षा तथा स्वच्छता के बारे में ज्यादा जागरूकता पैदा करना।

पोषाहार

व्यक्ति के शारीरिक विकास हेतु पोषाहार का अपना विशेष महत्व है। स्वास्थ्य सेवा महानिर्देशलय पोषाहार के विभिन्न तथ्यों से सम्बन्धित सुझाव प्रदान करता है। इन तथ्यों में मुख निम्न है, खाद्य स्तर, विभिन्न स्तरों पर प्रशिक्षण, नीति निर्माण करना, कार्यक्रमों का क्रियान्वयन करना आदि। इस प्रकोष्ठ का यह कार्य होता है कि प्रयोगात्मक परियोजना कार्यक्रम के अन्तर्गत कुपाषण को दूर करने पोषाहार को बढ़ावा दे। इसके अतिरिक्त यह प्राकोष्ठ पोषाहार से सम्बन्धित विभिन्न अध्ययन व सर्वेक्षण करता है तथा सरकारी अस्पतालों में आहार तकनीकी को लागू करना भी इसी प्रकोष्ठ का कार्य है।

टीका उत्पादन

टीके का प्राय: सभी प्रकार की बीमारियों में प्रयोग किया जाने लगा है। टीके के उत्पादन का एक बहुत लंबा इतिहास है। प्रारम्भ में टीके का प्रयोग हैजा, प्लेग, मियादी बुखार आदि जैसी भयंकर बीमारियों से बचाव करने के लिए ही किया जाता था। परन्तु वर्तमान में साधारण बुखार में भी टीके का उपचारात्मक प्रयोग किया जाता है। कुछ वर्षों पहले तक हमारे देश में टीके की तकनीक का विकास नहीं हुआ था परन्तु वर्तमान में हमारा देश टीके के उत्पादन में आत्मनिर्भर है। आज टीके का उपयोग पोलियो, कुत्ते या अन्य जानवरों के काटने

पर किया जाता है। हमारे देश में सन् 1976 में टीका उत्पादन बोर्ड का गठन किया गया था, जिसका पुनः गठन सन् 2000 में किया गया। टीके की एक विशेषता है कि यह एक बार ही प्रयोग में लाया जाता है। किसी दूसरे व्यक्ति के उपयोग में लाने से यह हानिकारक प्रभाव डाल सकता है। इस प्रकार वर्तमान में टीके का उपचारात्मक प्रयोग प्रायः हर प्रकार की बीमारी को दूर करने के लिए किया जा रहा है।

11

भारत में जनसंख्या वृद्धि

भूमिका

मनुष्य सभी देशों के लिए एक विकास का साधन होता है परन्तु यदि यह साधन आवश्यकत से अधिक मात्रा में विकसित हो जाएं तो यह साधन न रहकर विकास मार्ग में एक बाधा का रूप धारण का लेता है। यही स्थिति आज हमारे देश में भी पैदा हो गई है। आज भारत में जनसंख्या जितनी तीव्रता के साथ बढ़ रही है, उसे देखकर यह माना जा रहा है कि यह कुछ ही समय में सबसे अधिक आबादी वाला देश बन जाएंगा तथा इस प्रकार से चीन को भी पिछाड़ देगा।

जनसंख्या में होने वाली वृद्धि दर इतनी अधिक है कि उपलब्ध होने वाले साधन भी पर्याप्त नहीं हो रहे है तथा आज तो यह हालत हो गई है कि जिस देश को कभी सोने की चिड़िया कहा जाता है, आज उसे अन्य देशों से आवश्यक पदार्थ आयात करवाने की आवश्यकता पड़ गई है। हमारे देश में जनसंख्या वृद्धि की क्रिया कितनी तीव्रता के साथ हो रही है, इस तथ्य का अनुमान इस बात से स्पष्ट रूप से लगाया जा सकता है कि जो जनसंख्या सन् 1991 में 84.6 करोड़ थी, वह आज बढ़कर 102.7 करोड़ पहुंच गई है।

आज भारत की जनसंख्या जितनी है उतनी आबादी तो उत्तरी तथा दक्षिणी अमरिका में रहने वाले व्यक्तियों की संख्या से भी कई गुना है। केवल भारत में रहने वाले व्यक्तियों की ही संख्या अधिक नहीं है बल्कि विश्व के विभिन्न देशों में भारत के निवासी इस प्रकार से निवास करने लगे है कि विश्व के सभी देशों में रहने वाला हर छठा व्यक्ति भारतीय है।

जनसंख्या में होने वाली इस प्रकार की वृद्धि आज एक जटिल समस्या बन गया है तथा इस दर को कम करने के लिए ऐसे कई कार्य किए गए है जिनसे सामान्य व्यक्ति को परिवार को नियंत्रित करने के लिए प्रेरित किया जा सकें परन्तु किसी भी प्रकार के कुशल परिणाम अभी तक प्राप्त नहीं किए जा सके हैं। सन् 1901 में भारत की जनसंख्या केवल 23.8 करोड़ थी परन्तु आज यह 102.7 करोड़ तक पहुंच गई है, जो वास्तव में एक सनसनीखेज़ तथ्य है।

आज भारत में जनसंख्या वृद्धि दर में बहुत ही तीव्रता के साथ वृद्धि हुई है। प्रतिवर्ष हमारे देश में करीब एक करोड़ तक नए निवासी सम्मिलित हो जाते है। 1991 से 2001 में होने वाली जनसंख्या की वृद्धि विश्व के सभी देशों की तुलना में अत्याधिक रही। आज जिस दर से जनसंख्या में वृद्धि की क्रिया हमारे देश में हो रही है, वह विश्व के सभी देशों से अधिक है। जनसंख्या वृद्धि की दर का अनुमान इसी तथ्य से लगाया जा सकता है कि जापान, जो आज एक विकसित देश में से एक माना जाता है, उसमें जितने व्यक्ति निवास करते हैं, उनके बराबर व्यक्ति हमारे देश में केवल एक दशक की अवधि में ही पैदा हो जाते हैं।

जनसंख्या से सम्बन्धित आंकड़े जानने के लिए सरकार द्वारा जनसंख्या गणना की जाती है जिसका आयोजन प्रति दस वर्ष के पश्चात् किया जाता है। अभी तक सन् 2001 में की गई गणना के

परिणाम ही प्राप्त है तथा इसके पश्चात् यह कार्य सन् 2011 में किया जाएंगा। उस समय तक शायद भारत की जनसंख्या 121 करोड़ तक पहुंच जाएंगी। इस प्रकार की स्थिति में भारत की विकास दर किस प्रकार से प्रभावित हो रही है, इसका अनुमान आसानी से लगाया जा सकता है। आज भी हम निर्धन देशों में ही गिने जाते है, जिसका एक मुख्य कारण तकनीकी रूप से पिछड़ापन न होकर शायद केवल जनसंख्या में होने वाली लगातार वृद्धि है, जिसके कारण हमारे लिए उपलब्ध प्राकृतिक साधनों को कुशलता के साथ प्रयोग कर पाना कठिन हो गया है। इस प्रकार की स्थिति में यह आवश्यक है कि ऐसे कुछ उपाय किए जाएं जिनसे अभी से जनसंख्या में होने वाली वृद्धि को नियंत्रित कर लिया जाएं अन्यथा वह दिन दूर नहीं जब भारत के लिए अपनी आबादी को निवास प्रदान करने के लिए स्थान की ही कमी हो जाएंगी।

उपरोक्त वर्णित चर्चा से यह स्पष्ट है कि हमारे देश में आज जनाधिक्य की स्थिति विद्यमान है। जनाधिक्य से अभिप्राय है कि हमारे देश में आवश्यकता से अधिक मनुष्य है। यह तथ्य इस बात से भी सिद्ध किया जा सकता है कि भारत के पास जितनी मात्रा में खाद्य पदार्थ उपलब्ध है, उन्हें ग्रहण करने वाले व्यक्तियों की संख्या उससे अधिक है तथा माल्थस के अनुसार एक राष्ट्र की जनसंख्या केवल उसी स्थिति में संतुलित अथवा नियंत्रित मानी जा सकती है जब वह उपलब्ध होने वाले खाद्य पदार्थों की मात्रा के समान हो।

आज चिकित्सा का क्षेत्र पूर्ण रूप से विकसित हो गया है जिस कारण कई ऐसे रोगों का उपचार ढूंढ निकाला गया है, जिन्हें ठीक करना पहले सम्भव नहीं होता था तथा जिन्हें पहले महामारी के रूप में जाना जाता था। इस प्रकार की महामारी से अधिक संख्या में व्यक्ति प्रतिवर्ष मरते थे जिस कारण प्रतिवर्ष जनसंख्या की मात्रा में कमी होती

रहती थी। परन्तु आज इस प्रकार से मरने वाले व्यक्तियों की संख्या को बहुत ही कम कर दिया गया है। इस प्रकार मृत्यु दर को पहले की अपेक्षा बहुत कम कर दिया गया है जबकि आज भी जन्म दर पहले की अपेक्षा अधिक है। जन्म तथा मृत्यु दर में पाई जाने वाली असमानता के कारण जनसंख्या अधिक ही बनी रहती है। इस प्रकार की स्थिति में जो स्थिति आज पैदा हो गई है, उसे प्रायः विद्वानों द्वारा जनसंख्या विस्फोट का नाम प्रदान किया गया है। इसी जनसंख्या विस्फोट के कारण भूमि पर जनसंख्या का दबाव निरन्तर रूप से बढ़ता जा रहा है, जिस कारण प्रति व्यक्ति भूमि की उपलब्धता घटती जा रही है। इस प्रकार की स्थिति में सामान्य व्यक्ति का जीवन स्तर पहले की अपेक्षा निम्न हो रहा है तथा बेरोजगारी का स्तर भी पहले भी अपेक्षा बढ़ता जा रहा है। आज गरीबी रेखा के नीचे रहने वाले व्यक्तियों की संख्या में काफी मात्रा में बढ़ोतरी हो गई है जिस कारण विभिन्न प्रकार के विकास कार्य करने के लिए आरम्भ किए गए कार्यक्रमों से किसी भी प्रकार के कुशल परिणाम प्राप्त नहीं किए जा पा रहे हैं।

भारत चीन के बाद, दूसरा जनसंख्या घनत्व वाला विशाल राष्ट्र है, जिसकी जनसंख्या 1 अरब से अधिक है जो कि पूरे विश्व का एक तिहाई हिस्सा है। इन दोनों देशों की जनसंख्या का योग 1.1 बिलियन है, जो मोटे रूप से विश्व जनसंख्या का एक तिहाई है जो लगभग 3.3 बिलियन है। 1961 की जनगणना के समय भारत की जनसंख्या 43.9 करोड़ थी। आज यह 1 अरब की आकड़ा भी पार कर गई है। यह लगभग अफ्रीका की दुगुनी तथा सम्पूर्ण अमेरिका महाद्वीप से अधिक है।

स्वतन्त्रता के पश्चात् भारत ने अपनी जनसंख्या मोटे तौर पर 16 करोड़ की वृद्धि की है, जो संख्या पाकिस्तान, बर्मा, श्रीलंका, नेपाल की समस्त जनसंख्या के योग के बराबर है। केवल 1951-61 के दशक में भारत की जनसंख्या 7.8 करोड़ बढ़ी, जो मोटे तौर से

विभाजन के समय पाकिस्तान की थी। प्रतिवर्ष हमारी जनसंख्या में 1.1 करोड़ की वृद्धि होती है, जो संख्या के हिसाब से पूरे श्रीलंका की जनसंख्या के समान है।

भारत की जनसंख्या 1961 की जनगणना के समय 43.9 करोड़ तथा 1951 में 36.11 करोड़ थी। इस प्रकार 1951-61 के दशक के बीच की वृद्धि 21.6 प्रतिशत रही, जो अभूतपूर्व है। यहाँ यह ध्यान देने की बात है कि 1901 से 1921 के बीच जनसंख्या वृद्धि की दर केवल 5.4 प्रतिशत थी, जब कि अगले बीस वर्षों में अर्थात् 1921 से 1941 तक वृद्धि 26.0 प्रतिशत रही, जो लगभग पांच गुना अधिक है। अगले बीस वर्षों में अर्थात् 1941 से 1961 तक वृद्धि की दर 38.7 प्रतिशत पहुंच गई। इस प्रकार यह स्पष्ट है कि हमारी जनसंख्या 1921 से अत्यन्त तीव्र गति से बढ़ रही है।

1921 का वर्ष बड़ी उछाल का वर्ष माना जाता है, क्योंकि इसके पूर्व भारत की जनसंख्या मन्द गति से बढ़ रही थी, पर इस समय के बाद से वृद्धि अत्यन्त तीव्र हो गई। इस तीव्र गति का मुख्य कारण मृत्यु-दर में कमी है न कि जन्म-दर में वृद्धि उदाहरण के लिए वर्ष 1861 में जन्मदर 49 प्रति हजार थी तथा मृत्यु दर 40 थी। उदाहरण के लिए वर्ष 1961 में जन्म-दर 42 थी तथा मृत्यु-दर केवल 23 थी।

सन् 2004 में 44 वर्ष पश्चात् भारत की जनसंख्या 50 करोड़ से बढ़कर 1 अरब हो गई है, जो कि सन् 1960 की जनसंख्या के आंकड़ों के अनुसार दुगुनी है। अगर इसी रफ्तार से जनसंख्या में वृद्धि होती रही, तो वो दिन दूर नहीं जब हमारे देश से प्रकृति के सभी साधन लुप्त हो जाएंगे।

साक्षरता

जनगणना, 1961 के आंकड़ों के आधार पर यह कहा जा सकता है कि 5-14 वर्ष की आयु की जनसंख्या में लगभग 28 प्रतिशत इस

प्रकार के साक्षर थे जो समझदारी के साथ लिख-पढ़ सकते थे। पन्द्रह वर्ष की आयु के ऊपर की जनसंख्या में साक्षरता 28 प्रतिशत थी। यह प्रतिशत 1951 में 19.2 थी।

ग्रामीण क्षेत्रों में साक्षरता बहुत नीची है। केवल 10.7 प्रतिशत ग्रामीण पुरूष एवं 2.6 प्रतिशत ग्रामीण महिलाएं इस श्रेणी के अन्तर्गत आते हैं। यदि वे व्यक्ति लिए जाएं, जिनकी शैक्षणिक योग्यता मैट्रिक तथा उससे ऊपर की है, तब केवल 1.5 प्रतिशत ग्रामीण पुरुष तथा 0.1 प्रतिशत ग्रामीण महिलाएँ इस श्रेणी के अन्तर्गत रखी जा सकती हैं। परन्तु शहरी क्षेत्रों में प्रतिशत हिसाब प्रशंसात्मक रूप से उच्च है, जो क्रमशः 12.5 तथा 3.5 है। लेकिन उन महिलाओं का अखिल भारतीय प्रतिशत हिसाब, जिनकी शैक्षणिक योग्यता मैट्रिक तथा उससे ऊपर है, केवल 0.7 है। यह भारतीय महिलाओं की शिक्षा के निम्न स्तर का परिचायक है।

आयु का ढांचा

भारत की आयु के ढांचे का, जैसा कि सभी कम विकसित देशों में विशिष्ट रूप से पाया जाता है, आधार अत्यन्त विस्तृत है तथा शिखर स्तूपकार है। इस प्रकार की रचना को पिरामिडल या कोण स्तूपकार कहा जाता है। अधिकांश कम विकसित देशों में मोटे तौर से 40 प्रतिशत जनसंख्या 15 वर्ष की अवस्था से कम की, 55 प्रतिशत जनसंख्या 15 और 55 वर्ष की अवस्था के बीच की, तथा 5 प्रतिशत 55 वर्ष की अवस्था से ऊपर की होती है। नीचे दी हुई सारिणी में भारतीय जनसंख्या के प्रतिशत का विभाजन आयु एवं यौन भेद के आधार पर दिया गया है। इसमें दिखाया गया है कि हमारी लगभग 41 प्रतिशत जनसंख्या 15 वर्ष की अवस्था के नीचे है तथा लगभग 8 प्रतिशत 55 वर्ष की अवस्था के ऊपर है।

विवाह की आयु

भारत में स्त्रियों के विवाह की आयु संसार में सबसे कम आयु में से एक है। इसका कारण बाल-विवाहों की बड़ी हुई संख्या है। 1929 के बाल-विवाह निरोध कानून से पूर्व 45 से 50 प्रतिशत कन्याओं का विवाह 15 वर्ष की अवस्था से पूर्व कर दिया जाता था। 1961 में इस प्रकार की कन्याओं का अनुपात घटकर 20 आ गया। आज भी दस में से दो कन्याओं का विवाह वैधानिक रूप से स्वीकृत विवाह की न्यूनतम आयु से पूर्व किया जाता है। 1961 मे भारत में स्त्री के विवाह की औसत 16 वर्ष तथा पुरूषों की 22 वर्ष थी। लेकिन बिहार, उड़ीसा, मध्य प्रदेश राजस्थान तथा उत्तर प्रदेश में कन्याओं के विवाह किए जाने की औसत आयु 15 वर्ष से कम रही।

प्रसवन शक्ति

भारतीय महिलाओं की प्रसवन शक्ति के सम्बन्ध में आंकड़ें अभी तक अपर्याप्त हैं और पूरे भारतवर्ष की सूचनाएँ प्राप्त नहीं है। लेकिन प्राप्त सूचनाओं के आधार पर कहा जा सकता है कि औसतन एक विवाहित भारतीय महिला प्रजनन के रूकने के समय से पूर्व लगभग 6.6 बच्चों को दो जन्म देती है। आंकड़े यह भी दर्शाते हैं कि प्रसवन शक्ति सम्बन्धी ग्रामीण तथा शहरी अन्तर विशेष नहीं है। इससे यह भी ज्ञात होता है कि नागरीकरण तथा आधुनिकीकरण, ऐसे कारण जो प्रसवन शक्ति को दबाते हैं, भारत में अभी प्रभावकारी नहीं है।

ग्रामीण-शहरी जनसंख्या

प्रत्येक 100 व्यक्तियों में 82 ग्रामीण क्षेत्रों में रहते हैं तथा 18 शहरी क्षेत्रों में। पिछले दशकों में शहरी जन संख्या का अनुपात सम्पूर्ण जनसंख्या की तुलना में बहुत धीरे-धीरे बढ़ा है और यह वृद्धि 1901 के 11 प्रतिशत से 1961 तक 18 प्रतिशत तक रही है।

यह ध्यान देने की बात है कि भारत की शहरी जनसंख्या का 44 प्रतिशत भाग 1,00,000 जनसंख्या वाले 107 नगरों में रहता है। इनमें से 17 प्रतिशत तक के लोग उन सात नगरों में रहते हैं, जिनकी संख्या 10 लाख से अधिक है। अन्य 13 प्रतिशत शहरी जनसंख्या उन नगरों में रहती है, जिनकी जनसंख्या 50,000 से 1,00,000 है; 20 प्रतिशत उन नगरों में जहाँ की जनसंख्या 20,000 से 50,000 है; तथा 14 प्रतिशत 10,000 से 20,000 की जनसंख्या वाले नगरों में। केवल 9 प्रतिशत उन नगरों में रहते हैं, जिनकी जनसंख्या 10,000 से कम है।

आर्थिक क्रियाशीलता

पिछले साठ वर्षों के दौरान पुरूष जनसंख्या की क्रियाशीलता का प्रतिशत लगभग एक-सा रहा है। उन व्यक्तियों का अनुपात कम है, जो द्वितीयक तथा तृतीयक क्षेत्र को में कार्य करते और प्राथमिक क्षेत्रक की प्रधानता है। पिछले दो शतकों में द्वितीयक तथा तृतीयक क्षेत्रों में कार्य करने वाले पुरुषों के अनुपात में थोड़ी-सी वृद्धि हुई है, पर नियुक्त महिलाओं के विषय में विशेष कमी आई है।

काम करने वाली जनसंख्या

1961 की जनगणना के अनुसार भारत में 18.9 करोड़ काम करने वाले थे, जिनमें 12.9 करोड़ पुरूष तथा 6 करोंड़ महिलाएँ थीं। इसके अर्थ यह हुए कि सम्पूर्ण जनसंख्या में से तैतालिस प्रतिशत काम पर लगे थे। शहरी क्षेत्रों में पुरूषों और स्त्रियों के विषय में अन्तर और अधिक था जिनका भाग शहरी क्षेत्रों में बहुत निम्न है।

भारत में 1 अरब की विपुल जनसंख्या है। हमारी वर्तमान जनसंख्या वृद्धि की दर मोटे तौर से 2.2 प्रतिशत प्रतिवर्ष है और जब तक जन्म-दर अगले 20 वर्षों में प्रभावशाली ढंग से घटती नहीं है, तब तक वृद्धि की दर के और भी बढ़ जाने की सम्भावना है। इसका कारण यह है कि ऐसे दृढ़ प्रमाण मिलते हैं जो यह अंगित करते हैं कि

मृत्यु-दर प्रति वर्ष 10 प्रतिशत गिरने की सम्भावना है। 80 प्रतिशत जनसंख्या हमारे ग्रामीण क्षेत्रों में रहती है, जहां शैक्षणिक तथा अन्य सुविधाएं नगण्य हैं। आधुनिकीकरण की प्रक्रिया ने अभी हमारे देश में अपनी जड़े नहीं जमाई हैं, जिसका परिणाम यह है कि शहरी तथा ग्रामीण दोनों क्षेत्रों में जन्म-दर ऊंची है। इन सभी कारणों ने हमारे देश के आर्थिक विकास की गति को दबा रखा है और यह योजना तथा नीतियां प्रस्तुत करने वालों के लिए गम्भीर चिन्ता का करण है।

तमाम कोशिशों के बाद भी जनसंख्या वृद्धि हो रही है। 11 मई सन् 2000 तक हमारे देश की जनसंख्या एक अरब को पार कर चुकी है। अभी तक हम अपनी ठोस जनसंख्या नीति को कार्यरूप नहीं दे सके हैं। जनसंख्या शिक्षा के नाम पर प्रकोष्ठ तो बने हैं किंतु उनसे जिस स्तर की योजनाओं और परिणामों की आशा थी वह पूरी नहीं हो पायी है। दूसरी ओर जनसंख्या वृद्धि के साथ-साथ नई-नई समस्याएँ बढ़ती जा रही हैं। जनसंख्या वृद्धि से उत्पन्न होने वाली कुछ प्रमुख समस्याएँ इस प्रकार हैं:-

भोजन, वस्त्र और आवास की समस्या

जैसे-जैसे जनसंख्या बढ़ती जा रही है भोजन, वस्त्र और आवास की समस्या बढ़ती जा रही है। यद्यपि हमारे देश में कृषि के पर्याप्त साधन हैं। जो ग्रामीण क्षेत्रों के निवासी हैं उनका एक बड़ा भाग बेरोजगारी का सामना कर रहा है इसीलिए कुपोषण और भूखमरी की समस्या लगातार बढ़ती जा रही है।

गाँव में बेरोजगार व्यक्ति के लिए भोजन की समस्या है जब वही शहर भाग कर आता है तो यहाँ भले ही उसे मजदूरी करने का अवसर मिल जाये किंतु रात गुजारने के लिए फुटपाथ भी मयस्सर नहीं होता। यद्यपि गाँव की खस्ता हालत से शहर उसे अपनी ओर लगातार खींच रहा है। वस्त्र उद्योग ने भी खूब तरक्की की है। आज गरीब से गरीब

व्यक्ति को भी तन ढकने के लिए नया या पुराना वस्त्र तो मिल जाता है परंतु गाँवों की स्थिति अभी नहीं सुधरी है। पिछड़े और आदिवासी क्षेत्रों में भोजन, वस्त्र की समस्या आज भी बनी हुई है। इसका कारण भ्रष्टाचार भी है। हमारे देश में सार्वजनिक वितरण प्रणाली भी दोषपूर्ण है। वास्तविक व्यक्ति तक सरकारी पैसा या सहायता की किसी प्रकार की वस्तु नहीं पहुँच पाते। हमने उत्तरकाशी में आएं भूकंप के बाद तथा उड़ीसा में आए तथा अभी हाल ही में 26 जनवरी, 2001 में भुज, कच्छ तथा गुजरात के और कई क्षेत्रों में आए भीषण भूकम्प से जहाँ लाखों लोगों की जान गई, वहाँ अरबों की सम्पत्ति का नुकसान भी हुआ। सरकार ने लोगों के पुर्नवास के लिए कई योजनाएँ व फन्ड भी जुटाया पर पीड़ित लोगों की हालत जग-जाहिर है। चक्रवात के बाद वहां की जनता की करूण गाथा सुनी और देखी ही है। प्रजनन की गति यदि नियंत्रित नहीं हुई तो भूखमरी और आवास की समस्या की लगातार लहराते जाने की स्थिति बनती जाएगी।

एक कमाने वाला तो सारे परिवार का भरण-पोषण उसके द्वारा संभव नहीं है। इसके लिए परिवार के अन्य लोगों को भी आय बढ़ाने के लिए कुछ न कुछ करना होता है। परंतु जिन परिवारों में एक भी कमाने वाला नहीं है वहां तो यह भूखमरी और आवासीय समस्याएँ लगातार अपना वर्चस्व बनाये हुए हैं। निश्चित तौर पर हमें इन सभी समस्याओं से निपटने के लिए जनसंख्या की समस्या पर अंकुश लगाना होगा।

सबको भोजन सबको मकान जैसे वादे करने वाले जाने कितने नेता और सरकारें आयीं और चली गयीं परंतु बढ़ती हुई जनसंख्या की दर के और नेताओं के स्वार्थपूर्ण दृष्टिकोण के कारण समस्याओं का समाधान नहीं हो पाया। बहुत-से प्रदेशों में श्रम के बदले अन्न की योजना भी चलायी गयी। परंतु उसके भी अच्छे परिणाम नहीं आये हैं।

जनसंख्या वृद्धि के साथ-साथ यह भूखमरी और आवास की समस्या लगातार विकराल रूप लेती जा रही है। महानगरों का जनसंख्या घनत्व लगातार बढ़ता जा रहा है। दिल्ली, मुंबई और कोलकत्ता जैसे शहरों में भूखमरी के साथ-साथ आवासीय समस्या बड़ी जटिल हो गयी है। लगातार शहरों की ओर भागती आबादी ने शहरों का रूप बिगाड़ दिया है। अवैध निर्माण तो इन शहरों में आम बात हो गयी है।

निरक्षरता की समस्या

माँ के पेट से तो कोई पढ़-लिख कर पैदा नहीं होता। जिस शिशु को जन्म देने वाले माँ-बाप भूखमरी और गरीबी का बोझ ढो रहे हों उसके लिए शिक्षा और साक्षरता प्रदान करना धीरे-धीरे एक बड़ी समस्या का रूप लेता जा रहा है। हमें अपने साक्षरता के अभियान को तेज करने की आवश्यकता है।

हमारा समाज रूढ़िवादी है। इसलिए केवल निरक्षरता दूर कर देने भर से समस्या का समाधान नहीं हो जाएगा। निरक्षरता के कलंक को मिटाने के साथ ही उन्हें सामाजिक जागृति और व्यावसायिक मार्गदर्शन देने की भी आवश्यकता है। निरक्षरों को सरकारी योजनाओं का लाभ प्रायः नहीं मिल पाता। वे अपने अधिकारों के विषय में कुछ भी नहीं जानते। जो कुछ ऐसे नागरिक अपने अधिकारों के विषय में जान भी पाते हैं उन्हें अनपढ़ होने के नाते कदम-कदम पर इस भ्रष्ट व्यवस्था के चलते शोषण का शिकार होना पड़ता है। आंकड़ों के अनुसार एक दशक में हमारी जनसंख्या में 23 प्रतिशत से अधिक वृद्धि हो जाती है जबकि साक्षरता के प्रतिशत में इस गति से वृद्धि संभव नहीं हो पा रही है। इसलिए बढ़ती हुई जनसंख्या की गति पर नियंत्रण लगाने के साथ साक्षरता मिशन जैसे आंदोलनों को पूरी ईमानदारी से चलाने की आवश्यकता है।

इस बढ़ती हुई जनसंख्या से निपटने के लिए आवश्यक है कि हम

शिक्षा के मूल ढांचे में भी सुधार करें। पाठ्यक्रमों में काम शिक्षा, पारिवारिक जीवन शिक्षा, पर्यावरण शिक्षा, जनसंख्या शिक्षा जैसे विषय भी शामिल करें।

बेरोजगारी

जिस देश में दुनिया का 2.4% भूखंड हो और दुनिया की आबादी की 16% जनसंख्या निवास करती हो वहां सबको शिक्षा सबको रोजगार दे पाना केवल एक सपना ही हो नहीं सकता है। सरकारी रोजगार की दिशा में लगातार उपलब्धता की समस्या बढ़ती जा रही है।

बेरोजगारी के कई दुष्परिणाम हमारे सामने आने लगे हैं। युवकों में लगातार अपराध भावना का विकास हो रहा है। बार-बार असफलता देखने के बाद बहुत से युवक आत्महत्या करने के लिए विवश हो जाते हैं। हीनभावना से ग्रस्त होना तो आम बात है। अपनी दैनिक आवश्यकता की पूर्ति न होने पर बहुत-से युवक चोरी, डकैती तथा अन्य जघन्य अपराधों की ओर बढ़ने लगे हैं। सरकार द्वारा चलाये जा रहे स्वरोजगार कार्यक्रमों में भी अनेक ऐसी समस्याएँ सामने आती हैं कि युवक उनसे ऊब कर भाग खड़े होते हैं। भ्रष्ट अधिकारी बेरोजगारों को अपना रोजगार शुरू करने के लिए समय पर आर्थिक सहायता नहीं देते। उनका कमीशन तय है उसे अदा करने पर ही सहायता राशि का भुगतान संभव हो पाता है। ये सब तो उन लोगों के लिए है जो पढ़े-लिखे हैं।

बेरोजगार जनसंख्या का बड़ा भाग तो अशिक्षित या अल्पशिक्षित ही है। उनके लिए रोजगार के अवसर प्रदान करना सरकार के लिए बड़ी टेढ़ी खीर है। ऐसे अशिक्षित और अकुशल श्रमिकों को रोजगार के अवसर प्रदान करने के लिए सरकार को कोई पारदर्शी योजना बनाने की आवश्यकता है। महानगरों में ऐसे परिवार भी हैं जिनके सभी सदस्य सरकारी नौकरियों में हैं और ऐसे परिवार भी हैं जिनका एक भी सदस्य

सरकारी या गैर-सरकारी नौकरी में नहीं हैं। इस असंतुलन को समायोजित करने के लिए सरकारी नौकरियों में आरक्षण की भी व्यवस्था की गयी है परंतु आरक्षण की सुविधाओं का लाभ भी कुछ लोगों तक ही पहुँच सका है। व्यापक रूप से आर्थिक और सामाजिक रूप से पिछड़ा वर्ग इन अवसरों से लाभान्वित नहीं हो पा रहा है। नौकरियों में आरक्षण का जातीय आधार भी बहुत कामयाब नहीं हुआ है।

प्रदूषण की समस्या

जनसंख्या लगातार बढ़ रही है और प्राकृतिक संसाधन सीमित हैं। मनुष्य अपने हित साधन के लिए लगातार प्रकृति का दोहन कर रहा है। वृक्ष काटे जा रहे हैं। नदियाँ का जलस्तर कम हो रहा है। कुएं सूख रहे हैं। चारागाह नष्ट हो रहे हैं। पशुओं-पक्षियों का जीवन दूभर हो रहा है। महानगरों में लगातार बढ़ रहे जनसंख्या के घनत्व के कारण शुद्ध जल और शुद्ध वायु की कमी होती जा रही है। आंत्रशोध, दमा, टी.बी., हैजा जैसी बीमारियाँ लगातार प्रदूषण के चलते अपना दबदबा बनाये हुए हैं।

जल प्रदूषण, वायु प्रदूषण और ध्वनि प्रदूषण महानगरों में आम समस्या के रूप में हमारे सामने हैं।

पेय जल संकट और जल प्रदूषण-संयुक्त राष्ट्र संघ ने 1977 में अर्जेण्टीना में एक अंतर्राष्ट्रीय सम्मेलन आयोजित किया जिसमें जल को आवश्यक आवश्यकता के रूप में स्वीकार किया गया। यह भी तय किया गया है कि विकसित हो या विकासशील कैसा भी देश हो उचित मात्रा में पेयजल प्राप्त करना सभी का अधिकार है। सभी देशों का यह प्रथम कर्त्तव्य है कि अपने नागरिकों को पेय जल उपलब्ध कराएँ। 1997 में संयुक्त राष्ट्र संघ की आम सभा में इस बात को पुनः दुहराया गया।

परंतु हमारे देश में पेय-जल का संकट लगातार गहराता जा रहा है।

स्पष्ट है कि इसका प्रमुख कारण बढ़ती आबादी ही है। जितनी आपूर्ति हम नहीं कर पाते उससे अधिक मांग बढ़ जाती है। ध्यान देने योग्य यह भी तथ्य है कि लगभग 44 प्रतिशत शहरी आबादी ही नल के पानी का प्रयोग करती है। संयुक्त राष्ट्र जनसंख्या इकाई के ताजा अध्ययन से ज्ञात हुआ है कि भारत में लगभग 15 करोड़ लोग स्वच्छ पेय-जल से वंचति हैं। शेष 85 करोड़ हैण्डपम्पों का जल जो प्रायः ग्रामीण क्षेत्रों में प्रयोग किया जा रहा है वह कितना शुद्ध है यह नहीं कहा जा सकता। भारत सरकार ने 1980 से इस दिशा में लगातार ध्यान देना शुरू किया है किंतु बढ़ती जनसंख्या के दबाव के कारण सबको पेयजल उपलब्ध करा पाना एक सपना ही लगता है। बढ़ती जनसंख्या एवं सुनियोजित आवास की समस्या के कारण यह संकट लगातार गहराता जा रहा है। विश्व स्वास्थ्य संगठन ने स्वीकार किया है कि एक व्यक्ति को सामान्य जीवन जीने के लिए लगभग 200 लीटर पानी प्रतिदिन आवश्यक होता है।

पेय-जल संकट के साथ-साथ लगातार प्रदूषण की समस्या भी बनी हुई है। शहरों का जिस तरह से अनियोजित विकास हो रहा है इससे बड़ी-बड़ी नदियाँ गंदे नाले में तब्दील हो गयी है। गंगा-यमुना जैसी बड़ी नदियों में पानी की लगातार कमी होती जा रही है उनमें शहरों का कचरा और मलवा लगातार बहाया जा रहा है। इस कारण लगातार नदियों के जल में जानलेवा वायरस विकसित होने लगे हैं। उद्योगों से निकलने वाला जहरीला पानी तथा सीवर का मलमूत्र ही इतना अधिक हो जाता है कि वह नदियों के जल को विष में बदलने के लिए पर्याप्त हैं।

यद्यपि केन्द्रीय प्रदूषण नियंत्रण बोर्ड जैसी संस्थाओं के गठन के बाद लोगों का ध्यान लगातार इस ओर जाने लगा है। राष्ट्र के बीच नदियों के जल के बंटवारे को लेकर राष्ट्रीय नीति तैयार करना भी इसी

बोर्ड के अधीन है।

वायु प्रदूषण-महानगरों में बढ़ते हुए वाहनों की संख्या ओर उद्योगों के फैलाव ने शहरी वातावरण को धुंआधार कर दिया है। यद्यपि केन्द्रीय प्रदूषण नियंत्रण बोर्ड ने शहरों मे चलने वाले सभी बड़े-छोटे वाहनों को प्रदूषण रहित होने का प्रमाण प्रत्र लेकर ही सड़कों पर चलाने का नियम बना दिया है। महानगरों में इस नियम का पालन भी किया जा रहा है। पेट्रोल पंपों पर सीसा रहित पेट्रोल की बिक्री की जा रही है, फिर भी वायु प्रदूषण बढ़ता जा रहा है।

पर्यावरण एवं वन मंत्रालय लगातार वृक्षारोपण को बढ़ावा देने के कार्यक्रम चला रहा है। परंतु बढ़ती आबादी का घनत्व सबसे बड़ी समस्या है। शहरों में लगातार हो रहे अनियोजित आवासीय निर्माण तथा छोटे-छोटे उद्योग-धंधों के कारण शहरों के आसपास की कृषियोग्य भूमि अब कंकरीट के जंगल में बदल चुकी है। यही कारण है कि खास कर महानगरों में खांसी संबंधी अनेक बीमारियाँ फैलने लगी हैं।

ध्वनि प्रदूषण-बढ़ती आबादी और शहरीकरण के प्रभाव के कारण लगातार महानगरों में ध्वनि प्रदूषण की समस्या बढ़ती जा रही है। दिल्ली, बंबई, कलकत्ता और चैन्नई जैसे महानगरों में तो ध्वनि प्रदूषण बहरेपन का मुख्य कारण बनता जा रहा है। एक समय था कि आम आदमी जो चाहता था वही सुनता था परंतु आज अनचाहे तौर पर उसे बहुत कुछ सुनना पड़ रहा जो आदमी सुनना नहीं चाहता।

तेज हार्न बजाकर चलते वाहन, कारखाने का अनियंत्रित शोर, मंदिरों, मस्जिदों, गुरुद्वारों से नित्य होने वाले धार्मिक अनुष्ठानों का तेज शोर, लाउडस्पीकरों का तेज संगीत, जागरण, नेताओं के भाषण, विज्ञापन आदि सभी कुछ तो, न हर व्यक्ति सुनना चाहता है न ही यह सब सबको रुचिकर लगता है। हमारे कान लगातार शोर सुनने के भारी दबाव के अभ्यस्त होते जा रहे हैं। इस तेज शोर को सुनते रहने के

कारण लोगों में चिड़चिड़ापन तनाव, पुट्ठों का दर्द, नीरसता, बचैनी, हृदय गति में वृद्धि, उच्च रक्त चाप, अपच, सिरदर्द, कान दर्द, उलटी आने आदि की शिकायतें मिलने लगी हैं।

जनसंख्या बढ़ने के साथ-साथ टी वी, रेडियो, टेप, लाउडस्पीकर, स्कूटर, कार, बस आदि सभी की संख्या में लगातार वृद्धि हो रही है। जैसे-जैसे इनका प्रयोग बढ़ रहा है ध्वनि प्रदूषण की समस्या भी लगातार बढ़ी रही है।

प्रदूषण को बढ़ावा देने में अन्य प्रमुख कारण पालीथीन की थैलियाँ और जगह-जगह कूड़े-कचरे के ढेर हैं। टूटी हुई सड़कें खुली हुई नालियाँ, खुले शौच स्थानों के कारण भी लगातार प्रदूषण की समस्या बढ़ती जा रही है। जैसे-जैसे आबादी बढ़ रही है हम अपनी दुनिया नराकीय बनाते जा रहे हैं।

ऊर्जा संकट एवं विद्युतीकरण का अभाव

भारतीय अर्थव्यवस्था पिछड़ी हुई है जिसे विकासशील भी कहा जा सकता है। परंतु बढ़ती जनसंख्या के कारण हमारी विकास गति और धीमी दिखाई देने लगी है। हम अभी एक ओर भारत के प्रत्येक गाँव तक बिजली नहीं पहुँचा सके हैं दूसरी ओर शोरों में लगातार बढ़ती मांग और चोरी की समस्या के कारण समुचित विद्युत आपूर्ति बाधित होने लगी है। शहरों का ढांचा कुछ इस प्रकार विकसित हो रहा है कि बिजली की आपूर्ति न होने पर जन-जीवन बिल्कुल ठप्प हो जाता है। बिजली नहीं तो पानी भी नहीं, गर्मियों में खासतौर पर दिल्ली जैसे महानगर का हाल बुरा हो जाता है। पानी विद्युत चालित मोटरों से ही बड़ी टंकियों से भरा जाता है यदि बिजली ही नहीं आई तो उस दिन पानी भी नहीं मिलेगा। दिल्ली की अनकेकानेक अच्छी कॉलोनियों में भी गर्मियों में बिजली, पानी का संकट बढ़ने लगा है। यमुना का जल स्तर गिरते जाने के कारण पानी की समस्या तो और भीष"! बनी हुई

है। स्वाभाविक है कि जनसंख्या बढ़ रही है तो विद्युत की आपूर्ति भी बढ़ानी पड़ेगी परंतु जितनी तेजी से शहरीकरण बढ़ता है उतनी तेजी से विद्युतीकरण हो पाना संभव नहीं है। बिजली का कनेक्शन लग जाये तो भी विद्युत आपूर्ति के अभाव में इस समस्या से निजात पाना बड़ा मुश्किल है।

ज्ञातव्य है कि ऊर्जा का यह संकट लगातार उन्हीं क्षेत्रों में सर्वाधिक बढ़ा है जहां आबादी का घनत्व अधिक है। बिजली ऐसी चीज है जिसका अभी तक कोई विकल्प भी नहीं बन पाया है। गैस, डीजल तथा मिट्टी के तेल से चलने वाले जनरेटरों से इस समस्या का कुछ समय के लिए निदान तो किया जा सकता है, परन्तु स्थायी तौर पर इस संकट का कोई हल नहीं है। गाँवों में लगाए जाने वाले गोबर-गैस संयंत्र भी पूरी तरह कामयाब नहीं हो पाए हैं। आजादी के 57 वर्षों के बाद भी हम अपने देश के बहुत-से ग्रामीण क्षेत्रों में बिजली पहुँचा ही नहीं सके हैं। यदि जनसंख्या इसी प्रकार बढ़ती रही तो शहरीकरण भी लगातार बढ़ता जाएगा और जब तक शहरीकरण होता रहेगा गांवों के लिए बिजली की आपूर्ति बाधित होती रहेगी।

धीमी विकास गति–पिछले 60 वर्षों में भारत में विकास की गति बढ़ी है। विशेषकर वैज्ञानिक क्षेत्र में और तकनीक के क्षेत्र में हमने अच्छी प्रगति की है। परमाणु ऊर्जा, अंतरिक्ष कार्यक्रम और सागर विकास कार्यक्रम के क्षेत्र में हमारा अच्छा विकास हुआ है। आकाश में स्थापित हमारे उपग्रहों से दूरदर्शन तथा अंतरिक्ष कार्यक्रमों में आत्मनिर्भरता बढ़ी है। इन सभी वैज्ञानिक व तकनीकी संबंधी क्षेत्रों में हुई अभूतपूर्व प्रगति से निश्चित तौर पर भारत दुनिया के देशों में अपनी महत्त्वपूर्ण छवि रेखांकित करने में सक्षम हुआ है।

परंतु ग्रामीण विकास की गति हमें धीमी दिखाई देती है। नागरिक सुविधाओं से संबंधित विकास जो सीधा हमारे दैनिक जीवन पर प्रभाव

डालता है उसकी प्रगति धीमी दिखाई देती है। इसका एक मात्र कारण जनसंख्या वृद्धि की अनियंत्रित दर ही है। 1999 में गाँवों की ओर प्रगति सुनिश्चित करने के उद्देश्य से जवाहर ग्राम समृद्धि योजना, स्वर्ण-जयंती ग्राम स्वरोजगार योजना तथा ग्रामीण आवास और प्राकृतिक आवास योजना प्रारंभ की गयी है। इसके अतिरिक्त भूमि सुधार कृषि उत्पादन बढ़ाने के उद्देश्य से तथा किसानों को अधिक राहत देने के लिए अनेक प्रकार की योजनाएँ सरकार ने बनायी हैं। कुछ हद तक गाँवों की हालत बदली भी है विकास का ढांचा तो खड़ा हो ही गया है, किंतु बढ़ती जनसंख्या, निरक्षरता शहर की ओर पलायन तथा भ्रष्टाचार के कारण अधिक ग्राम सुधार की योजनाओं का लाभ वास्तविक व्यक्ति या समाज को नहीं मिल पाया है।

यदि जनसंख्या पर सही अंकुश नहीं लग पाया तो हमारी सारी विकास योजनाओं का कोई अच्छा परिणाम हमारे सामने नहीं आ पाएगा। यही कारण है कि विकास की दर धीमी दिखाई देती है। ग्रामीण क्षेत्रों में सूखा, बाढ़ तथा अकाल के कारण भी विकास की गति रूक जाती है। ग्रामीण क्षेत्रों में जनसंख्या नियंत्रण को लेकर भी यद्यपि अनेक योजनाएँ लगातार चल रही है परंतु अभी तक हमें अपेक्षित सफलता नहीं मिल सकी है। देश में उत्पादन बढ़ा है, प्रतिव्यक्ति औसत आय में भी वृद्धि हुई है।

कानून और व्यवस्था की समस्या-आबादी जैसे-जैसे बढ़ती गई है, तमाम समस्याओं के साथ जो सबसे बड़ी समस्या उभर कर सामने आयी है वह कानून और व्यवस्था का अनुपालन न हो पाना। हमारे देश में बहुत सारे कानून हैं जिनके तहत सामाजिक व्यवस्था का ढांचा आगे बढ़ रहा है किंतु प्राय: सभी कानून कहीं-कहीं मध्यवर्ग या निम्न मध्यवर्ग के आदमी के ही लिए लागू हो पाते हैं। जिसके पास पैसा है वह हर स्तर पर कानून और व्यवस्था को अंगूठा दिखाने में कामयाब

हो जाता है।

कानून और व्यवस्था की बिगड़ती हुई दशा के कारण अधिकांश अति उत्साही नौजवान कानून का खुले आम उल्लंघन करने लगे हैं। अफसरशाही और नेताओं की स्वार्थपूरक राजनीति के कारण ऐसे नवयुवकों को गुंडा-गर्दी करने का प्राथमिक तौर पर खूब मौका मिलता है। बाद में इनमें से ही कई युवक जघन्य अपराध करने से भी नहीं कतराते। कभी-कभी न्यायालयों से न्याय न मिलने तथा पुलिस के बर्बर व्यवहार के चलते भी लोगों का कानून और व्यवस्था से विश्वास उठ जाता है और वे अपनी मनमर्जी के हिसाब से अपने क्षेत्र के क्षत्रप बन जाते हैं।

अब तक हमारे देश में सर्वोच्च न्यायालय के अलावा कुल 18 उच्च न्यायालय ही हैं तथा इनसे जुड़े हुए कुल 14 न्यायपीठ हैं। गौरतलब है कि हमारे देश में कुछ राज्यों का आकार इतना बड़ा है कि न्याय के लिए उच्च न्यायालय तक पहुंचने में प्रार्थी को सैकड़ों मील का फासला तय करना पड़ता है। कानून व्यवस्था को धता बताने वाले अपराधियों तथा अपराधिक मनोवृत्ति का लगातार समाज में विकास हो रहा है। बेरोजगार पढ़े-लिखे नवयुवक हीन भावना से ग्रस्त होकर अपराधवृत्ति की ओर सर्वाधिक मुड़ते हुए दिखाई दे रहे हैं। यद्यपि इन पचास वर्षों में कुछ महत्त्वपूर्ण नये कानूनों का निर्माण भी हमारी विध ायिका ने किया है जिससे अनेक ढांचागत सुधार हुए हैं। जैसे बाल-विवाह अवरोध अधिनियम 1978 में बना और विवाह के लिए पुरुष की आयु 21 वर्ष तथा महिला की उम्र 18 वर्ष न्यूनतम तय की गयी। अब तक विवाह संबंधी कुल 12 अधिनियम बनाये गए हैं जिनसे कानूनी तौर पर तलाक और विच्छेद की समस्या आने पर महिलाओं के हितों को ध्यान में रखा गया है। परंतु सवाल यह है कि पीड़ित निध ‍र्न महिला कानून के दरवाजे तक पहुंचे तो पहुंचे कैसे?

न्यायालयों और वकीलों द्वारा आम आदमी को न्याय के लिए अपना भरपूर आर्थिक शोषण ही कराना पड़ रहा है। हमारे सामाजिक मूल्य लगातार विघटित हो रहे हैं। यदि जनसंख्या वृद्धि दर को नियंत्रित करने में हम सफल नहीं हुए तो अराजकता, आतंक, गुंडा-गर्दी, भ्रष्टाचार तथा शोषण को रोक पाना लगातार कठिन होता जाएगा।

शहरीकरण और पलायन की समस्या- बढ़ती हुई आबादी के कारण गांवों में भी तरह-तरह की समस्याएँ पैदा हो रही है। तमाम विकास के बावजूद छोटे नेताओं तथा अधिकारियों के क्रूर सामंतवादी शिकंजों में जकड़ा आदमी लगातार गाँव छोड़कर शहरों तथा महानगरों की ओर पलायन कर रहा है। अनपेक्षित जनसंख्या वृद्धि के कारण गाँवों का जो विकास होना था वह नहीं हो पाया। परिणाम स्वरूप गांवों से शहरों की ओर और शहरों से महानगरों की ओर पलायन जारी है। बिहार, पूर्वी उत्तर प्रदेश, उड़ीसा, पश्चिम बंगाल, मध्य प्रदेश, आंध्र प्रदेश आदि राज्यों में शहरों व महानगरों की ओर पलायन की समस्या सबसे अधिक है। यही कारण है दिल्ली, कोलकत्ता, मुंबई तथा चेन्ई जैसे महानगरों में तथा प्रदेशों की राजधानियों व औद्योगिक शहरों की ओर लगातार आम आदमी का पलायन जारी है। इन शहरों की जनसंख्या में इसी पलायन के कारण तीव्र वृद्धि हो रही है। इन स्थानों पर आवास, जल विद्युत पर्यावरण आदि का संकट खड़ा होने लगा है। निश्चित तौर पर यह अवस्था बढ़ती हुई अनियंत्रित जनसंख्या का ही दुष्परिणाम है।

शहरीकरण के व्यापक अभियान के कारण मूल शहरों का स्वरूप बदल गया है। शहरों के आसपास का क्षेत्र जो प्रायः कृषि की भूमि थी, शहरी विकास और विस्तार में आ गई है। स्पष्ट है कि इस आवासीय निर्माण से लगातार हमारे पर्यावरण को क्षति पहुंच रही है। नागरिकों को जल, विद्युत, सड़कों आदि की बुनियादी आवश्यकताओं से वंचित रहना पड़ रहा है। सरकार ने शहरीकरण को न रोक पाने की दशा में

1999 में शहरी भूमि निरस्त्रीकरण कानून बना दिया। इस कानून से भले ही आवासों के निर्माण को बढ़ावा मिले परंतु आम नागरिक सुविधाएँ तो लोगों को नहीं मिल पा रही हैं। बढ़ती हुई जनसंख्या और शहरीकरण को देखते हुए सरकार ने शहरी बेरोजगारी दूर करने तथा गरीबी उन्मूलन की योजनाएँ भी बनायी हैं

गाँवों से महानगरों में भाग कर आने वाले निर्धन लोग शहर की मलीन बस्तियों के आसपास अपनी झुग्गी-झोंपड़ी बनाकर रहने लगते हैं। जब इनकी संख्या अधिक हो जाती है तो प्रायः सरकार इन झुग्गियों को मान्यता दे देती हैं और धीरे-धीरे बिजली, पानी, शौचालय आदि की व्यवस्था भी करती है। पूरे देश की तुलना में मुंबई, दिल्ली और कोलकत्ता जैसे महानगरों में इस प्रकार की झुग्गी-झोपड़ी बस्तियों की संख्या सर्वाधिक है। सरकार को इनके विकास के लिए इनकी शिक्षा, चिकित्सा, पुनर्वास व रोजगार आदि के लिए लगातार योजनाओं पर कार्य करना पड़ता है। इसी उद्देश्य की पूर्ति के लिए सरकार ने स्वतंत्रता की स्वर्ण जयंती के अवसर पर स्वर्ण जयंती शहरी रोजगार योजना का आरंभ किया है। इस योजना तहत शहरी बेरोजगारों या अर्धबेरोजगारों को दिहाड़ी रोजगार एवं स्वरोजगार उद्यम करने के लिए अवसर व सुविधाएँ प्रदान की जा रही हैं। लेकिन निश्चित रूप से हमें जनसंख्या वृद्धि को नियंत्रित करने के साथ-साथ ग्रामीण विकास पर ज्यादा ध्यान देने की आवश्यकता है ताकि गांवों से शहरों की ओर पलायन पर नियंत्रण किया जा सके।

विशिष्ट पहचान खोने की समस्या-अनियंत्रित जनसंख्या वृद्धि के कारण आम आदमी मानवीय मूल्यों से लगातार पतित हो रहा है। वह भीड़ का एक हिस्सा बनकर रह गया है। वैश्वीकरण के कारण तो आज आम आदमी की कोई पहचान ही नहीं रही है। यह विशिष्टता खोने की समस्या व्यक्तिगत स्तर पर, परिवार के स्तर पर तथा

सामाजिक स्तर पर भी लागू होती है। उदाहरण के लिए तहजीब के मामले में लखनऊ का संदर्भ पूरे देश में दिया जाता था। आज वहाँ भी शहरीकरण और जनसंख्या के दबाव के कारण लखनवी अंदाज कहीं गुम हो गया है। इसी प्रकार काशी, हरिद्वार, आगरा, हैदराबाद, उज्जैन, दिल्ली, कोलकत्ता, मुंबई, चैन्नई आदि जैसे शहरों में वहां की विशिष्ट सांस्कृतिक पृष्ठभूमि लगातार बिगड़ती जा रही है। इन शहरों की अधि कांश जनता गरीबी रेखा के नीचे जीवन बसर कर रही है।

आधुनिकता की चकाचौंध और बढ़ते पारिवारिक व्यय भार के कारण अधिकांश लोग अपने जातीय उद्योग धंधों को भी छोड़ने के लिए विवश होते जा रहे हैं। छोटे-शहरों व कस्बों आदि में जो लघु व कुटीर उद्योग पारंपरिक रूप से चले आ रहे थे वे अधिकांश विश्व बाजार के सामने न टिक पाने के कारण प्रायः नष्ट हो रहे हैं। सरकार यद्यपि इस प्रकार के उद्योगों को बढ़ावा देने के लिए प्रयत्न कर रही है किंतु उचित बाजार के अभाव में इनका भविष्य खतरे में हैं। मिट्टी के बर्तनों का उद्योग, हथकरघा उद्योग, लखनऊ का चिकन उद्योग, कन्नौज का सुगंध व इत्र उद्योग, पंजाब का फुलकारी का उद्योग, पीतल व कलई के बर्तनों का उद्योग तथा इन जैसे न जाने कितने छोटे उद्योग धंधे जो कुछ खास जगहों पर वहां निवासियों द्वारा पारंपरिक रूप से अपनाए गए थे, आज अपनी पहचान खो जाने के कारण शहरीकरण, जनसंख्या वृद्धि और ग्रामीण क्षेत्रों के सीमित विकास के कारण प्रायः समाप्त होते जा रहे हैं।

भारत में जनसंख्या वृद्धि तीव्रता के साथ हो रही है, इसमें किसी भी प्रकार से कोई शंका नहीं है तथा इस दर को कम करना आज अति आवश्यक बन गया है क्योंकि इसके बिना किसी भी प्रकार से विकास कर पाना सम्भव नहीं हो सकता। इसलिए आवश्यक है इस दर को नियंत्रित करना। परन्तु जो प्रश्न प्रायः मन में उठता है वह यह है कि इस प्रकार की जन्म दर अथवा जनसंख्या वृद्धि दर भारत में ही क्यों

पाई जाती है तथा क्या कारण है कि अन्य देशों में इस दर को कम कर दिया गया है। मुख्य रूप से विद्वानों ने इस तथ्य के जो कारण वर्णित किए है, उनका उल्लेख इस प्रकार है :-

(क) रूढ़िवादी समाज : आज भी भारत में रहने वाले कई व्यक्ति रूढिवादी विचारों वाले है जिस कारण वह उन तथ्यों पर भी विश्वास करते है जो वैज्ञानिकों ने असत्य सिद्ध कर दिए हैं। इस प्रकार के व्यक्ति जो उन रूढ़िवादी विचारों के बन्धनों से स्वयं को आज भी मुक्त नहीं कर पाएं हैं, वह नए विचारों को अपने जीवन में अपना नहीं पाते तथा बच्चों को ईश्वर के देन समझ कर किसी भी प्रकार के परिवार नियोजन कार्यक्रम को अपनाने के लिए तैयार नहीं होते। यद्यपि भारत की अधिकतर जनसंख्या आज शहरों में निवास करती है परन्तु गांवों में रहने वाले व्यक्तियों की संख्या भी कम नहीं हुई है तथा इन विचारों के कारण गांवों में जनसंख्या नियंत्रण के लिए आयोजित किए गए कार्यक्रमों से किसी भी प्रकार की सफलता प्राप्त करना कठिन नहीं असम्भव सा हो जाता है, जिससे जनसंख्या वृद्धि की उच्च दर ही विद्यमान रहती है।

(ख) शिक्षा का निम्न स्तर : आज सभी प्रकार से शिक्षा के महत्व को समझ लिया गया है तथा यही कारण है कि केन्द्रीय तथा राज्य सरकारों द्वारा विभिन्न प्रकार के शैक्षिक कार्यक्रमों को आयोजित किया जाता है परन्तु इसके बावजूद शिक्षा के स्तर को बहुत विकसित नहीं किया जा सका है तथा विशेषकर गांवों में आज भी यह स्तर निम्न ही है। आज भारत में रहने वाले में से करीब 35 प्रतिशत लोग आज भी अशिक्षित है। आज भारत में साक्षरता की दर करीब 66 प्रतिशत है।

केवल यही नहीं, पुरूषों की अपेक्षा स्त्रियां अधिक मात्रा में अशिक्षित है तथा प्राप्त होने वाले आंकड़ों से यह पता चलता है कि केवल 54.16 प्रतिशत स्त्रियां ही शिक्षा प्राप्त कर पाई है जबकि पुरूषों की स्थिति में यह मात्रा 75.85 प्रतिशत है। शहरों की अपेक्षा गांवों में

यह दर बहुत ही कम है।

जन्म दर कई घटकों द्वारा प्रभावित होती है तथा शिक्षा उनमें से ही एक महत्वपूर्ण घटक है। शिक्षा के माध्यम से ही विद्यार्थियों अथवा सामान्य व्यक्तियों को इस तथ्य की जानकारी प्राप्त होती है कि अपने परिवार का आकार छोटा रखकर उन्हें किस प्रकार के लाभ प्राप्त हो सकते है तथा वह वह किस प्रकार से ऐसा कर सकते हैं। रूढ़िवादों विचारों के बन्धन से एक व्यक्ति को मुक्त करवाने में शिक्षा विशेष भूमिका अदा करती है। यदि व्यक्ति शिक्षित होंगे तो उन्हें इस तथ्य की जानकारी प्रापत हो पाएंगी कि उनके लिए परिवार को नियंत्रित करना आवश्यक क्यों है। केवल यही नहीं, सरकार द्वारा इस उद्देश्य के लिए आयोजित किए गए कार्यक्रमों की जानकारी, जो लिखित रूप में प्रदान की जाती है, उसे भी वह पढ़ सकते हैं तथा उसे समझकर प्रदान की गई जानकारी के आधार पर कार्यक्रम को अपनाने तथा उससे लाभ प्राप्त करने के लिए प्रेरित भी हो सकते हैं। इस प्रकार यह कहा जा सकता है कि भारत में शिक्षा की दर आज भी संतोषजनक नहीं है जिस कारण से व्यक्तियों को जनसंख्या वृद्धि से होने वाली हानियों का ज्ञान नहीं होता। इसलिए आवश्यक है ऐसी व्यवस्था करनी कि अभिभावक स्वयं अपने बच्चों को विद्यालयों में भेजने के लिए तैयार हो सके तथा उनके विकास के लिए शिक्षा को अनिवार्य समझें।

(ग) संयुक्त परिवार : समय के साथ भारतीयों की मानसिकता तथा सामाजिक प्रथाओं में काफी हद तक परिवर्तन हुआ है परन्तु आज भी कई परिवार संयुक्त रूप से मिल-जुलकर एक साथ ही रहते है। इस प्रकार की स्थिति में यदि परिवार में कोई शिशु उत्पन्न होता है तो उसके पालन-पोषण का कर्तव्य केवल अभिभावकों के कंधों पर नहीं होता बल्कि परिवार के अन्य सदस्य भी शिशु का ध्यान रखते है। इस प्रकार की स्थिति में जब अभिभावकों को इस तथ्य की जानकारी होती है कि उन्हें अकेले होने वाले बच्चे का पालन नहीं करना तो वह

स्वतंत्र तथा बिना किसी झिझक के अधिक बच्चे पैदा कर पाते है क्योंकि बच्चों में होने वाली वृद्धि से उनकी स्वतंत्रता पर कोई प्रभाव नहीं पड़ेगा।

(घ) अंधविश्वास : आज भी भारतीय समाज में अंधविश्वासों का बोलबाला है तथा एक अंधविश्वास के अनुसार यह माना जाता है कि यदि माता अथवा पिता की चिता को उनका पुत्र अग्नि नहीं देता तो उन्हें कभी भी मोक्ष की प्राप्ति नहीं होती। इस कारण शिक्षित व्यक्ति भी पुत्र की चाह में उस समय तक परिवार का आकार बढ़ाते रहते है, जब तक उन्हें पुत्र की प्राप्ति नहीं हो जाती। आज सरकार द्वारा बच्चे का लिंग जानकारी भ्रूण हत्या करने पर पाबंदी लगा दी गई है जिस कारण पैदा होने वाला शिशु चाहे लड़का हो अथवा लड़की, उसे संसार में लाना ही पड़ता है तथा इस प्रकार की स्थिति में जनसंख्या में होने वाली वृद्धि की दर अधिक होना स्वाभाविक ही है।

(ङ) समाज में स्त्रियों की स्थितिः भारतीय समाज में किसी समय स्त्रियों को देवी का दर्जा प्रदान किया जाता था परन्तु आज उन्हें केवल वासना की भूख को पूरा करने का एक साधन समझा जाता है। यह दृष्टिकोण उनके प्रति केवल विवाह के पश्चात् ही नहीं होता बल्कि विवाह से पूर्व भी उन्हें इसी नजर से देखा जाता है तथा यही कारण है कि आज स्त्रियां घर से बाहर तो क्या अपने घर में भी सुरक्षित नहीं है। विभिन्न प्रकार की घटनाएं प्रतिदिन समाचार-पत्रों में पढ़ी जाती है, जिसमें स्त्रियों के साथ दुर्व्यवहार को उजागर किया जाता है। इस प्रकार की स्थिति में जब स्त्रियों को कोई सम्मान प्रदान ही नहीं किया जाता तो उन्हें अपने परिवार को छोटा रखने का भी कोई निर्णय लेने का अधिकार नहीं दिया जाता। वह चाहकर भी गर्भवती होती है क्योंकि उसके परिवार वाले उससे यही चाहते है। इस प्रकार के दृष्टिकोण तथा रवैये से किसी भी प्रकार से महिलाएं सम्मान के साथ जीवन व्यतीत नहीं कर सकती और न ही परिवार को नियंत्रित करने

के लिए किसी प्रकार का निर्णय ले सकती। स्त्रियों को शिक्षित तथा जागरूक बनाने की आवश्यकता है जिससे वह भी इस प्रकार के निर्णय ले सकें।

(च) जलवायु : हमारे देश की जलवायु इस प्रकार की है कि यहां पर बालक तथा बालिकाएं कम आयु में ही शारीरिक तथा मानसिक रूप से परिपक्व हो जाते हैं। इस प्रकार की स्थिति में बालिकाओं का विवाह कम आयु में करवा दिया जाता है तथा वह विवाह के पश्चात् मानों बच्चा पैदा करने वाली मशीन के समान कार्य करती है तथा उस समय तक परिवार को बढ़ाती रहती है जब तक एक लड़का प्राप्त न हो जाएं। जनसंख्या के आकार में होने वाली तीव्रता के साथ वृद्धि का एक प्राकृतिक कारण भारत की जलवायु है।

(छ) मृत्यु दर में कमी : भारत में यदि जनसंख्या में विकास हुआ है तो अन्य कई क्षेत्रों में भी विकास कार्य किए गए है तथा इसी प्रकार का एक विकास हुआ है चिकित्सा क्षेत्र में। आज ऐसी औषधियों को ढूंढ निकाला गया है जिनके बारे में पहले कभी कल्पना भी नहीं की थी। इन औषधियों के कारण कई जानलेवा रोगों को जड़ से समाप्त कर दिया जाता है तथा इस प्रकार से व्यक्ति को विभिन्न प्रकार के रोगों से बचा लिया जाता है, जिनसे पहले अधिक संख्या में व्यक्ति मर जाया करते थे। इस प्रकार से मृत्यु दर में होने वाली कमी के कारण जनसंख्या को संतुलित अवस्था में रखने के लिए यह भी आवश्यक है कि जन्म दर में भी कमी की जाएं परन्तु जन्म दर पहले की ही भांति अधिक है जिस कारण से जनसंख्या में होने वाली वृद्धि ओर अधिक तीव्रता के साथ हो रही है। इस प्रकार यह कहा जा सकता है कि मृत्यु दर में होने वाली कमी तथा उच्च जन्म दर जनसंख्या वृद्धि का एक महत्वपूर्ण कारण है।

(ज) विवाह अनिवार्य : भारतीय समाज में यह प्रथा है कि यहां पर सभी लड़कें तथा लड़कियों को विवाह आवश्यक रूप से करना

पड़ता है। यदि किसी व्यक्ति का जीवनसाथी विवाह के पश्चात् मर जाता है अथवा किसी भी कारण से छोड़ देता है तो उस स्थिति में भी उस पर यह दबाव डाला जाता है कि वह पुनः विवाहित हो जाएं। इस प्रकार की स्थिति में स्त्री को अपने पहले पति के बच्चों का तो पालन करना ही पड़ता है तथा वह अपने नए पति के बच्चों को भी जन्म देती है। इस प्रकार की स्थिति में यह स्वाभाविक है कि जनसंख्या में वृद्धि तीव्रता से होगी। आज कई ऐसे विकसित देश है जहां पर स्त्रिय तथा पुरूष अविवाहित रहने का निर्णय लेते है जिससे ना ही वह परिवार के झमेले में पड़ते है तथा न ही जनसंख्या को बढ़ाते है। यही कारण है कि हमारे देश में जनसंख्या का स्तर कम नहीं हो रहा।

(झ) आर्थिक कारण : विभिन्न प्रकार के वैज्ञानिक आविष्कारों तथा औद्योगिक विकास के बावजूद भी आज भी भारत की अधिकतम जनसंख्या कृषि में लगी हुई है जिसमें मनुष्यों के द्वारा ही विभिन्न प्रकार की क्रियाओं को किया जाता है। इस प्रकार के व्यवसाय में परिवार में जितने अधिक व्यक्ति होगे, उतनी ही अधिक कुशलता के साथ पदार्थों का उत्पादन किया जा सकेगा इसलिए इस वर्ग से सम्बन्धित रखने वाले व्यक्ति इसी विचार को सोचते है तथा अधिक से अधिक बच्चों को पैदा करने पर बल देते हैं। ऐसी स्थिति में जनसंख्या का तीव्रता के साथ बढ़ना स्वाभाविक ही है।

उपरोक्त वर्णित सभी तथ्यों से स्पष्ट है कि भारत में जनसंख्या में होने वाली वृद्धि के लिए समाज में रहने वाले सभी व्यक्ति किसी न किसी हद तक तथा विभिन्न प्रकार से जिम्मेदार है इसलिए आवश्यकता है अधिक जागरूक तथा जिम्मेदार नागरिकों को विकसित करने की जो इस दिशा में उठाएं गए सभी कदमों को सार्थक सिद्ध करने में सहायता प्रदान करें तथा अपना सहयोग दें।

12

जनांकिकी–एक परिचय

विभिन्न क्षेत्रों में कार्य करने वाले विभिन्न रूपों के द्वारा जनांकिकी का अर्थ परिभाषित किया जाता है। जैसे कि सार्वजनिक स्वास्थ्य के सम्बन्ध में जानकारी जन्म–दर, मृत्यु दर आदि के बारे में जानकारी लेने के लिए जनांकिकी का अध्ययन किया जाता है। सामजिक प्रक्रियाओं से सम्बन्धित व्यक्ति जनांकिकी को पारिवारिक एवं सामाजिक सरंचना, जन्म और मृत्यु–दर, विवाह आदि का अध्ययन कहते है। इसी प्रकार जो लोग अर्थशास्त्र में रूचि लेते है वो अर्थशास्त्रीय अध्ययन को जनांकिकी मानते है।

कुछ विद्वानों ने जनांकिकी की परिभाषाएं इस प्रकार दी हैं:–

(क) हाऊजर व डंकन के अनुसार जनसंख्या आकार, वितरण एवं उसमें होने वाले परिवर्तन और इन परिवर्तनों के भाग जो जन्म और मृत्यु–दर, प्रादेशिक देशान्तर तथा सामाजिक गतिशीलता के रूप जाने जाते है, जनांकिकी कहलाते है।

(ख) डब्ल्यु. जी. बर्कले के अनुसार, जनांकिकी द्वारा व्यक्तियों के आपसी व्यवहार का अध्ययन किया जा है साथ ही व्यक्तियों के योग या उसके किसी भी भाग का अध्ययन भी जनांकिकी के द्वारा किया जा सकता है। मानवीय जनसंख्या का संख्या के आधार पर चित्रण जनांकिकी के नाम से ही जाना जाता है।

(ग) एक अन्य शिक्षा शास्त्री के अनुसार जनांकिकी अध्ययन के अन्तर्गत मानव जनसंख्याओं में हाने वाले परिवर्तनों जैसे- गठन, स्थानिक वितरण, प्रजनन, मृत्यु दर, जन्म दर, विवाह, देशान्त एवं सामाजिक गतिशीलता की पांच क्रियाओं द्वारा समय-समय पर हाने वाले परिवर्तनों को संखियकीय एवं गणितीय अध्ययन किया जाता है। यद्यपि यह इनमें से प्रत्येक प्रक्रिया और उसके परिणाम में वर्णनात्मक परिणामों में इसका दीर्घकालीन उद्देश्य माना जा सकता है परन्तु घटित घटनाओं की व्याख्या हेतु सिद्धांतों का विकास करना भी इसका एक परम उद्देश्य है।

इस प्रकार निष्कर्षतः यह कहा जा सकता है कि जनांकिकी के द्वारा जनसंख्या के आकार, गठन, वितरण एवं परिवर्तन को अध्ययन किया जाता है। जनांकिकी द्वारा एक सूक्ष्य विज्ञान और व्यावहारिक प्रविधि का प्रयोग लिया जा सकता है।

इसका प्रयोग करके हम विभिन्न क्षेत्रों में रहने वालों लोगों को उनके व्यावसाय, जाति, कार्यों आदि के आधार पर विभाजित कर सकते है। इनके फलस्वरूप अनेक जनसंख्या सम्बन्धी अध्ययनों का आरम्भ हुआ। जनांकिकी अध्ययन जनसंख्या के क्षेत्र में एक महत्वपूर्ण अध्ययन माना जाता है, यह एक प्रभावशाली अध्ययन के रूप में दृष्टिगोचर हुआ है। इसकी अनेक पुस्तके भी प्रकाशित हुई है। इन पुस्तकों में भारतीय जनसंख्या के आकर, गठन, विकास तथा वितरण सम्बन्धी विभिन्न पक्षों का अध्ययन विस्तार रूप से दिया गया है। इस प्रकार जनांकिकी अध्ययन एक सुप्रसिद्ध अध्ययन माना जाता है।

जनांकिकी की अनिवार्यता तथा महत्व

जनांकिकी की आवश्यकता आज प्रायः सम्पूर्ण विश्व के सभी देशों को है। मनुष्य प्राचीन काल से जनसंख्या का आकार, वितरण तथा संयोजन के सम्बन्ध में अध्ययन का कार्य सम्पन्न करता है। परन्तु जिस

दृष्टिकोण से जनसंख्या का अध्ययन आज किया जाता है, यह वर्तमान शताब्दी क परिमाणात्मक और गुणात्मक अध्ययनों की देन है। प्रारम्भ में जनसंख्या का अध्ययन अनेक विज्ञानों से सम्बन्धित होता है। इन विज्ञानों के कुछ-कुछ पहलुओं का जनांकिकी के अन्तर्गत समावेश होता है। समाजशास्त्र, मानवशास्त्र, इतिहास एवं भूगोल आदि विज्ञान किसी न किसी रूप में जनसंख्या का अध्ययन करते है, फिर चाहे वह संख्यात्मक रूप में हो या फिर विवरणात्मक रूप में हो। धीरे-धीरे यह अनुभव किया जाने लगा कि जनसंख्या अध्ययन के लिए जीवन की महत्वपूर्ण घटनाओं जैसे- जन्म दर, मृत्यु दर, विवाह आदि के क्रम को समझना होता है। जनांकिकी विषय के अन्तर्गत उन सभी कारकों या यर्थावादी एवं परिमाणात्मक अध्ययन किया जा सकता है, जो प्रत्यक्ष अथवा अप्रत्यक्ष रूप से जनसंख्या को प्रभावित करते है। प्रशासनिक, सामाजिक, आर्थिक एवं राजनीतिक नीति निर्धारण में जनांकिकी आंकड़ों की आवश्कयता समझी जाती है। जिसक परिणामस्वरूप विभिन्न प्रकार के विषयों के अन्तर्गत विद्यार्थियों के जनांकिकी के क्षेत्र में कार्य करना आरम्भ किया और इस विषय को बहु-विषयक दिशा प्रदान की। जनसंख्या में वृद्धि के फलस्वरूप जनसंख्या का अध्ययन करना और भी बढ़ गया है।

किसी भी देश के विकास में जनसंख्या एक बाधक के रूप में होती है। अतः इसकी बढ़ती हुई मात्रा को रोकने के लिए यह आवश्यक है कि हम केवल नगरीय क्षेत्रों में ही नहीं बल्कि ग्रामीण क्षेत्रो में भी शिक्षा का प्रचार-प्रसार करे। लगभग सभी समाज इसके कुप्रभावों से अवगत हो चुके है। हम जनांकिकीय द्वारा विभिन्न गांवों में जाकर जनसंख्या के कुप्रभावों पर प्रकाश डाल सकते है, इस प्रकार जनांकिकीय आंकड़ें हमें ने केवल उच्च क्षेत्रों बल्कि पिछड़े हुए क्षेत्रों में भी जनसंख्या के घनत्व को समझाने में सहायता करते है।

जनांकिकी की आवश्यकता व्यक्तिगत तथा सार्वजनिक दोनों ही क्षेत्रों के लिए आवश्यक है। व्यक्तिगत स्तर पर किसी व्यक्ति विशेष के सम्बन्ध में आंकड़ें एकत्रित करके शेष समाज का सेम्पल तकनीक के द्वारा शिक्षण किया जा सकता है। इसी प्रकार सार्वजनिक स्तर पर विभिन्न लोगों के शिक्षा, कर, सैन्य-सेवा, सामाजिक सुरक्षा, कृषि एवं औद्योगिक ज्ञान के बारे में पता लगाया जा सकता है।

इस सन्दर्भ में प्रो. आगेन्स्की ने कहा है कि आर्थिक आधुनिकीकरण में कोई राष्ट्र कितनी प्रगति कर रहा है, तो हमें व्यवसाय तथा उद्योगों के बारे में जनसंख्या से सम्बन्धित आंकड़ें एकत्रित करने होंगे। रहन-सहन के स्तर को ज्ञात करने के लिए जीवन-प्रत्याशा पर ध्यान देना होगा। इसी प्रकार जनसंख्या के आकार व राष्ट्रीय आय के आार पर राष्ट्रीय शक्ति का अन्दाजा लगाया जा सकता है। अतः यह स्पष्ट है कि जनांकिकी की आवयश्कता जनसंख्या के सम्बन्ध में आकंड़ें एकत्रित करने के लिए अति महत्वपूर्ण है।

भारत में जनांकिकी की परिवृद्धि

भारत जनसंख्या की दृष्टि से एक विशाल देश है यह दूसरा बहुजन संख्या वाला देश है। इसलिए जनांकिकी अध्ययन इस देश में एक अपना महत्वपूर्ण स्थान रखता है। भारत में जनसंख्या का अध्ययन सन 1933 में आरम्भ हुआ माना जाता है। भारतीय जन आयुक्त ने इस तथ्य पर प्रकाश डाला कि भारत में जनसंख्या की वृद्धि बड़ी तीव्र गति से हो रही है। इसके बाद 1936 तथा 1938 में भी जनसंख्या सम्बन्धी दो सम्मेलन भारत में आयोजित किए गए। इस सम्बन्ध में डॉ. ज्ञानचन्द की पुस्तक भी प्रकाशित हुई। जिसमें कि जनसंख्या का अध्ययन जनांकिकी अध्ययन के सन्दर्भ में किया गया। सन् 1938 में राष्ट्रीय आयोजन समिति की उप समिति द्वारा खाद्य सामग्री, समाज सुधार, बेरोजगारी तथा समाज कल्याण करने के लिए जनसंख्या की समस्या

पर विचार किया गया क्योंकि ये सभी समस्याओं का उद्भव जनसंख्या के द्वारा हुआ है।

स्वास्थ्य सर्वेक्षण और विकास समिति, जनसंख्यात्मक आंकड़ा समिति द्वारा भी भारतीय जनसंख्या के विभिन्न पहलुओं का अध्ययन किया गया। तत्पश्चात् जनसंख्या के अध्ययन की दिशा में अनेक संस्थात्मक कार्य भी किए गए। डॉ. सी. चन्द्रशेखर के निर्देशन में एक अखिल भारतीय आरोग्य एवं जन-स्वास्थ्य संस्थान, कलकत्ता ने जनांकिकी सम्बन्धी विधियों के बारे में कार्य किया। इस संस्थान ने क्षेत्रीय सर्वेक्षणों के आधार पर जन्म और मृत्यु दोनों के बारे में जनांकिकी आंकड़े एकत्रित किए। इसके बाद सन 1951 में रॉक फेलन फाउन्डेशन की सहायेता से गोखले संस्थार जो कि पूना में स्थित है जनांकिकीय और जनसंख्या सम्बन्धी विभाग खोला।

वर्ष 1952 में जनसंख्यात्मक अध्ययनों को राजकीय कार्यों के दौरान भारत सरकार का ध्यान जनसंख्या के नियन्त्रण की ओर गया। इन कार्यक्रमों में भारतीय सरकार ने निवेश हेतु कई प्लानिंगों का निर्माण किया। केन्द्रीय स्तर पर भी अनेक समितियों को गठन किया गया। इन केन्द्रों के द्वारा जनांकिकी अध्ययनों का मुख्य उद्देश्य क्षेत्रीय स्तर पर प्रजनन की उच्च दर के लिए उत्तरदायी कारकों की खोज करना है। इसके अतिरिक्त उन विधियों की खोज करना है जिनके माध्यम से सामान्य जनता परिवार नियोजन के कार्यक्रम में अपना सहयोग दे सकती है। इसके बाद निम्न संस्थाओं द्वारा जनांकिकी अध्ययन की ओर बल दिया गया:-

1. अखिली भारतीय आरोग्य और जन-स्वास्थ्य संस्थान, कोलकत्ता।
2. अर्थशास्त्र और समाजशास्त्र विभाग, लखनऊ विश्वविद्यालय।
3. राष्ट्रीय नमूना सर्वेक्षण।
4. व्यावहारिक मानव-शक्ति संस्थान, नई दिल्ली।

5. भारत सरकार के रजिस्ट्रर जनरल का कार्यालय।

इन संस्थानों में अस्वस्थ्यता, परिवार-नियोजन, मानव-शक्ति तथाा जनसंख्या के देशान्तर के क्षेत्र में विशेष अनुसन्धान किए है। इस प्रकार भारत में जनांकिकीय अध्ययनों का उत्तोरत्तर हो रहा है।

जनांकिकी आंकड़ों के उद्‌गम

जनांकिकीय आंकड़ों के उद्‌गमों को हम निम्नलिखित बिन्दुओं में बांटा जा सकता है:-

(क) नमूना सर्वेक्षण- जनांकिकीय सूचनाओं का आज प्रत्येक क्षेत्र में प्रयोग किया जा रहा है। इसका तात्पर्य सर्वेक्षणों से लिया जाता है जो कि हम समय-समय पर जनसंख्या के विभिन्न भागों से सूचना एकत्र करने के लिए करते है। इससे प्राप्त सूचनएं संपूर्ण सत्य तथा तथ्यों पर आधारित होती है। नमूना सर्वेक्षण में जनसंख्या के विशेष भाग से निर्देशन के रूप में चुने गए व्यक्तियों से सूचना प्राप्त की जाती है। जनगणना में सभी स्तर के नागरिकों की गणना की जाती है। नमूना सर्वेक्षण के अन्तर्गत जनसंख्या के प्रत्येक भाग में से एक भाग को नमूने के तौर पर अध्ययन की परिधि में लाया जाता है शेष उसी स्तर के भागों के निष्कर्ष उस एक नमूने के द्वारा संभावित रूप से लगाए जाते है। गणना करने वाले कर्मचारी ऐसे व्यक्तियों के पास जाते है जो कि इस प्रकार की सूचना अपने पास रखते है। यह सर्वेक्षण विज्ञानिक पद्धति के द्वारा सम्पन्न किया जाता है। इसलिए इससे प्राप्त सूचनाएं सत्य होती हैं। कई ऐसे भी देश है जिनमें जनगणनाएं नहीं की जाती है उन देशों में नमूना पयर्वेक्षण का सहारा लिया जाता है। जिन देशों में जनगणना की जाती है उन देशेां में भी नमूना पयर्वेक्षण का सहारा लिया जाता है। एक निश्चित अवधि के बाद किए गए नमूना सर्वेक्षणें से जनांकिकीय घटनाओं के बारे में अनुमान के आधार शेष जनसंख्या की स्थितियों का वर्णन किया जाता है।

(ख) पंजीकरण- पंजीकरण से तात्पर्य है कि देश में होने वाली प्रत्येक घटना का चाहे वह विवाह हो, शिशु जन्म हो, तलाक आदि हो का सरकारी पंजीकरण करवाना। इससे सरकार की नजरों में प्रतिवर्ष होने वाली जन्म–मृत्यु दर का ब्यौरा पेश हो जाता है। किसी भी समाज में जन्म, मृत्यु आदि घटनाएं घटती ही रहती है। इन सभी घटनाओं का एक संक्षिप्त ब्यौरा सरकार के समक्ष प्रस्तुत होता है। सरकार जनगणना करते समय इन संभावनाओं को अपने समक्ष उपस्थित रखती है। इस प्रकार जनसंख्या के आंकड़े प्राप्ति का दूसरा महत्वपूर्ण साधन पंजीकरण को कहा जा सकता है। जन्म से मृत्यु तक सरकार के समक्ष उस व्यक्ति का ब्यौरा उपस्थित होता जो कि पंजीकरण द्वारा ही सम्भव हो सकता है।

(ग) जनगणना- यह जनसंख्या को जनांकिकी आकड़ों में व्यवस्थित रूप से प्रस्तुत करने को एक महत्वपूर्ण तरीका है। इसके अन्तर्गत देश के सभी नागरिकों की गणना की जाती है तथा उनसे प्राप्त सांख्कीय आंकड़ों के आधार पर निष्कर्ष निकाले जाते है। इस गणना के साथ सामाजिक तथा आर्थिक आंकड़ों का भी संकलन किया जाता है। इससे राज्य की आर्थिक, क्षेत्रीय तथा सामाजिक नियोजन सम्बन्धी नीति के निर्धारण में सहायता मिलती है। जणगनण निश्चित कालाविधि पर नियतिम रूप से की जाती हैं भारत में प्रत्येक 5 वर्ष उपरान्त जणनगणा की जाती है। कुछ ऐसे भी देश जहा पर जनगणना एक निश्चित कालावधि पर नहीं की जाती है। वरन् वहां पर जनगणना आवश्यकतानुसार की जाती है। इसके अतिरिक्त कुछ ऐसे भी देश है जहां पर जनगणना की ही नही जाती वहां पर केवल नमूना पर्यवेक्षणों को ही महत्व दिया जाता है।

जनगणना की विधियाँ

जनगणना की विधियों को नीचे वर्णन किया जा रहा है:-

जनगणना की अनेकों विधियां प्रचलित है। जैसे- प्रत्यक्ष जनगणना, वास्तविक जनगणाना, परोक्ष जनगणना और कानूनी जनगणना। परोक्ष जनगणना में प्रश्नावली को डाक द्वारा गृहस्वामी के पास भेज दिया जाता है। गृहस्वामी प्रश्नावली द्वारा वांछित सूचनाओं भरकर अपनी जानकारियों को एक लिफाफे में डालकर डाक कर देता है। जबकि प्रत्यक्ष जनगणना के अन्तर्गत जनगणना करने वाले कर्मचारी स्वयं नागरिकों के घर-घर जाकर उनसे सम्बन्धित आंकड़ों को एकत्रित करते है तथा उनके आधार पर जनगणना की जाती है।

स्थान के आधार पर जनगणना को वास्तविक और कानूनी दो रूपों में विभाजित किया जाता है। वास्तविक का अभिप्राय है कि जनगणना के समय व्यक्ति जिस स्थान में उपलब्ध होता है, वहीं उसकी गणना कर ली जाती है। कानूनी का आशय उस स्थान से है जहां व्यक्ति वस्तुतः निवास करता है। प्रथम प्रकार की गणना कहीं भी हो सकती है। द्वितीय प्रकार की गणना व्यक्ति के वास्तविक आवास पर होती है।

जनगणना की विशेषताएं

जनगणना किसी भी देश का एक ऐसा विवरण पत्र होता है जिसके द्वारा राष्ट्रीय जीवन के विधि पक्षों की जानकारी प्राप्त हो जाती है। इसके लिए जनगणना करते समय बड़ी सावधानी का निर्वाह किया जाता है। जनगणना के अन्तर्गत निम्नलिखित बातों को संकलित किया जाता है:-

1. व्यापकता- देश व्यापक होता है इसलिए जनगणना भी व्यापक स्तर पर होनी चाहिए। गणना के समय न किसी व्यक्ति को छोड़ना चाहिए और ही किसी व्यक्ति की दो या अधिक बार गणना की जाती है। अनेक बार ऐसा देखने के मिला है कि बहुत से लोगों की गणना दो बार हो जाती है। अतः यदि सावधानी न बरती जाए तो ऐसे व्यक्तियों की गणना दो बार हो जाती है जिसके कारण अव्यवस्था

उत्पन्न होती है।

2. तथ्यों की स्पष्टता- जनगणना तथ्यों के आधार पर की जाती है। इसलिए जनगणना से सम्बन्धित तथ्य सत्य पर आधारित होने चाहिए ऐसा न हो कि तथ्यों के झूठे होने से जनगणना का लाभ निरर्थक हो जाए।

3. वैयक्ति इकाईयां- जनगणना का अभिप्राय है कि देश में रहने वाले सम्पूर्ण व्यक्तियों की गणना करना। इसलिए जनगणना में प्रत्येक इकाई की गणना की जानी चाहिए।

4. निश्चित भू- भाग- जनगणना के क्षेत्र की सीमा निश्चित होनी चाहिए। केवल निर्धारित सीमा के अन्तर्गत निवास करने वाले अथवा उस क्षेत्र से सम्बन्ध वाले व्यक्तियों को ही गणना में शामिल किया जाना चाहिए। ऐसा करने से अव्यवस्था उत्पन्न नहीं होती है, यदि इसके विपरीत एक ही व्यक्ति या समूह सम्पूर्ण देश या राज्यों की जनगणना कर रहा है तो वह न केवल समय नष्ट करेगा बल्कि सही आकंड़ों को भी शामिल नहीं कर सकेगा।

5. आंकड़ों का संकलन- जनांकिकीय आंकड़ों को प्रमुख पदों के आधार पर संकलित करना चाहिए। जिससे जनसंख्या को विभिन्न पक्षों से सम्बन्धित सामग्री के वर्गीकरण में सहायता प्राप्त हो सके।

इस प्रकार यह कहा जा सकता है जनगणना करते समय सरकार को सचेत रहने की आवश्यकताा होती है ताकि किसी भी ऐसे व्यक्ति की गणना दोबारा न कर ली जाए जिसकी एक बार गणना की जा चुकी है। उपरोक्त तथ्यों के आधार पर यदि जनगणना की जाती है तो निश्चित ही अपेक्षित फल प्राप्त होते है।

अल्पविकसित देशों में जनगणना सम्बन्धी अनेकों समस्याएं उत्पन्न होती है जिसका वर्णन निम्नलिखित प्रकार से किया जा सकता है:-

1. जनगणना में आयु, शिक्षा स्तर, वैवाहिक स्थिति आदि अनेक

प्रत्ययों का उपयोग होता है। इन प्रत्ययों की अस्पष्टता के कारण अव्यवस्था उत्पन्न होती है। अनेकों भूलों के कारण भी जनगणना में अस्पष्टता दिखाई पड़ती है।

2. अल्प-विकसित तथा सामाजिक पिछड़ेपन के कारण लोग जनगणना के महत्व को समझ नहीं पाते। इस कारण सही सूचनाएं देने में संकोच करते है परन्तु यदि उन्हें इस बात से अवगत करया जाए कि यह आंकड़ें राष्ट्र के निर्माण में कितने सहायक है तो वह निश्चित ही नि:संकोच अपनी जानकारियां देंगे।

4. अल्प-विकसित देशों में होने वाली जनगणना अत्यधिक व्यय के कारण प्राय: क्षेत्रीय सर्वेक्षण की पद्धति को अपनाते है। इसेस पक्षपातपूर्ण सूचनाएं प्राप्त होती है जिससे कि जनंसख्यात्मक तथ्य प्रभावित होते है। इसके अलावा विभिन्न क्षेत्रों की जनसंख्या के बीच आवास और प्रवास की प्रक्रियाएं गतिशील रहने के कारण प्रत्येक व्यक्ति की गणना करना मुश्किल हो जाती है।

5. अल्प-विकसित देशों में संचार तथा यातायात की सुविधाओं की कमी रहती है जिससे कि जनगणना में बाधाएं उत्पन्न होती है। इनके कारण अनेकों व्यक्ति छूट भी जाते है। इनके छूअ जाने के कारण जनगणना पूर्ण रूप से विकसित नहीं होती है।

अन्य स्त्रोत

जनगणना करने के उपरोक्त वर्णित स्त्रोतों के अलावा और भी बहुत सारे स्त्रोत है जिनके द्वारा प्रभावपूर्ण ढंग से जनगणना की जा सकती है। जनगणना, पंजीकरण तथा नमूना सर्वेक्षणों के अतिरिक्त भी जनांकिकी सूचनाओं के कुछ अन्य स्त्रोत है। इनमें अभिलेख तथा देशान्तरण सतत जनसंखय रजिस्टर मुख्य माने जाते है। इन विधियों के द्वारा प्रत्येक देश अपने नागरिकों को विदेश जाने की अनुमति देता है। इसके लिए पासपोर्ट की व्यवस्था होती है। पासपोर्ट कार्यालय ऐसे

व्यक्तियों के बारे में पूर्ण विवरण प्रस्तुत करते है। संयुक्त राष्ट्र संघ और अन्य अर्न्राष्ट्रीय संगठन सम्पूर्ण विश्व और विभिन्न देशों के लिए जनांकिकी आंकड़ें नियत समय पर प्रकाशन निम्न है:-

(क) एपीडेमियोलाजिकल एण्उ वाइटल रेकार्ड्स- यह एक मासिक पत्रिका है जो वर्ल्ड हेल्थ ऑर्गनाइजेशन द्वारा प्रकाशित की जाती है। इसकी विशेषता यह है कि इसमें विश्व के सभी देशों के जन स्वास्थ्य, मृत्यु दर एवं जन्म दर से सम्बन्धित सभी आकड़ों को एकत्रित किया जात है।

(ख) स्टेटिस्टिकल इयन बुक- यह सयुंक्त राष्ट्र संघ द्वारा प्रकाशित की जाने वाली एक वार्षिक पत्रिका है। इसकी विशेषता यह है कि इसमें विश्व के देशों की राष्ट्रीय आय, चिकित्सालयों की सुविधाएं व डॉक्टरों की उपलब्धता, ऊर्जा उपयोग, खाद्यान्न उत्पादन इत्यादि से सम्बन्धित आंकड़ें प्रकाशित किए जाते है।

(ग) डिमोग्राफिक इयर बुक- यह पत्रिका भी संयुक्त राष्ट्र संघ के द्वारा प्रकाशित की जाती है। इसकी विशेषता यह है कि इसमें सम्पूर्ण विश्व और विभिन्न देशों के जन आंकड़ें प्रकाशित किए जाते हैं।

13

भारत में आयोजित किए गए परिवार नियोजन कार्यक्रमों का मूल्यांकन

भूमिका

जनसंख्या में होने वाली तीव्रता के साथ वृद्धि को देखते हुए आज इस तथ्य को भली प्रकार से समझ लिया गया है कि भारत को यदि विकास के मार्ग पर तीव्रता के साथ बढ़ने के लिए प्रेरित करना है तो यह अति आवश्यक है कि जनसंख्या में होने वाली वृद्धि की दर को कम किया जाएं। इस लक्ष्य को प्राप्त करने के लिए भारत सरकार द्वारा कई महत्वपूर्ण क़दमं उठाएं गए है तथा इसी प्रकार का ही एक महत्वपूर्ण कदम है परिवार नियोजन कार्यक्रम का आयोजन।

आज भारत में परिवार नियोजन को एक राष्ट्रीय कार्यक्रम के रूप में अपना लिया गया है तथा इस प्रकार की प्रणाली को सन् 1952 से अपनाया जा रहा है। उस समय विद्वानों द्वारा इस तथ्य को समझ लिया गया था कि आर्थिक विकास की दर जनसंख्या में होने वाली वृद्धि दर से प्रभावित हो रही थी तथा उस समय तक भारत को विकास के मार्ग पर तीव्रता के साथ बढ़ाया नहीं जा सकता जब तक उसकी जनसंख्या वृद्धि दर को कम न किया जाएं। इसलिए प्रथम पंचवर्षीय योजना से

ही इस प्रकार के कार्यक्रम को वास्तव में लागू करने की योजना को निर्मित कर लिया गया था। इस नीति की सहायता से अधिक संतोषजनक परिणाम प्राप्त नहीं हुए परन्तु सरकार द्वारा समय-समय पर विभिन्न प्रकार के कार्यक्रमों को आयोजित किया जाता रहा है। प्रत्येक पांच वर्ष की अवधि के पश्चात् सरकार द्वारा नीति को निर्धारित किया जाता है तथा इस प्रकार की नीति को पंचवर्षीय नीति कहा जाता है। इसी नीति में यह निर्धारित किया जाता है कि सरकार कितना धन परिवार कल्याण तथा परिवार नियोजन के कार्यक्रमों पर व्यय करेंगी।

आज तक कई कार्यक्रमों का आयोजन परिवार नियोजन के लिए किया जा चुका है तथा इस अध्याय में इस तथ्य का अध्ययन किया जा रहा है कि कार्यक्रम कितने सफल हुए तथा यदि वह असफल हुए तो ऐसा किस कारण से हुआ।

कार्यक्रम की सफलताओं का मूल्यांकन

प्रथम पंचवर्षीय योजना से परिवार नियोजन कार्यक्रमों को आयोजित किया जाता है तथा इसमें कोई भी शक नहीं है कि यह कार्यक्रम एक हद तक सफल सिद्ध हुए है। इस कार्यक्रम को सफल सिद्ध किया है कुछ विद्वानों द्वारा प्रस्तुत किए गए मतों तथा प्राप्त होने वाले आंकड़ों ने, जिनका उल्लेख इस प्रकार हैं :-

क. परिवार नियोजन कार्यक्रम को राष्ट्रीय कार्यक्रम के रूप में अपनाने वाला भारत प्रथम देश है। जनसंख्या वृद्धि दर को नियंत्रित करने के लिए सामान्य व्यक्तियों में यह जागरूकता पैदा की गई कि बड़े परिवार से उन्हें किस प्रकार की हानियां हो सकती है तथा छोटे परिवार से वह किस प्रकार के लाभ प्राप्त कर सकते हैं। प्रथम तथा द्वितीय पंचवर्षीय योजनाओं के दौरान इस कार्यक्रम को एक सामान्य स्तर पर ही आयोजित किया गया। उस समय यह तथ्य उजागर किया गया कि सामान्य जन को विभिन्न प्रकार की सुविधाएं प्रदान की जानी

चाहिएं जिससे वह स्वयं परिवार के आकार को नियंत्रित कर सकें। परन्तु जब इससे अधिक लाभ प्राप्त नहीं हुए तो सरकार द्वारा बड़ी ध न राशि को इस कार्यक्रम पर प्रयोग करने की व्यवस्था की गई। इस प्रकार से इस कार्यक्रम का महत्व दिन पर दिन विकसित होता चला गया।

आज परिवार नियोजन कार्यक्रम एक अभियान की भांति संचालित कर लिया गया है तथा इसके अन्तर्गत परिवार नियोजन सम्बन्धी सभी प्रकार की सेवाओं को उपलब्ध करवाया जाता है। केवल यही नहीं, यह भी जानकारी विशेषज्ञो द्वारा प्रदान की जाती है कि गर्भावस्था में एक स्त्री को किस प्रकार का आहार ग्रहण करना चाहिएं तथा किस प्रकार से वह अपने होने वाले शिशु को विभिन्न प्रकार के रोगों से बचाएं रख सकती है।

ख. वर्तमान समय में देश में परिवार नियोजन संरचना का पूर्ण रूप से विकास हो चुका है जिसका कारण है विभिन्न योजनाओं के अन्तर्गत किए जाने वाले निरन्तर प्रयास। आज राष्ट्र के प्रत्येक कोने में परिवार नियोजन केन्द्रों को स्थापित किया गया है, जहां पर सभी प्रकार के आधुनिक उपकरणों की व्यवस्था की गई है। केवल यही नहीं, इन केन्द्रों पर प्रशिक्षित चिकित्सकों को नियुक्त किया जाता है जो केन्द्र पर आने वाले व्यक्तियों की केवल जांच ही नहीं करते बल्कि उन्हें परिवार का आकार छोटा रखने की आवश्यकता की भी जानकारी प्रदान करते है तथा उन्हें यह भी बताते है कि वह ऐसा किस प्रकार से कर सकते हैं।

ग. परिवार नियोजन कार्यक्रम की सहायता से समाज में रहने वाले बड़े वर्ग को मानसिक रूप से परिवार का आकार छोटा रखने के लिए प्रेरित कर लिया गया है। आज सभी आय वर्ग से सम्बन्ध रखने वाले व्यक्ति यह जान चुके है कि जो लाभ उन्हें अपने परिवार का आकार

छोटा रखने से प्राप्त हो सकते है वह कभी भी बड़े परिवार से प्राप्त नहीं हो सकते। इस प्रकार यह कहा जा सकता है कि इस कार्यक्रम की सहायता से आज व्यक्तियों में जागरूकता का तो विकास हो सका है जिस कारण ही कई राज्यों में जन्म दर पहले की अपेक्षा कम हो गई है।

केवल यही नहीं, इस कार्यक्रम की सहायता से ऐसे दम्पतियों को भी अपने परिवार का आकार छोटा रखने के लिए प्रेरित किया गया है, जो सन्तान को उत्पन्न करने में सक्षम थे। आज प्रायः सभी व्यक्तियों को विभिन्न प्रकार के साधनों की जानकारी होती है जो उन्हें परिवार को सीमित रखने में सहायता प्रदान कर सकते हैं। हमारे देश में इस प्रकार के कार्यक्रम आज सभी राज्यों में लागू किए जा चुके है परन्तु इससे सबसे अधिक कुशल परिणाम केरल राज्य में प्राप्त हुए है जिसका मुख्य कारण यह है कि यहां पर शिक्षा की दर सबसे अधिक है तथा केवल शिक्षित व्यक्ति ही इस प्रकार के कार्यक्रमों को प्रयोग करके उससे लाभ प्राप्त कर सकते हैं।

उपरोक्त वर्णित चर्चा से कोई भी इस निष्कर्ष पर पहुंच सकता है कि परिवार नियोजन कार्यक्रमों को लागू करके अति कुशल परिणामों को प्राप्त किया गया है तथा इससे जनसंख्या वृद्धि दर में भारी मात्रा में कमी आई है परन्तु वास्तव में यह सिक्के का एक ही पहलु है। ऐसे कई तथ्य है जो यह सिद्ध कर सकते है कि इस कार्यक्रम से जितनी सफलताएं प्राप्त हुई है, उससे अधिक असफलताओं की मात्रा है, जिनका उल्लेख इस प्रकार है :-

कार्यक्रम की विफलताओं का मूल्यांकन

इस कार्यक्रम को लागू करके जितनी सफलता को प्राप्त करने का लक्ष्य साधा गया था वास्तव में प्राप्त होने वाले परिणाम निर्धारित किए गए लक्ष्य से बहुत कम है। कई विद्वानों का मत है कि जनसंख्या वृद्धि

दर को कम करने का कार्य केवल परिवार नियोजन कार्यक्रमों को आयोजित करके ही नहीं किया जा सकता क्योंकि वास्तव में यह कई तथ्यों पर निर्भर करता है। इन तथ्यों में मुख्य रूप से विकास का स्तर, नगरीकरण, औद्योगीकरण तथा सामाजिक विचारधारा में होने वाले परिवर्तनों को मुख्य रूप से सम्मिलित किया जाता है।

परिवार नियोजन कार्यक्रमों से प्राप्त होने वाले परिणामों के आधार पर यह सिद्ध होता है कि इस प्रकार के कार्यक्रमों से किसी भी प्रकार के संतोषजनक परिणाम प्राप्त नहीं किए गए है। इस कार्यक्रम में कई बार तो संशोधन कार्य किया गया, जिसका कारण यह था कि इनसे जन्म दर में किसी भी प्रकार की गिरावट नहीं हो पा रही थी। सरकार द्वारा योजनाएं बनाते समय बड़े-बड़े लक्ष्यों को साधा जाता है परन्तु वह केवल कागज पर ही लिखे रह जाते है तथा उन्हें वास्तव में किसी भी रूप में प्राप्त नहीं किया जा पाता।

विभिन्न साधनों अथवा उपायों को जितनी मात्रा में प्रयोग करने का लक्ष्य साधा जाता है, आज तक उन्हें कभी भी प्राप्त नहीं किया गया है। इस आधार पर यह कहा जा सकता है कि सरकार द्वारा निर्मित की जाने वाली रणनीति में आवश्यक संशोधन करने तथा उसे अधिक प्रभावकारी बनाने की आवश्यकता है।

कम आयु में विवाह प्रथा को रोकने के लिए यह कानून पारित किया गया कि बालिकाओं का विवाह उस समय तक नहीं किया जाना चाहिएं जब तक वह 18 वर्ष की न हो जाएं तथा बालकों को 21 वर्ष की आयु के पश्चात् ही विवाह के बन्धन में बांधना चाहिएं। परन्तु वास्तव में इन कानूनों का खुले आम विरोध किया जा रहा है तथा व्यक्ति इसकी निंदा करके छोटी आयु में ही अपने बच्चों का विवाह कर देते हैं। ऐसा मुख्य रूप से ग्रामीण तथा अशिक्षित वर्ग के व्यक्तियों द्वारा किया जाता है, जिनके लिए बालिकाएं एक बोझ मात्र समझी जाती

है तथा जिनका विवाह करके वह अपने सिर से बोझ को हल्का करने का प्रयास करते हैं।

इस प्रकार यह कहा जा सकता है कि परिवार नियोजन कार्यक्रम को जितनी गति अथवा तीव्रता के साथ विकसित करने की योजना निर्मित की गई थी वास्तव में वह उस गति को प्राप्त नहीं कर पाया तथा यही कारण है कि एक बड़ी धन राशि इस कार्यक्रम पर व्यय करने के पश्चात् भी भारत की जनसंख्या वृद्धि दर को कम नहीं किया जा सका है।

परिवार नियोजन कार्यक्रमों के विफल होने के कई मुख्य कारण है परन्तु इसका मुख्य कारण समाज में फैली हुई अशिक्षिता की मात्रा तथा रूढ़िवादी विचार है इसलिए सरकार को पहले इन बुराईयों को समाप्त करने का प्रयास करना चाहिएं क्योंकि इनके होते हुए किसी भी प्रकार से परिवार नियोजन कार्यक्रमों से सफलता प्राप्त करना कठिन होगा।

14

आर्थिक विकास तथा जनसंख्या वृद्धि

जनसंख्या की वृद्धि आर्थिक विकास में बाधक के रूप में कार्य करती है। किसी भी देश की उन्नति तभी सम्भव है जब उसके संसाधनों की तुलना में जनसंख्या का घनत्व हो, अन्यथा देश में उत्पादन कम होगा और उपभोग अधिक। आर्थिक विकास की प्रक्रिया में किसी देश की श्रम-शक्ति द्वारा अपने यहां के भौतिक संस्थानों के उपयोग सम्मिलित रहता है ताकि देश की उत्पादन सम्भावना सिद्ध की सके। इस बारे में दो राय नहीं है कि किसी भी देश की उन्नति के पीछे मानव संसाधनों का अपना महत्व होता है। यदि कोई देश प्राकृतिक संसाधनों से परिपूर्ण है परन्तु मानव संसाधनों का अभाव है तो वह देश उन्नति नहीं कर सकता है। इस प्रकार जनसंख्या का घनत्व न अधिक और न ही कम होना आवश्यक है।

जनसंख्या-वृद्धि से कम विकसित देशों का आर्थिक विकास तीन अलग-अलग ढंगों से प्रभावित होता है। प्रथम, उच्च जन्मदर प्रति वयस्क कार्यकर्त्ता पर निर्भर संतानों की संख्या के बोझ को भारी कर देती है। इससे विनियोग के लिए समुचित बचत कर पाना कठिन हो जाता है। इससे बच्चों को शिक्षा प्रदान करना भी कठिन हो जाता है,

जो देश की सामाजिक एवं आर्थिक प्रगति के लिए आवश्यक है। द्वितीय, गिरती हुई मृत्युदर तथा बढ़ती हुई जन्मदर से जनसंख्या की वृद्धि तीव्र होने लगती है। इसके लिए विशाल जनसांख्यिकीय लागत की आवश्यकता होती है ताकि कार्यकर्त्ताओं की बढ़ती हुई जनसंख्या को प्रति व्यक्ति कम-से-कम उतने उपकरण उपलब्ध हों, जो उन्हें पहले से प्राप्त होते आ रहे हैं तृतीय, उद्योगों के अभाव में जनसंख्या कृषि पर पूर्णतया निर्भर हो जाती हैं। बहुत-से कम विकसित देशों में कृषि-क्षेत्र अतिरिक्त जनसंख्या से पीड़ित हैं, इसलिए यदि कृषि से जनसंख्या का स्थानांतरण उद्योगों में किया जा सके, तो उससे बहुत लाभ होगा। पर जनसंख्या वृद्धि की तीव्र गति के कारण न तो कृषि में आवश्यक सुधार किए जा सकते हैं और न उद्योगों को सरलता से विकसित किया जा सकता है।

ऐसी आशा के लिए समुचित आधार है कि आर्थिक रूप से पिछड़े हुए राष्ट्रों की जन्मदर में भविष्य में कमी आ सकती है, यदि वे औद्योगीकरण करते हुए अपने रहन-सहन के स्तर को सुधार सकें। यह सम्भावना आर्थिक रूप से विकसित देशों के इतिहास पर आधारित है, जो जनसांख्यिकीय वृत्त के 'परिवर्तन काल' से निकल चुके हैं। कुछ भी हो जन्मदर पर औद्योगिकरण तथा समृद्धि की प्रतिक्रियाएँ विभिन्न संस्कृतियों में एक-सी नहीं भी हो सकती हैं। जन्मदर तभी घटती है, जब परम्परावादी विश्वासों और मान्यताओं में परिवर्तन आए तथा लोग जानबूझकर छोटे परिवार की योजना बनाए। मान्यताओं में यह परिवर्तन या तो औद्योगीकरण की उपजों के आधुनिकीकरण तथा शहरीकरण से लाया जा सकता है अथवा एक ऐसे जागरूक-शिक्षात्मक व प्रेरणात्मक कार्यक्रम द्वारा लाया जा सकता है, जिसका उद्देश्य लोगों के परम्परावादी विश्वासों और मान्यताओं को बदलना हो। कम विकसित देशों की कुछ सरकारें दूसरे मार्ग अपना रही हैं तथा उन्होंने परिवार-नियोजन के लिए

एक विस्तृत शिक्षात्मक कार्यक्रम का सूत्रपात कर दिया है।

भारत एक विकासशील देश है, इसे अभी अनेक क्षेत्रों में विकास करने है। इसकी जनसंख्या बहुत तीव्र गति से बढ़ने के कारण इसका आर्थिक विकास थम सा रहा है। अतः एक विकासशील देश में जनसंख्या अधिक नहीं होनी चाहिए, बल्कि वहां पर उत्पादन के साध नों, नई तकनीकों का आविष्कार आदि नवीन बातें अपनानी चाहिए। बढ़ती हुई जनसंख्या आर्थिक संसाधनों के लिए अनेक प्रकार से बाध क सिद्ध होती है। इसको अधिक स्पष्ट करने के लिए निम्न बिन्दु दिए जा रहे है:-

(क) पूंजी-निर्माण और जनसंख्या अभिवृद्धि - जनसंख्या एक अभिशाप के रूप में है। यदि इसे शीघ्र नहीं रोका जाए तो यह देश की आर्थिक विकास में बाधक बन कर खड़ी हो जाती है। प्रति व्यक्ति वास्तविक आय के विद्यमान स्तर को बनाए रखने के लिए यह नितान्त आवश्यक है कि राष्ट्रीय आय में उसी दर से बढ़ोत्तरी की जाएं जिस दर से जनसंख्या में वृद्धि हो रही है। प्रति व्यक्ति वास्तविक आय के विद्यमान स्तर को स्थिर रखने के लिए यह आवश्यक है कि राष्ट्रीय आय में 1.9 प्रतिशत वार्षिक दर से वृद्धि हो यदि जनसंख्या में वृद्धि दर प्रतिवर्ष 1.9 हो रहती है तो। भारत एक कृषि प्रधान देश है। यहां पर अधिकतर लोग कृषि पर आधारित है। इस प्रकार भारतीय अर्थव्यवस्था में पूंजी-उत्पाद अनुपात 4.1 आंका गया है, जिसका यह निष्कर्ष निकलता है कि एक इकाई की वृद्धि के लिए 4.1 इकाई पुंजी आवश्यक है। इस प्रकार राष्ट्रीय आय में 1.9 प्रतिशत की दर से वृद्धि के लिए 7.8 प्रतिशत पूंजी-संचय आवश्यक है। इस विवेचन से यह स्पष्ट होता है कि लगभग 8 प्रतिशत दर से विनियोग अपेक्षित है। इसका अर्थ यह निकाला जाता है कि जनता का जीवन-स्तर उन्नत करने के लिए बहुत कम पूंजी शेष रह जाती है।

(ख) जनसंख्या और शिक्षा, चिकित्सा सहायता तथा आवास का भार- सभी राज्यों का यह कर्त्तव्य होता है कि वह अपने नागरिकों के लिए उचित शिक्षा तथा चिकित्सा का प्रबन्ध कराए। इस हेतु अनेकों नीतियों का निर्माण किया जा सकता है। तीव्र गति से बढ़ती हुई जनसंख्या क कारण बालकों की संख्या में वृद्धि हो जाती है जिसके फलस्वरूप शिक्षा पर अधिक व्यय आवश्यक हो जाता है। इसमें कोई दो राय नहीं है कि शिक्षा पर किया गया व्यय मनुष्यों पर किया ऐसा व्यय है जो अन्ततः श्रमिकों की उत्पादिता में वृद्धि करता है परन्तु इस बात पर बल देना चाहिए कि इस सम्बन्ध में समयान्तर काफी लम्बा होने के कारण निवेष के प्रति इकाई द्वारा उत्पाद में वृद्धि पर प्रभाव बहुत कम पड़ता हैं प्रत्येक छात्र 144 रुपये वार्षिक व्यय का अनुमान लगया गया है। 1991 में 5 से 14 वर्ष तक क आयु वर्ग के विद्यार्थियों पर 3,101 करोड़ रूपये वार्षिक वृद्धि की जाती है। छात्रों के दबाव के परिणामस्वरूप विश्वविद्यालय शिक्षा पर व्यय में हाने वाी वृद्धि को भी जोड़ लिया जाए, तो शिक्षा पर व्यय में वृद्धि और भी अधिक हो जाती है। इसके अलावा बढ़ती हुई जनसंख्या के कारण चिकित्सा सुविधाओं में भी बहुत गिरावट आती है। बढ़ती हुई जनसंख्या न केवल शिक्षा के क्षेत्र में बल्कि चिकित्सा के क्षेत्र में अपना कुप्रभाव दिखाती है। अतिरिक्त जनसंख्या के लिए आवास का प्रबन्ध करना भी एक गम्भीर समस्या है। वर्तमान में वनों का भारी मात्रा में विनाश किया जा रहा है इसके पीछे एक महत्वपूर्ण कारण बढ़ती हुई जनसंख्या के कारण उत्पन्न हुई आवासीय समस्या है। इस दृष्टि में सरकार महत्वपूर्ण कमदम उठा रही है।

(ग) जनसंख्या और बेरोजगारी- बेरोजगारी एक ऐसा समस्या है जो कि हमारे देश के नवयुवकों को खोखला कर रहे है इसके पीछे भी जनसंख्या की बढ़ती हुई दर है। बढ़ती हुई जनसंख्या के साथ-साथ

समाज की श्रम-शक्ति में वृद्धि होती रहती है। पहले जो काम करने के लिए चार व्यक्तियों की जरूरत थी। अब वही काम करने के लिए 20 व्यक्ति पहले से ही निम्न मजदूरी पर तैयार है। राष्ट्रीय नमूना सर्वेक्षण के आधार पर यह पता चलता है कि बेरोजगार व्यक्तियों की संख्या जो 1993-1994 में 201.3 लाख थी बढ़कर 1999-2000 में 265.8 लाख हो गई है। श्रम-शक्ति के अनुपात के रूप में, बेरोजगारी दर जो 1993-1994 में 6.0 प्रतिशत थी, बढ़कर 1999-2000 में 7.32 प्रतिशत हो गई है। परम एवं सापेक्ष दोनों रूपों में बेरोजगार व्यक्तियों की संख्या में वृद्धि से जाहिर होता है कि आयोजन के पिछले 40 वर्षों में अवशिष्ट बेरोजगारों को तो समाने की बात ही क्या, पंचवर्षीय योजनाएं भी श्रम-शक्ति को नहीं समा पाती है। स्पष्ट है कि राष्ट्रीय साधनों का एक बड़ा आकार रोजगार के अवसरों का विस्तार करने में व्यय हो जाता है ताकि जनंसख्या में तीव्र वृद्धि के दबाव के परिणामस्वरूप श्रमिक की बढ़ती हुई संख्या और अवशिष्ट बेरोजगारों को काम में लगाया जा सकता है।

(घ) जनसंख्या और अनुत्पादक उपभोक्ताओं का भार- स्थूल रूप में भारतीय जनता को दो वर्गों में बांटा जा सकता है- एक वह जो कि उत्पादक उपभोक्ता है और दूसरा अनुत्पादक उपभोक्ता। उत्पादक उपभोक्ता शब्द का प्रयोग जनसंख्या के उस भाग से है जो राष्ट्रीय आय में योगदान करता है तथा दूसरे शब्दों में इसे श्रम-शक्ति का बोध होता है। अनुत्पादक उपभोक्ता वर्ग में वे सभी व्यक्ति शामिल है जो कि अपेन पालन-पोषण के एिल दूसरों पर निर्भर होती है। यह राष्ट्रीय आय की वृद्धि के लिए किसी भी प्रकार को कोई उत्पादन नहीं करती है। यह केवल उपभोग वस्तुओं का नाश करते है।

(ङ) जनसंख्या और राष्ट्रीय एवं प्रति व्यक्ति आय की वृद्धि दर- प्रति व्यक्ति और जनसंख्या की वृद्धि का सीधा सम्बन्ध होता है। यदि

जनसंख्या अधिक होगी तो सामान्यत: ही कार्य करने वाले अधिक व्यक्तियों की उत्पत्ति होगी और श्रम बढ़ने से श्रमिकों के वेतन में कमी आनी निश्चित है। क्योंकि अब जो कार्य पहले 100 रूपये में होता था और जिसके लिए 8 घंटे निर्धारित किए गए थे अब उसी कार्य को करने के लिए मात्र 70 रूपये में 10 घंटे के लिए कार्य करने के लिए अनेकों युवक तैयार है। इस प्रकार बढ़ती हुई जनसंख्या के कारण प्रति व्यक्ति आय में कमी आ जाती है। इसी प्रकार यदि प्रति व्यक्ति आय में कमी आएगी तो स्वभावत: राष्ट्रीय आय में भी कमी आएगी। एक पर्यवेक्षण के अनुसार 1980-1981 और 2000-2001 के दौरान, शुद्ध राष्ट्रीय उत्पाद की औसत वार्षिक वृद्धि दर 5.4 प्रतिशत और प्रति व्यक्ति उत्पादक की वृद्धि दर 3.4 प्रतिशत थी। यह आशा की जा रही है कि आगामी तीन वर्षों तक जनसंख्या की वृद्धि दर और गिरकर 1.5 प्रतिशत प्रतिवर्ष हो जाएगी। परिणामत: प्रति व्यक्ति आय की शुद्ध वृद्धि दर पिछले वर्षो के में प्रति व्यक्ति आय के स्तर को ऊंचा उठाने में अवरोधक का कार्य कर रही है।

उपरोक्त सभी बातों से यह स्पष्ट होता है कि विकास तभी सम्भव है जबकि विकास के लाभ गरीब जनता तक पहुंचे। इसके लिए बहुत से कारण उत्तरदायी है, जैसे कि भूमि तथा अन्य सम्पत्ति के स्वामित्व का अन्यायपूर्ण ढांचा, समाज के निर्धन वर्गों के उत्थान के लिए निर्देशन उपायों पर कम बल और भारत में पिछले दो दशकों के दौरान आर्थिक विकास की धीमी गति। परन्तु इन सब कारणों के साथ जनसंख्या की वृद्धि भी एक महत्वपूर्ण करण है। अत: भारत अति-जनसंख्या वाला देश है या नहीं, यह विवाद अनावश्यक हैं। यदि जनसंख्या आवश्यकता से अधिक हो, तो भी अतिरिक्त जनसंख्या का संहार नहीं किया जा सकता। आवश्कता इस बात की है कि एक ओर तो अधिक जनसंख्या का निर्वाह करने के लिए अपनी उत्पादन क्षमता में वृद्धि करनी होगी

तो दूसरी ओर प्रजनन कम करना होगा जिससे कि जनसंख्या की वृद्धि को रोका जा सके।

भारत में जनसंख्या की मुख्य विशेषताएं

भारत का जनसंख्या की दृष्टि से विश्व में दूसरा स्थान है। एक विकासशील देश होते हुए भी भारत की जनसंख्या की मुख्य विशेषताएं निम्नलिखित है:-

(क) अधिकांश जनसंख्या गांवां में- भारत गांवों वाला एक विशाल देश है यहां पर अनेकों गांव है जहां पर अनेक लोग निवास करते है। आंकड़ों को देखने से ज्ञात होता है कि भारत की कुल जनसंख्या का लगभग 78 प्रतिशत भाग गांवों में रहता है और शेष भाग 22 प्रतिशत ही नगरों में रहता है।

(ख) नगर की ओर पलायन की प्रवृत्ति- प्रायः यह देखा जाता है कि गांवों में रहने वाले लोग नगरों में पलायन करते है। जिसके कारण नगरों की जनसंख्या बढ़ जाती है। निष्कर्षतः यह कहा जा सकता है कि यह लोग रोजगार की दृष्टि से नगरों में आते है।

(ग) भारत में विभिन्न धर्मावलम्बी- भारत एक धर्मनिरपेक्ष राज्य है। यहां पर अनेक धर्मों को मानने वाले लोग विद्यमान है। कोई भी व्यक्ति किसी भी धर्म को मानने अथवा न मानने के लिए स्वतन्त्र है। फिर भी कहा जा सकता है कि भारत हिन्दू-प्रधान देश है। भारत में 81 प्रतिशत हिन्दू, 11 प्रतिशत मुसलमा 5.6 प्रतिशत ईसाईस, तथा 1.9 अन्य धर्मों के लोग रहते है।

(घ) आयु-समूह की प्रवृत्ति- विभिन्न आयु-समूह का विश्लेषण करने पर ज्ञात होता है कि भारत में बालकों की संख्या अधिक है। भारत में 15 वर्ष से कम आयु के बालक जनसंख्या का 38 प्रतिशत हैं और 15 वर्ष आयु-समूह के 56 प्रतिशत ओर 60 वर्ष से अधिक

आयु-समूह के 6 प्रतिशत है।

(ङ) अधिकांश जनसंख्या कृषि पर आधारित है- भारत एक कृषि प्रधान देश है। यहां की अधिकांश जनसंख्या कृषि पर आधारित है। भारत में कृषि एक प्रमुख व्यवसाय के रूप में है। देश में लगभग 75 प्रतिशत जनसंख्या कृषि कार्य में संगलित है। जबकि अन्य व्यवसायों में तुलनात्मक कम अनुपात में लोग लगे हुए हैं। संयुक्त राज्य अमेरिका में कुल जनसंख्या का लगभग 8 प्रतिशत और इंग्लैण्ड में लगभग 4 प्रतिशत लोग कृषि व्यवसाय में लगे हुए है।

(च) भारतीयों का जीवन-स्तर निम्न है- भारत एक विकासशील देश है, इसलिए यहां के लोगों का जीवन स्तर निम्न है। विश्व के अनेक विकसित देशों, जैसे- संयुक्त राज्य अमेरिका, जर्मनी, जापान, इंग्लैण्ड आदि की तुलना में भारतीयों का जीवन स्तर निम्न है। भारत की अधिकांश जनसंख्या अशिक्षित है। चेस्टर बोल्स ने जापान के कृषकों के सम्बन्ध में कहा था कि जिन जापानी कृषकों को 1946 के महान् भूमि सुधार कानून के अन्तर्गत भूमि दी गयी, उनमें 10 में 8 उस कानून को पढ़ सकते थे। किन्तु भारत के सम्बन्ध में ऐसा नहीं है यहां पर 10 में से केवल 4-5 लोग को शिक्षित है। इस प्रकार यह कहा जा सकता है कि अन्य देशों की तुलना में भारत के किसानों में शिक्षा का प्रसार-प्रचार उस गति से नहीं हुआ जिसकी अपेक्षा की जाती है।

(छ) स्त्रियों की जनसंख्या दर कम हो रही है- भारत में रूढ़िवादिता का बोलबाला है। यहां पर लोग लड़की के जन्म को भार के समान समझते है। अतः यही एकमात्र कारण है कि वर्तमान में भारत में स्त्रियों की जन्म दर घट रही है। एक अनुमान के अनुसार 1901 से 1991 तक की जनगणना के प्रकाशित आंकड़ों का अध्ययन करने से यह ज्ञात होता है कि भारत में पुरूषों की तुलना में स्त्रियों की संख्या

में निरन्तर कमी आ रही है। सन् 1901 में 1,000 पुरूषों के पीछे 972 स्त्रियां थी, जो कि 1931 में घटकर 950 रह गई, इतना ही नहीं यह संख्या 1930 में यह संख्या 927 रह गई। इस प्रकार ये स्पष्ट है कि भारत में निरन्तर घटती हुई स्त्रियों की संख्या एक गम्भीर समस्या है। परन्तु भारत के कुछ ऐसे भी प्रदेश है जहां पर स्त्रियों की संख्या पुरूषों क़ी तुलना में अधिक है, जैसे- उड़ीसा, केरल, मणिपुर आदि राज्य।

(झ) जन्म व मृत्यु दरें ऊँची- चिकित्सा सुधारों के कारण भारत में जन्म तथा मृत्यु दोनों ही दरों में बढ़ोत्तरी आई है। एक अनुमान के अनुसार भारत में प्रत्येक डेढ़ सैकण्ड में एक बच्चा जन्म जन्म लेता है। इस दर से प्रतिवर्ष भारत में 2.2 करोड़ बच्चों के जन्म होते है। अर्थात् प्रतिवर्ष जन्म दर लगभग 36 बच्चे प्रति हजार व्यक्ति या 4 प्रतिशत जम्न दर हुई। भारत मे प्रतिवर्ष लगभग 80 लाख व्यक्तियों की मृत्यु होती है इस प्रकार मृत्यु दर लगभग 18 व्यक्ति प्रति हजार या 1.8 प्रतिशत कही जा सकती है।

(ट) जनसंख्या वृद्धि की ऊँची दर- भारत की जनसंख्या की एक अन्य विशेषता यह है कि यहां की जनसंख्या में वृद्धि की दर ऊँची है। भारत में जनसंख्या की वृद्धि को देखते हुए यह कहा जा सकता है कि आने वाले कुछ वर्षो में भारत विश्व का सर्वाधिक जनसंख्या वाला देश बन जाएगा। परन्तु यहां एक बात यह ध्यान देने योग्य है कि भारत क्षेत्रफल की दृष्टि से तथा साधनों की दृष्टि से एक विकासशील देश है। इसलिए यहां पर जनसंख्या का अधिक घनत्व देश की आर्थिक वृद्धि में एक बाधक के रूप में कार्य करता है। एक अनुमान के अनुसार, 1981-91 के दशक में यह वृद्धि 23.85 प्रतिशत रही। भारत में प्रतिवर्ष 2.1 प्रतिशत की दर से वृद्धि हो रही है।

(ठ) भारत का जनसंख्या की दृष्टि से विश्व में दूसरा स्थान- भारत का जनसंख्या की दृष्टि से विश्व में द्वितीय स्थान है। इस क्षेत्र

में चीन का स्थान प्रथम है, परन्तु चीन में इस वृद्धि को रोकने हेतु अनेक कार्यक्रम चलाए जा रहे है जिसके कारण यह दर नियन्त्रित हो रही है। चीन की इस समय अनुमानित जनसख्या 120 करोड़ है तथा भारत की लगभग 100 करोड़ है। क्षेत्रफल की दृष्टि से चीन का भारत की तुलना में अधिक उच्च स्तर है।

(ढ) जनसंख्या के घनत्व में अधिक असमानता- भारत के विभिन्न क्षेत्रों में जनसंख्या के घनत्व में बहुत अधिक असमानता पाई जाती है, यह भारत की जनसंख्या की एक और विशेषता है। उदाहरण के लिए भारत में जनसंख्या का औसत घनत्व 274 व्यक्ति प्रतिवर्ग किलोमीटर है, दिल्ली में यह घनत्व 6,352 व्यक्ति है, राजस्थान में 129 तथा 749 केरल में है।

निष्कर्षतः यह कहना अनुचित नहीं होगा कि भारत एक मानव संसाधन सम्पन्न देश है, अर्थात् यहां पर जनसंख्या की अनेक विशेषताएं दृष्टिगोचर होती है। सन् 1991 में भारत में जनसंख्या का घनत्व जहां 267 व्यक्ति प्रति वर्ग किलोमीटर था, वहीं 1961 में में 142 व्यक्ति प्रतिवर्ग किलोमीटर था। भारत एक विकासशील देश होते हुए भी जनसंख्या की दृष्टि से दूसरे स्थान पर है।

विश्व जनसंख्या में वृद्धि

वर्तमान में विश्व की जनसंख्या में बहुत अधिक तेजी से वृद्धि हो रही है। सभी देशों की जनसंख्या की मात्रा का विश्व की जनसंख्या पर प्रत्यक्ष प्रभाव पड़ता है। आज सामान्यतः सभी देशों में चिकित्सा सुविधाओं का विकास हो गया है, जिस कारण सभी देशों की जनसंखओं में वृद्धि हो रही है जन्म दर अधिक है और मृत्यु दर कम है। जिसके कारण विश्व में जनसंख्या का घनत्व अधिक है। यह एक गम्भीर समस्या बन गई है। जिसका निराकरण करना बहुत अधिक है। वर्तमान युग को जनसंख्या वृद्धि वाला देश कहा जा सकता है। यदि

वर्तमान वृद्धि दर बनी रहेगी तो विश्व की कुल जनसंख्या लम्बे समय तक बढ़ती रहेगी। विश्व जनसंख्या की वृद्धि दर बनी रहे तो विश्व की कुल जनसंख्या लम्बे समय तक बढ़ती रहेगी। एक अनुमान के अनुसार पहले विश्व की जनसंख्या की वृद्धि दर 250 करोड़ थी जो बढ़कर वर्ष 1650 में 500 करोड़ तथा 1850 में यह दर 1000 करोड़ हो गई थी। सामान्यत: विश्व की बढ़ती हुई जनसंख्या के निम्न कारण हो सकते है:-

(क) चिकित्सा सुविधाओं में वृद्धि- प्राचीन काल में विज्ञान ने इतनी प्रगति नहीं की थी जितनी की वर्तमान काल में की है। यही कारण है कि प्राचीन काल में अनेक जानलेवा बीमारियों के कारण लोगों की मृत्यु दर अधिक थी, जिसके कारण विश्व की जनसंख्या दर में कमी थी। परन्तु इसके विपरीत आज चिकित्सा सुविधाओं की वृद्धि के कारण विश्व के सामान्यत: भी देशों की जन्म दर में वृद्धि हो गई है।

(ख) शिक्षा का प्रचार- शिक्षा के प्रचार के कारण भी विश्व की जनसंख्या में वृद्धि हो गई है। शिक्षा ही एकमात्र ऐसा तत्व है जिसके द्वारा लोगों को यह समझाया जा सकता है कि वह किस प्रकार अपना जीवन स्तर बढ़ा सकते है तथा वह किस प्रकार अपने को जानलेवा बीमारियों से बचा सकते है। इस लिए विश्व की जनसंख्या को शिक्षा भी प्रभावित करती है।

(ग) यातायात की उच्चतम सुविधाएं- वर्तमान में यातायात की सुविधाओं की कमी नहीं है। इसिलए आज यातायात की सुविधाओं के कारण प्राय: सभी देश एक-दूसरे के निकट आ गए है। पहले यातायात की सुविधाओं का अभाव था जिसके परिणामस्वरूप लोग दूर-दराज के शहरों में गांवों से ईलाज कराने नहीं आ पाते थे जिसके कारण मृत्यु दर में वृद्धि थी, परन्तु आज उन्हीं गांवों के लोग यातायात की सुविधाओं

के कारण नगरों में अपना ईलाज कराने को आते है जिसे कारण मृत्यु दर में कमी आ गई और विश्व की जनसंख्या को बढ़ावा मिल गया।

वर्तमान में विश्व की जनसंख्या ही विचार कर लेना आवश्यक नहीं है क्योकि विश्व के विभिन्न भागों में जनसंख्या वृद्धि दर में पर्याप्त अन्तर पाया जाता है। इस बात को हम दूसरे शब्दों में इस प्रकार व्यक्त कर सकते है कि विश्व के विभिन्न देशों में जन्म तथा मृत्यु दरों में भिन्नताएं पाई जाती है। जन्म दर के आधार पर पूरे संसार को निम्न समूहों में विभाजित किया जा सकता है:-

(क) प्रथम समूह के लोगों को को दो वर्गों में विभाजित किया जा सकता है। पहले वर्ग के अन्तर्गत भारत, अफगानिस्तान, ब्राजील, पाकिस्तान, मंगोलिया तथा अधिकांश दक्षिणी अफ्रीकी देश आते है, जहां जनसंख्या वृद्धि की दर 2 से 3 प्रतिशत के बीच में पाई जाती है। दूसरे वर्ग के अन्तर्गत ईरान, पेरू, लीबिया, अल्जीरिया, सुडान तथा केन्या आदि देश आते है जाहं पर जनसख्या वृद्धि दर 1.7 प्रतिशत पाई जाती है। जन्म तथा मृत्यु दर दोनों ही इन देशों में ऊंची पाई जाती है। लेकिन हाल के वर्षों में चीन एवं भारत जैसे देशों के मृत्यु दर में तेजी से गिरावट आई है परन्तु अपेक्षातया धीमी गति से। विश्व स्तर पर जनसंख्या वृद्धि दर के प्रारूप का जनसांख्यिीकीय संक्रमण के अन्तर्गत विश्लेषण किया गया है।

(ख) दूसरे समूह में विकसित देशों आते है जैसे सयुंक्त राज्य अमेरिका, आस्ट्रेलिया, जापान, न्यूजीलैण्ड एवं पश्चिमी यूरोपीय देश जहां वद्धि दर नीची है। उन देशों में जन्म दर तथा मृत्यु दोनों ही दरे नीची है। इसलिए यहा पर अधिक जनसंख्या पाई जाती है। जो कि एक गम्भीर समस्या है।

जनसांख्यिकी संक्रमण का सिद्धान्त- विभिन्न क्षेत्रों में कार्य करने वाले विभिन्न रूपों के द्वारा जनांकिकी का अर्थ परिभाषित किया जाता

है। जैसे कि सार्वजनिक स्वास्थ्य के सम्बन्ध में जानकारी जन्म-दर, मृत्यु दर आदि के बारे में जानकारी लेने के लिए जनांकिकी का अध्ययन किया जाता है। सामाजिक प्रक्रियाओं से सम्बन्धित व्यक्ति जनांकिकी को पारिवारिक एवं सामाजिक सरंचना, जन्म और मृत्यु-दर, विवाह आदि का अध्ययन कहते है। यह सिद्धान्त विश्व का सबसे महत्वपूर्ण तथा तथ्यों के आधार पर निर्मित सिद्धान्त माना जाता है। इसके द्वारा सैकड़ों सर्वेक्षणों करके निष्कर्ष निकाले जाते है। इस सिद्धान्त का सबसे पहले उपयोग एफ.डब्लू. नोटेस्टीन द्वारा किया गया। जिन्होंने आधुनिक काल में प्रत्येक देश उच्च जन्मदर एवं मृत्यु दर की अवस्था में निम्न जन्मदर एवं मृत्यु दर की अवस्था में पहुंचने की प्रक्रिया जाहिर की। यह सिद्धान्त तथ्यों पर आधारित होने के कारण अधिक प्रभावशाली माना जाता है। इसके द्वारा निकाले गए निष्कर्ष कभी गलत साबित नहीं होते है।

हमारे समाज में निरन्तर परिवर्तन होते रहते है जो कि विभिन्न घटनाओं के कारणवश होते है। उन घटनाओं के आधार पर जनाकिंकी एकत्रित करके उनका निष्कर्ष निकाला जाता है और उनके आधार पर सम्पूर्ण सत्य निष्कर्ष निकाले जाते है। जिससे कि जनगणना में आसानी होती है। आज विश्व के भी देशों में जनगणना होती है भारत में प्रत्येक 5 वर्षों के पश्चात यह गणना होती है जिसमें जनांकिकी का अपना विशेष महत्व होता है। हम जनांकिकी अध्ययन के द्वारा ने केवल राज्य की अपितु सम्पूर्ण विश्व की जनसंख्या का अध्ययन कर सकते है। इसके जरिए हम विभिन्न देशों के मध्य पाए जाने वाले जन्म दर व मृत्यु दर के बीच अन्त का अध्ययन कर सकते है।

विश्व के अधिकांश राष्ट्रों में जनसांख्यिकी संक्रमण सिद्धान्त को लागू करना अति आवश्यक होगा। इसकी तीनों अवस्थाओं में से प्रायः सभी राष्ट्रों को गुजरना होगा। यह सिद्धान्त सीधा विकास की प्रक्रिया

से जुड़ा हुआ है। विश्व के विकासशील देश जनसांख्यिकी सिद्धान्त की अन्तिम अवस्था में पहुंच चुके है। इन देशों की जन्म तथा मृत्यु दोनों दरों में समान रूप से वृद्धि तथा गिरावट हो गई है। जबकि विश्व के विकासशील देश इसकी द्वितीय अवस्था में है। इसलिए उनको विशाल जनसंख्या का सामना करना पड़ रहा है। यह प्रवृत्ति गम्भीर चिन्ता का विषय है।

बढ़ती जनसंख्या और उत्पन्न समस्याएं

बढ़ती जनसंख्या सम्बन्धित समस्याएं निम्नलिखित होती हैं:-

1. प्रायः सभी देशों की जनसंख्या की गणना विश्व की जनसंख्या के अन्तर्गत की जाती है। विश्व की जनसंख्या की प्रमुख समस्याओं में से से सबसे पहली समस्या यह है कि विश्व में क्षेत्रफल की कमी है क्योंकि विश्व का एक-तिहाई भाग जल से भरा हुआ है इस प्रकार विश्व की जनसंख्या केवल एक-चौथाई भाग में ही निवास करती है। जिसके फलस्वरूप विश्व के समक्ष क्षेत्रफल की समस्या उत्पन्न होती है। विश्व के कई ऐसे क्षेत्र भी है जहां जनसंख्या का घनत्व बहुत ही ऊंचा है जैसे सूदूर पूर्व एवं दक्षिण एशिया। इसके विपरीत कुछ ऐसे भी राष्ट्र विद्यमान है जहां पर जनसंख्या का घनत्व बहुत कम पाया जाता है। यहां पर यह बात ध्यान रखने योग्य है कि समस्या जिसका आज विश्व को सामना करना पड़ रहा है वह है जनसंख्या की तीव्र वृद्धि जिसके कारण संसाधनों की कमी हो रही है। यदि विश्व की जनसंख्या इस प्रकार बढ़ती रही तो जो शेष वन हमारी धरती पर है उन्हें भी काटना पड़ सकता है जिससे कि पर्यावरण दबाव अधिक बढ़ जाएगा। एक अनुमान के अनुसार यदि विश्व की जनसंख्या में इसी प्रकार वृद्धि होती रही तो 2010 तक विश्व की जनसंख्या लगभग 8 अरब हो जाएगी। इतने बड़े मानव समूह को सबसे पहले यह समस्या आएगी कि उन्हें कहां पर रखा जाए, क्योंकि तब विश्व में भी इतनी जगह नहीं

होगी कि इतने बड़े मानव समुदाय को समाया जा सके, इसके अतिरिक्त दूसरी समस्या यह उत्पन्न होगी कि किस प्रकार इन मानव आवश्यकताओं की पूर्ति की जाए क्योंकि यहां उपलब्ध संसाधनों की मात्रा इतनी अधिक नहीं होगी कि 8 अरब व्यक्तियों का पालन-पोषण किया जा सके, विकसित राष्ट्रों के पास धन की कमी नहीं है परन्तु उनके पास भी क्षेत्र फल की कमी है, वर्तमान में विकसित राष्ट्रों ने अपनी जनसंख्या पर नियन्त्रण करने के अनेक उपाय किए है जिनमें उनकों अपेक्षाकृत सफलता भी प्राप्त हुई है। परन्तु विकासशील राष्ट्रों के लिए यह आज भी एक समस्या के रूप में ही विद्यमान है। और यदि जनसंख्या वृद्धि इसी प्रकार बढ़ती रही तो वह दिन अब दूर नहीं कि विकसित राष्ट्रों को विकासशील राष्ट्रों की श्रेणी में आना पड़ेगा तथा विकासशील राष्ट्रों को अल्पविकसित देशों की श्रेणी में। क्योंकि यहां उपलब्ध संसाधनों की तुलना में जनसंख्या बहुत अधिक होगी। जिस कारण अव्यवस्था उत्पन्न होगी और इसको व्यवस्थित करना असम्भव हो जाएगा।

उन राष्ट्रों में जहां पर जनसंख्या उपलब्ध संसाधनों की तुलना में अधिक नहीं है जैसे कई अफ्रीकी देशों में पाया जाता है, वहां पर भी जनसंख्या का घनत्व बढ़ने का भय रहेगा। इन राष्ट्रों में भी तेजी से बढ़ती हुई जनसंख्या एक मुख्य समस्या के रूप में प्रकाशमय होगी। अभी इन राष्ट्रों का विकास इस कारण नहीं हो पा रहा है कि यहां पर मानव संसाधनों की कमी है और बाद में मानव संसाधनों की प्रचुरता के कारण इनका विकास सम्भव नही होगा। उपरोक्त विवरण से यह स्पष्ट होता है कि आज विश्व अनेकों समस्याओं से जूझ रहा है जो कि विकसित तथा विकाशील दोनों ही देशों के कारण उत्पन्न हो रही है, और भविष्य में इन समस्याओं के और अधिक व्यापक रूप लेने के आसार स्पष्ट रूप से दिखाई पड़ रहे है। इस सम्बन्ध में यही कहा जा

सकता है कि यदि हमें अपना भविष्य सुरक्षित रखना है तो जनसंख्या पर नियंत्रण आवश्यक है।

जनसंख्या, संसाधन एवं परिस्थितिकी संकट- परिस्थितिविदों का यह मानना है कि जनसंख्या से तात्पर्य समान प्रकार के जीवों का सामूहिक समूह है जो एक निश्चित स्थान पर निवास करता है। यह एक ऐसा समूह होता है जिसकी समान रूप से आवश्कताएं होती है, जैसे- रोटी, कपड़ा आवास आदि। अर्थात् प्रत्येक जीव चाहे वह जीव-जन्तु हो या मानव समूह हो सभी की संख्या विद्यमान होती है। जो कि परिस्थितिकी चक्र द्वारा संचालित होती है। जन्तुओं तथा वनस्पति की संख्या एवं परिस्थितिकी सम्बन्धों का अध्ययन वनस्पति विज्ञान के अनतर्गत किया जाता है, जीव विज्ञान एवं परिस्थितिकी विज्ञान में विविध प्रकार के जीवों के बारे में जानकारी एकत्रित की जाती है। वर्तमान में जीव विज्ञान ने बहुत प्रगति की है।

जनसंख्या यद्यपि उत्पादन का एकमात्र साधन मानी जाती है परन्तु अति जनसंख्या उत्पादन की उपभोक्ता भी मानी जानी चाहिए। इस बात को और स्पष्ट रूप से इस प्रकार समझाया जा सकता है, यदि संसाधनों की मात्रा अधिक है और मानव संसाधन कम है तो उनका गुजारा ठीक प्रकार से चल सकता है क्योंकि वह कम मानव संसाधन भी उच्च तकनीकों के द्वारा अधिक उत्पादन करने में सक्षम होते है परन्तु इसके विपरीत यदि मानव संसाधन अधिक है और उत्पादन साधन कम है तो मानव संसाधन निरर्थक ही होंगे। विश्व के सामने अनेक समस्याओं में से जनसंख्या की समस्या भी सर्वोपरि समस्या है क्योंकि जनसंख्या को निवास के लिए स्थान की आवश्यकता होती है जो कि पर्यावरण सन्तुलन को बिगाड़कर वर्तमान में दी जा रही है। अभिप्राय यह है कि प्रकृति का सन्तुलन बिगड़ रहा है जिससे कि भविष्य में अनेकों समस्याओं के आने का भय उत्पन्न हो रहा है। मानव संख्या

में तेजी से वृद्धि हो रही है और तकनीकी विकास के कारण उत्पादन में भी कम मानव संसाधनों के उपयोग से अधिक उत्पादन हो रहा है। जनसंख्या पर्यावरण से छेड़छाड़ करती है तो वहां की पारिस्थितिकी को प्रभावित करती है अर्थात् यदि वह पेड़-पौधो का विनाश केवल इसलिए करती है क्योंकि उसे रहने के आवास चाहिए तो यह उसकी सबसे बड़ी भूल होगी क्योकि जब जीवन ही नहीं रहेगा तो निवास स्थान की क्या आवश्यकता पड़ेगी।

जनसंख्या का पर्यारण से तथा पारिस्थितिकी से सम्बन्ध होता है अर्थात् यदि जनसंख्या अधिक होगी तो पर्यावरण का शोषण ही होगा पर्यावरण का शोषण होने के कारण पारिस्थितिकी का सन्तुलन अपने आप ही बिगड़ जाएगा।

जनसंख्या वृद्धि एवं वितरण- जबसे मानव ने प्रगति करनी शुरू की है तब से उसकी संख्या में निन्तर वृद्धि देखने को मिलती है। प्रारम्भ में निश्चित ही जनसंख्या सीमित थी एवं उपयुक्त क्षेत्रों में ही निवास करती थी, परन्तु अब उसकी क्रमिक वृद्धि के कारण आज एक ऐसी परिस्थिति का निर्माण हो चुका है कि जनसंख्या वृद्धि वहां की जन्म व मृत्यु दर से जानी जाती है। यदि जन्म दर अधिक है और मृत्यु दर कम है तो निश्चित ही जनसंख्या अधिक होगी इसके विपरीत यदि जनसंख्या की मृत्यु अधिक है और जन्म दर कम है तो जनसंख्या की वृद्धि दर कम मानी जाएगी। इस प्रकार जनसंख्या मृत्यु दर तथा जन्म दर में विपरीत सम्बन्ध देखने को मिलता है। किसी भी प्रदेश की जनसंख्या वृद्धि वहां की जन्म दर व मृत्यु दर से जानी जाती है। इसके अतिरिक्त यदि दोनों में आनुपातिक सम्बन्ध होगा तो वृद्धि सामान्य होगी। यह प्राय: विकसित देशों में देखने को मिलती है। यहा पर जन्म दर तथा मृत्यु दर दोनों में ही काबू पा लिया गया है। इस सन्दर्भ में जनांकिकी संक्रमण सिद्धान्त का अध्ययन किया जाना आवश्यक है

क्योंकि इसकी ही तीनों अवस्थाओं के अध्ययन द्वारा जनसंख्या के घनत्व को भली प्रकार से समझा जा सकता है:-

(क) प्रथम अवस्था- जनांकिकी संक्रमण की प्रथम अवस्था के अन्तर्गत जन्म दर तथा मृत्यु दर दोनों ही अधिक होती है, अर्थात् जनसंख्या वृद्धि नहीं होती या नाममात्र की होती है। इस अवस्था में फिलहाल वर्तमान में कोई भी देश नहीं है इसलिए इसे एक ऐतिहासिक उदाहरण समझा जाता है।

(ख) द्वितीय अवस्था- द्वितीय अवस्था में प्राय: सभी विकासशील देश आते है जहां पर जन्म दर अधिक होती है और मृत्यु दर घटती है, यहां पर मृत्यु दर में कमी आने का एक मुख्य कारण वहां पर हो रहे चिकित्सिक सुधार तथा शिक्षा का प्रसार होता है। जिसके फलस्वरूप जनसंख्या में तेजी से वृद्धि पाई जाती है।

(ग) तृतीय अवस्था- इस स्थिति में प्राय: विश्व के विकसित देश आते है जहां पर जन्म दर तथा मृत्यु दर दोनों में समानता पाई जाती है अर्थात् वहां पर इन दोनों में ही इतनी अधिक न तो वृद्धि ही पाई जाती और न ही कमी। इसका उदाहरण संयुक्त राष्ट्र अमेरिका है।

(घ) चतुर्थ अवस्था- इस प्रकार की अवस्था में विश्व के प्राय: स्वीडन, ब्रिटेन आदि राज्य सम्मिलित है, इस अवस्था में जन्म एवं मृत्यु दर दोनों ही कम होने से वास्तविक वृद्धि कम होती है।

उपरोक्त विवेचन से यह स्पष्ट होता है विश्व के प्राय: सभी देश जनांकिकी संक्रमण सिद्धान्त की चारों अवस्थाओं में से होकर गुजरते है। इसी कारण जनांकिकी सिद्धान्त को जनगणना के लिए एक उपयोगी सिद्धान्त के रूप में अपनाया जाता है। एक अनुमान के अनुसार आज विश्व की जनसंख्या में तीव्र वृद्धि देखने को मिल रही है। प्रति 30 सैकण्ड में दुनिया में 117 शिशुओं का जन्म होता है और लगभग 46 व्यक्तियों की मृत्यु होती है। वास्तविक वृद्धि 71 की होती है। दसरे

शब्दों में प्रतिदिन 20,00000 व्यक्तियों की या प्रतिवर्ष 7.5 करोड़ जनसंख्या की वृद्धि हो जाती है। यदि यही क्रम चलता रहा तो वह दिन दूर नहीं कि जब न खाने के पर्याप्त उपभोग साधन होंगे और न ही रहने के लिए पर्याप्त क्षेत्रफल होगा। विश्व की जनसंख्या एक अन्य महत्वपूर्ण प्रवृत्ति है, सीमित प्रदेशों में जनसंख्या का जमान अर्थात् जहां भी उपयुक्त वातावरण होता है वहीं जनसंख्या का घनत्व अधिक होता है, और वही जनसंख्या केन्द्रित हो जाती है। इस प्रकार यह कहा जा सकता है कि विश्व में जनसंख्या के वितरण में स्वाभाविक अन्तर है। जहां का वातावरण कठोर है वहां पर जनसंख्या का घनत्व कम पाया जाता है तथा जहां पर वातावरण अनुकूल है वहां पर जनसंख्या का घनत्व अधिक पाया जाता है, यह एक स्वाभाविक क्रिया है जिसे नकारा नहीं जा सकता है। विश्क की अधिकांश जनसंख्या ऐसे देशों में विद्यमान है जहा पर रहने, खाने आदि की पर्याप्त सुविधा है। इसलिए विश्व की जनसंख्या के वितरण में असमानता देखने को मिलती है। मरूस्थलीय प्रदेशों में प्रायः कम लोग निवास करते है जबकि सागरीय तटों पर अधिक जनसंख्या पाई जाती है। वर्तमान में पर्यावरण पर अधिक बल दिया जा रहा है इस कारण जिस इलाकों में पर्यावरण सम्बन्धी कोई समस्या नही होती है वहां पर जनसंख्या का घनत्व अधिक पाया जाता है। सामान्य में से सांस्कृतिक और पर्यावरण के तत्व ही जनसंख्या को अपनी ओर आकर्षित करते है। यही एकमात्र कारण है कि विश्व में जनसंख्या उन इलाकों में अधिक पाई जाती है जहां पर प्राकृतिक संसधानों की मात्रा प्रचूर रूप से होती है।

कई बार ऐसा भी होता है कि किन्हीं विशेष इलाकों में बाढ़, भूकम्प आदि प्राकृतिक प्रकोपों के कारण वहां की जनसंख्या अन्य इलाकों में आ जाती है जिससे कि उन इलाकों का जनसंख्या घनत्व बढ़ जाता है। इस प्रकार यह निष्कर्ष निकलता है कि जनसंख्या का

असमान वितरण केवल सुविधाओं के कारण ही पाया जाता है।

भारतीय जनसंख्या में विस्फोटक वृद्धि के कारण

भारत एक विकासशील देश है। यहां पर अनेक प्रकार की जातियां पाई जाती है और कृषि प्रधान देश होने के कारण यहा पर लोगों का मुख्य व्यवसाय कृषि ही माना जाता है। आज विश्व में जनसंख्या की दृष्टि से भारत का दूसरा स्थान है इसकी जनसंख्या लगभग 100 करोड़ यानि एक अरब आंकी गई है। यह बढ़ती हुई जनसंख्या भारत के समक्ष एक बहुत गम्भीर समस्या के रूप में विद्यमान हुई है। इसकी वृद्धि के कारण निम्नलिखित है:-

(क) जलवायु- भारत की जलवायु अनुकूल है यहां पर छः प्रकार की ॠतुएं पाई जाती है। अनुकूल जलवायु होने के कारण भारत में सभी प्रकार के प्राकृतिक सुख उपलब्ध है। अधिकांश जनता दूसरे देशों से यहां पर इसकी प्राकृतिक सुख-सुविधाओं को देखते हुए निवास कर लेती है। फलस्वरूप यहां की जनसंख्या में वृद्धि हो जाती है।

(ख) ऊंची जन्म दर को प्रभावित करने वाले कारण- भारत में जन्म दर ऊंची है इनको प्रभावित करने वाले कारणों के बारे में निम्न बताया जा रहा है:-

1. बहुपत्नी प्रथा- भारत में रूढ़िवादिता का बोलबाला प्राचीन काल से ही रहा है इस कारण यहा पर बहुपत्नी प्रथा का भी बोलबाला है। एक पत्नी के होते हुए अन्य स्त्री से शादी कर लेना यहा एक रीति मानी जाती है। जिससे कि जनसंख्या में वृद्धि होना स्वाभाविक ही है। इसका सर्वोत्तम उदाहरण मुस्लिम वर्ग है। जिसके अनुसार एक व्यक्ति एक से अधिक पत्नी से निकाह कर सकता है।

2. निरोधक उपायों का कम उपयोग होना- सन्तान-निरोध के विषय में उपयुक्त होने वाले साधनों एवं सुविधाओं का भीतर में उस स्तर पर प्रचलन नहीं हो पा रहा है जिस स्तर पर अन्य देशों में हुआ

है, जो कि जनसंख्या की वृद्धि में सहायक तत्व के रूप में कार्य कर रहा है।

3. बड़े परिवार को प्राथमिक ताल- प्राचीन समय से ही भारत में बड़े परिवारों को प्राथमिकता दी जाती है। यहां बड़े परिवार सुख-समृद्धि के द्योतक माने जाते है तथा उन्हें समाज में आदर प्रदान किया जाता है। यह एक अन्य कारण है जो कि जनसंख्या की वृद्धि करने में सहायक है।

4. पुत्रों की लालसा- पुत्र को कुल का दीपक कहा जाता है। उसी के द्वारा कुल की पीढ़ी आगे बढ़ती है। इसके विपरीत यदि पुत्र की प्राप्ति नहीं होती है तो सन्तान निरोधक उपायों को तब तक नहीं अपनाया जाता जब तक कि पुत्र की प्राप्ति नहीं हो जाती है। परिणामस्वरूप एक ही परिवार में 8-10 बच्चे पाए जाते है जो कि जनसंख्या में वृद्धि दर की दृष्टि से बहुत ही हानिकारक है।

5. स्त्रियों पर भावनात्मक बोझ तथा सामाजिक पराधीनता- भारत को पुरूष प्रधान देश माना जाता है यहा पर जो कार्य पुरूष करेगा वह स्त्री नहीं करेगी यह माना जाताा है। इसलिए सामाजिक दृष्टि से स्त्रियों को हर क्षेत्र में बोलने के लिए अधिकार प्राप्त नहीं होता है। इसलिए उन पर बहुत अधिक सामाजिक बुराईयां थोपी जाती है। अतः वह प्रजनन के सम्बन्ध में अपने पति से खुलकर बात नहीं कर सकती है जिसके कारण उसकी मानसिकता पर प्रभाव पड़ता है और यह जनसंख्या को बढ़ाने वाला एक अन्य कारण होता है।

6. सामाजिक सुरक्षा का अभाव- भारत में लोगों की सामाजिक सुरक्षा का अभाव है। माता-पिता बुढ़ापे में एवं संकटकाल में सहारा प्राप्त करने के लिए अधिक बच्चे पैदा करते है। उनका यह सोचना है कि एक बच्चा साथ है तो दूसरा तो साथ देगा। यह धारणा जनसंख्या को बढ़ावा देती है।

7. धार्मिक सद्भावना- हिन्दू समाज में यह मान्यता होती है कि पुत्र के द्वारा ही अन्तिम चिरांजलि दी जाए, इसलिए पुत्र प्राप्ति की लालसा ने हिन्दू समाज को खोखला बना दिया है। यह माना जाता है कि यदि पुत्र क्रिया-क्रम न करें तो पिता की आत्मा इस संसार में भटकती रहती है। इस कारण पुत्र की लालसा के कारण हिन्दू समाज में तलाक आदि को बढ़ावा मिला है जिसके कारण जनसंख्या में अधिक वृद्धि हो जाती है।

8. मनोरंजन के साधनों का अभाव- भारत में मनोरंजन के साधनों का अभाव है। ग्रामीण क्षेत्रों में तो मनोरंजन नाम की कोई चीज ही नहीं है। जहां देश के अधिकांश जनसंख्या निवास करती है वहां पर यदि मनोरंजन के साधनों की कमी होगी तो निश्चय ही लोग दिन भर की कठिन दौड़-धूप और मेहनत के बाद अपने शरीर को शून्य समझेंगे। अतः वह दिन भर की थकान को दूर करने के लिए मनोरंजन के रूप में सन्तान उत्पन्न करने को विवश होत है। यह भी एक जनसंख्या वृद्धि का कारण माना जा सकता है।

9. बच्चों के जन्म में अन्तर का अभाव- भारत में माता-पिता बच्चों के जन्म में अन्तर नहीं रखते है। जिसके कारण कई भाई बहनों की उम्र में केवल कुछ महीनों का ही अन्तर होता है। यह बात भी जनसंख्या वृद्धि के लिए पूर्ण रूप से उत्तरदायी है।

10. उष्ण जलवायु- भारत की जलवायु उष्ण है जो कि कामेच्छा को उत्पन्न करती है। इस उष्ण जलवायु के कारण ही भारत की स्त्रियां तथा लड़के शीघ्र ही सन्तान उत्पन्न करने योग्य हो जाते है। जिससे कि उनकी शादियां जल्दी कर दी जाती है और वे जनंसख्या में वृद्धि करते है।

निष्कर्षतः यह कहा जा सकता है कि उपरोक्त कारणों से जनसंख्या में वृद्धि पाई जाती है। आज भारत की सरकार भी इस

समस्या की ओर चिंतन शील है। परन्तु यह समस्या सुलझाने का कोई निश्चित समाधान नहीं सुझाया जा सका है। इसके अतिरिक्त एक अन्य कारण भी है जो कि भारत की जनसंख्या को प्रभावित करता है वह है बाल विवाह भारत में बाल-विवाह की प्रथा प्रचलित है। कम आयु में विवाह होने के कारण बच्चे भी शीघ्र उत्पन्न होने लगते है। भारत में अधिकांश विवाह 13-15 साल तक ही उम्र में कर दिए जाते है। अनेक विवाह तो इससे भी कम उम्र में ही कर दिए जाते है।

(ग) निम्न मृत्यु दर वाले कारण- भारत की जनसंख्या का प्रभावित करने के वाला दूसरा महत्वपूर्ण कारण है यहां पर चिकित्सा आदि सुविधाओं के कारण मृत्यु दर में होने वाली निरन्तर कमी। इसको अधिक विस्तृत रूप से समझने के लिए निम्नलिखित कारकों को समझना आवश्यक है:-

1. चिकित्सा एवं स्वास्थ्य सुविधाओं की वृद्धि- भारत एक विकासशील देश है, यह विकास करने की ओर अग्रसर है। गत वर्षो में भारत में चिकित्सा एवं स्वास्थ्य सुविधाओं में भी अच्छी वृद्धि हुई है जिससे लोगों के स्वास्थ्य पर अच्छा प्रभाव पड़ा और मृत्यु दर घटी है।

2. महामारियों एवं अकालों पर नियंत्रण- भारत में अनेक शोधों के आधार पर विभिन्न महामारियों एवं अकाल मृत्यु पर पर नियंत्रण पा लिया गया है। दूसरी ओर बाढ़, प्राकृतिक भूचाल तथा युद्ध से होने वाली मृत्यु पर भी सरकारी नियन्त्रण सफल रहे है।

3. औसत आयु में वृद्धि- भारत में औसत आयु में आई वृद्धि ने भी भारत की जनसंख्या को प्रभावित किया है। पहले भारत में व्यक्ति की उम्र 51 वर्ष थी जो कि अब बढ़कर 55 वर्ष हो गई है। इस बढ़ी हुई औसत आयु के कारण भी भारत की जनसंख्या की वृद्धि को बढ़ावा मिला है।

4. आर्थिक स्तर का ऊँचा उठना- भारत का आर्थिक स्तर निरन्तर ऊंचा उठता जा रहा है। इसके पीछे एक मुख्य कारण यह है कि बढ़ी हुई जीवन प्रत्याशा दर के कारण तथा चिकित्सा सुविधाओं के कारण लोगों ने अधिक मेहनत करना आरम्भ कर दिया है जिसके कारण उनकी आय का स्तर ऊंचा उठा है और उनका आर्थिक स्तर भी ऊंचा उठा है।

(घ) अन्य कारण- अन्य कारणों के अन्तर्गत निम्नलिखित तत्व आते हैं:-

1. सत्ता पलटने का भय- भारत में परिवार नियोजन पर आपातकालीन स्थिति में अधिक बल दिया जा रहा है। इसके लिए राह चलते हुए लोगों की नसबन्दियां कर दी जाती थी। परन्तु इसका विरोध उत्पन्न करने के लिए आम जनता में काफी हद तक आक्रोश पैदा हुआ और तत्कालीन सरकार कांग्रेस को भय हो गया कि अब उसकी सत्ता उसके हाथ से निकल जाएगी। इसलिए उसने यह आन्दोलन छोड़ दिया। इसलिए आने वाली अनेक सरकारों ने इस प्रकार का कोई भी आन्दोलन नहीं अपनाया। जिससे कि जनसंख्या की वृद्धि दर को रोका नहीं जा सका।

2. राजनतिक प्रतिनिधित्व का आधार जनसंख्या- भारतीय संविधान में संसद और विधान सभाओं में सदस्यों की संख्या तथा विभिन्न राज्यों के सीटों की संख्या का आधान जनसंख्या को माना गया है। इतनी ही नहीं, केन्द्रीय कर राजस्व के वितरण में भी जनसंख्या को ही आधार माना जाता है। जिसके फलस्वरूप परिवार नियोजन और जनसंख्या नियन्त्रण की ओर ध्यान नहीं दिया जाता है। सरकार केवल अपने प्रतिनिधित्व को सुधारने में ही लगे रहते है, और वे जनसंख्या की ओर कोई विशेष बल नहीं देते है, जिससे कि जनसंख्या की वृद्धि को रोका नहीं जा सकता है।

3. बाहर से आए शरणार्थियों का आगमन- यह भी एक गम्भीर समस्या है कि बाहर से आए शरणार्थियों को भारत में जगह मिल जाती है, और वे जनसंख्या को प्रभावित करते है। भारत में वर्ष 1947 में भारत में बहुत से शरणार्थी आए और 1971 में बंगलादेश से बहुत अधिक शरणार्थियों का आगमन हुआ।

4. परस्पर विरोधाभास- विपक्षी दलों ने सदैव ही सरकार के नियोजन कार्यक्रमों की अवहेलना की है जिसके परिणामस्वरूप इस नीति के सफल क्रियान्वयन में सहयोग नहीं मिला है और जनसंख्या में वृद्धि हुई है।

5. प्रवासी भारतीयों का आगमन- अनेक देशों से कट्टरपंथी लोग वहां पर रहने वाले अन्य जातियों को अपने देश से बाहर निकाल रहे है, जैसे कि पाकिस्तान ने अन्य मुस्लिम लोगों को बाहर निकाला है। वह लोग भारत में आ जाते है तथा यहां की नागरिकता प्राप्त करके यहां की जनसंख्या में वृद्धि करते है।

अतः निर्ष्कषतः यह कहा जा सकता है कि उपरोक्त अन्य कारणों के परिणामस्वरूप आज भारत की जनसंख्या में तेजी से वृद्धि हो रही है। जिसके कारण भारत के समक्ष एक चुनौति उत्पन्न हुई है।

बढ़ती जनसंख्या पर नियंत्रण हेतु कुछ महत्वपूर्ण साधन

भारत में बढ़ती हुई जनसंख्या को देखते हुए इसे रोकने के उपाय सरकार द्वारा जोरों पर जारी है। यदि सरकार द्वारा चालित नीतियों में लोग अपना योगदान दे तो यह नीतियां निश्चय ही कोई महत्वपूर्ण प्रभाव दिखाएगी। हम इनकों निम्नलिखित बिन्दुओं के द्वारा स्पष्ट कर सकते है:-

(क) शिक्षा एवं सामाजिक ज्ञान का प्रसार- शिक्षा ही एकमात्र ऐसा उपाय है जिसके माध्यम से लागों के बौद्धिक स्तर को उठाया जा सकता है। भारतीय सरकार शिक्षा की ओर महत्वपूर्ण कदम उठा रही

है रही है। सर्वप्रथम प्राथमिक शिक्षा को निःशुल्क कर दिया गया है, ताकि बच्चे की समझ व सूझ-बूझ को बढ़ाया जा सके। दूसरे माध्यमिक स्तर की शिक्षा को भी नाममात्र के शुल्क पर ही दिया जा रहा है। यदि साक्षरता का प्रतिशत बढ़ जाए तो स्त्रियों में बच्चे रखने की प्रवृत्ति कम हो जाती है। वह भी नौकरियां करने लगती है तथा घर एवं समाज में उनका समान सम्मान पुरूषों की भांति होता है। और वे प्रजनन सम्बन्धी हर प्रकार के निर्णयों में समान रूप से अपने विचार व्यक्त करती है। जिससे कि उनके द्वारा किए जाने वाले विरोधों से भारतीय जनसंख्या में कमी आ जाती है।

2. कानूनों का दृढ़तापूर्वक पालन करवाना- भारतीय व्यवस्थापिका द्वारा बनाए गए कानूनों का पालन करवाना पुलिस का कार्य होता है। वह कोर्ट के द्वारा लगाए गए कानूनों को देश में लागू करती है। यदि कोई व्यक्ति या परिवार किसी स्त्री को केवल इसलिए सताता है कि उसके कोई सन्तान नहीं है तो यह प्रावधान है कि वह महिला अपनी अपील कोर्ट में करेगी तथा उसकी उचित कार्यवाही की जाएगी। इतना ही नहीं किसी भी क्षेत्र में कानून बनाना ही आवश्यक नहीं होता है आवश्यक होता है उसे लागू करना, सरकार को यह अपना कर्त्तव्य समझना चाहिए कि वह हर प्रकार के कानूनों को केवल बनाए ही नहीं बल्कि विभिन्न क्षेत्रों में लागू भी करवाए। भारत में बढ़ती हुई जनसंख्या को रोकने के लिए भी समय-समय पर अनेक कानून बनाए गए है जैसे- बाल विवाह पर रोक, स्त्री शोषण के विरूद्ध कार्यवाही आदि। यदि ये कानून दृढ़तापूर्वक भारतीय जनता पर लागू किए जाए तो निश्चित ही भारतीय जनता इनका पालन करेगी और अपेक्षाकृत लाभ प्राप्त होगा।

(ग) प्रवास व्यवस्था- विशेषज्ञों के अनुसार जिन देशों में जनसंख्या की कमी हो वहां पर उन देशों से जनसंख्या का प्रवास उस देश में

होना चाहिए जिन देशों में जनसंख्या की मात्रा ज्यादा है। इससे सन्तुलन बना रहेगा। परन्तु वर्तमान में ऐसा सम्भव नहीं है। यह नहीं हो सकता है कि सभी भारतीय कोई सम्पूर्ण विकसित राष्ट्र जैसे अमेरिका में पहुंच जाए, इससे मात्र अव्यवस्था ही उत्पन्न होगी।

(घ) शरणार्थियों के आगमन पर रोक- अन्य देशों से आने वाले भारी मात्रा में शरणार्थियों की मात्रा पर एक सीमा तक रोक लगा देनी चाहिए ताकि वह भारत में आकर यहां की जनसंख्या वृद्धि दर को प्रभावित न कर सके। जिस प्रकार 1971 में बंगलादेश से शणार्थियों का काफिला आया था उस समय यदि भारत उन्हें केवल आर्थिक सहायता ही देता न कि प्रवास सहायता तो आज भारत में पाए जानी वाली भारी मात्रा में बंगलादेशी जनसंख्या की कमी होती। इस प्रकार बाहर से आने वाले शरणार्थियों को शरण केवल एक सीमा तक ही दी जानी चाहिए। अन्यथा अव्धवस्था उत्पन्न हो जाएगी।

(ङ) नैतिक संयम- भारतीय लोगों को शिक्षा के माध्यम से नैतिक संयम की शिक्षा देना अनिवार्य है। नैतिक संचय से जन्म दर में एक भारी मात्रा में गिरावट लाई जा सकती है। नैतिक संयम के अन्तर्गत देरी से विवाह करना, ब्रह्मचर्य के नियम का पालन करना तथा एक ही विवाह करना आदि महत्वपूर्ण नियम आते है। यदि इन नियमों का पालन व्यक्ति करता है तो वह निश्चय ही देश की जनसंख्या में होने वाली वृद्धि को रोकने में सहायक सिद्ध हो सकता है।

(च) परिवार नियोजन पर बल देना- परिवार नियोजन से अभिप्राय है कि अपने परिवार में एक ऐसी योजना का निर्माण करना जिससे कि बच्चों के जन्म में अन्तर आ जाए। भारत में बढ़ती हुई जनसंख्या को देखते हुए यह कहा जा सकता है कि परिवार नियोजन को कानूनी रूप से लागू करना चाहिए जैसा कि चीन में किया जा रहा है। चीन की यद्यपि क्षेत्रफल की दृष्टि से भारत से बहुत अधिक मात्रा है परन्तु वह

आज विश्व का सर्वाधिक जनसंख्या वाला देश माना जा चुका है। इस प्रकार यदि परिवार नियोजन पर बल दिया जाए तो निश्चित ही जनसंख्या मं एक भारी मात्रा में गिरावट देखने को आएगी।

(छ) आर्थिक विकास में तीव्र वृद्धि- भारतीय जनसंख्या को यदि रोकना है तो इसका एक यहभी तरीका है कि भारत के आर्थिक विकास में तीव्र गति से वृद्धि की जाए। ताकि मृत्युदर गिरने लगे और जन्मदर उठने लगे तथा दोनों में समन्वय स्थापित हो सके।

(ट) विवेकहीन मातृत्व पर रोक- भारत में विवेकहीन मातृत्व पर रोक लगाई जानी चाहिए। भारत में अनेक स्त्रियां अधिक से अधिक सन्तान रखने की लालसा रखती है। परन्तु शायद उन्हें यह ज्ञात नहीं है कि यह राष्ट्र उन्नति में बाधक है। इसलिए विवेकहीन मातृत्व पर रोग लगानी चाहिए।

(ठ) सामाजिक सुरक्षा को बल- सामाजिक सुरक्षा से अभिप्राय है कि भारत में ऐसी व्यवस्थाएं की जाए जिनके अन्तर्गत देश के सभी वर्गों को आपातकालीन स्थिति में पेंशन, मुफ्त चिकित्सा आदि की सुविधाएं दी जाएं। बहुत से लोग अपनी इकलौती सन्तान के अकाल मृत्यु हो जाने से घबरा जाते है क्योंकि उन्होंने अपनी नसबन्दी करवा रखी होती है। इस स्थिति में सरकार को चाहिए कि उस परिवार के भविष्य की जिम्मेदारी अपने सिर पर ले। इस प्रकार सरकार का दायित्व है कि वह ऐसी सामाजिक सुरक्षा की व्यवस्था करें जिससे अधिक कि सरकार उत्पन्न करने की लालसा व्यक्तियों के दिमाग में निकल जाए।

(त) मनोरंजन के साधनों में वृद्धि करना- मनोरंजन के साधनों से हमारा अभिप्राय उन साधनों से है जिनके द्वारा व्यक्ति अपनी थकान को दूर करते है तथा फिर तरोताजा महसूस करते है। ग्रामीण क्षेत्रों में मनोरंजन की कमी के कारण लोगों में सन्तान पैदा करने को ही अपना

मनोरंजन का साधन मान लिया है। जिससे कि जनसंख्या में वृद्धि निरन्तर हो रही है। क्योंकि भारत का अधिकांश मनुष्य वर्ग किसान है तथा वह गांवों में ही निवास करता है। इसलिए भारत की सरकार को चाहिए कि वह ग्रामीण क्षेत्रों में अधिक-से-अधिक मनोरंजन साधनों का विकास करे ताकि लोग अपने खाली समय में प्रजनन न करके इन साधनों के द्वारा अपना समय व्यवतीत कर सके।

(थ) गर्भ निरोधक साधनों का उपयोग करके- वर्तमान में गर्भ निरोधक साधनों ने आज जनसंख्या को चुनौती दी है। इनके द्वारा जनसंख्या को नियंत्रित किया जा सकता है। लेकिन जनता को इनसे अवगत कराना आवश्यक है। क्योकि कई ग्रामीण क्षेत्रों में यह मान्यता होती है कि यह साधन स्वास्थ्य को हानि पहुंचाते है। यह एक भ्रांति मात्र है। इसके अतिरिक्त जो लोग इन साधनों का प्रयोग करना भी चाहते है, वे प्रतिकूल प्रभाव के भय से उपयोग नहीं करते है, अतः यह जरूरी है कि देश में निरोध, लूप, कॉपर टी, मल्टी लोढ, शोध झिल्ली एवं गर्भ, निरोधक गोलियों के बारे में प्रायः सभी व्यक्तियों को टी.वी., रेंडियो आदि के द्वारा पूर्ण जानकारी दी जाए ताकि वह लोग जनसंख्या नियंत्रण में अपना सहयोग दे सके।

(ड) एक निश्चित आयु में ही विवाह- भारत में बाल विवाह के कारण जनसंख्या में वृद्धि हो रही है। इसके लिए यदि ऐसा प्रावधान बना दिया जाए कि विवाह करने के लड़के तथा लड़की की न्यूनतम उम्र कितनी होनी चाहिए तो शायद इस क्षेत्र में यह एक लाभकारी प्रयत्न होगा।

अतः उपरोक्त विवरण से यह स्पष्ट होता है कि भारतीय जनसंख्या के लिए ऐसे बहुत से प्रयोगों को अपनाना आवश्यक है जिससे कि जनसंख्या नियंत्रण को रोका जा सके। भारत की सरकार भी इस क्षेत्र में कार्यरत हैं। वह अनेक परिवार नियोजन कार्यक्रमों द्वारा इस क्षेत्र में

अपना योगदान प्रदान कर रही है। वर्तमान में ग्रामीण क्षेत्रों में भी बहुत जनसंख्या नियन्त्रण पर बहुत जोर दिया जा रहा है। जिसके परिणामस्वरूप आज अपेक्षित परिणाम धीरे-धीरे देखने को मिल रहे हैं।

यदि इसी प्रकार भारत के लोगों का सहायोग दिया जाता रहा तो शायद भविष्य में जनसंख्या वृद्धि को रोका जा सके, अन्यथा भारत ही नहीं अपितु सम्पूर्ण विश्व के लिए यह एक गम्भीर समस्या बन कर उत्पन्न हो जाएगी।

15

जनसंख्या शिक्षा का शिक्षक तथा शैक्षिक क्रियाकलाप

भूमिका

विद्यालय में प्रदान की जाने वाली शिक्षा का मुख्य उद्देश्य विद्यार्थियों का सर्वांगीण विकास करना होता है तथा इस उद्देश्य को प्राप्त करने के लिए उन्हें विभिन्न प्रकार के विषयों का ज्ञान प्रदान किया जाता है। कोई भी विषय कितनी सफलता के साथ प्रतिपादित किया जाता है, यह कई तथ्यों पर निर्भर करता है, जैसे शिक्षा प्राप्त करने वाले विद्यार्थियों की मानसिक तथा शारीरिक क्षमता, उपलब्ध साधनों की व्यवस्था तथा प्रयोग की जाने वाली शिक्षण विधि। परन्तु इनके अलावा एक तथ्य जो शिक्षण क्रिया की सफलता तथा विफलता को काफी हद तक प्रभावित करता है, वह होता है नियुक्त किए गए शिक्षक की क्षमता तथा कार्यकुशलता। इस प्रकार यह कहा जा सकता है कि क़िसी भी विषय के शिक्षण की सफलता तथा विफलता उसके शिक्षक पर मुख्य रूप से आधारित होती है।

सभी संस्थाओं में विभिन्न प्रकार के साधनों को उपलब्ध करवाया जाता है परन्तु फिर भी उन्हें प्रयोग करके निर्मित होने वाले विद्यार्थियों

की क्षमताओं में विभिन्नता पाई जाती है जिसका मुख्य कारण यह होता है कि उन्हें भिन्न क्षमताओं के अध्यापक शिक्षा प्रदान करते हैं। सभी प्रकार के साधनों जो शिक्षा प्रदान करने के लिए प्रयोग किए जाते है, उनमें शिक्षक का सबसे महत्वपूर्ण स्थान होता है, जिसका मुख्य कारण होता है कि यदि शिक्षा प्रदान करने के लिए किसी अकुशल शिक्षक को नियुक्त किया जाएं तो चाहे कितने ही कुशल साधनों की व्यवस्था की जाएं, परन्तु वह उन्हें सही प्रकार से कभी भी प्रयोग नहीं कर पाएंगा। इसलिए सभी संस्थाओं के लिए किसी योग्य शिक्षक को नियुक्त करना अति आवश्यक होता है।

जनसंख्या शिक्षा समाज में पाई जाने वाली एक गम्भीर समस्या से सम्बन्धित होता है इसलिए इसे सामाजिक अध्ययन का एक विषय माना जाता है तथा इस विषय का शिक्षण प्रदान करने के लिए किसी ऐसे शिक्षक को ही नियुक्त किया जाना चाहिएं जिसमें कुछ विशिष्ट प्रकार के गुणों का समावेश हो। सभी प्रकार के सामाजिक अध्ययन से सम्बन्धित विषयों की सहायता से कुछ विशिष्ट प्रकार के उद्देश्यों को प्राप्त करने का प्रयास किया जाता है जिनकी प्राप्ति के लिए योग्य शिक्षकों को नियुक्त करना अति आवश्यक होता है। इसलिए जनसंख्या शिक्षा के लिए भी किसी योग्य शिक्षक को ही नियुक्त किया जाना चाहिएं। इस विषय को प्रतिपादित करने के लिए एक योग्य शिक्षक केवल वही शिक्षक हो सकता है जिसमें कुछ विशिष्ट प्रकार के गुण विद्यमान होंगे। इन गुणों को निम्न वर्गों में विभाजित करके उल्लेखित किया जा सकता है :-

क. व्यक्तिगत गुण, तथा

ख. व्यवसायिक गुण।

जनसंख्या शिक्षक में पाएं जाने वाले व्यक्तिगत गुण

साधारण भाषा में यदि व्यक्त किया जाएं तो वह सभी प्रभाव जो

एक व्यक्ति दूसरे व्यक्ति अथवा व्यक्तियों पर डालता है, व्यक्तित्व कहलाते हैं। एक कुशल शिक्षक ऐसा व्यक्ति ही बन सकता है जिसका व्यक्तित्व प्रभावकारी तथा आकर्षक हो। इसके लिए शिक्षक में निम्न गुणों का सामावेश होना अति आवश्यक होता है :-

(क) प्रभावशाली व्यक्तित्व : जनसंख्या शिक्षा का शिक्षक शारीरिक तथा मानसिक रूप से स्वस्थ होना चाहिएं। उसमें जीवन शक्ति कूट-कूट कर भरी होनी चाहिएं तथा वह बहुत-ही परिश्रमी होना चाहिएं। वह मृदुल भाषी होना चाहिएं तथा उसमें नेतृत्व करने की क्षमता होनी चाहिएं। उसका व्यवहार छात्रों के प्रति सहानुभूतिपूर्ण होना चाहिएं जिससे सभी छात्र अपनी कठिनाईयों का खुलासा उसके समक्ष बिना किसी झिझक के कर सकें। वह समय का बहुत पाबंद होना चाहिएं तथा धैर्यशील होना चाहिएं।

वह साधारण वेशभूषा पहनने वाला होना चाहिएं तथा उसमें निष्पक्ष रूप से निर्णय लेने की क्षमता का विद्यमान होना अति आवश्यक होता है। उसमें अन्य व्यक्तियों के साथ मिलकर कार्य करने का गुण होना चाहिएं तथा आत्म सम्मान की भावना भी नीहित होनी चाहिएं। छात्रों अथवा अन्य व्यक्तियों के साथ वार्तालाप करते समय वह अच्छी भाषा शैली को प्रयोग करता हो तथा किसी भी प्रकार से असभ्य भाषा को प्रयोग नहीं करना चाहिएं।

(ख) आदर्श नागरिक : जनसंख्या शिक्षा का मुख्य उद्देश्य होता है विद्यार्थियों को जनसंख्या में हो रही अत्याधिक वृद्धि से होने वाली हानियों की जानकारी प्रदान करना तथा उन्हें विभिन्न प्रकार के साधनों की सहायता से परिवार के आकार को नियंत्रित करने के लिए प्रेरित करना। यह कार्य केवल वही शिक्षक कर सकता है जो स्वयं जनसंख्या को विकास का एक बाधक समझता हो तथा जिसे परिवार नियंत्रण कार्यक्रमों को प्रयोग करने की प्रेरणा विद्यमान हो। इसलिए यह

आवश्यक है कि जनसंख्या शिक्षा को प्रदान करने के लिए किसी ऐसे शिक्षक को नियुक्त किया जाएं जो एक कुशल नागरिक हो तथा राष्ट्र के हित के लिए जनसंख्या वृद्धि दर को कम करना अपना कर्तव्य समझता हो।

(ग) बाल मनोविज्ञान का ज्ञान : जनसंख्या शिक्षा प्रदान करते समय शिक्षक को कुछ ऐसे तथ्यों की जानकारी भी विद्यार्थियों को प्रदान करनी पड़ती है, जिसके सम्बन्ध में बात करना भी विद्यार्थी सही नहीं समझते तथा इस प्रकार से वह तथ्यों पर ध्यान नहीं देते। इस प्रकार की स्थिति में कभी भी शिक्षक को स्वयं को नियंत्रण नहीं खोना चाहिएं तथा विद्यार्थियों के समक्ष उन तथ्यों को प्रस्तुत करने से पूर्व ऐसा वातावरण अवश्य निर्मित कर देना चाहिएं जिसमें वह उन तथ्यों पर खुलकर बात कर सकें जिससे वह उन्हें अधिक कुशलता के साथ समझ पाएंगे। इस प्रकार यह कहा जा सकता है कि शिक्षक में विद्यार्थियों की मानसिकता को समझने का गुण होना चाहिएं।

उपरोक्त वर्णित व्यक्तिगत गुणों के अतिरिक्त एक जनसंख्या शिक्षक में कुछ विशिष्ट प्रकार के व्यवसायिक गुण भी विद्यमान होने चाहिएं, जिनका उल्लेख इस प्रकार हैं :-

जनसंख्या शिक्षक में पाएं जाने वाले व्यवसायिक गुण

यद्यपि शिक्षक को बहुत से कर्तव्य निभाने होते हैं परन्तु फिर भी शिक्षक के रूप में कार्य करना उसका एक व्यवसाय होता है। इस व्यवसाय को कुशलतापूर्वक करने के लिए यह अति आवश्यक है कि उसमें कुछ विशिष्ट गुणों का समावेश हो, जिनका उल्लेख इस प्रकार है :-

(क) विषय का पूर्ण ज्ञान : एक कुशल शिक्षक बनने के लिए यह अति आवश्यक है कि शिक्षक को विषय का पूर्ण ज्ञान हो। यद्यपि जनसंख्या शिक्षा को प्रतिपादित करने के लिए कुशल पुस्तकों का

निर्माण कार्य अभी तक संतोषजनक स्तर पर नहीं किया गया है परन्तु फिर भी विभिन्न प्रकार के साधनों की सहायता से इस क्षेत्र में सरकार द्वारा आरम्भ किए गए कार्यक्रमों की जानकारी एक शिक्षक प्राप्त कर सकता है। उसे इस तथ्य की पूर्ण जानकारी होनी चाहिएं कि सरकार द्वारा जनसंख्या नीति में किन-किन तथ्यों को सम्मिलित किया गया है तथा कितना धन इस प्रकार के कार्यक्रमों में लगाने की व्यवस्था सरकार द्वारा की गई है। इस प्रकार की जानकारी से शिक्षक कुशलता के साथ शिक्षा प्रदान कर पाता है तथा विद्यार्थियों द्वारा पूछे गए किसी भी प्रश्न का बहुत ही सहजता के साथ उत्तर दे पाता है, जिससे विद्यार्थियों को उसकी योग्यता पर विश्वास हो जाता है तथा वह उसका सम्मान करना आरम्भ कर देते हैं।

(ख) व्यवसायिक निष्ठा : शिक्षक ऐसा होना चाहिएं जो अपने व्यवसाय को केवल धन अर्जित करने का साधन न माने बल्कि उसका सम्माल करे। इस प्रकार का दृष्टिकोण प्रायः सभी शिक्षकों में देखने को नहीं मिलता परन्तु केवल ऐसा शिक्षक ही अपने कार्यों को पूर्ण निष्ठा के साथ सम्पादित कर सकेगा।

(ग) व्यापक दृष्टिकोण : जनसंख्या शिक्षा के शिक्षक का दृष्टिकोण व्यापक तथा वैज्ञानिक होना चाहिएं, जिसका अर्थ यह होता है कि उसमें निर्णयों को बिना पक्षपात के ले पाने की योग्यता होनी चाहिएं तथा वह किसी भी प्रकार से अंधविश्वासी न हो। उसे सभी तथ्यों को सच समझने से पहले उनकी जांच पड़ताल करनी चाहिएं तथा उन पर विश्वास केवल उसी समय करना चाहिएं जब उनकी सत्यता सिद्ध हो जाएं। इस प्रकार से ही वह अपने दृष्टिकोण को वैज्ञानिक रूप प्रदान कर पाएंगा।

(घ) कक्षा नियंत्रण की योग्यता : एक शिक्षक केवल उसी स्थिति में अपने ज्ञान तथा अनुभवों को छात्रों तक पहुंचा पाएंगा जब

उसमें छात्रों को नियंत्रण में रखने की योग्यता होगी। इसके अभाव में वह कभी भी अपने उद्देश्यों को प्राप्त नहीं कर पाएंगा। इस प्रकार यह कहा जा सकता है कि शिक्षक में बड़ी संख्या में छात्रों को नियंत्रित करने का गुण होना चाहिएं, अन्यथा कोई भी छात्र उसकी बात को सही प्रकार से सुन भी नहीं पाएंगा।

(ङ) शिक्षण नवाचारों का ज्ञान : आज जीवन का कोई भी ऐसा क्षेत्र नहीं है जहां पर विकास कार्य न किए गए हो तथा नवीन आविष्कारों को न किया गया हो। इन आविष्कारों से आज शिक्षा का क्षेत्र भी किसी तरह से अछूता नहीं रह गया है। विभिन्न आविष्कारों तथा शोध कार्यों की सहायता से नए विचारों को विकसित किया गया है तथा इसके कारण जनसंख्या शिक्षा के विषय को भी नवीनता प्राप्त हुई है। जनसंख्या शिक्षा के शिक्षक को सभी प्रकार के नए विचारों का पूर्ण ज्ञान होना चाहिएं अन्यथा वह पुराने विचारों को प्रयोग करते हुए लकीर का फकीर बन जाएंगा तथा कभी भी कुशलतापूर्वक अपने कार्य को सम्पन्न नहीं कर पाएंगा।

(च) आत्मानुशासन : एक कुशल शिक्षक केवल वही व्यक्ति बन सकता है जिसमें स्वयं को अनुशासन में बांधे रखने का गुण विद्यमान हो। केवल इसी प्रकार का व्यक्ति विद्यार्थियों में ऐसे गुणों को विकसित कर सकता है, जिनकी सहायता से वह ऐसा कोई भी कार्य नहीं करेंगे जो समाज के हित में न हों।

उपरोक्त वर्णित सभी गुणों का विद्यमान एक शिक्षक में होना चाहिएं तथा इनकी सहायता से ही वह एक कुशल शिक्षक के रूप में अपना कार्य सम्पादित कर सकता है।

जनसंख्या शिक्षा में कुशल शिक्षक की भूमिका

भारत जैसे देश में, जहां विकास करने के लिए विभिन्न प्रकार के कार्यक्रमों को निर्मित किया जा रहा है, उसमें तीव्रता के साथ विकसित

हो रही जनसंख्या एक विकट समस्या बन गई है तथा इस पर नियंत्रण प्राप्त करना आज अति आवश्यक हो गया है। यह कार्य करने के लिए ही सरकार द्वारा विभिन्न प्रकार के कार्यक्रमों को आयोजित किया जाता है परन्तु इनकी जानकारी प्रदान करने तथा सामान्य व्यक्तियों में इन कार्यक्रमों को प्रयोग करने के लिए प्रेरित करने का कार्य किसी भी प्रकार से सरल नहीं होता तथा इस कार्य को करने के लिए आज शिक्षा के माध्यम को प्रयोग किया जा रहा है। जनसंख्या शिक्षा की सहायता से एक शिक्षक विद्यार्थियों को जनसंख्या से सम्बन्धित विभिन्न प्रकार के महत्वपूर्ण तथ्यों से सम्बन्धित जानकारी प्रदान करता है तथा उन्हें इस तथ्य के लिए तैयार करता है कि वह भविष्य में उन सभी उपायों को प्रयोग करेंगे जिससे वह अपने परिवार के आकार को नियंत्रित कर सकते हैं।

कई व्यक्तियों का मानना है कि इस प्रकार की जानकारी सामान्य विषय के अन्तर्गत विद्यार्थियों को प्रदान की जा सकती है तथा इसके लिए किसी भी प्रकार से पृथक शिक्षक को नियुक्त करना आवश्यक नहीं हैं। परन्तु यह बिल्कुल ही अनुचित धारणा है। आज जनसंख्या शिक्षा को प्रदान करने के लिए एक शिक्षक द्वारा विभिन्न प्रकार के कार्य किए जाते हैं जिनको अन्य विषय का ज्ञान प्रदान कराने वाला कोई भी शिक्षक नहीं कर सकता इसलिए यह अति आवश्यक है कि विद्यालय में किसी ऐसे शिक्षक को नियुक्त किया जाएं, जिसे केवल जनसंख्या शिक्षा को प्रदान करने का ही प्रशिक्षण प्राप्त हुआ हो तथा वह इस कार्य को करने में कुशल हो।

जनसंख्या शिक्षा की सहायता से शिक्षक ऐसे विद्यार्थियों को निर्मित करने का प्रयास करता है जो पूर्ण रूप से जागरूक होते हैं तथा जो भविष्य में राष्ट्र विकास में पैदा होने वाली सबसे बड़ी कठिनाई अथवा बाधा, जनसंख्या के आकार को नियंत्रित करने में सहायता प्रदान करेंगे।

जनसंख्या शिक्षा प्रदान करने वाले शिक्षक को कुछ विशिष्ट प्रकार के कार्यों को सम्पादित करना होता है, जिनका उल्लेख इस प्रकार है :-

क. विद्यार्थियों को राष्ट्र तथा विश्व के विभिन्न देशों की जनसंख्या सम्बन्धी आंकड़ों अथवा स्थितियों की जानकारी प्रदान करना जिससे विद्यार्थी अपने देश तथा अन्य देशों की जनसंख्या के आधार पर तुलना कर सकें।

ख. विद्यार्थियों को यह तथ्य समझाना कि उनका राष्ट्र उस समय तक उन्नति नहीं कर सकता जब तक वह नारी को सम्मान प्रदान नहीं करेंगे। इस प्रकार से उनमें ऐसे गुणों को विकसित करने का कार्य भी जनसंख्या शिक्षक द्वारा किया जाता है जिससे वह ऐसे समाज को निर्मित कर सकें जिसमें नारियों को पुरूषों से किसी भी प्रकार से कम नहीं समझा जाता।

ग. जनसंख्या शिक्षण के अन्तर्गत शिक्षक को यह जानकारी भी विद्यार्थियों को प्रदान करनी पड़ती है कि वह स्वयं को किस प्रकार से विभिन्न प्रकार के रोगों से सुरक्षित रख सकते हैं तथा स्वस्थ्य रहने के लिए उन्हें किस प्रकार का भोजन ग्रहण करना चाहिएं। इस प्रकार से जनसंख्या शिक्षा प्रदान करने वाले शिक्षक का एक कार्य होता है शारीरिक तथा मानसिक रूए से सुबल विद्यार्थियों को निर्मित करना, जो भविष्य में अपने राष्ट्र को विकसित करने में सक्रिय भूमिका अदा करेंगे।

घ. जनसंख्या से सम्बन्धित सभी तथ्यों की जानकारी प्रदान करने का कार्य एक जनसंख्या शिक्षक द्वारा किया जाता है। वह विद्यार्थियों को यह जानकारी भी प्रदान करता है कि किस प्रकार से वह जनसंख्या वितरण तथा जनसंख्या के घनत्व को मूल्यांकित कर सकते हैं तथा जन्म एवं मृत्यु दर को मूल्यांकित करके यह पता लगा सकते है कि देश के किस कोने में सरकार द्वारा आयोजित किए गए परिवार नियोजन

कार्यक्रम सफल रहें तथा किन राज्यों में उनसे किसी भी प्रकार के कुशल परिणाम प्राप्त नहीं किए जा सकें।

ङ. हमारे देश में जनसंख्या शिक्षा प्रदान करने के लिए आवश्यक पाठ्य पुस्तकों का अभाव है। इस स्थिति में कभी-कभी शिक्षक को स्वयं ही विभिन्न प्रकार के स्रोतों से आंकड़ों को एकत्रित करके उनको संकलित करना पड़ता है तथा इस प्रकार से विद्यार्थियों के समक्ष प्रस्तुत करना पड़ता है, जिससे वह जनसंख्या की स्थिति को, विभिन्न राज्यों में पाई जाने वाली जनसंख्या वितरण की विभिन्नता को तथा अन्य सभी प्रकार के तथ्यों को भली प्रकार से समझ सकें।

च. जनसंख्या से सम्बन्धित विभिन्न प्रकार के आंकड़ों को प्रदर्शित करने के लिए सरकार द्वारा चित्रों तथा मापदंडों को कई पुस्तकों में प्रकाशित किया जाता है। जनसंख्या शिक्षक का एक मुख्य कार्य होता है विद्यार्थियों में उन गुणों को विकसित करना जिनकी सहायता से वह उन स्रोतों अथवा प्रकाशित किए गए चित्रों को भली प्रकार से पढ़ सकें तथा उनके द्वारा प्रदान की जाने वाली जानकारी को समझ सकें।

इस प्रकार से यह स्पष्ट है कि आज जनसंख्या शिक्षा प्रदान करना किसी भी प्रकार से सरल नहीं होता तथा इसके लिए किसी योग्य शिक्षक को ही नियुक्त किया जाना चाहिएं जिससे वह अपने कार्यों को कुशलता के साथ कर सकें।

16

भोजन, पोषण, जलवायु और स्वास्थ्य

आदिकाल से ही आहार ने मनुष्य के स्वास्थ्य को प्रभावित और नियमित भी किया है। आहार और स्वास्थ्य के बीच इस संबंध के रहस्य शताब्दियों तक फैले हुये क्षेत्र परीक्षणों के परिणामस्वरूप हमारे पूर्वजों को दिये गये। अच्छे स्वास्थ्य के सबसे महत्वपूर्ण नुस्खे हमारे धर्म ग्रंथों मजहब परम्परा और संस्कृति के ही हिस्से बन गये हैं। तब पाक-क्रिया का युग आया जिसके बाद आयी खाद्य-संसाधन और खाद्य-संरक्षण की आवश्यकता। मानव ने शेल्फ जीवन बढ़ाने और आहार प्रदेयता सुधारने की विधि का आविष्कार करना प्रारम्भ कर दिया।

वह उस स्वर्ण युग के अन्त का प्रारम्भ था जहां अच्छे भोजन और अच्छे स्वास्थ्य के बीच एक स्वास्थ्यवर्धक सन्तुलन भली प्रकार बनाये रखा गया था। अब चक्की के मालिक और भण्डारी को गेहूं के जीवाणु निकालने थे जिससे आटा खट्ठा न हो जाएं और चौकर निकालनी थी जिससे आटा सफेद और आकर्षक लगे। अनाज के रोग प्रतिरोधी भाग समाप्त किये गये। नमक को ट्यूमर और कैंसर के खतरे साथ लाते

हुये, परिक्षक के रूप जोड़ा गया। द्रुतगामी भोजन प्रारम्भ हुये जिनका परिणाम हुआ द्रुतगामी मौतें।

इस शताब्दी का मध्य भाग के संकटों की अनुभूति लाया। मानव ने अपने जीवित बचने के संबंध में अधीरता के साथ सोचना प्रारम्भ किया। इससे उसकी आवश्यकतायें सूचित होती थी। आहार पर दोषी होने का संदेह किया गया। प्रयोगशालाओं से शोधकर्त्ताओं के परीक्षणों के परिणाम और उनके अध्ययनों के निष्कर्ष आने के साथ यह संदेह बढ़ता गया। अपने सुरक्षात्मक साज-सामान से वंचित आहार लाखों के स्वास्थ्य के साथ खिलवाड़ कर रहा था। कुछ अन्य आहार जो परिरक्षकों से विषाक्त और वसाओं से दूषित थे, मानवीय यंत्र को थका रहे थे जो अपने आप को जीव विषों और अपशेषों के निष्कासन में असमर्थ पा रहा था।

यहीं वह पृष्ठभूमी थी जिने पुनर्जागरण का प्रारम्भ किया आहार और स्वास्थ्य के बीच एक सकारात्मक संबंध स्थापित करने की इच्छा पुनर्जीवन, जहां आहार स्वास्थ्य को उन्नत करता है अवनत नहीं। वैज्ञानिकों ने शोध परियोजनायें प्रारम्भ की हैं यह पता लगाने के लिये कि कौन-से आहार स्वास्थ्यप्रद हैं और क्यों और यह मानवीय तंत्रों पर कैसी प्रतिक्रिया करते हैं? इन अनुसंधानों और अध्ययनों के परिणाम जन-साधारण के समझ ऐसी भाषा में रखे जाने हैं जो सरलता से समझी और समाविष्ट की जा सके। ज्ञान को उस रूप और आकार में अधिकतम लोगों में एक विश्वसनीय ढंग से प्रसारित करना है। पुनर्जीवन का प्रयास वहां समाप्त नहीं हो सकता क्योंकि जानना करना नहीं है। बीमारी का नुस्खा कोई जानता हो किन्तु जब तक जो निर्धारित किया गया है उसे वह लेता नहीं है तब तक बीमारी बनी रहेगी। बिना किये परिणाम नहीं आते।

इस आहार पुनर्जागरण के पनपने और फल लाने के लिये आहार

स्वास्थ्य संबंध का ज्ञान गहरा और विशिष्ट होना आवश्यक है। केवल उस समय ही कुछ उद्देश्य पूर्ण करने के लिये उत्साह होगा। अतएवं इस रिश्ते की सारी चाल को विभिन्न कोणों से परखने की आवश्यकता है।

एक शुक्राणु एक डिम्ब से मिलता है और जीन व्यक्ति की वास्तुशिल्पीय रूप रेखा निर्धारित कर देते हैं। यह एक अनोखी परिकल्पना होती है। आनुवंशिकता के कुछ विशेषक अपना लिये जाते हैं और कुछ अन्य अस्वीकार कर दिये जाते हैं। माता-पिता की कुछ आदतें और स्वभावगत विलक्षणतायें भी स्वीकार कर ली जाती हैं और अन्य निकाल बाहर की जाती है। इस प्रकार जीन द्वारा निर्धारित वास्तुशिल्पीय परिसीमन में प्रथम दिन से गर्भ में शरीर के ढांचे का निर्माण मां के द्वारा लिये हुये आहार के साथ प्रारम्भ हो जाता है। आधुनिक विज्ञान ने भी नवजात शिशु के शरीर-स्वास्थ्य पर प्रसव पूर्व के आहार का स्थान स्तनपान और तत्पश्चात् शिशु द्वारा लिये जाने वाले अन्य आहार को सुझाया है। प्रकृति के मार्ग इतने पक्के हैं कि दूध पिलाने वाली मां के पहले कुछ दिनों का दूध वह बहुत-से रसायनिक द्रव्य प्रदान कर देता है जिनकी बच्चों को बहुत-सी बीमारियों से बचाने के लिये आवश्यकता होती है। यह मां का दोष है यदि स्तनपान उस समय नहीं कराया जाता, जिसका परिणाम यह होता है कि बच्चा सजीव प्रतिरोध प्राप्त नहीं कर पाता। आहार अपनी त्रुटियों और असफलताओं तथा अपनी सम्भावना और शक्ति के साथ शरीर की इमारत को बनाता रहता है। आहार शिलाखंड प्रदान करता है। हड्डियों और मांसपेशियों अवयव और रक्त प्लाज्मा सब व्यक्ति के द्वारा लिये हुये आहार पर सीधे निर्भर करते हैं। संक्षेप में जीन द्वारा निर्धारित शरीर की वास्तुशिल्पीय परिकल्पना के अन्तर्गत ढांचे के विभिन्न पहलु आहार के द्वारा गढ़े जाते हैं।

जब ईंट गारे से बनी दीवार में कुछ खराबियां आ जाती हैं, तब इसकी मरम्मत के लिये सबसे अच्छी सामग्री क्या है? निश्चय ही ईंट, गारा। न लकड़ी न लोहा और इस्पात, जो अधिक मजबूत हैं न कोई अन्य विलक्षण सामग्री उस दीवार को उसकी मौलिक शक्ल और शक्ति प्रदान करेंगे। यहीं मानव शरीर के लिये भी सच है। आहार के द्वारा निर्मित शरीर की सब खराबियां और कमजोरियां आहार रूपी ईंट, गारे से मरम्मत की जायेंगी। यदि वे मरम्मतें और प्रतिस्थापन प्रभावी और स्वीकार्य होने हैं इस पद्धति में औषधियों का केवल न्यूनतम स्थान है।

यह हमारे पूर्वजों को ज्ञात था। जो आहार शरीर की टूट-फूट की मरम्मत कर सकते थे उन्हे प्रमुख स्थान दिया गया। उचित आदर देने के लिये आहार की उन वस्तुओं को धार्मिक अनुष्ठानों का अंग बना दिया गया। हिन्दू मधु, दही और तुलसी को अमृत समझतें थे। केला मांगलिक स्थानों को अलंकृत करता था और जौ पूर्वजों को उनके अंतिम कृत्य करते समय समर्पित किया जाता था। ईसाइयों के धार्मिक ग्रन्थों में भुने बीजों, शहद, दही और पनीर के साथ जौ का कीमती आहार के रूप में प्रायः वर्णन आता है। पवित्र कुरान में मधु मक्खी पर एक अध्याय है। मिस्त्र के लोग पुराने शवों के साथ लहसुन रखते थे और रोमवासियों ने पचास से अधिक बीमारियों के लिये लहसुन की सिफरिश की है। सोयाबीन की पहली बुआई 3000 ई. पू. में चीनी सम्राट द्वारा सदा सम्मनित की जाती थी। जिन्सेंग पवित्र बाइबिल में वर्णन पाता है। मूल्य के लिये कभी कभी इसे सोने में तौला जाता था। यह मान्यता केवल लोकसाहित्य पर आधारित नहीं थी बल्कि सैकड़ों वर्षों तक हुये क्षेत्रीय परीक्षणों के आधार पर थी।

पोषण विज्ञान कई शताब्दियों से आहार को स्वास्थ्य से सम्बन्ध करने का प्रयास कर रहा है। इस संबंध में कुछ महत्वपूर्ण घटनायें

निम्नलिखित हैं:-

1. 1400 ई. पू. हिप्पोक्रेटीज ने स्वास्थ्य के आहार से संबंध के विषय में लिखा हैं।

2. 300 ई. पू. प्राचीन चीनी ग्रन्थों में बेरी का वर्णन किया गया।

3. 1747 ईस्वीं लिंड ने सिद्ध किया कि नींबू वंश के फल स्कर्वी ठीक कर देते हैं पहले नियंत्रित मानव-आहार के प्रयोग के आधार पर।

4. 1789 ई. में सूखांडी रोग के उपचार के रूप में कॉड लीवर तेल का प्रयोग किया गया।

5. 1797 ई. में नींबू का रस स्कर्वी रोग की रोकथाम के लिये ब्रिटिश नौसेना द्वारा अधिकृत रूप से आरम्भ किया गया।

6. 1850-52 फ्रांस में चेतिन ने गलगण्ड की पोषण-संबंधी रोग के रूप में पहचान की।

इन सबसे महत्वपूर्ण भारतीय चिकित्सा पद्धतियों में से कुछ में दो से पांच श्लोकों में प्रत्येक आहार का वर्णन है जो उनके चिकित्सकीय गुण बताते हैं।

प्राचीन प्रथा और इसका पुनर्जीवन

उपजाऊ गंगा और सिंधु के मैदानों, चीन के अर्ध बंजर लोएम मैदानों और दजला, फरात और नील के किनारों के कछारी प्रदेशों की प्राचीनतम सभ्यताओं ने उत्पादक कृषि का विकास किया था और आहार तथा स्वास्थ्य के मध्य संबंधों के रहस्यों का अन्वेषण किया था। प्राचीनतम पुस्तक भारत के *ऋगवेद*, में और बाद के *वैदिक वाङ्मय* के स्त्रोत हैं जिनमें विविध प्रकार के अनाजों, सब्जियों और फलों की खेती के और शहद, तुलसी, दही तथा अन्य आहारों गुणों के संकेत मिलते हैं।

ब्रिटानिका विश्वकोश अपने चिकित्सा के इतिहास में कहता है,

भारतीय चिकित्सा विज्ञान अधिकांश आहार सम्बन्धी था-आहार-चिकित्सा महत्वपूर्ण थी और बहुत-से औषधीय उपचारों के पहले की जाती थी। *भारतीय मैटीरिया मेडिका* विस्तृत थी और मुख्य रूप से जड़ी बुटियों से बनी हुई थी- जो सबकी सब देशी पौधों से थी-किन्तु वितिवध जानवरों के दूध जैसी पशुचिकित्साओं और खनिजों का भी प्रयोग किया जाता था तथा स्वच्छता के उपायों पर मुख्य जोर दिया जाता था और दिन में दो आहारों का निर्देश था जिसके साथ ही आहार की प्रकृति और मसालों के प्रयोग का संकेत था।

चीन में भी *मेटिरिया मेडिका* सदा ही विस्तृत रही है और वनस्पति पशु और खनिज उपचारों से निर्मित है। यूनान में *हिप्पोक्रेटीज* ने आहार और कुछ औषधियों के प्रयोग पर बहुत जोर दिया और आगे कहा कि वह रोग को एक प्रकृति वैज्ञानिक की आंख से देखता था और पूरे रोगी को उसके पर्यावरण में अध्ययन करता था।

उपर्युक्त साक्ष्य प्रगट करता है कि अच्छे आहार और अच्छे स्वास्थ्य का घनिष्ट संबंध भारत, चीन, बैबीलॉन और नील घाटी के हमारे पूर्वजों को ज्ञात था। वे अपने आहार में खनिजों और सूक्ष्ममात्रिक तत्वों के महत्वपूर्ण के सम्बन्ध में भी जानते थे। उस ज्ञान ने शताब्दियों में अपनी चमक खो दी और खाद्य-संसाधन तथा संरक्षण तकनीकों ने स्वादिष्ट किन्तु अस्वास्थ्यकर पकवानों को उत्पादित करते हुये उसे गुमनामी के अंधकार में ढकेल दिया। खाद्य और स्वास्थ्य में सकारात्मक सम्बन्ध की इच्छा का पुनर्जागरण इस शताब्दी के उतरार्ध में पश्चिम के विकसित देशों में प्रारंम्भ हुआ क्योंकि वहीं सबसे अधिक तबाही हुई। अनुसंधान और अध्ययनों के परिणामों के आधार पर विश्वसनीय ज्ञान इस विषय पर अब प्राप्त हो रहा है।

अपने आप में विश्वसनीय ज्ञान इच्छित परिणामों को प्राप्त करने के लिये पर्याप्त नहीं है। कोई व्यक्ति या धारणा ऐसी होनी चाहिये जो आपके उस ज्ञान को क्रिया रूप में परिवर्तित करने के लिये प्रेरित करे।

होलिस्टिक हेल्थ का एक अग्रगण्य व्यवसायी कहता है कि उसके 85% छः सप्ताह समाप्त होने से पहले अपने प्रयास छोड़ देते हैं जो जानते हैं उन्हें आवश्यक कार्य के लिये कैसे आगे बढ़ाया जाये? अच्छे भोजन अच्छे स्वास्थ्य के सम्बन्ध का पुनर्जागरण तब तक प्रभावी नहीं होगा जब तक कि जो अच्छा जाना जाता है उसे किया न जाये।

इस सन्र्दभ में दो घटनाओं की ओर ध्यान आकृष्ट करना है जो समनुरूप नहीं है। एक बार सतर के दशक के उत्तरार्ध में यू.के. में एक व्यक्ति अपनी पत्नी, माता-पिता तथा अन्य लोगों के भरसक प्रयत्नों के बावजूद धूम्रपान नहीं छोड़ा रहा था। बी.बी.सी. उन दिनों टी.वी. पर एक धारावाहिक प्रदर्शित कर रहा था जिसमें दिखाया गया था कि जैसा सर्जन जनरल की रिर्पोट में दृढ़ता से कहा गया है, धूम्रपान करने वालों की प्रवृति कैंसर की ओर होती है। पत्नी ने अपने छः वर्ष की पुत्री के साथ उस धारावाहिक को देखना प्रारम्भ किया- उसे पूरी संकल्पना को साफ समझाते हुये। कुछ दृश्यों के बाद जब भी पूत्री अपने पिता को धूम्रपान करते देखती, उसे दौरा पड़ जाता तथा वह रोते और विलाप करते हुये कि उसके पिता को कैंसर हो जायेगा और वह मर जायेगा, उससे चिपट जाती। वह तब तक रोती सिसकती रहती जब तक वह धूम्रपान समाप्त नहीं कर लेता। अन्त में उसे धूम्रपान छोड़ना पड़ा क्योंकि प्रत्येक बार जब वह धूम्रपान प्रारम्भ करता, लड़की को दौरा पड़ जाता।

दूसरी घटना अमेरिका के एक राज्य में गाड़ी चलाने के सम्बन्ध में है जहां अगली सीट पर बैठने वाले के लिये सीट-बेल्ट बांधना थोड़े समय पहले ही अनिवार्य किया गया था। एक बार इस व्यक्ति ने, थोड़ी दूर जाते समय जब उससे पेटी बांधने के लिये कहा गया, कहा कि इससे कोई फर्क नहीं पड़ता और बात मानने से इंकार कर दिया। अगली बार उतनी ही दूर जाते हुये जब पांच वर्ष के एक बच्चे ने पीछे

से अंकल को सीट-बेल्ट बांधने के लिये कहा तो उसने तुरन्त बात मान ली क्योंकि उसने सोचा कि ऐसा न करने से बच्चे को गलत प्राथमिकतायें प्राप्त होगी। जिसे अपनी किंडरगार्टन कक्षा में सीट बेल्ट बांधने के संबंध में निर्देश दिये गये थे। इसी प्रकार जब अच्छी भोजन सम्बन्धी आदतें प्राथमिक विद्यालय स्तर पर बच्चों को डाली जाती हैं और उनको बताया जाता है कि किससे कैन्सर या दिल का दौरा हो सकता है तो वे देखेंगे कि उनके नजदीकी और प्रियजन उन बातों को मानें।

इस प्रकार अच्छा भोजन अच्छा स्वास्थ्य सम्बन्ध उसी तरह प्रभावी होगा जब अच्छी स्वास्थ्य सम्बन्धी आदतों को स्पष्ट रूप से पहचाना जाएंगा और सभी सम्बन्ध व्यक्तियों द्वारा कार्य रूप में परिणत करने के लिये किशोर स्कूली बच्चों तक ले जाया जाएंगा।

ब्रिटेन में यह प्रक्रियायें पहले से ही पहचान ली गई थी। संयुक्त राज्य अमरीका में प्रथम सर्जन जनरल की रिर्पोट ने उन्हें अब स्पष्ट पहचान लिया है। ब्रिटेन में राष्ट्रीय आहार सर्वेक्षण 1988 का सार-संक्षेप स्पष्ट बताता है कि न केवल लक्ष्यों को पहचान लिया गया था बल्कि सही दिशा में एक निश्चित रूझान और गति थी। जब उस देश में लोगों ने लक्ष्यों को प्राप्त करने में स्वयं को इतनी निकटता से लिपत कर लिया है और अभिजात्य वर्ग भी उनके साथ हो लिया है, नव-जागरण अथवा पुनर्जीवन पूर्णरूप से निश्चिय है। आगामी वर्षों में हम और अच्छे परिणामों की आशा कर सकते हैं।

जब मध्य युगों में इटली में कला का नव-जागरण हुआ था, लेनार्दो द विनसी की पेंटिग अकेली घटना नहीं थी, फ्लोरेंस और रोम की कला दीर्घायें अनेक विशिष्ट व्यक्तियों की कला कृतियों से भर रही थी, सेंट जान का गिरजाघर कलात्मक दृष्टि से सुन्दर बनाया जा रहा था। सभी के लिये कला वायुमण्डल में व्याप्त थी। विलियम मॉरिस का

नव-जागरण का काव्य एकमात्र, उदाहरण नहीं था। उस युग का विश्व ऐसे सैकड़ों कवियों के शब्दों से गूंजता था और उनमें से कुछ खूब चमकते थे।

इस प्रकार एक पुनर्जागरण, आहार और स्वास्थ्य के मध्य एक सकारात्मक सम्बन्ध की इच्छा का पुनर्जीवन जहां अच्छा भोजन अच्छा स्वास्थ्य बनाता है, पश्चिम के विकसित देशों में अस्सी के दशक में प्रारम्भिक वर्षों में पहले ही शुरू हो चुका है। यह पुनर्जागरण एक आन्दोलन का रूप ले चुका है और यह धीरे-धीरे पूर्व की ओर बढ़ रहा है। सारे संसार में सरकारे इसमें सम्मिलित हो रही है; वैज्ञानिक प्रयोगशालाओं में, जानवरों पर जीव चिकित्सा के क्षेत्र में और मनुष्यों पर अनुसंधानों करने में पूरी शक्ति लगा रहे है। अध्ययन भी किये जा रहे हैं। उनके परिणामों को संकलित करना है और प्रभावी ढंग से लोगों, युवकों और स्कूलों में पढ़ाते किशोरों के पास ले जाना है।

शरीर की कोशिकायें

कोशिकायें जीवन की इकाईयां हैं। अलग-अलग कोशिकाओं का जीवन छोटा होता है। कोशिका-चक्र सरल है। यह अपनी मूल साइज की दुगनी हो जाती है और तब अपने आप को दो कोशिकाओं में बांट लेती है जो पुनः आकार में दुगनी हो जाती है। और बंट जाती है। यह दुगनी होने और बंटने की प्रक्रिया उपजाति के बने रहने की गारंटी है। कोशिकाओं में रसायनिक क्रियाओं में एन्जाइम सहायक होते हैं। प्रत्येक भिन्न प्रतिक्रिया के लिये भिन्न एन्जाइम आवश्यक होते हैं। कुछ कोशिकाओं में कई हजार एन्जाइम होते हैं। यह बहुसंख्यक एन्जाइम कोशिकाओं को विविध उद्दीपकों के प्रति अनुक्रिया करने में और असाधारण स्थितियों में अनुकूलन के योग्य बनाते हैं। इन कोशिकाओं के संबंध में ज्ञान बढ़ता जाता है। फिर भी वैज्ञानिक अवगत है कि वे अब भी जीवन की इन मूलभूत इकाईयों के संबंध में बहुत कुछ नहीं

जानते। यह तथ्य कि एन्जाइम जीवन में विविध स्थितियों के प्रति प्रतिक्रिया के हेतु इन कोशिकाओं के लिये इतने महत्वपूर्ण हैं आहार की महता प्रदर्शित करता है जो इन कोशिकाओं को जीवन एन्जाइम शक्ति प्रदान कर सकता है।

मानव-शरीर खरबों कोशिकाओं का बना हुआ होता है जो जीवित द्रव्य की स्वतंत्र एवं अन्योन्याश्रित क्रियायें होती है। रक्त प्रत्येक कोशिका का पोषण ले जाता है और उसका अपवहन बाहर लाता है। यदि रक्त वांछित शुद्धता का नहीं होता, कोशिकीय अवस्थाओं के कारणों में से कुछ हैं जो क्रम से कई रोगों से सम्बन्ध है। शरीर तंत्रों में से कुछ का मुख्य कार्य अपद्रव्यों और जीव-विषों को निकालना है और कुछ का जीवन्त खाद्यों की पूर्ति उन तत्वों को वापस लौटाने के लिये जिनकी कोशिकाओं के पुनर्जीवन के लिये आवश्यकता होती है।

एमिनो एसिड जीवन का आधार बनाते है। शरीर में प्रत्येक कोशिका के प्रजनन तथा विकास के लिये यह अनिवार्य उपादान है। प्रत्येक मांसपेशी, अवयव, हड्डी और हॉरमोन के अधिकांश एमिनो एसिड के संयोग से बने हुये है। इन एमिनो एसिड में से कुछ सारभूत एमिनो एसिड कहलाते है और शरीर के द्वारा निर्मित नहीं होते। इन्हें आहार के द्वारा जुटाना पड़ता है। इस प्रकार विविध रोगों से संबंध निष्क्रिय कोशिकीय अवस्था से लड़ने से आहार का सीधा संबंध हो जाता है।

कभी-कभी कुछ एमिनो एसिड विशिष्ट औषध शास्त्रीय प्रभाव प्राप्त कर सकते हैं, उदाहरण के लिये आहारीय एमिनो एसिड़ ट्राइप्टोफन दर्द नियंत्रक उपचार के लिये प्रयोग की जाती है। ग्लुटामिन का प्रतिदिन दो ग्राम सम्पूरक थोड़ी बंटी हुई खुराकों में न केवल ललक को कम करता है बल्कि अधिक अच्छी नींद लाता है और चिन्ता कम करता है।

भौतिक शरीर और इसकी कोशिकायें भारतीय सिद्धान्त के अनुसार आकाश, वायु, अग्नि, जल और थल पंच तत्वों के बने हुये हैं। इन तत्वों का असंतुलन रोग का मुख्य कारण है। अतः अच्छे स्वास्थ्य के लिये हमें ऐसे पदार्थ की आवश्यकता है जिसमें सब या इनमें से अधि कांश तत्व हो जिससे इन तत्वों का संतुलन आसानी और शीघ्रता से पुनः कायम किया जा सके। पृथ्वी पर उगने वाला आहार अकेला पदार्थ है जिसमें यह सब पांचों तत्व है। वायु, सूर्य द्वारा प्रदत अग्नि, जल, थल सब इस प्रकार के आहार को पैदा करने के लिये आवश्यक है। एन्जाइम जिनका वर्णन थोड़ा बाद में किया गया है इस प्रकार पृथ्वी पर उगाये गये आहार में प्राण शक्ति है। अतः इस प्रकार का भोजन ही शरीर को पुनः स्वास्थ्य प्रदान कर सकता है।

क्लोरोफिल

इस नाम के सब्जियों के समूह का क्लोरोफिल अणु मैग्नेसियम के केवल एक अणु के चारों ओर कार्बन ऑक्सीजन, नाइट्रोजन और हाइड्रोजन के एक चक्र का बना हुआ होता है। हमारे लाल रक्त के लोहिताणु की आणविक रूप रेखा मैग्नीशियम के अणु के स्थान पर लोहे के एक अणु के चारों ओर से घेरे हुये तत्वों का एक मिलता-जुलता जाल है। यह साश्य मानव तंत्र के लिये क्लोरोफिल की उपयोगिता के संबंध में एक रहस्य उद्घाटित करता है। ऐसा प्रतीत होता है कि यहां हमारे पास स्पष्टतया निर्णायक प्रमाण है कि कौन-सा पथ्थापथ्य नियम स्वस्थ जीवन के लिये सही या स्वाभाविक है।

क्लोरोफिल वह जाल है जो सूर्य की शक्ति को संचित करता है। यह विटामिन और खनिजों, हॉर्मोन और एमिनो के साथ क्रिया करके रक्त कोशिकाओं के लाल पिग्मेन्ट उत्पन्न करता है। यह कोशिकाओं के ढांचे को मजबूत करता है और उन्हें हानिप्रद बैक्टीरिया से सुरक्षित करता है।

प्रत्येक आहार कई सौ तत्वों का मिश्रण है। इन तत्वों में से कुछ ज्ञात है किन्तु बहुत-से अब भी अज्ञात है। उस आहार का संघात उन सब तत्वों के एक एक करके और सम्मिलित प्रभाव का योग है क्योंकि कुछ तत्व उस खाद्य में सम्मिलित अन्य तत्वों के परिपाचन में प्रोत्साहन देते हैं। इस प्रकार यदि उस भोजन के समसत ज्ञान तत्वों को एकत्रित किया जायें, मानव शरीर पर वे वही प्रभाव नहीं उत्पन्न कर सकेंगे जितना प्रकृति द्वारा- उत्पन्न वह विशेष खाद्य करेंगे। इसका कारण यह है कि उस भोजन में कुछ और भी तत्व है जो अब तक अज्ञात है और जो उस भोजन के विभिन्न घटकों को अधिक प्रभावी बनाता है।

एन्जाइम

एन्जाइम के कोई शरीर नहीं होते। वे बहुत-ही छोटे होते हैं। एक औसत शरीर कोशिका पानी की एक बूंद की एक अरबवां भाग के लगभग होती है और लगभग 3,000 एन्जाइम इसमें होती है। एन्जाइम एक चुम्बकीय अन्तरिक्षीय ऊर्जा हैं जो विद्युत की भांति द्रव्यों को सक्रिय करती है। यह एन्जाइम की ऊर्जा मानव शरीर में वनस्पति में और जीवन के प्रत्येक रूप में प्रत्येक अणु के कार्य एवं क्रिया-कलाप में अन्तर्गत रूप से शामिल है। यह प्राण का एक रूप है-पूर्व समय के भारतीय दर्शन तथा भारतीय विज्ञान में जिस जीवन ऊर्जा का वर्णन किया गया है और जिसके बिना समस्त जीवन और वस्तुयें मृत हैं। एन्जाइम एक प्रकार से आपकी लगभग सभी अत्यावश्यक जीवन प्रक्रियाओं की नियंत्रक है। एन्जाइम अकेले आपके शरीर को भोजन पचाने और इसे आपके रक्त में मिला लेने में सक्षम बनाते हैं। एन्जाइम उत्प्रेरक हैं और बिना स्वयं परिवर्तित हुये परिवर्तन का प्रवर्तन करते हैं।

एन्जाइम प्रत्येक शारीरिक प्रक्रिया के लिये अनिवार्य है। बिना एन्जाइम के आप भोजन भी नहीं पचा सकते। प्रकृति आपकी लार में

भी एन्जाइम का प्रबन्ध करती है। कुछ एन्जाइम हैं जो प्रोटीन को पचाते हैं, अन्य कार्बोजों को पचाने में सहायक होते हैं, अन्य बूढ़ा बनने की प्रक्रिया को धीमा करते हैं, अप्रदाहक हैं अथवा स्वास्थ्य-वर्द्धक हैं। विटामिन शरीर के द्वारा केवल एन्जाइम की सहायता से ही प्रयोग किये जाते हैं जो उनके विलयन को नियंत्रित अथवा रूपान्तरित करते है। डॉ. वुल्फ और रैन्सबर्गर अपनी पुस्तक एन्जाइम चिकित्सा में कहते हैं, बड़े एन्जाइम में अणुओं का पायसीकरण कर दिया जाता है और तब वे सीधे शरीर के ऊतकों को भेज दिये जाते हैं। इस प्रकार आप विटामिन और खनिजों के साथ भोजन कर सकते हैं किन्तु उन पोषक द्रव्यों का विलयन शरीर के द्वारा एन्जाइमों के बिना नहीं हो सकेगा।

विभिन्न प्रतिक्रियाओं के लिये उपर्युक्त प्रकार के एन्जाइम प्रकृति द्वारा प्रदान किये जाते है किन्तु जब हम अपने अज्ञात अथवा गलत कामों के कारण उन्हें या तो नष्ट कर देते हैं या उन्हें निष्क्रिय कर देते हैं तब समस्या उत्पन्न होती है। यदि तापमान 55^0 सें. बढ़ा दिया जाएं तो सब एन्जाइम मर जाते है। कम तापमान पर एन्जाइम एक निष्क्रिय अवस्था में सैकड़ों वर्षों तक रह सकते हैं। धर्म ग्रंथ बताते हैं कि केवल वे जड़ी- बुटियां जो बीज उत्पन्न करती है और वह पेड़ जिसका फल बीज देता है आपके लिये वह भोजन के निमित होगा। इस प्रकार प्रकृति द्वारा भोजन का नुस्खा उन वस्तुओं का है जिनमें एन्जाइम संचित है। आपको उन एन्जाइम को सक्रिय करना होगा और उनकी प्रसुप्त अवस्था में अंकुरित करके या अन्य उपायों से बाहर निकालना होगा।

शरीर कुछ एन्जाइम पैदा करता है किन्तु ताजे एन्जाइमों का मुख्य स्त्रोत तो ताजा भोजन है। ताजे कच्चे भोजन में एन्जाइम बहुतायत से होते हैं, अंकुरण इसे और अधिक समृद्ध कर देता है। टिकियां और कैपसूल भी जैव द्रव्य से बनाये जा सकते हैं जिनमें पर्याप्त एन्जाइम सक्रियता होती है। एन्जाइम सुरक्षा की सामर्थ्य बहुत अधिक होती है।

किन्तु उपर्युक्त एन्जाइमों की सुरक्षात्मक तथा पुष्टिकर शक्तियों की भी सीमायें होती है।

पकाये हुये और संसाधित भोजन जीवन को संपोषित कर सकते है। तथापि इसका अर्थ यह नहीं है कि वे उन कोशिकाओं को पुर्नजीवित कर सकते हैं जो हमारे शरीर को जीवन-शक्ति प्रदान करती है। एन्जाइमों के न होने पर ऐसे भोजन के उपभोग के पश्चात् कोशिकाओं और ऊतकों का क्रमिक ह्रास प्रारम्भ हो जाता है।

एन्जाइमों को सक्रिय करने के लिये अंकुरण के साथ, वर्जिनिया बीच, यू. एस. ए. के एडगर केसी संस्तुति करते हैं कि सलाद में कच्ची सब्जियां जिलेटिन के साथ ही ली जाएं-विटामिन या जिलेटिन की अन्य उपयोगिताओं के लिये नहीं, बल्कि सब्जियों और उनके विटामिनों के विलयन में सहायक एन्जाइम कार्य में इसकी क्रियाशीलता के लिये।

डॉ. लियो चैटो अपने लेख में कहते हैं कि मेक्सिको सिटी के डॉ. पी. राथ्सचाइल्ड ने 1988 में 60 रोगियों का उपचार किया जो गठिया जैसे, अस्थि कोशिका संधि शोथ तथा अन्य रोगों से ग्रस्त थे जिनका संबंध प्रतिरक्षा तंत्र की निष्क्रियता से जोड़ा जाता है। उन्होंने इनमें से 30 रोगियों को लगभग दो महीने तक अंकुरित गेहूं से निकाले हुये एन्जाइमों की 6 टिकियां प्रतिदिन दी। दूसरे 30 रोगियों को उन्होंने वहीं एन्जाइम दी किन्तु उनके सक्रिय गुणों को नष्ट करने के लिय जान-बूझ कर गर्मी का प्रयोग किया। सक्रिय एन्जाइम पाने वाले 30 में से 29 रोगियों ने 20 दिन के उपचार के बाद अपने रोग के लक्षणों से महत्वपूर्ण राहत की रपट दी, जबकि दूसरे 30 में से केवल 6 ने साधारण राहत की रिर्पोट दी।

आगामी वर्षों में एन्जाइम उपचार चिकित्सा में एक प्रमुख शक्ति बनने वाला है। कोई रस जब 55^0 से. से ऊपर सावन्द्र बनाने के लिये

गर्म किया जाता है अपनी एन्जाइम खो देता है सब रस जो इस प्रकार के सान्द्रों से पुनः बनाये जाते हैं। साधारण एन्जाइम के बिना ही होंगे जब तक कि एन्जाइम बाद में मिलाये न जाएं। जैसे उपभोक्त एन्जाइम के अत्यन्त महत्वपूर्ण कार्य के संबंध में सजग होता है, उद्योग को वे उपचारी कदम उठाने होंगे जो सुनिश्चित करें कि उपभोक्ता को एन्जाइम के साथ ही वस्तु मिलेगी। केवल आहार चिकित्सा नहीं बल्कि एन्जाइम चिकित्सा कल की चिकित्सा पद्धति है।

अम्लता-क्षारीयता सन्तुलन

शरीर में अम्लीय और क्षारीय तत्वों की प्रतिक्रिया के मध्य सन्तुलन ही अच्छे स्वास्थ्य के लिये सहायक होता है। अच्छे स्वास्थ्य में आपका शरीर रसायन और आपका रक्त किंचित क्षारीय होते हैं और आपका मूत्र किंचित अम्ल। आपके तंत्र का अम्लता-क्षारीय सन्तुलन बहुत अंशों में उस भोजन पर निर्भर है जो आप लेते हैं।

फॉस्फोरस, गंधक, क्लोरीन, आयोडीन, कार्बन-डाइऑक्साइड और कार्बनिक लैक्टिक और यूरिक एसिड जो खाद्यों में होते हैं, वह उन तत्वों के अम्लीय प्रभाव बढ़ाते हैं। सोडियम और इसके क्षार, पोटेशियम, कैल्शियम, लोहा, तांबा, मैग्नेशियम और मैंगनीज जो खाद्य-पदार्थों में होते हैं वह उनके क्षारीय प्रभाव बढ़ाते हैं। अम्लोत्पादक या क्षारीय खाद्यों का वर्गीकरण उन संघटकों पर निर्भर करता है जो उन खाद्यों में प्रमुख रूप से होते हैं। फिर, विभिन्न खाद्यों में खनिजों और सूक्ष्म मात्रिक तत्वों की मात्रा जिसकी भूमि में वे उत्पन्न होते हैं उसमें उन तत्वों की उपस्थिति पर निर्भर करता है। उनका अम्लीय और क्षारीय प्रभाव एक क्षेत्र से दूसरे क्षेत्र में भिन्न हो सकता है।

इन अम्लीय अथवा क्षारीय तत्वों में से एक या दूसरे की अधिकता अच्छे स्वास्थ्य के लिये ठीक नहीं होती। यह इन तत्वों के बीच सही सन्तुलन है जो स्वास्थ्य की ओर ले जाता है। वैज्ञानिकों ने अम्लता और

क्षारीयता के बीच तटस्थ बिन्दु 7 निश्चित किया है। अच्छे स्वास्थ्य के लिये सही सन्तुलन 7.4 पर होना चाहिये, अर्थात् थोड़ा क्षारीय। इस सन्तुलन में परिवर्तन से कई बीमारियां आती है। डॉ. एम.टी. फेरे अपनी पुस्तक *क्या आहार कैन्सर का उपचार करता है?* में पुष्ट करते है कि अत्यधिक अम्लता मधुमेह उत्पन्न करती है। और अत्यधिक क्षारीयता कैन्सर उत्पन्न करती है। यदि कोई यह भी मान ले कि उसके तंत्र का अम्लता क्षारीयता संतुलन लगभग पूर्ण रूपेण उसके द्वारा लिये जाने वाले भोजन पर निर्भर करता है, यह हमें इस निष्कर्ष की ओर ले जाता है कि ये सब बीमारियां मुख्य रूप से उन खाद्यों द्वारा ठीक की जा सकती हैं जो वह खाता है। हां भोजन के अतिरिक्त कुछ अन्य तत्व भी स्थिति पर प्रचंड प्रभाव डाल सकतें हैं।

जब असन्तुलित भोजन लिया जाता है, जीव-विष उत्पन्न हो जाते हैं और जब वे जीव-विष शरीर के विभिन्न तंत्रों द्वारा निकाले नहीं जा सकते, वे जीव-विष शरीर के संबंधित अवयवों को नुक्सान पहुंचाते हैं और रोग प्रारम्भ कर देते हैं एक प्रयोग में एक बिल्ली के बच्चे को अधिक नमक वाले पके हुये मांस पर रखा गया। तीन महीने में उसमें एक कैंसर वाला टयूमर उत्पन्न हो गया क्योंकि सोडियम क्लोराइड ने बिल्ली के बच्चे की क्षारीयता बढ़ा दी थी। तब वह कच्चे मांस पर रखा गया जिसमें नमक नहीं था और कुछ महीनों में ही कैंसर गायब हो गया। व्यक्ति को सही भोजन सही मात्रा में खाना चाहिये और अपने रक्त प्रवाह को शुद्ध करना चाहिये। अधिक नमक के संकट से सावधान हो जाइये। जिसका सामना प्रायः हम सब हर समय अनजाने कर रहे हैं। यह हमारी क्षारीयता बढ़ा रहा है और हमें कैंसर की स्थिति के और निकट ले जा रहा है।

संक्रमण और जुकाम के कीटाणु क्षारीय तंत्र में जीवित नहीं रहते। वे एक अत्यधिक अम्लीय वातावरण में पनपतें हैं। इन समस्याओं से

अपनी रक्षा करने के लिये क्षारीय प्रतिक्रिया वाले खाद्यों का अन्तर्ग्रहण बढ़ा कर अपने तंत्र को क्षारीय रखना आवश्यक हो जाता है। इस प्रकार का कार्य शीघ्र राहत प्रदान करेगा।

रहस्यवादी बिना दवा के उपचार करने वाले वरजिनिया बीय यू. एस. ए. के एडगर केसी ने केसी 480-19 संकलन में संकेत किया है कि यदि तंत्र में क्षारीयता बनाये रखी जावे-विशेष रूप से सलाद अजमोद और गाजर के साथ तो ये रक्त आपूर्ति में ऐसी स्थिति बनाये रखेंगे जिससे व्यक्ति प्रतिरक्षित हो जाएं।

नींबू जाति के फलों के अम्ल शरीर की अम्लीयता को नहीं बढ़ाते। जैव अम्लों के अम्ल लवण शरीर के अन्दर उपचयन पर अपनी अम्लता खो देते हैं और केवल उनके क्षारीय कार्बोहाइड्रेट रह जाते हैं। इस प्रकार सभी नींबू जाति के फलों का एक क्षारीय प्रभाव होता है।

पोषण और स्वास्थ्य पर यू.एस. सर्जन जनरल की रिर्पोट 1988

1964 में यू. एस. सर्जन जनरल की धूम्रपान और स्वास्थ्य पर रिर्पोट एक पथ-प्रदर्शक प्रयास था जिसने तम्बाकू लॉवी पर आक्रमण करके उसे जा पकड़ा। अब यू. एस. ए. में कुछ आहार-सम्बन्धी संस्तुतिओं का शोध आधार इतना विस्तृत और बहुत-से भिन्न प्रकार के अनुसन्धानों से प्राप्त विस्तृत साक्ष्य निकाय द्वारा प्रमाणित हो गया था कि यू.एस.ए. की जन-स्वास्थ्य सेवाओं के सर्जन जनरल को 1988 में पोषण और स्वास्थ्य पर सर्जन जनरल की पहली रिर्पोट निकालने की प्रेरणा मिली। इस रिर्पोट को अंतिम रूप स्वास्थ्य तथा मानव सेवाओं के यू. एस. विभाग के ग्यारह वरिष्ठ तकनीकी निर्देशकों के पोषण पॉलिसी बोर्ड ने दिया। विविध विश्वविद्यालयों एवं संस्थानों के इस वरिष्ठ सम्पादकीय सलाहकारों द्वारा इस बोर्ड को सलाह दी जाती थी और दूसरे एक दर्जन वरिष्ठ विशेषज्ञ इसके स्टाफ पर थे। ये ब्योरे केवल

यह दिखाने के लिये दिये जा रहे हैं कि पोषण और स्वास्थ्य पर यह रिर्पोट एक प्रामाणिक दस्तावेज है और अपने विषय पर नवीनतम अनुसंधान और सोच पर ध्यान देता है। सर्जन जनरल ने अपने सन्देश में कहा, इस बात पर जोर आवश्यक है कि इस रिर्पोट का केन्द्र-बिन्दु प्राथमिक रूप से आहार के चिरकालिक बीमारियों से सम्बन्ध पर है।

अपने प्राक्क्थन में विभाग के सचिव ने कहा: यह रिर्पोट उस वैज्ञानिक साक्ष्य की समीक्षा करती है जो आहार-सम्बन्धी अतिरेकों और असन्तुलन को चिरकालिक रोगों के साथ जोड़ती है। साक्ष्य के आधार पर यह आहार में परिवर्तनों की सिफारिश करती है जो बहुत-से अमरीकियों की स्वास्थ्य-सम्भावनाओं को सुधार सकते हैं। यहाँ उपस्थित किया हुआ साक्ष्य आहार सम्बन्धी सिफारिशों की एकता की ओर संकेत करता है जो बहुविध चिरकालिक रोगों के रोकने के लिये प्रयुक्त होती है।

सहायक स्वास्थ्य सचिव ने रिर्पोट के अपने प्राक्कथन में कहा:

कॉरोनरी रोग, दौरा, कैन्सर और मधुमेह यू. एस. ए. में मृत्यु और अशक्ता के प्रमुख कारण रहे हैं। विगत कुछ दशब्दियों की महत्वपूर्ण वैज्ञानिक शोध संकेत देती है कि आहार इस प्रकार के रोगों के रोकने में एक विशिष्ट भूमिका निभा सकता है। लोक स्वास्थ्य सेवा ने इस अनुसन्धान का अब पुनरावलोकन किया है और आहार-सम्बन्धी कारकों और चिरकालिक रोगों की जोखिम में नाते का एक विस्तृत विश्लेषण प्रस्तुत किया है। पोषण और स्वास्थ्य पर सर्जन-जनरल की रिर्पोट स्वास्थ्य सुधार और रोगों की रोकथाम में आहार की भूमिका पर अनुसंधान का सार प्रस्तुत करती है। इसके जांच परिणाम स्वास्थ्य में आहार के अत्यधिक महत्व की ओर संकेत करते है।

यह यू. एस. सर्जन जनरल की रपट स्वास्थ्य-आहार सम्बन्ध के विश्वव्यापी नव-जागरण में यह सीमाचिन्ह है। लगभग तीस शीर्ष स्तर

के तकनीकी विशेषज्ञों द्वारा पुनर्विचेन स्वास्थ्य के लिये आहार के अत्यधिक महत्व को स्थापित करता है। रिर्पोट कहती है कि पशु प्रयोगशाला चिकित्सकीय और मरक विज्ञान की साक्ष्य का परिणाम जो आहार-सम्बन्धी अतिरेकों और असन्तुलन को चिरकालिक बीमारियों से जोड़ता है। सारगर्भित है और जब इसका स्थापित सिद्धांतों के अनुसार मूल्यांकन किया जाता है तो अकाटय है।

पोषण और स्वास्थ्य पर सर्जन जनरल की यह पहली रिर्पोट संस्तुत आहार-सम्बन्धी परिवर्तनों के लिये वैज्ञानिक आधार का विस्तृत दस्तावेजी पोषण प्रदान करती है। इसके अध्यायों में विस्तृत पुनरीक्षण के माध्यम से रिर्पोट विशिष्ट आहार सम्बन्धी प्रथाओं और विशिष्ट रोगों में सम्बन्ध के बारे में साम्प्रतिक ज्ञान की परीक्षा करती है और व्यक्तिगत आहार-चुनावों के लिये इस जानकारी के निहितार्थो का सार प्रस्तुत करती है।

सोडियमः तुलनात्मक रूप से कम सोडियम वाले आहारों का चयन करके और खाना बनाते तथा मेज पर खाते समय मिलाये जाने वाले नमक की मात्रा सीमित करके सोडियम की खपत की कीजिये।

वसा और कॅलस्ट्रॅलः वसा और कॅलस्ट्रॅल की खपत कम कर दीजिये। ऐसे आहार चुनिये जिनमें यह तत्व तुलनात्मक रूप से कम हो, जैसे सब्जियां, फल सम्पूर्ण अनाज के आहार, मछली, मुर्गा-मुर्गी बिना चर्बी के मांस और कम चर्बी वाले डेरी-उत्पाद। भोजन बनाने के उन तरीकों का प्रयोग कीजिये जो वसा की कम या बिलकुल वृद्धि न करते हो।

शक्ति और वजन-नियंत्रणः एक वांछनीय शरीर का वजन प्राप्त कीजिये और उसे कायम रखिये। ऐसा करने के लिये इस प्रकार की आहार-पद्धति का चयन कीजिये जिसमें कैलोरी का अन्तर्ग्रहण शक्ति के व्यय के समनुरूप हो। अन्तर्ग्रहण कम करने के लिये अधिक

कैलोरी, वसा और शक्कर वाले आहारों की खपत सीमित कीजिये और मद्यपान कम से कम कीजिये। नियमित और दीर्घ शारीरिक क्रिया द्वारा शक्ति के व्यय को बढ़ाइये।

मिश्रित कार्बोज और रेशा: सम्पूर्ण अनाज के आहार और अनाज के उत्पाद, सब्जियों और फलों की खपत बढ़ाइये।

मद्य: यदि लेना ही हो तो मद्य आत्मसंयम के साथ लीजिये।

भोजन मनुष्य के जीवित रहने के लिए अति आवश्यक तत्व है। हमारा शरीर निरन्तर कार्य करता रहता है जिससे कि शरीर में व्याप्त सभी कैलोरिज नष्ट होती रहती है उन कैलोरिज के द्वारा ही हमारे शरीर में कार्यक्षमता का विकास होता है। अतः कार्यक्षमता को बनाए रखने के लिए हमें भोजन की आवश्यकता पड़ती है। मनुष्य भोजन द्वारा ही ऊर्जा प्राप्त करता है तथा समाज में अपने दायित्वों की पूर्ति करता है। भोजन के बिना मनुष्य का अस्तित्व नहीं है। भोजन से ही मनुष्य पौष्टिक तत्वों को अपने शरीर में प्रवेश कराता है और अपना शारीरिक तथा मानसिक विकास करता है। भोजन में आवश्यक रूप से व्याप्त कैलोरीज द्वारा हमारा शरीर स्वास्थ्य रहता है।

अपने शरीर को अनेक जानलेवा बीमारियों से बचाने हेतु हमें पौष्टिक भोजन का सेवन करना पड़ता है क्योंकि इन्हीं के द्वारा हमारे शरीर को वह सभी पदार्थ मिलते है जिनके आधार पर हमारा शरीर बाहरी बीमारियों से बचाव करने में सक्षम होता है। कुछ पोषक भोजन तत्व जैसे- दालें, हरी-सब्जियां, फल, दूध, मांस, अंडा आदि हमारे शरीर को बल प्रदान करती है। भोजन में पर्याप्त मात्रा पोषक तत्वों का होना भी अति आवश्यक है। वहीं भोजन सन्तुलित माना जाता है जिसमें कि यह पोषक तत्व विद्यमान होते है।

विभिन्न विद्वानों ने भोजन के सम्बन्ध में निम्नलिखित परिभाषाएं दी है:-

(क) उषा टण्डन के अनुसार, "भोजन के द्वारा हमारे शरीर को आवश्यक पोषक तत्व मिलते हैं भोजन के अन्दर वह सभी पोषक तत्व विद्यमान होते है जिनके द्वारा हमारा शरीर पोषकता प्राप्त करता है।"

(ख) सुमति मुदाम्बी तथा शालिनी राव के अनुसार, "भोजन के द्वारा शरीर का पोषण होता है भोजन में ऐसे पदार्थ होते है जो शरीर को ऊर्जा प्रदान करते है तथा जिनके द्वारा शारीरिक वुद्धि होती है, ऊतकों की मरम्मत होती है।"

(ग) सुभांगिनी जोशी के अनुसार, "भोजन पर ही सम्पूर्ण जीवन आधारित होता है, इसी के द्वारा सम्पूर्ण जीवन का पोषण होता है।"

भोजन द्वारा किए जाने वाले महत्वपूर्ण कार्य

भोजन के द्वारा मानव शरीर में अनेक कार्य किए जाते है। कुछ लोगों की यह धारणा है कि भोजन केवल भूख शांत करने के लिए किया जाता है। परन्तु यह धारणा सर्वथा मिथ्यापूर्ण है। भोजन का कार्य केवल भूख दूर करना ही नही है बल्कि भोजन के द्वारा मानव शरीर में अनेकों कार्य सम्पन्न किए जाते है। भोजन मानव शरीर को स्वस्थ रखता है, ऊत्तकों का निर्माण करता है तथा बाहरी बिमारियों से हमारे शरीर की रक्षा करता है। इसके अतिरिक्त भोजन के द्वारा किए जाने वाले कार्यों का विवरण हम इस प्रकार दे सकते है:-

(क) आध्यात्मिक कार्य- भोजन के माध्यम से धार्मिक तथा आध्यमिक कार्य सम्पन्न किए जाते है। इसी के द्वारा धार्मिक कार्यों को पूर्ण रूप प्रदान किया जा सकता है। हिन्दू समाज में अनेक प्रकार हवनों का प्रयोग पूजा-पाठ आदि में किया जाता है। पूजा-पाठ का समापन होने के बाद प्रसाद की सुविधा की जाती है। जिससे कि पूजा सम्पन्न होत है। इस प्रकार भोजन के द्वारा धार्मिक कार्य सम्पन्न किए जाते है।

(ख) सांस्कृतिक कार्य- भोजन के द्वारा विभिन्न राष्ट्र अपनी संस्कृति का परिचय देते है।

संस्कृति प्रधान देश होने के कारण भारत में अनेक धर्म तथा जातियां विद्यमान हैं। अपने भोजन पदार्थों के द्वारा यह जातियां पाई जाती है। यह कहा जाता है कि जिस प्रकार का हम भोजन ग्रहण करते है उसी प्रकार का हमारा मन तथा बुद्धि हो जाती है। यदि हम तामसिक भोजन ग्रहण करते है तो निश्चय ही हमारी बुद्धि क्रूरता तथा क्रोध की ओर अग्रसर होगी इसके विपरीत यदि हम शाकाहारी भोजन का सेवन करते है तो हमारी बुद्धि निर्मल तथा चिन्तशील होगी। व्यक्ति के भोजन के द्वारा उसके संस्कारों का ज्ञान किया जा सकता है। ये संस्कार एक पीढ़ी से दूसरी पीढ़ी तक हस्तान्तरित होते जाते है। इन संस्कारों के कारण ही हिन्दू धर्म में गौ मास पर प्रतिबन्ध है तथा मुस्लिम समाज में सूअर मांस पर प्रतिबन्ध है। इस प्रकार यह स्पष्ट होता है कि हमारी संस्कृति का पता हमारे भोजन से चलता है। भारत में विभिन्न प्रकार के धर्मो का बोलबाला होने के कारण यहा पर प्रत्येक त्यौहारों की अलग-अलग भोजन सामग्रियां है। जैसे- होली के पर्व पर गुंजियां, दीवाली के अवसर पर बताशें तथा मिठाईयां आदि हमारी संस्कृति को प्रकाशित करते है। कई धर्मो में कुछ भोजन पदार्थों को वर्जित ठहराया जाता है। जैसे- जैन धर्म में अण्डा, मदिरा, मांस आदि और बौद्ध धर्म में अण्डे के प्रयोग को वर्जित माना जाता है। भोजन को संस्कृति का प्रदर्शन करने वाला एक मुख्य तत्व कहा जा सकता है।

(ग) भोजन के मनोवैज्ञानिक कार्य- भोजन प्रेम, भावना, संवेग आदि अनेक मनोवैज्ञानिक कार्यो को भी भी सम्पन्न करता है। भोजन व्यक्ति में आत्मविश्वास को पैदा करता है उसे स्नेह के साथ कराया गया भोजन उसके मनोवैज्ञानिक स्तर को ऊंचा करता है। इससे उसमें संवेगो, भावना आदि का विकास होता है। प्रायः यह देखा जाता है कि यदि कोई व्यक्ति वर्षो के बाद अपने परिजनों के हाथों से निर्मित भोजन करता है तो उसमें भावनात्मकता का विकास होता है। भोजन के द्वारा

वह मनोवैज्ञानिक तरीके से तनाव से मुक्ति पाता है। वह भोजन का सेवन करके धीर-वीर बनकर आने वाली समस्याओं का सामना करता है। इसके अतिरिक्त भोजन के द्वारा व्यक्ति मनोवैज्ञानिक स्तर से इस काबिल हो पाता है कि वह अपना क्रोध प्रकट कर सके।

(घ) भोजन के सामाजिक कार्य- भोजन के द्वारा सामाजिक सम्बन्धों में घनिष्ठता आती है। सभी सामाजिक कार्यक्रमों में भोजन को उच्च स्थान दिया जाता है। भारत में अनेकों प्रकार के सामाजिक कार्यक्रम आयोजित किए जाते है फिर वह पारिवारिक समुदाय के बीच में हो या फिर राष्ट्रीय समुदायिक स्तर पर हो। परिवार भी एक समुदाय ही है उसमें समय-समय पर खुशी तथा दुख के अवसरों पर सामूहिक रूप से एकत्रित होकर भोजन के द्वारा अपने दुख तथा सुख का प्रकट किया जाता है। अनेक प्रकार के त्यौहारों में अपने आस-पास में रहने वाले समाज में व्यक्ति मिठाईयां वितरित करके अपनी खुशियों को प्रकट करता है। इस प्रकार यह स्पष्ट है कि भोजन के द्वारा सभी सामाजिक कार्य अधूरे ही रह जाते है, और भोजन ही सामाजिक कार्यों को सम्पन्न करने का कार्य करता है।

(ङ) भोजन का शारीरिक कार्य- भोजन का हमारे शरीर से सीधा सम्बन्ध होता है। भोजन के द्वारा ही हमारा शरीर विभिन्न प्रकार के पोषक तत्वों को ग्रहण करता है। भोजन ही एकमात्र ऐसा साधन है जिससे कि हमारे शरीर में अनेक प्रकार की जानलेवा बिमारियों से लड़ने की ताकत आती है। भोजन ही हमारे शरीर को क्रियाशील बनाने का कार्य करता है। इस प्रकार भोजन के द्वारा शारीरिक कार्य सम्पन्न किए जाते है।

भोजन का महत्व

भोजन के महत्व को निम्नलिखित रूप से समझाया जा सकता है:-

(क) रोजाना हमारे शरीर में अनेकों कोशिकाओं का निर्माण होता

है तथा विघटन होत है। भोजन उनकी कमी को दूर कर देता है तथा उत्तकों की क्षति पूर्ति करता है।

(ख) भोजन से प्राप्त ऊर्जा से हमारा शरीर गर्म रहता है और हमारे शरीर में क्रिया होती रहती है, परन्तु इसका मतलब यह नहीं है कि अतिरिक्त भोजन किया जाए भोजन सन्तुलित मात्रा में ही किया जाना चाहिए जिससे कि उसे पचाने में आसानी हो। भोजन के द्वारा प्रदान किए गए पौष्टिक तत्वों के द्वारा हमारा शरीर सम्पूर्ण रूप से विकास करता है।

(ग) मनुष्य को जीवित रहने के लिए भोजन की नितान्त आवश्यकता है बिना भोजन के व्यक्ति जीवित नहीं रह सकता है। भोजन द्वारा प्रदान की गई ऊर्जा द्वारा व्यक्ति व्यायाम करता है तथा अपने शरीर को पुष्ट बनाता है।

(घ) हमारे शरीर को भोजन की आवश्यकता उसी प्रकार पड़ती है जिस प्रकार एक रेलगाड़ी के इंजन को विद्युत अथवा कोयले की। जिस प्रकार बिना विद्युत अथवा कोयले के इंजन चालित नहीं किया जा सकता है उसी प्रकार बिना भोजन के हमारा शरीर एक क्षण भी कार्य नहीं कर सकता है। अतः यह स्पष्ट है कि भोजन के सांस्कृतिक, धार्मिक, सामाजिक तथा सांवेगिक कार्यों के अतिरिक्त भी अनेक कार्य है जो कि भोजन द्वारा ही सम्पन्न किए जाते है। बिना इनके मानव शरीर का सर्वांगीण विकास सम्भव नही है।

विद्यालयों में सरकार द्वारा भोजन की व्यवस्था

वर्तमान में भारत में उन स्कूलों में ऐसे बच्चों को निःशुल्क मध्याह्न भोजन की व्यवस्था कराई जाती है, जिनको संतुलित भोजन प्राप्त नहीं होता है। सरकार द्वारा इन बालकों को न केवल निःशुल्क शिक्षा प्रदान की जाती है बल्कि संतुलित भोजन भी प्रदान किया जाता

है ताकि इन बच्चों का शारीरिक और मानसिक विकास हो सके। इसके अतिरिक्त निम्न बिन्दुओं के द्वारा इसको अधिक प्रभावशाली ढंग से व्यक्त किया जा सकता है:-

(क) एक-साथ एक जैसा भोजन करने से प्रायः यह देखा गया है कि छात्रों में परस्पर प्रतियोगिता समाप्त हो जाती है और वे आपसी सहयोग करना प्रारम्भ करना कर देते है। इससे उनमें आपसी भाईचारे की भावना बढ़ती है।

(ख) यह देखा जाता है कि सम्पन्न परिवारों के छात्रों द्वारा स्कूल में भोजन लाने के कारण निर्धन परिवारों के बच्चों में उनके प्रति द्वेष भावना की उत्पन्न हो जाती है। परन्तु स्कूल में मिलने वाले मध्यमाह भोजन के कारण उनमें यह द्वेष भाव खत्म हो जाता है।

(ग) विद्यालयों में भोजन की व्यवस्था करने का सरकार का एक महत्वपूर्ण कारण यह था कि विद्यार्थियों को उन हानिकारक तत्वों से बचाया जा सके जो कि उन्हें बाहर के लोगों द्वारा बेची जाती है। इन भोजनों में मैदे की मात्रा अधिक पाई जाती है जो कि शरीर को सुस्त और बेकार बनाती है जिसके परिणामस्वरूप विद्यार्थियों को पढ़ने में रूचि नही मिलती है।

(घ) छोटे बच्चों के लिए मध्यमाह भोजन एक वरदान की तरह साबित हुआ है क्योंकि उनमें शुरूआत से ही आपसी सहयोग की भावना उत्पन्न होने लगती है और वह स्कूल के बाहर भी आपसी सहयोग की भावना से कार्य करते है।

(ङ) स्कूल में मिलने वाले भोजन से विद्यार्थियों में साम्प्रदायिकता का अन्त होता है जिसके कारण वह हिन्दू, मुस्लिम आदि में भेदभाव नहीं करते है।

(च) अन्त में यह कहा जा सकता है कि स्कूल में बालकों को 7-8 घण्टे की पढ़ाई करनी पड़ती है। इसलिए इस बीच उन्हें

कुछ-न-कुछ अवश्य ही खाना चाहिए फिर यदि इस सन्दर्भ में उन्हें पौष्टिक भोजन मिल जाए तो उनका ध्यान पढ़ाई में अधिक लगने लगता है। इसलिए स्कूल में मिलने वाले मध्यमाह भोजन का विद्यार्थियों के जीवन में एक अत्यन्त भूमिका है।

भोजन शरीर के लिए एक अत्यन्त आवश्यक तत्व है जिसके द्वारा हमारा शरीर पोषण प्राप्त करता है तथा ऊर्जा प्राप्त करके दैनिक कार्यों में अपने आपकों सक्षम करता है। भोजन के पोषण द्वारा ही मनुष्य हानिकारक तत्वों से अपने शरीर का बचाव करने में सक्षम होता है। इस प्रकार भोजन से हमारे शरीर को हर प्रकार का बल मिलता है। भोजन के द्वारा ही हमें प्रोटीन, विटामिन, पानी आदि की प्राप्ति होती है। यदि इनमें से किसी भी पदार्थ का हमारे शरीर में कमी हो जाती है तो हम अपने दैनिक कार्यों को करने में सक्षम नहीं हो पाते है। भोजन के द्वारा हमारे शरीर को ऊर्जा के अतिरिक्त लवण, विटामिन, कार्बोज आदि भी प्राप्त होते है जो हमारे शारीरिक विकास के लिए आवश्यक है।

भोजन के द्वारा मिलने वाले पोषण से ही हमारे शरीर का निर्माण होता है। हमारे विभिन्न अंगों का विकास भोजन द्वारा मिलने वाले पोषण से ही सम्भव होता है। इस प्रकार भोजन के वे तत्व जो कि शरीर में प्रोटीन, विटामिन, पानी आदि की मात्रा को बनाए रखते है पोषण तत्व कहलाते है। भोजन के द्वारा निर्मित होने वाले हजारों प्रकार के तत्व हमारे शरीर को सुदृढ़ बनाने में सहायका होते है। इन्हीं के द्वारा हमारे शरीर में ऊर्जा का उत्पादन होता है और हम विभिन्न क्षेत्रों में कार्यरत रह पाते है।

हमारे शरीर का सम्पूर्ण स्वास्थ्य भी भोजन के द्वारा मिलने वाले पोषण पर ही निर्भर करता है। स्वास्थ्य से अभिप्राय एक ऐसी स्थिति से माना जाता है जिसके अन्तर्गत शरीर में किसी प्रकार की कोई बीमारी विद्यमान न हो और शरीर कठिन परिस्थितियों में भी कार्य करने

में सक्षम हो। स्वास्थ्य का यदि दूसरे शब्दों में देखा जाए तो यह अर्थ निकलता है कि भोजन द्वारा प्राप्त किया गया पोषण तत्व। इस प्रकार भोजन ही हमारे जीवन को नियन्त्रित करता है। उत्तम स्वास्थ्य के लिए उत्तम पोषण की आवश्यकता होती हो जो केवल सन्तुलित भोजन द्वारा ही प्राप्त हो पाता है। इस प्रकार यह स्पष्ट होता है कि स्वास्थ्य का भोजन से मिलने वाले पोषक तत्वों से सीधा सम्बन्ध है। यदि हमें भोजन द्वारा पर्याप्त पोषक तत्व नहीं मिलते है तो हमारा शरीर बहुत जल्दी ही क्षीण हो जाता है, और हम उम्र से पहले ही वृद्धावस्था में प्रवेश कर जाते है। इतना ही नहीं हम अपने दायित्वों की पूर्ति करने में भी अक्षम होते है। इस प्रकार पोषण का हमारे शारीरिक विकास में बहुत अधिक महत्व है। विकसित देशों में औसत आयु स्तर पाया जाता है। यहा पर जन्म दर पर नियंत्रण पा लिया गया है साथ ही मृत्यु दर पर भी पर्याप्त नियंत्रण पा लिया गया है। इन देशों में चिकित्सा सुविधाओं के सुधार होने के कारण व्यक्तियों का औसत जीवन स्तर सुधरा है। वर्तमान में विकासशील देशों में अनेकों स्वास्थ्यवर्धक कार्यक्रमों का गठन किया जा रहा है। नागरिकों को जानलेवा बीमारियों से बचाने के लिए अनेक प्रकार के उपाए किए जा रहे है जैसे उत्तम चिकित्सा सेवा, भोजन से मिलने वाले पोषक तत्वों के बारे में जानकारी देना, तथा अन्य अनेक कारणों के द्वारा औसत जीवन दर में वृद्धि की जा रही है। प्रायः यह देखा जाता है वृद्धावस्था में शरीर में विद्यमान विभिन्न पोषक तत्वों की मात्रा कम हो जाती है। इसके पीछे मुख्य कारण यह होता है कि वृद्धों के शरीर में अवयव खराब हो जाते है साथ ही उनकी रक्तवाहिकाओं, धमनियों तथा हृदय की कार्यशीलता घट जाती है। वर्तमान में वृद्धों में हृदय रोग अधिक मात्रा में पाया जाता है। इसका एकमात्र कारण भोजन में बढ़ते हुए कैलेस्ट्रोल की मात्रा है जो कि हृदय धमनियों को सुचारू रूप से कार्य करने में बाधा उत्पन्न

करती है। इसलिए वृद्धावस्था में सन्तुलित भोजन करना चाहिए जिससे कि शरीर को भोजन पचाने में अधिक कष्ट न हो। भोजन का सीधा सम्बन्ध मनुष्य की आयु से होता है। कोई व्यक्ति कितने समय तक जीवित रह सकता है यह उसके भोजन पर ही निर्भर करता है। इस प्रकार यह आवश्यक है कि जीवन को सक्रिय बनाए रखने के लिए इस प्रकार का भोजन उपयोग में लाया जाए जिसमें सन्तुलित मात्रा में पोषण विद्यमान हो।

पोषण के द्वारा व्यक्ति का जीवन स्वस्थ तथा सुयोग्य बनता है। यदि किसी व्यक्ति को पोषण रहित भोजन दिया जाता है तो वह शीघ्र ही जानलेवा बीमारियों की चपेट में आ जाता है। कुपोषण या कम पोषण के कारण व्यक्ति न केवल शारीरिक रूप से कमजोर हो जाता है बल्कि मानसिक दृष्टि से भी पिछड़ जाता है। हमारे देश का आर्थिक विकास भी स्वस्थ नागरिकों पर ही निर्भर करता है। यह एक स्वाभाविक बात है शारीरिक रूप से सक्षम व्यक्ति ही देश की उन्नति में सहायता प्रदान कर सकते है। शारीरिक रूप से पिछड़े हुए लोग केवल उपभोग ही कर सकते है उत्पादन नहीं। इसलिए यह स्पष्ट है कि आर्थिक विकास का मनुष्य के शारीरिक स्वस्थ्य से प्रत्यक्ष सम्बन्ध है। किसी भी सम्पूर्ण राष्ट्र की उन्नति उस राष्ट्र के स्वस्थ नागरिकों पर ही निर्भर करती है।

भोजन के द्वारा ही हमारा शरीर ऊर्जा प्राप्त करता है। इसलिए यह हमारे शरीर में एक आवश्यक तत्व है। भोजन के पोषक तत्वों के द्वारा उम संसार में विभिन्न प्रकार की गतिविधियों को कर पाने में सक्षम होते है। अतः हमें सदा ऐसा ही भोजन ग्रहण करना चाहिए जिसके द्वारा हमारे शरीर को उचित मात्रा में पोषक तत्व प्राप्त हो सके। हमारे भोजन का मुख्य लक्ष्य होना चाहिए कि वह हमारे शरीर में व्याप्त दुर्बलताओं को दूर करके हमारे शरीर को बीमारियों से लड़ने की ताकत प्रदान

करे। किशोरों तथा बच्चों में शारीरिक विकास बड़ी तीव्र गति से होता है। इसलिए उनके भोजन के अन्दर पर्याप्त मात्रा में पोषक तत्व विद्यमान होने चाहिए। इनका भोजन इस प्रकार का होना चाहिए कि शरीर को पर्याप्त मात्रा में पोषण मिल जाए। इनके आहार में रसयुक्त, मात्रा में कम, शीघ्र पचने वाला पोषक भोजन होना चाहिए। हमारे देश में मजदूरों की एक भारी मात्रा पाई जाती है। मजदूर शारीरिक श्रम करते है तथा उनके भोजन को इस प्रकार का होना चाहिए कि उनके शरीर को बहुत बड़ी मात्रा में प्रोटीन की प्राप्ति हो जाए। कहने का तात्पर्य यह है कि प्रत्येक वर्ग के व्यक्तियों का भोजन उनके शारीरिक तथा मानसिक स्तर को देखते हुए सन्तुलित होना चाहिए। सन्तुलित भोजन ही ऐसा भोजन होता है जो कि व्यक्ति के शारीरिक तथा मानसिक स्तर को सुदृढ़ करता है।

भोजन के ऊपर ही शरीर की सुरक्षा, स्वस्थता, निरोगता आदि सभी महत्वूर्ण तत्व निर्भर करते है। विज्ञानिक दृष्टि से हमारे शरीर को प्रोटीन, वसा, कार्बोज, विटामिन, पानी आदि सभी तत्वों की आवश्यकता होती है। इन्हीं के आधार पर हमारा शरीर सम्पूर्ण विकास करता है। यही तत्व आहार के मुख्य तत्व माने जाते है। इस प्रकार सन्तुलित भोजन हमारे शरीर के विकास में बहुत अधिक लाभदायक है।

जनसंख्या वृद्धि और कुपोषण तथा पोषण

वर्तमान में भारत में निरन्तर बढ़ती हुई जनसंख्या की मात्रा ही कुपोषण तथा पोषण के उत्तरदायी है। पिछले कुछ वर्षों में भारत में उत्पादन स्तर में वृद्धि हुई है परन्तु जनसंख्या की वृद्धि के कारण यह उत्पादन स्तर धरा-का-धरा रह गया है। इससे किसी भी प्रकार का कोई लाभ नहीं हुआ है। हमारे देश में अधिकांश जनता आज भी शाकाहारी है। अतः दूध यहां पर पोषक तत्व के रूप में प्रत्येक खाद्य

सामग्री में प्रयोग होता है, इसके पश्चात् विभिन्न प्रकार के अनाज जैसे- दाले, तिलहन, साग-सब्जियां आदि पोषक तत्वों के रूप में प्रयोग की जाती है। परन्तु जनसंख्या के कारण आज अनेक परिवार ऐसे भी है जिनको इन साधारण साग-सब्जियों जैसे तत्वों का पोषण नहीं मिल पाता है। भारत में ऐसे अनेक परिवार है जो कि प्रतिदिन निर्धारित कैलोरी की मात्रा भी प्राप्त नहीं कर पाते है। इसके पीछे एकमात्र कारण जनसंख्या ही है। हमारे समाज में पुरूषों को प्राथमिकता दी जाती है तथा समाज में उन्हें उच्च्व स्थान दिया जाता है। इसी कारण स्त्रियां हमारे समाज में कुपोषण का कारण बनती है। दूसरे पोषण को यह बात भी प्रभावित करती है कि हमारे द्वारा भोजन किस प्रकार बनाया गया है। यदि भोजन को काफी समय तक तला जाए अथवा पकाया जाए तो उसमें व्याप्त पोषक तत्व नष्ट होने का भय रहता है। जो लोग बारीक चावल या महीन में पीसा हुआ आटा खाते है उन्हें अपने भोजन में व्याप्त पर्याप्त पोषक नहीं मिल पाता है। भोजन में पर्याप्त पोषक तत्व तभी विद्यमान होंगे जब हम हरी साक-सब्जियों का अपने भोजन में अधिकाधिक प्रयोग करेगें।

प्रायः यह देखा जाता है कि लोग मास-मच्छी आदि खाने को अपनी प्रतिष्ठा समझते है वह समझते है कि इनके सेवन से उन्हें पर्याप्त कैलोरी अथवा पोषण प्राप्त होगा परन्तु यह एक भ्रांति है क्योंकि वह यह नहीं जानते कि वह भोजन उनके शरीर में अत्यधिक वसा का निर्माण करता है। जिससे कि उनके शरीर में मोटापे आ जाता है जो कि पतन का कारण है। इस प्रकार सन्तुलित पोषक तत्व केवल हरी सब्जियों में ही पाए जाते है। इसलिए हमें अधिकाधिक पोषक तत्वों को ग्रहण करने के लिए अधिक मात्रा में हरी सब्जियों तथा दूध से निर्मित पदार्थों का प्रयोग करना चाहिए। चटपटे मसालेदार भोजन केवल हमारे स्वास्थ्य को बिगाड़ ही सकता है बना नहीं सकता हैं इसलिए यह

आवश्यक है कि जितना हो सके हमारा भोजन इन चटपटे मसालों से दूर ही रहना चाहिए और हमारे भोजन में इन मसालों का प्रयोग न के बराबर ही किया जाना चाहिए।

सर्वप्रथम भारत में सन् 1968 में कुपोषण करा प्रभाव पाया गया। कुपोषण के रहते व्यक्ति का शारीरिक तथा मानसिक विकास रूक जाता है। उसमें वजन उठाने, भागने तथा अन्य खेलों में भाग लेने की क्षमता नहीं रहती है। बालक के मानसिक विकास में प्रोटीन का अपना एक महत्वूर्ण योगदान होता है यह प्रोटीन सबसे अधिक दूध से निर्मित पदार्थों से प्राप्त होता है। एक अध्ययन से यह ज्ञात हुआ कि सामान्यत: भारत के गरीब परिवारों बालकों में कुपोषण अधिक मात्रा में विद्यमान है। उन्हें उतना पोषक भोजन नहीं मिल पाता है जितना कि उनको जरूरत होती है। आज प्राय: सभी वस्तुएं बाजार में डिब्बे में या पोलिथीन बैग में बन्द मिलती है और हमारे नवयुवक इन वस्तुओं को खरीदने को अपनी शान समझते है। इन डिब्बा बन्द वस्तुओं में पोषक तत्व खत्म हो जाते है और केवल रसायनिक तत्वों के द्वारा इनको गंध से दूर रखा जाता है। वर्तमान में युवापीढ़ी पाश्चात्य सभ्यता से बहुत अधिक प्रभावित हुई है। यहा पर फास्ट फूड खाने का प्रचलन हो गया है परन्तु इन फास्ट फूड्स में पर्याप्त मात्रा में पोषक तत्व विद्यमान नहीं होते है। अत: यह कहा जा सकता है कि भारत में कुपोषण ने अपनी जड़े विकसित कर ली है। यह कुपोषण विद्यार्थियों को उनकी पढ़ाई में बाधा उत्पन्न करता है। कुपोषण के रहते हुए कोई समाज उन्नति नहीं कर सकता है और जब तक समाज की उन्नति नहीं होगी तब तक राष्ट्र की उन्नति का तो सवाल ही नहीं उठता है। अत: निष्कर्षत: यह कहा जा सकता है यदि हमें अपने राष्ट्र की उन्नति करनी है तो सर्वप्रथम कुपोषण का अन्त करना होगा और भोजन में व्याप्त पोषक तत्वों की मात्रा में वृद्धि करनी होगी। तभी हमारा राष्ट्र सफलता के शिखर का प्राप्त कर सकता है।

जलवायु और स्वास्थ्य

जलवायु का स्वास्थ्य पर कितना महत्त्वपूर्ण प्रभाव पड़ता है, यह इसी एक बात से सिद्ध है कि अक्सर डॉक्टर अपने रोगियों को स्वास्थ्य-लाभ के लिए जलवायु-परिवर्तन के उद्देश्य से किसी को समुद्र के किनारे और किसी को पहाड़ पर कुछ दिन निवास करने की राय देते हैं।

जलवायु का कभी-कभी प्रतिकूल प्रभाव भी पड़ता है। यह इस घटना से सिद्ध होता है कि चीनियों का सामना करने के लिए जब पूर्वी प्रान्त के सैनिक हिमालय-स्थित युद्ध क्षेत्रों में भेजे गये तो उन्होंने जलवायु के प्रतिकूल परिवर्तन के कारण अनेक कठिनाइयाँ अनुभव की।

जलवायु का जीवाणुओं और छोटे-छोटे कीड़े मकोड़ों से घनिष्ठ सम्बन्ध है। वहाँ की जलवायु में काफी नमी हो और तापमान अनुकूल हो, तो वहाँ मच्छर, मक्खी आदि कीड़े विशेष संख्या में उत्पन्न होते हैं। जीवाणुओं के लिए भी नमीयुक्त जलवायु अनुकूल होती है।

जिस प्रकार की जलवायु में मनुष्य का जन्म और लालन-पालन होता है, वह उसका इस प्रकार अभ्यस्त हो जाता है कि विपरीत जलवायु उसके लिए कष्टकर और कभी-कभी अस्वास्थ्य कर साबित होती है। वैसे प्रारम्भ में विशेष असुविधाओं का सामना भले ही करना पड़े, दीर्घकाल तक प्रतिकूल जलवायु में रहते-रहते मनुष्य आदी हो जाता है।

जलवायु और स्वास्थ्य का सम्बन्ध

स्वास्थ्य के साथ जलवायु का सम्बन्ध तापमान, नमी और वायु-सम्बन्धी वातावरण के दबाव पर निर्भर करता है। अतः इनका विशेष विवरण जानना जरूरी है।

तापमान :- वातावरण में गर्मी सूर्य की किरणों के कारण उत्पन्न

होती है। परन्तु सूर्य की किरणें प्रत्यक्ष रूप से हवा को गर्म नहीं कर सकती। किरणों का प्रत्यक्ष प्रभाव हमारे शरीर और अन्य वस्तुओं के साथ-साथ पृथ्वी और पानी पर भी पड़ता है। इनसे उत्पन्न होने वाली गर्मी ही वातावरण में गर्मी पैदा करती है। इस तरह का प्रभाव सर्वत्र एक समान नहीं पड़ता। समुद्र के किनारे वाले स्थान, जल और स्थल की निकटता के कारण समशीतोषण और नमीयुक्त होते हैं। अधिक ऊँची जगहों में किरणों का पूर्ण प्रसार न होने के कारण वहाँ गर्मी का अनुभव कम होता है अतः ऐसे स्थान समतल भूमि की अपेक्षा कम गर्म होते हैं समुद्री किनारों से दूर के स्थानों की गर्मी में साम्य नहीं होता।

तापमान का स्वास्थ्य पर प्रभाव :-जिन प्रदेशों की सर्दी-गर्मी में विशेष अन्तर होता है, अर्थात् जहाँ गर्मी में अधिक गर्मी और जाड़े में अधिक सर्दी पड़ती है, वहाँ के निवासी विशेष उद्यमशील होते हैं। इसके विपरीत, जिन प्रान्तों में सर्दी-गर्मी लगभग बराबर पड़ती है, वहाँ के निवासी स्वभावतः कमजोर और आलसी होते हैं।

स्वास्थ्य पर नमी का प्रभाव :- वायु में नमी का एक अंश बराबर उपस्थित रहता है, चाहे वह बहुत कम हो या अधिक। वायु में नमी की कमी होने के कारण ही किसी स्थान की जलवायु शुष्क अथवा अधिक होने से वहाँ की जलवायु तर मानी जाती है। जलवायु में साधारण नमी स्फूर्तिदायक होती है। इसकी अधिकता से एक अजीब तरह की बेचैनी उत्पन्न होती है। ऐसी हालत में हवा में सोखने की शक्ति कम हो जाती है। शरीर का पसीना शरीर में ही रह जाने के कारण एक अजीब तरह की असुविधा और दुर्गन्ध उत्पन्न करता है तथा साँस लेने में कष्ट होता है। नम जलवायु जीवाणुओं की वृद्धि में सहायक होती है जिससे तरह-तरह के रोग फैलने का भय बना रहता है। शुष्क जलवायु की अपेक्षा तर जलवायु में जीवाणुओं की विशेष सक्रियता के कारण अधिक सड़न पैदा होती है। जिससे समस्त वातावरण बोझिल हो जाता है, आलस्य और काम करने की अनिच्छा

उत्पन्न होती है। इन कई कारणों से नमीयुक्त स्थानों की अपेक्षा शुष्क स्थान अधिक स्वास्थ्यकर होते हैं।

सर्दी का स्वास्थ्य पर प्रभाव :-सर्दी का शरीर पर गर्मी के ठीक विपरीत प्रभाव पड़ता है। गर्म स्थान से एकाएक ठण्डे स्थान पर जाने से अक्सर अतिसर और मूत्र सम्बन्धी रोग उत्पन्न हो जाते हैं। सर्दी लगना तो इसका एक आम प्रभाव होता है। सर्दी से भी हृदय की गति बढ़ती है।

गर्मी का स्वास्थ्य पर प्रभाव :-गर्मी का हमारे शरीर पर प्रत्यक्ष और परोक्ष दो प्रकार का प्रभाव पड़ता है। प्रत्यक्ष प्रभाव के उदाहरण हैं नाक से खून बहना, लू लगना इत्यादि। अप्रत्यक्ष रूप से गर्मी द्वारा मूर्च्छा, कार्य करने की क्षमता में कमी और अनिच्छा, हृदय की गति का बढ़ना, अनिद्रा और स्नायुविकार चंचलता या अवसाद आदि रोग उत्पन्न होते हैं।

वायु-सम्बन्धी दबाव का स्वास्थ्य पर प्रभाव :-पृथ्वी चारों ओर हवा से घिरी हुई है। हमारे शरीर पर हवा का निरन्तर चाप-भाप पड़ता रहता है। यह वायु भार हमारे शरीर के प्रति इंच पर लगभग 15 पौण्ड होता है। यह वायु-भार हम साधारण परिस्थितियों में नहीं अनुभव करते, परन्तु पर्वतारोहियों को, जैसे-जैसे वह ऊपर चढ़ते हैं और वहाँ की हवा धरातल की अपेक्षा अधिक पतली होती है, साँस लेने में कष्ट होने लगता है। इससे सिद्ध होता है कि वायु भार का जलवायु पर महत्त्वपूर्ण प्रभाव पड़ता है।

अधिक वायु का प्रभाव :-स्वास्थ्य पर अधिक वायु-भार का प्रभाव भिन्न प्रकार से पड़ता है। एक बात ज्ञातव्य है कि मनुष्य में कम वायु-भार वहन करने की क्षमता धीरे-धीरे और देर से होती है, परन्तु अधिक वायु-भार वहन की क्षमता अधिक होती है। मनुष्य समुद्र की सतह से जितना नीचे जाएगा, वायु-भार उतना ही बढ़ता जाएगा। 120

फीट नीचे यह भार लगभग 53 पौण्ड होता है। मनुष्य अधिक ताकत और गर्मी अनुभव करता है। वह जल्दी-जल्दी गहरी साँस लेने लगता है। हृदय की गति मन्द पड़ जाती है। इन लक्षणों के अतिरिक्त कभी-कभी गंध, स्वाद और सुनने की शक्तियाँ कम पड़ जाती हैं। मुख से रक्तस्त्राव होना अत्याल्प लक्षण हैं, थकावट, कमजोरी और अधिक पसीना छूटना साधारण बात है। जनवरी 1963 ई. में कटक के निकट महानदी में जमीन के नीचे काम करने वाले कई व्यक्तियों की जो मृत्यु हुई, उसका कारण एकाएक वायु-भार का बढ़ना था। अतः दीर्घकाल तक पानी में डुब्की लगाए रहने के बाद पनडुब्बी को उचित होगा कि वे धीमी गति से जल के ऊपर आएं।

सूर्य का प्रकाश :-मनुष्य के स्वास्थ्य पर इसका महत्त्वपूर्ण प्रभाव पड़ता है। सूर्य की किरणें मनुष्य की त्वचा में स्थित अर्गस्ट्रोल को विटामिन 'डी' में बदलती हैं जो हमारे शरीर के लिए अन्यन्त आवश्यक हैं। इनमें उपस्थित मानी गई हैं। भारतवर्ष में चिरकाल से शिशुओं को सरसों का तेल लगाकर प्रतिदिन सुबह कुछ देर तक धूप में रखने की प्रथा स्वास्थ्य के लिए अत्यन्त हितकर मानी जाती है। यह मान्यता अपना वैज्ञानिक आधार रखती है। यह प्रथा क्रमशः लोप होती जा रही है जिससे शिशुओं के स्वास्थ्य पर प्रत्यक्ष बुरा प्रभाव पड़ रहता है। बच्चों का सही और स्वास्थ्य विकास नहीं हो पाता। हड्डियों के मुलायम होकर टेढ़ी-मेढ़ी हो जाने वाली शिकायत बच्चों को अनावश्यक रूप से धूप से बचा कर रखने के कारण होती हैं। यूगोस्लाविया में कुछ पुराने विचार के लोग अपने नवजात शिशुओं को सूर्य की किरणें से एकदम अलग रखते है। उनका विश्वास है कि धूप में रहने से बच्चे काले हो जाते है। इसका परिणाम यह होता हैं कि वहाँ के बच्चों की हड्डियाँ कमजोर और टेढ़ी हो जाती हैं। बडे-बडे शहरों में जहाँ बड़ी-बड़ी इमारतों की प्रचुरता है, उनके आस-पास के छोटे-छोटे

मकानों में धूप प्रवेश नहीं कर पाती, जिससे उन गरीबों के बच्चों की हड्डियाँ कमजोर पड़ जाती हैं

कम वायुभार का प्रभाव :-इससे पूर्व उल्लेख किया जा चुका है कि हमारे शरीर पर साधारणतया वायु-भार प्रति इंच 15 पौंड है। यह समुद्रिक सतह का वायु-भार है। मनुष्य ज्यों-ज्यों सामुद्रिक सतह से ऊपर उठता जाता है, वायु-भार कम होता जाता है। अनुमानतः प्रति 1800 फीट की ऊँचाई पर एक पौण्ड वायु भार कम हो जाता है, प्रति 300 फीट की ऊँचाई पर 1^0 फॉरेनहाइट तापमान में न्यूनता आती है। प्रतिघन फुट में ऊँचाई के साथ-साथ प्राण वायु में भी कमी आती जाती है। इन्हीं कारणों से "पर्वतीय ज्वर" उत्पन्न होता है। देखा गया हैं कि 10,000 फीट ऊपर चढ़ते-चढ़ते पर्वतारोहियों को मानसिक थकावट, चिड़चिड़ापन, सिरदर्द, अनिद्रा और कभी-कभी उल्टी और मूर्च्छा तक की शिकायत होने लगती है। कुछ लोगों को हौलदिली, नाक से रक्त स्राव और शरीर में झनझनाहट की शिकायत भी होती है।

जलवायु पर वृक्ष और जलाशयों का प्रभाव:-इनकी उपस्थित नमी उत्पन्न कर हवा की शुष्कता दूर करती है। पौधों और वृक्षों में जलभार से लदी हवा में बादलों को आकर्षित करने की शक्ति होती है जिससे ऐसी जगहों में सन्तोषजनक वर्षा होती है और हवा में नमी बनी रहती है।

तापमान नापने के लिये एक यन्त्र होता है जिसको थर्मामीटर कहते हैं। ये तापमापक यन्त्र कई प्रकार के होते हैं। वायु-भार बताने वाले यन्त्र को बैरोमीटर कहते है। हाइग्रोमीटर नामक एक अन्य यन्त्र होता है जिससे वायु में उपस्थित नमी का ज्ञान होता है। ये कई प्रकार के होते हैं। धूपमापक यन्त्र का भी आविष्कार हुआ है जिसकों "कैम्पबेल-स्टोक सनशाइन रेकार्डर" कहते है।

वर्षा :- वर्षा का जलवायु और स्वास्थ्य पर विशेष प्रभाव पड़ता है। कब कितनी वर्षा हुई, यह बतलाने वाले यन्त्र-को रेन गॉज कहते

है। वर्षा से जलवायु में विशेष नमी पैदा होती है जो वायु को भाप से बोझिल बनाकर मनुष्य के लिये कष्टकर और जीवाणु तथा छोटे-छोटे जन्तुओं के लिए हितकर स्थिति पैदा करती है।

मेला **:-**हैजा, पेचिश और चेचक जैसी छूत से फैलने वाली बीमारियों को फैलाने में भारतीय मेलों का प्रमुख हाथ रहता है। इसके कई कारणों में उचित सफाई और पीने वाले पानी के प्रबन्ध का अभाव मुख्य है अधिकतर मेले तीर्थ स्थानों तथा उसके आस-पास लगते हैं। खास-खास अवसरों पर ऐसे स्थानों में अपार भीड़ होती है। भारतीय धार्मिक वातावरण में इन पर रोक लगाना लगभग असम्भव है। खास कर गाँव के रहने वाले बच्चे-बूढ़े और स्त्रियों को मेलों से विशेष प्रेम होता है। वे वहाँ बहुत बड़ी संख्या में जाते हैं। ग्रीमीणों के मनोंरजन का यह बहुत बड़ा साधन है। ऐसे अवसरों पर भिन्न-भिन्न स्थानों के व्यवसायी तरह-तरह की चीजें बेचने के लिए लाते है। काफी खरीद-बिक्री होती है। भारतवर्ष के अधिकांश मेले कृषि और पशु प्रधान हैं। इनमें बिहार में सोनपुर का मेला और पंजाब में बासुकी का मेला प्रमुख है।

मेलों में स्वास्थ्य-सम्बन्धी सुप्रबन्ध का उचित ध्यान रखना आवश्यक है। अतएव मेला प्रारम्भ होने से काफी पहले क्रम के अनुसार एक नक्शा बना लिया जाना चाहिए। सब मेलों में एक ही तरह की व्यवस्था निर्धारित करने से काम नहीं चल सकता। साधनों और परिस्थितियों के अनुकूल उनमें हेर-फेर करना अनिवार्य है। खास-खास मेलों के खास-खास रूप, गुण और तौर तरीके होते है। जो कुछ भी हो, मेला-सम्बन्धी प्रबन्ध के लिए निम्नलिखित बातों पर ध्यान देना बहुत जरूरी है :-

(1) मेला लगने के पूर्व किए जाने वाले प्रबन्ध

बड़े-बड़े मेलों के लिए एक मेला-समिति का होना आवश्यक है जिसके सदस्य जिले के भिन्न-भिन्न विभागों के प्रधान, कुछ प्रमुख

संस्थाओं के प्रधान और जिले के कुछ अनुभवी प्रमुख व्यक्ति हो। वे सभी मिलकर मेला-सम्बन्धी सुप्रबन्ध की एक-एक योजना तैयार करें। उस समिति में मेला से सम्बन्ध रखने वाली सभी छोटी-बड़ी बातों पर पूर्ण रूप से विचार किया जाना चाहिए। यही समिति यात्रियों और मेले में काम करने वाले कर्मचारियों के लिए आवश्यक नियम बनायेगी। मेला-सम्बन्धी सुप्रबन्ध के लिये भिन्न-भिन्न महकमों का आपस में पूर्ण सहयोग होना बहुत जरूरी है।

मेले के प्रबन्ध का भार स्वास्थ्य अधिकारी तथा जिला-अभियन्ता को दिया जाए। वे मेला लगाने की जगह पर जाकर दर्शकों के निवास-स्थान, जनता के लिए पाखाने की जगह तथा अन्य आवश्यक बातों का विवरण तैयार करे। साथ ही यह भी निश्चित करें कि पीने के लिए सुरक्षित जल का प्रबन्ध कहाँ से और कैसे किया जाए तथा मेले के लिए क्या प्रबन्ध सम्भव है और उसके लिए किन चीजों की आवश्यकता है? मेले के अन्दर सुविधानुसार आने-जाने के लिए आवश्यक रास्तों का नक्शा बनाया जाए। जो सड़कें पहले से मौजूद हों, उनकी मरम्मत का प्रबन्ध भी किया जाए। मेला-क्षेत्र की समस्त जमीन के झाड़-झंकाड़ साफ कराकर उन्हें भिन्न-भिन्न खण्डों में बाँट देना चाहिए। इन खण्डों के खास-खास कामों को पहले से ही निश्चित कर रखना अति उत्तम होगा। तदानुसार उन खण्डों में आवश्यक संकेत चिह्न लगावा दिया जाए। जैसे-निवास स्थान, बाजार, पशुओं के लिए क्षेत्र, भोजन या पेय पदार्थों के क्षेत्र, अफसरों का निवास स्थान, थाना, पाखाना, अस्पताल इत्यादि। छोटे-मोटे गढड़ों को भर देना और बड़े-बड़े गढडों को घेर देना उचित होगा।

(2) सामान्य प्रबन्ध

(क) बूचड़खाना :-

मेले से कुछ दूर हटकर पक्के फर्श के अस्थायी बूचड़खाने का

प्रबन्ध आवश्यक है।

(ख) छूत से फैलने वाली बीमारियों को रोकना :-

इसके लिये रोगियों को अलग रखे जाने वाले अस्पतालों का प्रबन्ध होना चाहिए जहाँ छूत से फैलने वाली बीमारियों के रोगी को अलग रख कर इलाज किया जा सके। डोली या स्ट्रेचर और कहारो का प्रबन्ध होना चाहिए। इससे रोगियों को ढोकर लाने में सुविधा होती है। इसके अतिरिक्त स्थान-स्थान पर अस्थायी दवाखानों और प्राथमिक चिकित्सा केन्द्रों का प्रबन्ध भी आवश्यक है।

मेले के लिए रोशनी की उचित व्यवस्था भी अपना महत्त्वपूर्ण स्थान रखती है इसका भार किसी ठेकेदार या इन्जीनियरिंग विभाग के हाथ में दे देना चाहिए।

(ग) जल का प्रबन्ध :-

मेले के लिए पर्याप्त सुरक्षित शुद्ध जल का प्रबन्ध हो। सोनपुर मेले में नल द्वारा सुरक्षित जल-वितरण का प्रबन्ध होने से हैजे की बीमारी बिल्कुल कम हो गई है। जहाँ शुद्ध जल का प्रबन्ध होना असम्भव हो, वहाँ गहरे नलकूप का प्रबन्ध करना चाहिए। मेला लगने के पूर्व ही मेला-क्षेत्र के अन्दर खुदे कुएँ और उस क्षेत्र से लगभग 10-15 मील तक चारों ओर के कुओं की यथासम्भ्व उडाही करवा कर उन्हें मेला प्रारम्भ होने से पहले ही लगभग दो बार विसंक्रमित करा देना आवश्यक है।

(घ) मृत जीवों के निराकरण का प्रबन्ध :-

इस काम के लिये भी एक खास जगह निश्चित कर लेनी चाहिए।

(ङ) कूड़ा-कर्कट और मल-मूत्र का प्रबन्ध :-

पाखानों में बोर-होल पाखाना को प्रधानता दी जाती है। यह स्वास्थ्य की दृष्टि से अच्छा, किन्तु खर्चीला होता है। इस तरह के पाखानो की गहराई जमीन के नीचे वाले जल की पहली सतह से एक फुट अन्दर

तक होनी चाहिए।

यदि गड्ढेदार पाखाने या खाई वाले पाखाने का व्यवहार किया जाए तो वह 20 फीट लम्बा हो। इसे चटाई द्वारा इस प्रकार विभक्त कर देना चाहिए कि एक बार 5 आदमी इसका उपयोग कर सके। गड्ढा 8 से 10 इंच चौड़ा गहरा होना चाहिए। इस तरह का एक गढ्डेदार पाखाना 1000 व्यक्तियों के लिये पर्याप्त होता है। प्रति 1000 व्यक्ति के लिए एक मेहतर की नियुक्ति होनी चाहिए। इसका काम मल ढाँकना और पाखाने की सफाई की देख-रेख करना होगा।

काफी बड़े और 15 से 30 दिन तक हर साल लगातार लगने वाले मेलों में सेप्टिक टैंक लैट्रिन बनवाना ज्यादा अच्छा होगा। मेला प्रारम्भ होने के पूर्व ही उसके बर्तन में चूना या ब्लीचिंग पाउडर रखवा देना चाहिए। पुरूष और स्त्रियों के लिए अलग-अलग पाखाने का प्रबन्ध करना बहुत जरूरी है।

आवश्यकतानुसार निश्चित स्थानों पर कूड़ा-पात्र, पेशाबखाना और पानी सोखने वाले गड्ढे का प्रबन्ध रखना जरूरी है। जरूरत के अनुसार कच्ची या पक्की नालियों का प्रबन्ध होना भी अनिवार्य है।

(च) विशेष आवागमन के कारण सड़कों प्र उड़ने वाली धूल को रोकने के लिए पानी छिड़क वाने का उचित प्रबन्ध होना चाहिए। इसके लिये जल छिड़कने वाली बैलगाड़ी या लारी का उपयोग किया जा सकता है।

(3) मेले के अवसर पर किये जाने वाले शासकीय प्रबन्ध :-

इसके अन्तर्गत कर्मचारियों के ठहरने की व्यवस्था, काम में आने वाली सभी चीजों का प्रबन्ध करना है। इन सब चीजों को रखने के लिए स्थायी रूप से गोदाम बनवा देना चाहिए। भिन्न-भिन्न कर्मचारियों की कर्त्तव्य-सूची पहले से ही तैयार रहे। साधारणतः डॉक्टर, स्वास्थ्य-निरीक्षक, सफाई निरीक्षक और जमादारों की ही कर्त्तव्य-सूची

बनाई जाती है। मेले में, मेले के आरम्भ से अन्त तक स्वास्थ्य-अधिकारी का रहना आवश्यक है जिससे वे कर्मचारियों के काम पर उचित निगरानी रख सकें। मेले की सफाई और संक्रामक रोगों को रोके रखना स्वास्थ्य अधिकारी का उत्तरदायित्व होता है। बड़े मेलों में स्वास्थ्य-विभाग के अन्य उच्चाधिकारी और असैनिक शल्य-चिकित्सक का रहना भी ठीक होगा। यदि किसी तरह मेले में हैजा फैल जाए तो दफा 144 लागू करके मेला बन्द किया जा सकता है।

मेले का प्रत्येक खण्ड एक सफाई-निरीक्षक अथवा चिकित्सा-पदाधिकारी के अधीन होना चाहिए। उनकों कर्त्तव्य-सूची के अनुसार कार्य करना चाहिए और हमेशा अपने इलाके में ही मौजूद रहकर अपने इलाके की सफाई की पूरी देखभाल रखनी चाहिए। उनको स्वास्थ्य-निरीक्षक, जमादार तथा सफाई करने वाले मनुष्यों के काम की पूरी निगरानी रखनी होगी। अपने इलाके में उपयोग में लाये जाने वाले समान के लिए भी वे उत्तरदायी समझे जाएंगे। अगर उनके इलाके में किसी जगह किसी आदमी को हैजे की शिकायत हो जाए तो सब काम छोड़कर रोगियों को अलग रखे जाने वाले अस्पताल में भेज देने के बाद उन्हें उस स्थान, आस-पास के कुओं और रोगी के गन्दे कपड़ों को अच्छी तरह विसंक्रमित करा देना चाहिए। काम करने वाले की उपस्थिती हर रोज स्वास्थ्य-पदाधिकारी के ऑफिस में भेजना चिकित्सा-पदाधिकारी को अपने इलाके में होने वाली विशेष घटनाओं और संक्रामक रोग होने या न होने की सूचना दे देनी चाहिए। स्वास्थ्य-अधिकारी का कर्त्तव्य है कि वे प्राप्त सूचनाओं के आधार पर अपनी एक रिपोर्ट हर रोज निर्देशक स्वास्थ्य-सेवा के यहाँ भेज दिया करें।

स्वास्थ्य निरीक्षक और जमादार को भी कर्त्तव्य-सूची के अनुकूल अपना काम करना चाहिए। जमादारों का काम सफाई करने वाले मनुष्यों

से आदेशानुसार काम लेना है।

सफाई करने वाला मनुष्य :-प्रति 5000 व्यक्ति पर एक सफाई करने वाले तथा प्रति 2000 व्यक्ति पर एक कूड़ा-कर्कट हटाने तथा गाड़ने वाले जमादार की नियुक्ति जरूरी है।

इनके अलावा कुछ अतिरिक्त सफाई करने वाले मनुष्य भी रख लेने चाहिए जो अन्य आवश्यक कार्यों में-जैसे मृत जानवरों को हटाना, गाड़ना अथवा संक्रामक रोग सम्बन्धी कार्यों में लगाये जा सके। कुओं को विंसक्रमित करना जमादारों का काम है।

प्रत्येक कर्मचारी को पहचान के लिए बैज देना अच्छा होगा। डोम और मेहतरों के बैज पर नम्बर लगा देना चाहिए। सफाई करने वालों के निवास के लिए झोपड़ियों का प्रबन्ध करना भी एक आवश्यक कर्त्तव्य है।

सफाई कर्मचारियों के काम करने का समय सुबह 7 से 11 बजे तक शाम को 2 बजे से 6 बजे तक होना सबके लिए सुविधाजनक होगा।

जरूरत पड़ने पर रोगियों का स्थानान्तरण करने के लिए डोली, कहार और स्टेचर का इन्तजाम रखना भी सुप्रबन्ध का एक आवश्यक अंग है।

मेले की औसत आबादी के ऊपर प्रति हजार व्यक्ति पर प्रतिदिन 1 मन चूने का प्रबन्ध उचित होगा। कुदाली, रस्सी, टोकरी, बर्तन, झाड़ू इत्यादि जरूरत के अनुसार मेले के पहले ही इकट्ठा कर लेना आवश्यक होगा। कुछ आधे ओस वाले टीन के चम्मच, जिसमें ब्लीचिंग पाउडर नापकर कुओं में डाला जा सके, रखने जरूरी है।

मूल-मूचादि के स्थान का प्रबन्ध :-जनाने और मर्दाने पाखानों में अलग-अलग चिह्न लगा दिये जाए। उनमें रात में रोशनी का प्रबन्ध रहे। जनाने और मर्दाने पाखानों के लिए अलग-अलग क्रमशः मेहतरानी और

मेहतर नियुक्त करना चाहिए। इनका काम गड्ढ़ेदार पाखाने को साफ-सुथरा रखना और गड्ढ़े के भर जाने पर उसे अच्छी तरह मिट्टी से भर कर ढक देना है। प्रत्येक टट्टी पर ब्लीचिंग पाउडर और चूने का प्रबन्ध होना चाहिए जिससे समय-समय पर गड्ढे के मल पर छिडकाव किया जा सके। मेले की उचित सफाई के लिए कुछ गश्ती सफाई करने वाले आदमी की भी आवश्यकता होती है। साधारणतः तकाशाई यत्र-तत्र मल-मूत्र त्याग कर मेले को गन्दा करते रहते हैं। इन गश्ती मेहतरों का काम उन्हें खोज कर ढकना है। ढकने के बाद उस पर गैमेक्सीन डाल देना उचित होगा। इससे मक्खियों की वृद्धि तथा दुर्गन्ध भी कम हो जाएगी।

17

पारिवारिक जीवन शिक्षा

परिवार में ही व्यक्ति का जन्म होता है वह शैशव अवस्था से वृद्धावस्था तक परिवार में ही रहता है। परिवार एक समुदाय के रूप में है जिससे कि बालक अपने प्रारंभिक अनुभवों को सीखता है। पारिवारिक जीवन में ही उसका सर्वांगीण विकास होता है और व्यक्ति के जीवन की गुणवत्ता का विकास होता है। परिवार के सदस्यों के द्वारा ही उसे स्नेह प्राप्त होता है और वह अपने जीवन को उच्च बनाने के लिए कार्यशील होता है। परिवार द्वारा ही उसे शिक्षा, भोजन स्वास्थ्य आदि की सुविधाएं मुहैया कराई जाती है। इस प्रकार पारिवारिक जीवन का व्यक्ति के जीवन की गुणवत्ता से बहुत अधिक सम्बन्ध होता है।

परिवार से अभिप्राय

परिवार को समाज के रूप में परिभाषित किया जा सकता है। यह एक ऐसा समाज है जिसमें व्यक्ति अपने प्रारंभिक जीवन से लेकर अन्तिम जीवन तक का विकास करता है। समाज में परिवार को एक सशक्त इकाई माना जा सकता है। परिवार में रहकर ही मनुष्य में सामाजिक और सांस्कृतिक गुणों का विकास होता है और वह बाहर की दुनिया के सम्पर्क में आकर राजनीतिक तथा आर्थिक गुणों का विकास करता है। परिवार के आवश्क तत्व पति-पत्नी, बच्चे, बुजुर्ग आदि हैं। इन्हीं के द्वारा मनुष्य के परिवार का निर्माण होता है। परिवार में आपसी

सम्बन्धों का उदय होता है, इस प्रकार के वातावरण में रहकर मनुष्य आपसी भाई-चारे, प्रेम, दया आदि जैसे नैतिक गुणों का विकास करता है। प्राचीन काल में संयुक्त परिवार को सर्वोत्तम माना जाता था जिसमें सभी परिवार के सदस्य आपसी सहायोग भावना से एक साथ एक ही छत के नीचे निवास करते थे। परन्तु वर्तमान में पाश्चात्य शिक्षा का भारतीय संस्कृति पर इतना कुप्रभाव पड़ा है कि प्रायः प्रत्येक परिवार में आपसी-द्वेष उत्पन्न होने लगा है और भारत में भी अब एकल परिवार को ही प्राथमिकता दी जाती है। इस प्रकार परिवार को अब संयुक्त न कहकर एकल समुदाय कहना अधिक उचित होगा।

परिवार की अनिवार्यता

मानव परिवार का एक अभिन्न अंग है इसलिए उसको परिवार की नितान्त आवश्यकता है। वह बिना परिवार के अपने व्यक्तित्व का सर्वांगीण विकास नहीं कर सकता है। इसलिए मनुष्य के लिए परिवार का सदस्य बना रहना अनिवार्य है। मनुष्यों से परिवार का निर्माण होता है और परिवारों से समुदायों का निर्माण होता है। इसी प्रकार समुदायों से राज्यों और राज्यों, राष्ट्रों के द्वारा विश्व का निर्माण की उत्पत्ति हुई है। परिवार में रहकर ही मनुष्य अपनी मौलिक आवश्कताओं की पूर्ति कर पाता है। परिवार में रहकर ही वह अपनी इच्छाओं को प्रकट करता है और उन्हें मनवाने का प्रयत्न करता है। परिवार में कर ही मनुष्य की नई पीढ़ी का विकास होता है। इस प्रकार परिवार की आवश्यकता मनुष्य को सर्वाधिक आवश्यक है। परिवार में रहकर ही वह मानसिक, शारीरिक तनाव से मुक्ति पाता है। परिवार में रहकर जहां उसे शैशव काल में बड़ो का स्नेह और प्रेम प्राप्त होता है वहीं वृद्धावस्था में आकर उसे परिवार द्वारा ही सहारा ही मिलता है। परिवार में रहकर ही मानव का पालन पोषण होता है और परिवार द्वारा ही उसे अन्तिम तिलांजलि दी जाती है। इस प्रकार परिवार उसकी प्रथम और अंतिम आवश्यकता है।

परिवार द्वारा किए जाने वाले कार्य

परिवार के मनुष्य के प्रति अपने अनेकों कर्त्तव्य होते है जिनका उसे पालन करना होता है। परिवार के सदस्यों के द्वारा मनुष्य को उच्च शिक्षा, उचित वातावरण, स्वास्थ्य सेवाएं, भोजन, वस्त्र, मकान आदि सभी सुविधाएं प्रदान की जाती है। परिवार में ही उसे ऐसा वातावरण मिलता है जिससे कि उसका मानसिक, शारीरिक तथा सांवेगिक विकास होता है। इसके अतिरिक्त परिवार द्वारा ही उसे मनोरंजन, खेल सुवधाओं की प्राप्ति होती है। परिवार के सदस्य ही उसमें नैतिकता, अनुशासन, मानवीय गुण, प्रेम, सद्व्यवहार, अच्छा आचरण आदि गुणों का विकास करते है। परिवार का यह कर्त्तव्य होता है कि वह मानव में मानवीय, सामाजिक गुणों का विकास करे ताकि वह समाज में आपसी भाईचारे के भावना को समझकर कर मनुष्य के साथ सामाजिक सम्बन्धों का विकास करे।

परिवार द्वारा दी जाने वाली जीवन शिक्षा

क्योंकि परिवार में मनुष्य का जन्म होता है इसलिए परिवार के मनुष्य के प्रति अनेक कर्त्तव्य होते है। परिवार द्वारा मनुष्य को दी जाने वाली प्रारंभिक शिक्षा भी इन दायित्वों में एक मानी जाती है। परिवार द्वारा सभी कार्य संतुलित रूप से किए जाते है। समाज में मनुष्य को तभी उच्च स्थान प्राप्त हो सकता है जबकि मनुष्य का शैक्षिक स्तर उच्च हो। शिक्षा के द्वारा मनुष्य के शेष अवगुणों को छिपाया जा सकता है। मनुष्य की पारिवारिक शिक्षा में यह महत्वपूर्ण बात होती है उसे वह शिक्षा किसी प्रकार के दबाव में न डालकर नैतिक ढंग से दी जाती है जिसे बालक रूचिपूर्वक समझता तथा व्यवहारिक रूप प्रदान करता है। यही कारण है कि जिस व्यक्ति के चरित्र को उसके परिवार के द्वारा जोड़कर देखा जाता है। परिवार में वह अपने चरित्र का भी निर्माण करता है।

परिवार यह तय करता है कि बालक को किस प्रकार की शिक्षा दी जानी है उसे किस विद्यालय अथवा हॉस्टल में शिक्षा के लिए भेजना है आदि। इसके अतिरिक्त कुछ ऐसी शिक्षाएं भी होती है जो कि व्यक्ति अपने परिवार के सदस्यों के बिना और किसी से ग्रहण नहीं कर सकता जैसे कि यौन सम्बन्धी शिक्षा, भावना आदि। एक दूसरे से परस्पर सहयोग की महत्वपूर्ण शिक्षा को भी व्यक्ति परिवार में रहकर ही सीखता है। इस प्रकार यह कहा जा सकता है परिवार ही मनुष्य का सच्चा विद्यालय है जहां पर व्यक्ति अपने सगे सम्बन्धियों के द्वारा शिक्षा प्राप्त करता है जिससे कि उसके चरित्र का निर्माण होता है।

पारिवारिक जीवन में शिक्षा की आवश्यकता

पारिवारिक जीवन मनुष्य का प्रारंभिक जीवन होता है। पारिवारिक जीवन में व्यक्ति सामाजिक, शारीरिक, और नैतिक शिक्षाओं का अध्ययन करता है। यदि किसी व्यक्ति के परिवार के सदस्य सामाजिक बुराईयों से जुड़े है तो निश्चय ही बालक भी उन बुराईयों की ओर आकर्षित होता है। तभी यह कहा जाता है कि परिवार ही मानव के जीवन की एक इकाई है इसी के बल पर वह समाज में जाना जाता है। इसके विपरीत यदि मनुष्य के परिवार के सदस्य उच्च जीवन व्यतीत करते है तथा धार्मिक कार्यों से जुड़े होते है तो निश्चय ही बालक में भी वही गुण विद्यमान होंगे।

मनुष्य का व्यवहार उसकी आदतों से पता चलता है। पारिवारिक जीवन का मनुष्य के व्यवहार परं प्रत्यक्ष प्रभाव पड़ता है। वर्तमान में सामाजिक जीवन में अनेके परिवर्तन देखने को मिलते है, आज हमारा समाज उसी की इज्जत करता है जो कि व्यवहार कुशल हो। भारतीय समाज परम्परागत मान्यताओं और रीतियों पर आधारित है यह समाजिक व्यहवहार मनुष्य अपने पारिवारिक जीवन से ही सीखता है। परन्तु आज यह देखा जाता है कि हमारे किशोर पाश्चात्य शिक्षा से बहुत अधिक

प्रभावित हो रहे है तथा अपनी मान-मर्यादा और संस्कृति का परित्याग करके स्वयं निर्णय लेने लगे है जिससे कि उन्हें समय-समय पर अनेकों अड़चनों और समस्याओं का सामना करना पड़ रहा है। आज के नवयुवक अपने प्रौढ़ों के प्रति अविश्वास प्रकट करते है यदि उन्हें उनके बड़े कोई आवश्यक बात के लिए चुनौती देते है तो वह यह समझने लगते है कि निश्चय ही इसमें उनके प्रौढ़ों का कोई स्वार्थ सिद्धि छुपी है। इसलिए पारिवारिक शिक्षा में यह एक आवश्यक तत्व होना चाहिए कि दिशाहीन किशोरों को भी नैतिकता पर आधारित शिक्षा समय-समय पर देनी चाहिए जिससे कि वह समाज में व्याप्त बुराईयों से दूर रहकर अच्छाईयों को ग्रहण करना सीखे।

प्रायः यह देखा जाता है कि किशोरावस्था में आते ही मनुष्य अधिक महत्वाकांशी हो जाता है इस समय वह दिवा-स्वप्न के जीवन में जीता है। वह छोटी-छोटी बातों पर अपने बुजुर्गों तथा माता-पिता से रूठ जाता है या उन्हें कभी-कभी अशब्द कह देता है ऐसा वह अपने मस्तिष्क से नहीं करता है वह किसी घोर चिन्ता का अपने मस्तिष्क में चिन्तन करते-करते जाने क्या-क्या कह देता है उसे खुद पता नहीं होता है। इसलिए इस समय परिवार को उसे उचित शिक्षा देनी चाहिए तथा उसकी मुश्किलों को दूर करना चाहिए। इस समय पारिवारिक शिक्षा ही मनुष्य को सही राह दिखाती है।

यौन शिक्षा का पारिवारिक जीवन शिक्षा में महत्व

पारिवारिक जीवन शिक्षा के अन्तर्गत यौन-शिक्षा का भी अपना विशेष महत्व है। प्रायः मनुष्य में किशोरावस्था में यौन-इच्छा जागृत होती है। इस समय उसका बौद्धिक स्तर इतना विकसित नहीं होता है कि वह अनुचित यौन-सम्बन्धों के सम्बन्ध में जान सके तथा इनके कुप्रभावों से अवगत हो सके। इस समय उसे इस विषय को जानने की जिज्ञासा उत्पन्न होती है और वह सामाजिक बुराईयों के जाल में फंस

जाता है। ये सामाजिक बुराईयां मनुष्य को खोखला कर देती हैं तथा किशोरों को बुरी लत जैसे- मद्यपान करना, जुआ खेलना आदि लग जाती है। इसलिए पारिवारिक जीवन में यौन-शिक्षा का महत्व है। यदि घर के सदस्यों के ही द्वारा किशोरों को यह समय-समय पर चुनौती दे दी जाएं तो वह इन बुराईयों से दूर रह सकता है। पारिवार के सदस्यों को चाहिए कि वह व्यक्ति को स्वस्थ जीवन जीने के महत्वपूर्ण तत्वों से अवगत कराएं। यदि वह ये देखते है कि बालक में इन विषयों के प्रति रूचि जरूरत से ज्यादा है तो परिवारिक सदस्यों को उससे बातचीत करके समय से पूर्व इसको करने से इसके दुष्प्रभावों के बारे में जानकारी देनी चाहिए। इस प्रकार की शिक्षा माता-पिता, घर का कोई वरिष्ठ नागरिक किशोरों को दे सकता है।

इसके अतिरिक्त यौन सम्बन्धी शिक्षा किशोरों को टी.वी., रेडियो आदि के द्वारा भी दी जा सकती है। इस सन्दर्भ में अध्यापक भी अपनी महत्वपूर्ण भूमिका अदा कर सकता है। प्रायः यह देखा जाता है कि बालक अपने माता-पिता से इन सम्बन्धों में बातचीत करते समय हिचकता है। जिसके परिणामस्वरूप उसकी यौन-समस्याएं बरकरार रहती है। इसलिए अध्यापक को चाहिए कि वह किशोरों को यौन समस्या सम्बन्धी जानकारी देते रहे क्योंकि अध्यापक ही इस समय उनके सच्चे मित्र के रूप में कार्य कर सकते है। वही किशोरों को भटकने से बचा सकते है। पारिवारिक सदस्यों को चाहिए कि वह अध्यापकों से बातचीत करे और उनको अपने बच्चे को इस सम्बन्ध में जानकारी देने को कहे। अध्यापक का यह कर्त्तव्य होता है कि वह किशोरों को स्नेह पूर्वक, प्रेम से सहयोग की भावना पर आधारित इस विषय की जानकारी दे। जिससे कि किशोरों में व्याप्त काल्पनिक इच्छाएं समाप्त हो जाए और वह अपने अध्ययन की ओर अपना ध्यान आकर्षित करे। इस प्रकार पारिवारिक शिक्षा में यौन-शिक्षा का होना

अनिवार्य माना जा सकता है।

नवयुवक व उनमें प्रचलित यौन समस्याएं

किशोरावस्था में व्यक्ति का भावनात्मक विकास होता है साथ ही उसका शारीरिक और सांवेगिक विकास भी होता है। इस समय उसके समक्ष अनेकों ऐसी यौन-समस्याएं उत्पन्न होती हैं जिनका निराकरण यदि शीघ्र ही नहीं किया जाए तो उनके चरित्र को बहुत बड़ी हानि पहुंचती है। नीचे कुछ ऐसी समस्याओं का विवरण किया जा रहा है जो कि किशोरावस्था में किशोरों के सम्मुख उत्पन्न होती है:-

(क) अपने से बड़ों की बातों को निरर्थक समझना तथा उनकी अवहेलना करना।

(ख) विद्यालय में दी जाने वाली शिक्षा के प्रति अरूचि होना।

(ग) अध्यापकों के प्रति अरूचि होना और उनका मजाक उड़ाना।

(घ) यौन-सम्बन्धी गुप्त रोग हो जाना।

(ङ) विवाह से पहले ही यौन-सम्बन्ध बनाने की इच्छा, स्त्रियों में गर्भाधान आदि।

(च) स्वप्न दोष तथा हस्त मैथुन आदि।

इस समय किशोरों में अनेकों शारीरिक परिवर्तन देखने को मिलते है जैसे कि उनकी मूछें आना तथा स्त्रियों में स्तनों के आकार का बढ़ना आदि। इसलिए यह स्वाभाविक है कि यदि शारीरिक विकास हो रहा है तो उससे सम्बन्धित अनेकों बीमारियां भी उदय होगी। प्रायः यह देखा जाता है कि कई किशोर एवं किशोरियों में इन परिवर्तनों को लेकर अनेकों चिन्ताएं उत्पन्न हो जाती है। इस समय उन्हें इन समस्याओं से सम्बन्धित जानकारी दी जानी चाहिए। उन्हें निम्नलिखित समस्याओं का सामना करना पड़ता है:-

(क) सर्वप्रथम किशोर दिवा-स्वप्नों में जीता है। इस समय वह

अपने से श्रेष्ठ किसी को भी नहीं समझता है। यदि उसके माता-पिता या अन्य वरिष्ठ सदस्य उसे उसके भविष्य के प्रति सर्तक करते है तो वह उन्हें भी झड़प देता है। परन्तु इस समय पारिवारिक सदस्यों को यह समझना चाहिए कि उनके बालक में केवल शारीरिक वृद्धि हुई है न कि मानसिक। इस समय उन्हें अपने किशोर को स्नेहपूर्वक समझाते रहना चाहिए समय-समय पर बड़ों के द्वारा किशोर के प्रति सतर्कता रखनी चाहिए। यदि इस समय माता-पिता उसका का साथ नहीं देते तो वह निश्चित ही भटक जाता है।

(ख) यह देखा जाता है किशोर अपने से बड़े आदमियों का अनुकरण करता है। यदि वह किसी सामाजिक बुराई के सम्पर्क में आता है तो उसका उसके चरित्र पर दुष्प्रभाव पड़ता है। इसलिए परिवार में हमें ऐसे आचरण को अपनाना चाहिए जिससे कि उनके चरित्र पर अच्छा प्रभाव पड़े।

(ग) किशोरों का ध्यान इस समय शराब पीने, जुंआ खेलने, धूम्रपान आदि में अधिक लगता है। जिसके कारण उनके समक्ष अनेकों समस्याएं उत्पन्न होती है। अतः इस समय किशोरों को महापुरूषों के प्रवचन सुनने की प्रेरणा दी जानी चाहिए उन्हें ऐसी दृश्य सामग्रियां दिखानी चाहिए जिनसे उनके चरित्र पर अच्छा प्रभाव पड़ें।

(घ) किशोरावस्था में आकर यह देखा जाता है कि किशोर-किशोरियों के गन्दे सम्बन्धों, असामाजिक तत्वों, कुमित्रों के किशोरों और किशोरियों पर अत्यन्त कुप्रभाव पड़ते है। इसलिए भविष्य में किशोरों को अपनी यौन-इच्छाओं को सन्तुष्ट करने की लालसा उत्पन्न होती है। इसलिए उन्हें इस समय धार्मिक नैतिक पुस्तकों, महापुरूषों की कथाओं के अध्ययन के बारे में जानकारी दी जानी चाहिए।

(ङ) किशोरावस्था में आते ही किशोर और किशोरियों को एक-दूसरे के प्रति आपसी सहयोग प्रेम आदि की भावना उत्पन्न हो

जाती है। जो कि एक सीमा तक तो ठीक ठहराई जा सकती है परन्तु सीमा को पार करने के पश्चात यह एक समस्या के रूप में उत्पन्न हो जाती है। इसलिए यह नितान्त आवश्यक है कि इस समय किशोर-किशोरियों पर सतर्कता रखी जाए, यह कार्य केवल माता-पिता द्वारा ही सम्पन्न की जा सकती है।

इस प्रकार यह निष्कर्ष निकलता है कि किशोरावस्था का काल व्यक्ति के लिए एक समस्या के रूप में है यदि इस समय उसे ठीक से मार्गदर्शन नहीं दिया जाए तो वह निश्चय ही भटक जाता है। परिवारिक जीवन में इस नैतिक शिक्षा की गुणवत्ता इस समय बहुत बढ़ जाती है।

एक आदर्श परिवार में माता-पिता का कर्त्तव्य

परिवार की रचना परिवार के सदस्यों से होती है, एक संयुक्त परिवार में सभी छोटे-बड़े सदस्य होते है जैसे- दादा-दादी, माता-पिता, बच्चे, ताऊ, चाचा तथा उनके बच्चे आदि। इस प्रकार परिवार एक संयुक्त समुदाय है जिसमें कि बालक का सर्वांगीण विकास अपने सगे सम्बन्धियों के बीच में रहकर होता है। इस सन्दर्भ में माता-पिता का यह कर्त्तव्य बन जाता है कि वह अपने बालक को वह सभी शिक्षाएं दे जो कि उसके उच्च चरित्र के लिए लाभदायक हो। माता-पिता को अपने बालक के लिए निम्नलिखित कर्त्तव्यों का पालन करना चाहिएः-

(क) पारिवारिक जीवन का व्यक्ति के जीवन में बहुत महत्वपूर्ण प्रभाव पड़ता है। परिवार में माता-पिता का यह दायित्व है कि वह अपने बच्चों को चाहे वह लड़का हो या लड़की समान रूप से उचित सम्मान देना चाहिए। जिससे कि वह उस स्नेह से अपने व्यक्तित्व का विकास कर सके।

(ख) माता-पिता का कर्त्तव्य है कि वह अपने बच्चों के स्वास्थ्य के प्रति सचेत रहे ताकि उनके बच्चों को जानलेवा बीमारियां न जकड़

ले।

(ग) परिवार में माता-पिता को चाहिए कि जहां तक सम्भव हो वह अपने बालक को संयुक्त परिवार का वातावरण दे। संयुक्त परिवार में बालक अधिक स्नेह प्राप्त करता है और अपना विकास करता है।

(घ) माता-पिता ही अपने बच्चों के लिए आर्थिक स्त्रोत की रचना करते है। उन्हें अपने बच्चों में भी इस प्रकार के गुणों का विकास करना चाहिए।

(ङ) वर्तमान में यह देखा गया है कि बालिग होते ही बच्चे अपने आप ही वैवाहिक सम्बन्ध स्थापित कर लेते है। ऐसे में माता-पिता का कर्त्तव्य है कि वह अपने बालकों को बिगड़ने न दें और अपने लड़के की 21 वर्ष तथा लड़की की 18 वर्ष से कम आयु में शादी न करे।

(च) आज विश्व की जनसंख्या में बहुत तीव्र गति से वृद्धि हो रही है। अतः माता-पिता को अपनी सन्तान उत्पत्ति में अन्तराल रखना चाहिए। उन्हें अपनी आर्थिक स्थिति को देखते हुए ही अपना परिवार नियोजत करना चाहिए।

इस प्रकार उपरोक्त विवरण से यह स्पष्ट होता है कि माता-पिता के द्वारा ही परिवार का निर्माण होता है और परिवार में रहकर ही बालक-बालिका का सम्पूर्ण विकास होता है। प्रत्येक माता-पिता को अपने उपरोक्त कर्त्तव्यों का पालन करना चाहिए। जिससे कि उनके बच्चों का मानसिक, शारीरिक विकास हो सके। वह असामाजिक तत्वों की चपेट में न आ सके।

पारिवारिक स्वास्थ्य

परिवार और स्वास्थ्य का अटूट सम्बन्ध है। परिवार एक ऐसा समुदाय है जिसमें बालक स्वस्थ रूप से अपना विकास करता है। परिवार में रहकर ही उसके मस्तिष्क का स्वस्थ्य विकास होता है। इस सम्बन्ध में माता-पिता का भी यह दायित्व होता है कि वह अपने

परिवार को सभी चिकित्सीय सुविधाएं उपलब्ध कराएं। मनुष्य का स्वास्थ्य उसके परिवार के स्वास्थ्य पर ही निर्भर करता है।

स्वास्थ्य से सामान्यः अर्थो में यह अभिप्राय निकाला जाता है कि स्वास्थ्य का अर्थ शरीर में किसी भी प्रकार के रोग की अनुपस्थिति है। परन्तु स्वास्थ्य का अर्थ केवल इतना ही नही है बल्कि स्वास्थ्य का अर्थ है किसी व्यक्ति में बीमारियों की अनुपस्थिति के साथ-साथ ऐसे गुणों का विकास होना जिसके आधार वह कठिन परिस्थितियों में भी कार्य कर सके। यह किसी व्यक्ति की सम्पूर्ण स्वस्थता कही जा सकी है। स्वास्थता के विभिन्न बिन्दुओं को नीचे व्यक्त किया जा रहा है:-

(क) व्यक्तिगत स्वच्छता- व्यक्तिगत स्वच्छता को दो रूपों में बांटा जा सकता है। एक तो यह कि व्यक्ति की बाह्य स्वच्छता जिसका सम्बन्ध व्यक्ति की शीररिक, घर, विद्यालय, मौहल्ले आदि स्वच्छता से है। इस स्वच्छता में मनुष्य अपने शरीर को स्वच्छ रखता है साथ ही अपने घर, विद्यालय और अपने आस-पास के वातावरण को भी स्वच्छ रखता है। यह व्यक्ति की बाह्य स्वच्छता मानी जाती है। दूसरे प्रकार की व्यक्तिगत स्वच्छता से अभिप्राय व्यक्ति की उस स्वच्छता से है जिसे वह व्यवहार में परिणित करता है। जैसे- उसका सकारात्मक दृष्टिकोण, परस्पर सहयोग की भावना आदि। इस प्रकार की स्वच्छता में व्यक्ति सामाजिक सम्बन्धों का निर्माण करता है।

(ख) सामाजिक स्वच्छता- व्यक्ति समाज का एक अभिन्न अंग है उसे समाज की आवश्यकता निरन्तर पड़ती है। उसका जन्म भी परिवार नामक एक समाज में ही होता है। उसे अपने स्वास्थ्य के रख-रखाव के लिए भी समाज की आवश्कता पड़ती है। इस प्रकार की स्वच्छता में वह किसी से झगड़ा नहीं करता, असामाजिक तत्वों से दूर रहता है, सार्वजनिक कार्यो के प्रति रूचि और सर्तकता रखता है।

(ग) मानसिक स्वास्थ्य- मानसिक स्वास्था का सम्बन्ध व्यक्ति के

मन से होता है। व्यक्ति का मन जब तक शिथिल रहेगा तब उसमें मानसिक स्वास्थता नहीं होगी। मानसिक स्वास्थता के लिए यह आवश्यक है कि मनुष्य को शान्तिमय वातावरण में रहना चाहिए, सदा स्वस्थ वातावरण में निवास करना चाहिए, शराब, जुआ आदि तत्वों से दूर रहना चाहिए, तभी व्यक्ति का मानसिक विकास होगा।

(घ) शारीरिक विकास- कहा जाता है कि एक स्वस्थ शरीर में ही एक स्वस्थ मन निवास करता है। हमारा शरीर पंच तत्वों से निर्मित है और अन्त में इन्हीं पंच तत्वों में लीन हो जाता है। यही जीवन की सार्थकता है। फिर भी हमारे शरीर में जब तक हम जीवित रहते है तब तक अनेकों परिवर्तन होते रहते है। शारीरिक स्वास्थ्य के लिए आवश्यक है कि हमें सन्तुलित भोजन करना चाहिए, मास-मदिरा का सेवन नहीं करना चाहिए, नित व्यायाम करना चाहिए जिससे कि शरीर के सभी संस्थान और इन्द्रियां क्रियाशील रहे।

पोषण और स्वस्थ परिवार

भोजन के द्वारा पोषक तत्वों की प्राप्ति होती है और हम नित कर्मों में लगते है। इससे हमें बहुत बड़ी मात्रा में ऊर्जा मिलती है। स्वस्थ परिवार का सीधा सम्बन्ध पोषण से है। जिन परिवारों के सदस्यों को पोषण की पर्याप्त मात्रा नहीं मिलती है उनका स्वास्थ्य ठीक नहीं रहता है। स्वस्थ-सदस्यों पर ही स्वस्थ परिवार की नींव रखी जाती है। पोषक तत्वों के मिलते रहने से ही परिवार के सदस्यों चिरकाल तक स्वस्थ्य रहेंगे। हमारा शरीर तभी कार्य करता है जबकि उसे पर्याप्त मात्रा में पोषक तत्व मिलते है। भोजन से मिलने वाले पोषण से ही हमारा शारीरिक और मानसिक विकास होता है। यदि हमारे भोजन में पोषक तत्वों की कमी है तो हमारे परिवार के सदस्य कुपोषण का शिकार हो सकते है। इसलिए यह अति आवश्यक है कि भोजन में पोषक तत्वों को होना चाहिए। इस सन्दर्भ में यह कहा जा सकता है कि एक व्यक्ति

का भोजन इस प्रकार का होना चाहिए जिसमें कि 3000 कैलौरी हो। उसके भोजन में पर्याप्त मात्रा में वसा, कार्बोहाइड्रेट, दूध से निर्मित पदार्थ, गेहूं की रोटी आदि पोषक तत्व होने चाहिए।

परिवार का आकार तथा पोषण स्तर

परिवार के सदस्यों की स्वस्थ्ता पोषण तत्वों पर निर्भर करती है। परिवार में जितने सदस्यों की संख्या कम होगी उतना ही अधिक पोषण परिवार के सदस्यों को मिल पाएगा। प्रायः बड़े परिवारों में कुपोषण की सम्भावना बनी रहती है। इसलिए संतुलित भोजन के लिए और पोषक तत्वों के लिए छोटे परिवार को होना अति आवश्यक है। यदि भारत में छोटे परिवार को अपनाया जाए तो कुपोषण की वृद्धि में 50 प्रतिशत की गिरावट लाई जा सकती है। बड़े परिवार की यदि आर्थिक स्थिति ठीक न हो तो उसमें बालक अपना सर्वांगीण विकास नहीं कर सकता। परन्तु यदि यही स्थिति छोटे परिवार के सन्दर्भ में हो तो यह समस्या निश्चय ही खत्म हो जाती है। इसलिए कहा जाता है छोटा परिवार ही खुशियों का भण्डार है।

जीवन की गुणवत्ता में वृद्धि हेतु यह आवश्यक है कि परिवार के सभी सदस्यों को उचित पोषण मिल सके। छोटे परिवार के सदस्यों किसी भी प्रकार का कोई अभाव नहीं देखना पड़ता हैं जबकि बड़े परिवारों के सदस्यों को अपना मन मारना पड़ता है। परिवार द्वारा मानव के जीवन की गुणवत्ता का विकास होता है इस बारे में निम्न बिन्दुओं को स्पष्ट किया जा सकता है:-

(क) मनुष्य की सामाजिक-सांस्कृतिक आवश्कताओं की पर्याप्त मात्रा में पूर्ति- मानव समाज का एक आवश्यक अंग है उसे समाज से अलग कर दिया जाए तो उसका अस्तित्व ही मिट जाएगा। इसलिए समाज में उसका आदर होना चाहिए, उसे सहानुभूति प्राप्त हो, उसे अपनी संस्कृति के अनुसार उसे आचरण करने दिया जाना चाहिए तभी

उसके जीवन का स्तर ऊंचा उठ पाएगा। यदि समाज में उसे उपेक्षित समझा जाएगा तो वह कभी भी अपना विकास नहीं कर सकेगा। अतः समाज में उसे उच्च स्थान न मिले तो निम्न भी नहीं समझा जाना चाहिए।

(ख) मानव की मौलिक आवश्कयताओं की पर्याप्त रूप से पूर्ति- मानव की अनेकों मौलिक आवश्कताएं होती है जिनके लिए वह समाज पर निर्भर होता है। उसकी यह मौलिक आवश्यकताएं ये है- शुद्ध वायु, सन्तुलित भोजन, स्वास्थ्यप्रद मकान, पर्याप्त वस्त्र तथा समाज में उच्च स्थान आदि। इनकी पूर्ति से उसका जीवन स्तर सुधर जाता है।

18

जनसंख्या शिक्षा में प्रयोग होने वाली विधियां तथा विधाएं

भूमिका

शिक्षण कार्य आज किसी भी प्रकार से सरल नहीं रह गया है तथा इस कार्य को करने के लिए शिक्षक एक व्यवस्थित कार्यक्रम अथवा योजना को निर्मित करता है जिसके अन्तर्गत वह विभिन्न प्रकार के निर्णय लेता है।

सभी कार्यों को कई विधियों की सहायता से किया जा सकता है तथा शिक्षण क्रिया को भी विभिन्न प्रकार की क्रियाओं की सहायता से किया जा सकता है। जनसंख्या शिक्षा भी अन्य विषय के शिक्षकों की भांति कुछ विशिष्ट प्रकार की विधियों को प्रयोग करता है जिनका वर्णन इस अध्याय में विस्तार के साथ किया जाएंगा। इनके अलावा विभिन्न प्रकार की विधाओं का प्रयोग भी एक जनसंख्या शिक्षक शिक्षण कार्य करते समय करता है, जो आज बहुत महत्वपूर्ण बन गए हैं।

जनसंख्या शिक्षा में प्रयोग होने वाली विधियां

सभी शिक्षकों द्वारा अपने विषय का ज्ञान प्रदान करने के लिए किसी वैज्ञानिक विधि को प्रयोग करने का प्रयास किया जाता है।

सैद्धान्तिक विधि को प्रयोग करने से उसका कार्य समाप्त नहीं हो जाता बल्कि इन्हें अपनाते समय कुछ विशिष्ट प्रकार की क्रियाओं का सम्पादन करना पड़ता है। उदाहरणार्थ अपने विषय का ज्ञान प्रदान करते समय वह तथ्यों को अन्य विषयों के साथ सम्बन्धित करके विद्यार्थियों के सम्मुख प्रस्तुत करता है। इस प्रकार की क्रिया को करके वह अपना कार्य रूचिकर तथा मनोरंजनात्मक बनाने का प्रयास करता है। शिक्षक द्वारा सम्पादित की गई इस प्रकार की क्रियाओं को शिक्षण विधि के अन्तर्गत सम्मिलित किया जाता है।

जनसंख्या शिक्षक द्वारा मुख्य रूप से जिन शिक्षण विधियों का प्रयोग विद्यार्थियों को जानकारी प्रदान करने के लिए किया जाता है, उनका उल्लेख इस प्रकार हैं :-

जनसंख्या शिक्षक द्वारा प्रयोग की जाने वाली विधाएं

जैसा कि पहले भी कहा जा चुका है कि एक शिक्षक अपने विषय से सम्बन्धित ज्ञान प्रदान करते समय उससे अन्य विषयों के साथ सम्बन्धित कर देता है। इस प्रकार की क्रिया को अध्यापन विधाओं के नाम से जाना जाता है। इस श्रेणी में कई अन्य क्रियाओं को भी सम्मिलित किया जाता है, जिनका उल्लेख इस प्रकार हैं :-

(क) परिवीक्षित अध्ययन : जनसंख्या शिक्षक द्वारा इस विधा का प्रयोग अधिक मात्रा में किया जाता है। इसे ऐसे विद्यार्थियों पर प्रयोग किया जाना चाहिएं, जिनमें स्वयं विभिन्न प्रकार की क्रियाओं को कर पाने की क्षमता विद्यमान हों। इस विधा के अन्तर्गत शिक्षक विद्यार्थियों को यह जानकारी प्रदान कर देता है कि उन्हें क्या कार्य करना है तथा वह कक्षा कक्ष में अपने स्थान पर बैठे हुए ही बताया गया कार्य कर देते हैं। इस दौरान शिक्षक सभी विद्यार्थियों द्वारा की जाने वाली क्रियाओं को भली प्रकार से निरीक्षित करता है तथा यदि उसे ऐसा प्रतीत होता है कि कोई विद्यार्थी अनुचित तरीके से कार्य को कर रहा है तो वह

उसके समीप जाता है तथा उसे कार्य को सही प्रकार से करने में सहायता प्रदान करता है।

(ख) भ्रमण विधा : इस विधा का प्रयोग शिक्षक द्वारा उस स्थिति में किया जाता है जब स्थान अथवा वस्तु का प्रत्यक्ष निरीक्षण करने से विद्यार्थियों को अधिक जानकारी की प्राप्ति हो सकें।

ऐसा करने से विद्यार्थियों को विद्यालय की चार-दीवारी से बाहर निकलने का अवसर प्राप्त हो जाएंगा तथा इससे वह शिक्षा को अधिक रूचि के साथ प्राप्त कर पाएंगे।

इस विधा की सहायता से जनसंख्या शिक्षा का शिक्षक विद्यार्थियों को विद्यालय के समीप स्थित स्वास्थ्य केन्द्र पर लेकर जा सकता है तथा उन्हें यह जानकारी प्रदान कर सकता है कि वहां पर परिवार नियोजन से सम्बन्धित किन सुविधाओं की व्यवस्था किस प्रकार से सरकार द्वारा की गई है।

इस विधा को यदि शिक्षक परिवीक्षित अध्ययन प्रणाली के साथ प्रयोग करें तो उसे कुशल परिणामों की प्राप्ति हो सकती है। इसलिए यह आवश्यक है कि जनसंख्या शिक्षक को इन दोनों ही प्रकार की विधाओं का पूर्ण ज्ञान हों।

(ग) समाजीकृत अभिव्यक्ति विधा : इसके अन्तर्गत एक शिक्षक सभी विद्यार्थियों को समूह में आयोजित कर देता है तथा उनसे जनसंख्या तथा परिवार नियोजन के कार्यक्रमों से सम्बन्धित विभिन्न प्रकार के प्रश्न पूछता है।

विद्यार्थी अपने सामान्य ज्ञान अथवा पुस्तकों से प्राप्त किए गए ज्ञान के आधार पर शिक्षक द्वारा पूछे गए प्रश्नों का उत्तर प्रदान करते हैं तथा इस प्रकार से शिक्षक को यह जानकारी प्राप्त हो पाती है कि किस विद्यार्थी की जानकारी का स्तर कितना है तथा वह उन्हें किस प्रकार से अधिक जानकारी प्रदान कर सकता हैं। इस विधा की सहायता से

शिक्षक विद्यार्थियों के जागरूकता के स्तर को मूल्यांकित कर पाता है तथा यह निर्णय ले पाता है कि वह किस प्रकार से उन्हें अधिक जागरूक बना सकता है।

इस प्रकार स्पष्ट है कि जनसंख्या शिक्षक द्वारा विभिन्न प्रकार की विधियों तथा विधाओं का प्रयोग किया जाता है, तथा एक कुशल शिक्षक को इन सभी का पूर्ण ज्ञान होना चाहिएं।

19

जनसंख्या वृद्धि और शिक्षा

भूमिका

जनसंख्या को नियन्त्रित करने का एक महत्वपूर्ण तत्व शिक्षा को माना जाता है। शिक्षा के द्वारा ही व्यक्तियों के बौद्धिक स्तर को बढ़ाया जा सकता है। उन्हें यह अहसास दिलाया जा सकता है कि उनके लिए क्या ठीक है और क्या गलत। उनकों यह जानकारी दी जा सकती है किस प्रकार वे जनसंख्या के कुचक्र में अपने आप को बांध रहे है जिससे कि न केवल उनके राष्ट्र को हानि पहुंच रही है अपितु संपूर्ण संसार को भी भारी मात्रा में क्षति उठानी पड़ रही है। जीवन -स्तर का अर्थ है कि भारत में लोगों कि प्रकार अपना जीवन यापन कर रहे है। प्राचीन समय में जब संसाधनों का अभाव था तब लोगों की आवश्यकताएं सीमित थी परन्तु वर्तमान में आज जब संसाधनों की कमी नही है तब भी लोगों की आवश्यकताएं पूरी नहीं हो पाती है इसका एकमात्र कारण जनसंख्या में होने वाली निरन्तर वृद्धि को माना जाता है। क्योंकि इसका सम्बन्ध समाज के लोगों को भावात्मक आवश्यकताओं तथा सामाजिक आकांक्षाओं से रहता है। इतना ही नहीं, समाज की ऊर्जा, भोजन तथा आवास जैसी सुविधाओं का भी यह जनसंख्या उपभोग करती है।

जीवन स्तर का तात्पर्य

जीवन स्तर का अभिप्राय साधारणतः लोगों के रहने के ढंग से

लिया जाता है। इसके अन्तर्गत यह देखा जाता है कि समाज में रहने वाले लोगों का जीवन स्तर कैसा है अर्थात् वह किस प्रकार का जीवन यापन कर रहे है वह निम्न जीवन व्यतीत कर रहे है अथवा उच्च। वह अपने दैनिक आवश्कताओं की पूर्ति हेतु किन-किन सुविधाओं का उपभोग कर रहे है। वर्तमान में जीवन-स्तर का अर्थ केवल कम परिश्रम करे कम आवश्यकताओं की पूर्तिक करके आराम से रहना ही रह गया है। प्राचीन समाज में भी यही विचारधारा अपनाई जाती थी। परन्तु यदि दूसरे नजरिए से दखा जाए तो वर्तमान में केवल विकसित देशों में रहने वाले लागों ही केवल अपने जीवन स्तर को ऊंचा उठाने में प्रयत्नशील नहीं है बल्कि आज भारत जैसे विकासशील देशों में रहने वाले लोग भी अपना जीवन का स्तर ऊंचा उठाने की ओर अग्रसर है। जैसा कि भारत के सामान्यतः अधिकांश परिवारों में देखा जाता है कि उनका जीवन स्तर केवल इस सन्दर्भ में ऊँचा माना जाता है क्योंकि वह उच्च शिक्षा, अच्छा भोजन तथा दैनिक जीवन से सम्बन्धित अनेक सुविधाओं का उपभोग करते है। इस सन्दर्भ में जोहन एच. कोल्ब ने कहा है कि धन व्यय करने के अलावा भी अनेक बाते है जो कि जीवन-स्तर को प्रभावित करते हैं तथा उसे उच्च बनोन में सहायक होते है। उनका यह भी विचार है कि परिवारों के स्तर को प्रभावित करने वाले अनेक तत्व है: जैसे- विश्वास विकसित करने वाली परम्पराएं, खेतों तथ वनों की मोहक स्थिति, सुरक्षा की भावना तथा विश्वास से संलग्न नैसर्गिक गुण। इस प्रकार यह स्पष्ट होता है कि केवल उच्च सुविधाओं के प्रयोग करने को ही हम उच्च जीवन स्तर नहीं कह सकते है इसके आवश्यक है ऐसी सामाजिक स्थिति की जिसके अन्तर्गत सभी प्रकार की सुरक्षात्मक सुविधाएं प्राप्त हो।

प्रायः किसी भी समाज के व्यक्तियों के जीवन का स्तर कैसा है इसको समझने के लिए निम्नलिखित बिन्दुओं का अध्ययन करना आवश्यक है:-

(क) व्यक्तियों को ऐसी समाजिक व्यवस्था मिले जहां दशाई गई तीनों दशाओं अर्थात् उच्च जीवन स्तर, मध्यम जीवन स्तर तथा निम्न जीवन स्तर, में सभी व्यक्ति आनन्द ले सके तथा बन्धन से मुक्त हो।

(ख) ऐसी जनसंख्या जहां रोजगार सभी को उपलब्ध हो अर्थात् किसी भी प्रकार की बेरोजगारी वहा पर देखने को न मिले चाहे वह उच्च स्तर हो या फिर निम्न स्तर हो। प्रत्येक व्यक्तियों को उसकी योग्यता के अनुसार कार्य मिले और वह अपना जीवन यापन करने में सक्षम हो।

(ग) ऊर्जा साधन, तथा चीजों का अधिकतम एकत्रीकरण करना।

(घ) वनस्पतिक प्रक्रियाओं में कम से कम हानि हो। यह देखा जाता है विश्व के प्रायः भी विकासशील देशों में जनसंख्या कृषि पर आधारित होती है। यदि इन देशों में वनस्पति को हानि पहुंचे तो यह उन देशों के लिए एक विशेष समस्या के रूप में उत्पन्न हो जाएगी।

इस प्रकार हम यह देख सकते है कि जीवन-स्तर का सम्बन्ध केवल उच्च जीवन जीना ही मात्र नहीं है बल्कि इसका आशय यह है कि इस प्रकार की स्थितियां उत्पन्न की जाए जिनके द्वारा सभी नागरिक अपने को सामजिक दृष्टि से आनन्दित समझ सके।

इसके अतिरिक्त जीवन स्तर में निम्न बातों का अध्ययन किया जाता है:-

1. किसी भी समाज में रहने वाले लागों का आर्थिक एवं सामाजिक स्तर कैसा है यह इस बात पर निर्भर करता है कि उस समाज में रहने वाले लागों की क्या आवश्यकताएं है। प्रायः यह आवश्यकाताए है- बेरोजगारी की समस्या, स्वतन्त्रता, मनोरंजन, रचनात्मक विकास के अवसर, स्वास्थ्य तथा चिकित्सा की सुविधाएं, शिक्षा के समान अवसर आदि। इस प्रकार की समस्याएं प्रायः विकासशील देशों में पाई जाती है जिन्होंने अभी अपना विकास करना है या जो अभी

विकास की दौड़ में अपना स्थान बना रहे है। इसका अर्थ यह है कि जीवन स्तर जनसंख्या द्वारा विभाजित समाज में उपलब्ध साधन, उनका स्तर, उनका उपयोग तथा उनकी स्थिरता पर निर्भर करता है। किसी भी देश में सामाजिक आधार पर शैक्षिक व्यक्तियों की संख्या से शिक्षा के स्तर को ज्ञात किया जा सकता है। परन्तु इस प्रकार शिक्षा की स्थिति का ज्ञान प्राप्त करना अधिक लाभकारी नही होता है। जनसंख्या वृद्धि जीवन की गुणवत्ता और जीवन-स्तर को निम्न बनाती है तथा जीवन-स्तर को उच्च बनाने के लिए गए जा रहे प्रयासों को विफल करती है। ऐसा उन देशों में अधिक होता है जो विकासशील है। किसी भी समाज का जीवन-स्तर अनेक कारणों से प्रभावित होता है परन्तु इनमें जनसंख्या वृद्धि सबसे प्रमुख करण है।

सभी बालकों को शिक्षा ग्रहण कराना बहुत ही कठिन कार्य है। भारत के संविधान में यह प्रावधान है कि देश में प्राथमिक स्तर के बालकों के लिए शिक्षा की निःशुल्क व्यवस्था की जानी चाहिए। जिससे कि देश के सभी बच्चों का बौद्धिक विकास सम्भव हो सके। सरकार ने इस व्यवस्था के लिए कई व्यवस्थाएं की है। सरकार ने गांवों में शिक्षा के प्रचार हेतु भी अनेक सुविधाएं की है। जैसे- गांवों में प्राथमिक स्कूलों का निर्माण करवाना, निःशुल्क पाठ्य-पुस्तकों की व्यवस्था करना आदि। ग्रामों में समय-समय में विद्यार्थियों की शिक्षा हेतु विभिन्न प्रकार के शैक्षिक सेमीनारों का आयोजन किया जाता है। जिससे बालक अपना सर्वांगीण विकास करने में सक्षम हो पाते है। इतना ही नहीं सरकार शैक्षिक स्तर सुधारने के लिए प्रशिक्षकों की सुविधा की ओर भी बल दे रही है ताकि विद्यार्थियों को किसी भी प्रकार की कोई असुविधा न हो और वह स्वतन्त्र रूप से शिक्षा ग्रहण कर सके। सरकार छात्रों के मनोबल को बढ़ाने के लिए छात्रवृत्तियां भी देती है। इस प्रकार यह स्पष्ट होता है कि छात्र जनसंख्या की बढ़ती हुई मात्रा को घटाने

हेतु अनेक प्रयास शिक्षा के क्षेत्र में कर रही है। जिसके अपेक्षापूर्ण परिणाम देखने को मिले है। राज्य का यह परम कर्त्तव्य है कि वह राज्य में शिक्षा का उचित प्रबन्ध करवाए ताकि देश का कोई भी वर्ग शिक्षा से वंचित न रह पाए जिसके कारण उसका बौद्धिक स्तर गिर जाएं

शिक्षा की भूमिका

शिक्षा जनसंख्या को कम करने में महत्वपूर्ण भूमिका अदा करती है। यह विभिन्न प्रकार के कार्यक्रमों को लोगों के सम्मुख प्रस्तुत करके उन्हें जनसंख्या के निवारण हेतु प्रोत्साहित करती है। भारत की सरकार द्वारा परिवार नियोजन करने के लिए अनेक कार्यक्रमों का गठन किया जा गया है, परन्तु यह कार्यक्रम तब तक अपना प्रभाव नहीं दिखा सकते जब तक कि शिक्षा का प्रचार-प्रसार देश के प्रत्येक व्यक्ति, समूह या वर्ग तक नहीं पहुंच पाता है। कहने का तात्पर्य है परिवार नियोजन जैसे महत्वपूर्ण कार्यक्रम में भी शिक्षा ने अपने महत्वपूर्ण की भूमिका अदा की है। दूसरे समाज के सम्मुख आज अनेक ऐसी समस्याएं उत्पन्न हो गई है जिनका समाधान करने के लिए शिक्षा का अपना विशेष योगदान है। जनसंख्या नियंत्रण करने की दृष्टि से शिक्षा की भूमिका को हम निम्नलिखित बिन्दुओं से स्पष्ट कर सकते है:-

(क) शिक्षा तथा जीवन स्तर- शिक्षा के द्वारा व्यक्ति की सूझ-बूझ बढ़ती है वह अपने जीवन-स्तर को बढ़ाता हैं। इस बढ़े हुए जीवन स्तर के कारण उसे विभिन्न कार्यक्रमों तथा नीतियों के बारे में जानकारी मिलती है। यह जानकारी परिवार नियोजन तथा जनसंख्या नियंत्रण से सम्बन्धित होती है। व्यक्ति अपने जीवन के स्तर को और अधिक सृदढ़ बनाने हेतु इन नियमों का पालन करता है जिससे कि न केवल उसका जीवन स्तर बढ़ता है बल्कि देश की जनसंख्या में कमी भी होती है।

(ख) शिक्षा ग्रहण करने के बाद एक व्यक्ति इतना सक्षम हो जाता है कि वह अपनी बातों को दूसरे व्यक्तियों को कुशलतापूर्वक समझा

सके। वह जनसंख्या से सम्बन्धित जानकारियों को शेष जनता के समक्ष इस प्रकार प्रभावशाली रूप से प्रस्तुत करता है जिससे कि अन्य व्यक्ति उससे प्रभावित होते है तथा उसके द्वारा बताए गए नियमों तथा सन्देशों पर चिंतन करते है। इस प्रकार एक शिक्षित व्यक्ति समाज को जनसंख्या जैसी भंयकर बीमारी से बचा सकता है।

(ग) शिक्षा ग्रहण करने के पश्चात वह प्राकृतिक वातावरण, पेड़-पौधो के सम्बन्ध में जानकारी इकट्ठी करता है, और वह समाज के विभिन्न व्यक्तियों को यह बताता है कि किस प्रकार बढ़ी हुई जनसंख्या की दर के कारण इन पर्यावरण पदार्थों का विनाश होता है। और किस प्रकार वह इन सभी पर्यावरण पदार्थों का संरक्षण कर सकते है।

(घ) शिक्षा ने ही व्यक्ति को इतना सुदृढ़ किया है कि वह जनसंख्या जैसे गम्भीर मुद्दे पर विचार कर सके और अपने निष्कर्ष निकाल सके, शिक्षा के अभाव में कोई भी व्यक्ति किसी अन्य व्यक्ति प्रभावपूर्ण ढंग से समझा नहीं सकता। आज समाज में जनसंख्या ने एक व्यापक समस्या का रूप ले लिया है। जिसको हल करने के लिए केवल शिक्षा का ही सहारा लिया जा सकता है। अत: यह आवश्यक है कि युवा और बच्चों को भी शिक्षा से वंचित नहीं रखा जाना चाहिए।

आज यह आवश्कता प्रतीत होती है कि पाठ्यक्रम में जनसंख्या को शामिल किया जाए ताकि लोग उसके कारणों तथा परिणामों से अवगत होकर उसका समाधान करने के लिए प्रयत्नशील हो जाए। मात्र शिक्षा ही एक ऐसा हथियार है जिसके द्वारा जनसंख्या के चक्र को तोड़ा जा सकता है। इस प्रकार उपरोक्त विवेचन से यह स्पष्ट होता है कि जनसंख्या की वृद्धि को कम करने में शिक्षा एक महत्वपूर्ण भूमिका अदा करती है।

जनसंख्या वृद्धि, जीवन की गुणवत्ता एवं जीवन-स्तर का सम्बन्ध

जिस देश में जनसंख्या का घनत्व अधिक होता है उस देश में प्रायः सभी विकासवादी आन्दोलनों की गति थम सी जाती है। इसकी वृद्धि के कारण देश में प्रति व्यक्ति कम हो जाती है जिससे की लोगों का जीवन स्तर निम्न होता है। देश में अन्य सुविधाओं जैसे- धन, शिक्षा, रोजगार, अवसर, स्वास्थ्य सेवाएं आदि की कमी आ जाती है। जिससे कि व्यक्तियों के जीवन स्तर तथा जीवन की गुणवत्ता पर अधिक प्रभाव पड़ता है। विकासशील देशों में निर्धनता और विवशता सबसे भयंकर समस्याएं है, इन समस्याओं का उद्‌भव ही जनसंख्या के कारण ही हुआ है। भारत में आज आर्थिक विकास की बहुत जरूरत है जो कि केवल जनसंख्या के कारण ही रूक गई है।

अधिक जनसंख्या का लोगों के जीवन गुणवत्ता तथा जीवन-स्तर पर गहरा प्रभाव पड़ता है। वर्तमान में स्वास्थ्य सुविधाओं के विकास होने के कारण लोगों के जीवन दर में वृद्धि हुई है। जिसके साथ ही यह गम्भीर समस्या उत्पन्न हो गई है कि इस बढ़ती हुई जनसंख्या को किस प्रकार निश्चित भू-स्थल में समाया जाए। आज जिस हवा में हम सांस लेते है वह प्रदूषित है। ताप बिजली घर धुआं उगलते हैं और वातावरण को दूषित करते है। आज शहरों में विभिन्न प्रकार के कारखानों के द्वारा जहरीला धुआं उगला जा रहा है। वहां रसायन तथा धातु उद्योगों का विकास हो रहा है, जिससे कि लोगों के जीवन स्तर पर प्रभाव पड़ता है। विकास लाभ होने के लिए यह अत्यन्त आवश्यक है कि संपूर्ण राष्ट्र के विकास की गति तेज हो और जनसंख्या वृद्धि समान रहे। राष्ट्रीय विकास तथा समृद्धि तभी सम्भव है जबकि देश में निरन्तर बढ़ने वाली जनसंख्या की वृद्धि को रोका जा सके

अतः इस प्रकार यह कहा जा सकता है कि समाज पर जनसंख्या

की वृद्धि का प्रत्यक्ष रूप से प्रभाव पड़ता है। जितनी अधिक जनसंख्या होगी उतना ही लोगों का जीवन स्तर निम्न होगा और जितनी जनंसख्या कम होगी उतना ही लोगों के जीवन जीने का स्तर अधिक होगा। भारत में जनसंख्या की वृद्धि राष्ट्रीय विकास में एक बाधक के रूप में कार्य करती है। यह हमारी सामाजिक तथा आर्थिक प्रगति में एक बाधक के रूप में कार्य कर रही है। जनसंख्या में तथा हमारे संसाधनों में असंतुलन का मुख्य कारण यही है। इसी कारण आज भारत में आम व्यक्ति का जीवन स्तर उच्च नहीं हो पाया है, यहां पर अमीर और अमीर होते जा रहे है तथा निर्धन और निर्धन होते जा रहे है। हमें अनाज की उपजों में आत्म-निर्भरता विकास के द्वारा ही मिली है।

20

अनेक प्रकार की शाखाओं, संस्थानों व संगठनों का जनसंख्या शिक्षा के प्रचार में महत्वपूर्ण कार्य

भूमिका

वर्तमान में भारत के समक्ष जनसंख्या एक व्यापक समस्या के रूप में उत्पन्न हुई है। इसके द्वारा देश की उन्नति रूक सी गई है। इस समस्या के समाधान हेतु केवल शिक्षा ही प्रभावपूर्ण उपाय है। शहरों में जनसंख्या नियन्त्रण की शिक्षा प्राथमिक विद्यालय से लेकर उच्च माध्यमिक विद्यालयों तक दी जा रही है। जिसमें कि अपेक्षित लाभ भी प्राप्त हुए है। परन्तु भारत के ग्रामीण इलाकों में इससे सम्बन्धित शिक्षा का प्रचार-प्रसार इतने जोरों पर नहीं दिख रहा है जितनी आवश्यकता प्रतीत होती है।

भारत की सरकार ने वर्तमान में इस समस्या के समाधान हेतु अनेकों संस्थाओं का निर्माण किया है। इस सामाजिक समूहों का कार्य है कि देश के प्रत्येक राज्य गांवों को इस समस्या के बारे में जानकारी देना तथा इसके निवारण हेतु उन्हें प्रशिक्षित करना। इनका कार्य है गांवों में जाना और वहां के किसान जनता को शिक्षित करके इस समस्या के बारे में बताना जिससे कि वह इस समस्या के समाधान में अपनी

मूल्यवान भागीदारी देनी चाहिए। यह विभिन्न संस्थाएं जनसंख्या निवारण को प्रत्यक्ष तथा अप्रयक्ष रूप से प्रभावित करती है।

आज देश में विभिन्न ऐसी छोटी-छोटी संस्थाओं का निर्माण किया जा रहा है जिनके द्वारा स्थानीय निवासियों को जनसंख्या जैसी अनेकों समस्याओं से अवगत कराया जा रहा है। परिणामस्वरूप इन संस्थाओं के कार्यरत रहने से हमारे समाज का अधिकांश भाग शिक्षित हो गया है और इस समस्या के समाधान में अपना उचित सहयोग दे रहे है।

जनसंख्या शिक्षा की शाखाओं का वर्गीकरण

वर्तमान में भारत में जनसंख्या शिक्षा से सम्बन्धित अनेकों शाखाएं कार्यरत हैं। इन शाखाओं/एजेन्सियां के द्वारा जनसंख्या शिक्षा का प्रचार-प्रचार किया जा रहा हैं। विभिन्न शिक्षाविदों द्वारा शिक्षा की शाखाओं अथवा अभिकरण को निम्नलिखित वर्गों में वर्गीकृत किया गया है:-

(क) शिक्षा की व्यावसायिक शाखाएं- जिन शाखाओं का गठन व्यावसायिक दृष्टि से किया जाता है उन्हें शिक्षा की व्यवसायिक शाखाएं कहते है। यह शाखाएं प्रौढ़ों और विद्यार्थियों की शिक्षा के लिए भी उपयोग में लाए जाते हैं। इस प्रकार की शाखाएं हमारे ज्ञान में प्रत्यक्ष तथा अप्रत्यक्ष रूप से वृद्धि करती है। इस प्रकार की शाखाओं के अन्तर्गत समाचार पत्र, नृत्यगृह, नाटकशालाएं आदि सम्मिलित है। जिनके माध्यम से नागरिकों को जनसंख्या नियन्त्रण के बारे में जानकारी दी जाती है।

(ख) शिक्षा की अव्यावसायिक शाखाएं- इस प्रकार की शाखाओं का गठन न तो व्यावसायिक दृष्टि से किया जाता है और न ही उनका प्रयोग व्यावसायिक कार्यों की पूर्ति के लिए किया जाता है। इस प्रकार की शाखाओं में समाज कल्याण केन्द्र, खेल संघ आदि सम्मिलित होते है। इस प्रकार के अभिकरण प्रौढ़ों तथा विद्यार्थियों को शिक्षा प्रदान

करते है।

(ग) शिक्षा के औपचारिक शाखाएं- शिक्षा की औपचारिक शाखांए वे शाखाएं होती है जिनका गठन समाज द्वारा किया जाता है ताकि विद्यार्थियों के ज्ञान का स्तर बढ़ा उन्हें व्यावहारिक दृष्टि से लागू किया जा सके। इस प्रकार की शाखाओं में प्राय: संग्रहालय, आर्ट गैलेरी, धार्मिक संस्थाएं आदि आती है।

(घ) शिक्षा की अनौपचारिक शाखाएं- शिक्षा की अनौपचारिक शाखाओं में वें शाखाएं आती है जिनका गठन समाज के द्वारा विद्यार्थियों को प्रत्यक्ष रूप से शिक्षा देने के लिए किया गया है, और ये किसी न किसी रूप में विद्यार्थियों को प्रभावित भी करते है। इन शाखाओं में परिवार, समुदाय, राज्य आदि आते है।

इस प्रकार उपरोक्त विवेचन से यह स्पष्ट होता है कि वर्तमान में बहुत सी शाखाएं जनसंख्या की शिक्षा के प्रचार-प्रसार हेतु कार्यशील है।

जनसंख्या शिक्षा के प्रचार व प्रसार हेतु अनेक प्रकार की शाखाओं व संगठनों की भूमिका

जनसंख्या की शिक्षा का जनता के समक्ष प्रचार-प्रसार करना आज महत्वपूर्ण तथ्य बन गया है। इस सम्बन्ध में निम्नलिखित संगठन इसको पूर्ण कर रहे है:-

(क) समुदाय, (ख) परिवार, (ग) केन्द्रीय तथा राज्य सरकार, (ग) विभिनन प्रकार के शैक्षिक संस्थान आदि। नीचे इन्हीं का विस्तृत अध्ययन किया जा रहा है-

(क) समुदाय तथा विद्यालय समुदाय- समुदाय का अर्थ है कि सामाजिक स्तर पर ऐसी संस्था का निर्माण जो विभिन्न समस्याओं का समाधान सामूहिक रूप करने में कार्यशील है। एक अन्य शिक्षा विद् के अनुसार, "समुदाय को प्रत्यक्ष प्राथमिक समूह कहा जा सकता है जिसमें जीवन के प्रमुख क्रिया-कलाप समूह के अंदर ही आपसी

सहयोग के द्वारा किसी समस्या के समाधान हेतु कार्य करते है। यह एक छोटा समूह होता है जिसमें लोग एक-दूसरे को सम्पूर्ण रूप से जान जाते है, इस समूह में अपनात्व की भावना का विकास होता है।" यह समुदाय जनसंख्या नियन्त्रण हेतु अनेकों कार्यक्रमों का आयोजन करते है तथा छोटे स्तरों में जनता को शिक्षित करते है। इसके लिए इन्हें निम्नलिखित तत्वों की आवश्कता पड़ती है:-

1. निश्चित भूमि- किसी भी संगठन का निर्माण करने के लिए हमें सबसे पहले भूमि की आवश्काता होती है। भू-स्थल के अभाव में कोई भी संस्था अपना अस्तित्व नहीं बनाए रख सकती है। इस प्रकार किसी निश्चित भूमि पर स्थित मानव समुदाय को ही मानव समुदाय कहा जा सकता है।

2. समान संस्कृति- इससे यह अभिप्राय है कि समुदाय में कार्यरत व्यक्तियों की संस्कृति एक समान होनी चाहिए ताकि वह परस्पर सहयोग की भावना से कार्य करे।

3. मानव समूह- यदि भूमि हो और मानव समूह न हो तो समुदाय की कल्पना भी नहीं की जा सकती। मानव द्वारा ही समुदायों का निर्माण किया जाता है मानव ही समुदायों में कार्य करते है और संस्था की पहचान कराते है।

4. अपनत्व की भावना- यदि समुदाय में अपनत्व की भावना की कमी है तो समुदाय का जल्द ही अन्त हो जाएंगा इसलिए समुदाय को बनाने के लिए उसमें क्रियाशील व्यक्तियों में आपसी भाईचारे की भावना होनी चाहिए।

5. समान भाषा- समान भाषा भी समुदाय को एक साथ कार्य करने में सहायता देती है। इसी के द्वारा समुदाय के व्यक्ति एक-दूसरे से अपने विचारों का आदान प्रदान कर सकते है।

समुदाय की शैक्षिक भूमिका पर निम्न प्रकार से प्रकाश डाला जा

सकता है:-

1. समाजीकरण- समुदाय द्वारा ही बच्चे प्रत्यक्ष तथा अप्रत्यक्ष रूप से सामाजीकरण की भावना का विकास करते है। समुदाय ही उनमें सामूहिकता की भावना विकसित करता है। व्यक्ति भी समुदाय का एक अभिन्न अंग माना जाता है। इसलिए समुदाय का उसकी शिक्षा पर बहुत प्रभाव पड़ता है।

2. सांस्कृतिक भूमिका- समुदाय के द्वारा बालक का सांस्कृतिक विकास होता है। समुदाय ही उसके रहन-सहन, भाषा, रूचियों, आकांक्षाओं का विकास करता है। समुदाय के द्वारा व्यक्ति का सामाजिक व्यवहार निर्धारित होता है। समाज का व्यक्ति की संस्कृति से सीधा सम्बन्ध होता है। समाज में ही रहकूर वह अपने धर्म, रीति रिवाजों का पालन करता है तथा धार्मिक अनुष्ठानों में अपनी भूमिका निभाता है।

विद्यालय समुदाय का अर्थ एवं जनसंख्या शिक्षा में उसकी भूमिका- विद्यालय भी एक समुदाय है जहा पर विद्यार्थियों को जनसंख्या शिक्षा दी जा सकती है। एक शिक्षा विद् ने विद्यालय समुदाय को इस प्रकार स्पष्ट किया है, "सामुदायिक विद्यालय में विद्यार्थियों को संसाधनों की खोज, विकास था उनके उपयोग के बारे में पढ़ाया जाता है। यह समुदाय विद्यालय स्तर के बालकों को ही नहीं बल्कि प्रौढ़ों को भी शिक्षा प्रदान करता है।" सामुदाय विद्यालय को सामुदायि कार्यक्रमों का गठन किया जाता है। जिनमें विभिन्न जातियों के बच्चे एवं अन्य लोग परस्पर सहयोग द्वारा जनता को जनसंख्या के हानिकारक तत्वों के बारे में अवगत कराते है।

ऊपर वर्णित विवरण के आधार पर सामुदायिक विद्यालय को सामुदाय-केन्द्रित विद्यालय भी कहा जा सकता है। इस विद्यालय का परम लक्ष्य होता है सामुदायिक विकास करना, और मानवीय और

भौतिक संसाधनों का इस प्रकार कुशलतम उपयोग करना जिससे कि सामुदायिक स्तर पर अधिकतम विकास सम्भव हो। यह विद्यालय समाज के कल्याण के लिए स्थापित किया जाता है। वर्तमान में यह नितान्त आवश्यक है कि विद्यालीय स्तर के बच्चों को जनसंख्या जैसी भंयकर समस्या से अवगत कराया जाए ताकि वह भविष्य में इस समस्या के निदान हेतु चिंतन करने लगे। इस प्रकार यह स्पष्ट होता है कि विद्यालय का जनसंख्या शिक्षा में एक महत्वपूर्ण योगदान है जिसे नकारा नहीं जा सकता।

(ख) परिवार- जनसंख्या शिक्षा के अभिकरण के रूप में उसकी भूमिका

परिवार में ही बालक और बालिकाओं की शिक्षा होती है। उसका सर्वप्रथम विद्यालय उसका घर ही होता है और उसके परिवार के सदस्य ही उसके सर्वप्रथम शिक्षक होते है। इस दृष्टि से देखा जाए तो परिवार ही व्यक्ति का सर्वप्रथम पाठशाला माना जा सकता है। परिवार में ही रहकर न केवल उसका शैक्षिक विकास होता है बल्कि उसका मानसिक विकास भी होता है। परिवार ही बच्चों का पालन-पोषण करता है, परिवार में ही उसका नैतिक, संवेगात्मक, सांस्कृतिक गुणों का विकास होता है। इस प्रकार यह स्पष्ट होता है कि परिवार के अन्तर्गत ही बालक को जनसंख्या की शिक्षा दी जा सकती है। परिवार को परिभाषित करते हुए एक शिक्षा विद् ने स्पष्ट किया है परिवार व्यक्ति का सबसे पहला और छोटा समूह है। परिवार में रहकर ही स्त्री और पुरूषों के यौन सम्बन्ध निश्चित होते है और उसी में माता-पिता द्वारा उत्पन्न संतानों का पालन पोषण किया जाता है।

परिवार ही प्रेम, शिक्षा, स्नेह आदि का केन्द्र बिन्दु है। परिवार एक ऐसा अभिकरण है जो कि बालक के प्रत्यक्ष विकास के लिए आवश्यक है। यह विद्यालय के रूप में ही कार्य करता है। जिस प्रकार

एक विद्यालय में बालक को जो कुछ सिखाया जाता है वह उस बालक को आखिर तक याद रहता है उसी प्रकार परिवार द्वारा जो कुछ व्यक्ति प्राप्त करता है उसका सीधा सम्बन्ध उसके चरित्र से होता है। परिवार के वरिष्ठ सदस्यों के द्वारा नागरिकों को यह शिक्षा दी जानी चाहिए कि वह किस प्रकार जनसंख्या नियंत्रित कर सकते है। अपनों के बीच में रहकर बालक अधिक प्रभावपूर्ण और तीव्रता से सीखता है। आज वर्तमान में एकल परिवारों की ओर अधिक बल दिया जा रहा है। संयुक्त परिवारों में बालकों का सर्वांगीण विकास होता था परन्तु अब संयुक्त परिवारों का स्थान एकल परिवारों ने ले लिया है। हमारे समाज में नित दिन बहुत सारे नवीन परिवर्तन होते रहते है इस परिवर्तनों को देखकर ही बालक भी प्रभावित होता है और इनका अनुसरण करने लगता है। परिवार का यह कर्त्तव्य है बालक को वास्तविकता से अवगत कराएं ताकि बालक सभी प्रकार के दुष्कर्मों से अपने को विमुख कर सके।

जहां तक परिवार द्वारा जनसंख्या शिक्षा की बात है माता-पिता द्वारा बालक को किशोर बनते समय विशेष हिदायतें दी जानी चाहिए। परिवार के सदस्य ही उसे मार्गदर्शन करते है कि क्या बात गलत है और क्या सही। किस क्षेत्र में वह आगे जाए और किसी में नहीं। परिवार को अपने बालकों के सम्मुख ऐसे विचार प्रस्तुत करने चाहिए जो कि जनसंख्या वृद्धि को रोकने में सहायक हो। आज भारत में अनेकों परिवार नियोजन कार्यक्रम चलाए जा रहे है जिनके परिणामस्परूप व्यक्तियों में जनसंख्या वृद्धि के विघटन के लिए पर्याप्त जानकारी मिली है। क्योकि परिवार ही व्यक्ति को यह शिक्षा देता है कि क्या सही है और क्या गलत है इसलिए बालक को परिवार के द्वारा दी गई जनसंख्या शिक्षा अधिक प्रभावशाली होती है।

(ग) शैक्षिक शाखाओं के द्वारा जनसंख्या की शिक्षा का प्रचार व प्रसार

वर्तमान में विभिन्न शैक्षिक शाखाओं के द्वारा जनसंख्या की शिक्षा नागरिकों को दी जा रही है। इसके प्रचार एवं प्रसार के लिए शिक्षा ने अपना बहुत महत्वपूर्ण योगदान दिया है। इस सन्दर्भ में निम्नलिखित संस्थान कार्यरत है:-

1. प्रौढ़ एवं अनवरत शिक्षा विभाग की जनसंख्या शिक्षा के प्रचार व प्रसार में भूमिका- जनसंख्या की शिक्षा के द्वारा बच्चों को यह शिक्षा दी जा सकती है कि किस प्रकार का परिवार खुशहाल और सम्पन्न होता है। प्राय: उनके मन में ऐसी धारणा बनाई जाती है बड़े परिवार की तुलना छोटा परिवार अधिक उपयुक्त होता है। वह परिवार जिसमें अधिक सदस्य और आर्थिक संसाधन कम होते है प्राय: दुखी ही होता है इसके विपरीत जिस परिवार में कम सदस्य होते है वह परिवार निर्धन होते हुए भी धनी होता है। इस प्रकार शिक्षा जनसंख्या की वृद्धि को रोकने के लिए महत्वपूर्ण भूमिका अदा कर सकती है। शिक्षा की एक महत्वपूर्ण विवेशता यह भी है कि इसमें केवल बालकों को ही जनसंख्या के कुप्रभाव के सम्बन्ध जानकारी नही दी जाती है। बल्कि इसमें वृद्धों एवं प्रौढ़ों को भी जनसंख्या के सम्बन्ध में जानकारी दी जाती है। आज देश में बालकों और प्रौढ़ों को साक्षर बनाने के उद्देश्य से भारत में राष्ट्रीय सारक्षरता मिशन अपनी चरम सीमा पर कार्यरत है। इसी प्रकार अनेक ऐसी शाखाओं ने इस क्षेत्र में प्रभावपूर्ण कार्य किए है जिसके परिणामस्परूप देश की अधिकांश जनता साक्षर हो सकी है।

निरक्षर व्यक्ति जनसंख्या वृद्धि कर सकता है घटा नहीं सकता। उसका बौद्धिक स्तर पुरानी रूढ़ियों अन्धविश्वासों आदि से उठ नही पाता है। इसके विपरीत एक साक्षर व्यक्ति तर्कसम्मत रूप से अपने परिवार में आवश्यकतानुसार अपने आर्थिक स्तर को ध्यान में रखकर

वृद्धि करेगा। भारत में 6 से 14 वर्ष के बच्चों के लिए शिक्षा निःशुल्क है। प्रायः इस स्तर तक बच्चा जनसंख्या के कुप्रभावों के बारे में पर्याप्त जानकारी प्राप्त हो जाती है। इस प्रकार आज भारत में अनेक संस्थाए अनवरत रूप से जनसंख्या के कुप्रभावों से जनता को अवगत कराने में कार्यशील है।

2. परिवार नियोजन परिषद्- परिवार नियोजन से अभिप्राय है अपने परिवार को अपनी आर्थिक स्थिति देखते हुए उस मात्रा तक बढ़ाना जिस मात्रा तक आपको आवश्यकता हो। यह जनसंख्या को नियंत्रित करने का एक सर्वोत्तम ढंग माना जा सकता है। इस सन्दर्भ में भारती की राष्ट्रीय जनसंख्या नीति कार्यरत है। परिवार नियोजन करने के लक्ष्य को पाने के लिए भारत में भारत परिवार नियोजन परिषद् की स्थापना कर दी गई है। इस संस्था का मुख्य कार्य लोगों को सीमित परिवारों के बारे में जानकारी देकर उसके लाभों के बारे में अवगत कराना है। इस प्रकार भारतीय परिवार नियोजन परिषद् की जनसंख्या की वृद्धि को रोकने के लिए अपनी महत्वपूर्ण भूमिका है।

3. राज्य शैक्षिक अनुसंधान एवं प्रशिक्षण परिषद्- जिस प्रकार विद्यालीय स्तर पर एन.सी.ई.आर.टी. विद्यार्थियों को जनसंख्या से सम्बन्धित जानकारी देती है उसी प्रकार देश में राज्य स्तर पर शिक्षा देने का कार्यभार राज्य शैक्षिक अनुसंधानएवं प्रशिक्षण परिषद् सम्भालती है। इस संस्था कार्य है राज्य स्तर पर जनसंख्या वृद्धि के बारे में लोगों को जानकारी प्रदान करना।

4. राष्ट्रीय शैक्षिक अनुसंधान एवं प्रशिक्षण परिषद्- इस परिषद् का कार्य विद्यालीय स्तर पर विद्यार्थियों को जनसंख्या से सम्बन्धित शिक्षा प्रदान करना है। यह परिषद् विद्यालय के लिए पाठ्यक्रम का निर्माण करती है। विद्यालय के पाठ्यक्रम के अन्तर्गत जनसंख्या से सम्बन्धित महत्वपूर्ण सूचनाओं को यह परिषद् पाठ्यक्रम में डालकर

विद्यार्थियों को जनसंख्या के कुप्रभावों से बचा सकती है। इस संस्था को एन.सी.ई.आर.टी. भी कहा जाता है। देश के सभी स्कूलों का पाठ्यक्रम निर्माण करना तथा उसमें नियमित रूप से संशोधन करना इसी संस्था का कार्य है। इस परिषद् द्वारा बनाए गए पाठ्यक्रमों को छात्रों को समझाने का कर्त्तव्य अध्यापक का होता है।

एन.सी.ई.आर.टी. द्वारा ही विद्यालयों में समय-समय पर जनसंख्या को नियंत्रित करने के लिए संगोष्ठियां तथा कार्यक्रम आयोजन किए जाते है। इस प्रकार राष्ट्रीय शैक्षिक अनुसंधान एवं प्रशिक्षण संस्थान द्वारा अनेक प्रकार से जनसंख्या को नियन्त्रित किया जा सकता है।

4. विश्वविद्यालय अनुदान आयोग- विश्वविद्यालय अनुदान आयोग का मुख्य कार्य होता है कि देश के सभी विश्वविद्यालयों को जनसंख्या से सम्बन्धित जानकारी देने के लिए अनुदान देना होता है। जनसंख्या से सम्बन्धित किसी भी प्रकार का अनुदान विश्वविद्यालयों को यही परिषद् देती है। यह आयोग जनसंख्या शिक्षा के विश्वविद्यालीय पाठ्यक्रमों में समावेश तथा पी.एच.डी. स्तर पर अनुसंधान कार्य के लिए आर्थिक सहायता भी देती है।

इनके द्वारा दिए गए अनुदानों से ही एन.सी.ई.आर.टी. और एस.सी. ई.आर.टी. आदि परिषदें अपना कार्य सम्पन्न कर पाती है। यह अनुदान उन्हें कार्य करने के लिए प्रोत्साहित करता है। इनके द्वारा दिए जाने अनुदानों से ही प्रोत्साहित होकर विश्वविद्यालय के विद्यार्थी जनसंख्या के सम्बन्ध में प्रचार-प्रसार करने में रूचि लेते है। इस प्रकार यह निष्कर्ष निकलता है कि विश्वविद्यालय अनुदान आयोग का जनसंख्या की वृद्धि को कम करने के लिए बहुत महत्वपूर्ण योगदान है।

4. जनसंचार माध्यम का जनसंख्या शिक्षा के प्रचार व प्रसार में भूमिका-जनसंचार माध्यमों से हमारा अभिप्राय प्रायः उन संसाधनों से है जिनके द्वारा दृश्य-श्रृव्य सामग्रियों का उपयोग करके जनता को जनंसख्या

से सम्बन्धित विभिन्न हिदायते दी जाती है। इनमें पत्र-पत्रिकाएं, टी.वी., रेडियो आदि का प्रमुख स्थान है। इनके अलावा कुछ फिल्मों और नाटकों का भी पर्दे पर प्रदर्शन करके जानकारी दी जा सकती है। यह जन संचार माध्यम आज प्रायः सभी राज्यों में अपना रूप विकसित कर चुके है। आज ग्रामों में भी बिजली की सुविधा होने के परिणामस्वरूप टी.वी. आदि का प्रयोग किया जा रहा है। इन दृश्य-श्रव्य सामग्रियों के माध्यम से नागरिकों को ऐसे प्रोग्राम दिखाए जा सकते है जो कि जनसंख्या वृद्धि की दर को रोकने में सहायक सिद्ध हो सकते हैं।

परन्तु यह बात आवश्य ध्यान देने योग्य है कि इन माध्यमों से हटकर भी कुछ ऐसे माध्यम विकसित हो रहे है जो कि जनसंख्या को प्रभावित करते है। जैसे कि कठपुतली नृत्य द्वारा जनसंख्या को नियन्त्रित करने का संदेश देना आदि। इस प्रकार यह कहा जा सकता है कि आज जनसंचार माध्यमों के द्वारा देश में जनसंख्या की शिक्षा दी जा रही है जिसका महत्पूर्ण निष्कर्ष देखने को मिला है।

स्वयंसेवी शाखाओं की जनसंख्या शिक्षा के प्रचार व प्रसार में भूमिका- वर्तमान में अनेक विद्यालयों का निर्माण निजी स्तर पर किया जा चुका है। यह निजी स्तर पर विद्यार्थियों को प्राथमिक तथा उच्च माध्यमिक शिक्षा प्रदान कर रहे है इनके माध्यम से विद्यार्थियों में जनसंख्या से सम्बन्धित अनेकों जानकारियां दी जा रही हैं। इस प्रकार इन स्वयंसेवी विद्यालयों अथवा शाखाओं का भी जनसंख्या को नियन्त्रित करने में बहुत महत्वपूर्ण योगदान है।

21

जनसंख्या शिक्षा में प्रयोग की जाने वाली अधिगम सामग्री

भूमिका

आज शिक्षण का कार्य पहले की भांति सरल नहीं रह गया है जिसमें शिक्षक द्वारा पाठ्य पुस्तकों की सहायता से शिक्षा प्रदान की जाती थी तथा इस प्रकार से प्रदान की गई जानकारी से कुशल नागरिकों को तैयार कर दिया जाता था। आज शिक्षा का स्वरूप पहले की अपेक्षा जटिल हो गया है तथा इसे सम्पादित करने के लिए शिक्षक द्वारा पुस्तकों के अलावा कई प्रकार के साधनों को प्रयोग किया जाता है, जिन्हें प्राय: अधिगम सामग्री के नाम से जाना जाता है। जनसंख्या शिक्षक द्वारा भी विभिन्न प्रकार की अधिगम सामग्रियों को प्रयोग किया जाता है, जिनका उल्लेख इस प्रकार हैं :-

जनसंख्या शिक्षा शिक्षण में प्रयोग होने वाली अधिगम सामग्री

वर्तमान समय में इस प्रकार की शिक्षा का महत्व बहुत बढ़ गया है तथा इसे कुशलता के साथ प्रतिपादित करने के लिए शिक्षक द्वारा कुछ विशिष्ट प्रकार की सामग्रियों अथवा साधनों को प्रयोग किया जाता है, जिन्हें मुख्य रूप से निम्न वर्गों में विभाजित किया जा सकता है :-

क. श्रव्य सामग्री : इस प्रकार के साधनों की सहायता से शिक्षक

विद्यार्थियों की श्रवण ज्ञानेन्द्रियों को सक्रिय बनाता है। इस श्रेणी में मुख्य रूप से रेडियो, टेपरिकार्डर तथा ऑडियो रिकार्डों को ही सम्मिलित किया जाता है।

– रेडियो : आकाशवाणी के द्वारा विभिन्न प्रकार के जनसंख्या से सम्बन्धित कार्यक्रमों का प्रसारण रेडियो पर किया जाता है। शिक्षक को यदि यह पता हो कि वह किस समय पर प्रसारित होते है तो वह इस साधन को प्रयोग करके विद्यार्थियों तक महत्वपूर्ण जानकारी को पहुंचा सकता है तथा कार्यक्रम में भाग लेने वाले विद्वानों के मतों को उनके सम्मुख प्रस्तुत कर सकता है। इस प्रकार से रेडियो की सहायता से वह जनसंख्या से सम्बन्धित महत्वपूर्ण तथ्यों को उनके समक्ष प्रस्तुत कर सकता है।

– टेपरिकार्डर : इस यंत्र की सहायता से एक शिक्षक विद्यार्थियों के सम्मुख विद्वानों द्वारा प्रदान किए गए ऐसे मतों को भी विद्यार्थियों के सम्मुख प्रस्तुत कर सकता है, जो अतीत काल में उनके द्वारा प्रदान किए गए थे। इस साधन को शिक्षक किसी भी समय प्रयोग कर सकता है इसलिए इसे रेडियो की अपेक्षा एक बेहतर साधन माना जाता है।

– ओडियो कैसेट : जब शिक्षक टेपरिकार्डर को प्रयोग करता है तो उसके लिए ऐसी कैसेट को प्रयोग करना आवश्यक हो जाता है, जिसमें उसने विद्वानों के मतों को रिकार्ड किया होता है। ऐसी कैसेट जिसकी सहायता से विद्यार्थी विद्वानों के मतों को केवल सुन सकते हैं, उसे आडियो कैसेट कहते हैं। इस साधन की सहायता से जनसंख्या शिक्षक कुशलता के साथ महत्वपूर्ण जानकारी विद्यार्थियों के सम्मुख प्रस्तुत कर सकता है तथा अपना कार्य अधिक कुशलता के साथ कर सकता है।

ख. दृश्य सामग्री : वह साधन जिनकी सहायता से शिक्षक विद्यार्थियों की केवल दृश्य ज्ञानेन्द्रियों को ही सक्रिय कर पाता है, उन्हें

इस श्रेणी में सम्मिलित किया जाता है। इस प्रकार के साधनों का जनसंख्या शिक्षा शिक्षण में महत्वपूर्ण स्थान होता है क्योंकि इन्हीं की सहायता से जनसंख्या से सम्बन्धित विभिन्न आंकड़ो को प्रभावकारी ढंग से विद्यार्थियों के सम्मुख प्रस्तुत किया जाता है।

जनसंख्या शिक्षक द्वारा इस प्रकार के जिन साधनों को अधिक मात्रा में प्रयोग किया जाता है, उनका उल्लेख इस प्रकार हैं :-

- मानचित्र : जनसंख्या शिक्षा का अध्ययन करवाने के लिए शिक्षक द्वारा विभिन्न राष्ट्रों तथा एक राष्ट्र के विभिन्न राज्यों के मानचित्रों को प्रयोग किया जाता है। इस साधन की सहायता से विद्यार्थियों में जनसंख्या के घनत्व तथा उसके वितरण को तुलनात्मक रूप से अध्ययन करने का ज्ञान प्राप्त हो पाता है।

- चित्र : इस प्रकार के साधन को भी जनसंख्या शिक्षक द्वारा अधिक मात्रा में प्रयोग किया जाता है। इनकी सहायता से शिक्षक जनसंख्या से होने वाले दुष्प्रभावों को प्रभावकारी ढंग से विद्यार्थियों के सम्मुख प्रस्तुत कर सकता है तथा उन्हें विभिन्न प्रकार के साधनों से सम्बन्धित जानकारी प्रदान कर सकता है, जिससे वह परिवार को नियोजित कर सकते हैं।

- प्रतिरूप : इस साधन की सहायता से शिक्षक वास्तविक वस्तु को ही विद्यार्थियों के सम्मुख रख देता है परन्तु इसका आकार वास्तविक वस्तु से काफी छोटा होता है। परन्तु इसकी सहायता से वस्तु से सम्बन्धित सभी प्रकार की आवश्यक जानकारी शिक्षक विद्यार्थियों को प्रदान कर देता है तथा इस साधन को प्रयोग करके वह छोटी कक्षाओं के विद्यार्थियों को अधिक कुशलता के साथ ज्ञान प्रदान कर सकता है।

ग. श्रव्य-दृश्य सामग्री : इस प्रकार के साधनों से विद्यार्थियों की केवल श्रृव्य ज्ञानेन्द्रियों को ही सक्रिय नहीं किया जा सकता बल्कि

उनकी दृश्य ज्ञानेन्द्रियों को भी सक्रियता प्रदान की जा सकती है। इस श्रेणी में प्रयोग किए जाने वाले मुख्य साधनों का उल्लेख इस प्रकार हैं:-

- टेलीविजन : मनोरंजन के एक महत्वपूर्ण साधन के रूप में आज टेलीवीजन अपना स्थान बना चुका है परन्तु इस साधन का प्रयोग केवल मनोरंजन के लिए ही नहीं किया जा सकता बल्कि इसकी सहायता से कई प्रकार की महत्वपूर्ण जानकारियां भी प्राप्त की जा सकती है। दूरदर्शन द्वारा समय-समय पर विभिन्न प्रकार के विद्वानों को स्टूडियों में आमंत्रित किया जाता है तथा वह जनसंख्या से सम्बन्धित विभिन्न तथ्यों पर अपने विचारों को व्यक्त करते हैं। इस प्रकार के कार्यक्रमों को विद्यार्थियों के सम्मुख प्रस्तुत करके शिक्षक अपना कार्य अधिक प्रभावकारी ढंग से कर पाता है।

- नाटक : शिक्षक स्वयं भी कक्षा में उपस्थित होने वाले कुछ विद्यार्थियों की सहायता से किसी ऐसे नाटक को निर्मित कर सकता है जिससे विद्यार्थियों को जनसंख्या में होने वाली निरन्तर वृद्धि की हानियों का ज्ञान प्राप्त हो सकें तथा वह भविष्य में विभिन्न प्रकार के परिवार नियोजन साधनों को प्रयोग करने के लिए प्रेरित हो सकें। इस प्रकार से विद्यार्थी प्रदान की जाने वाली जानकारी को अधिक कुशलता तथा एकाग्रता के साथ प्राप्त करते है जिससे वह उनमें स्थायी रूप धारण कर लेती है।

- वीडियो रिकार्ड : इस साधन की सहायता से शिक्षक विद्यार्थियों के समक्ष विभिन्न प्रकार की जानकारियों को केवल सुना ही नहीं सकता बल्कि सचित्र उन्हें प्रदर्शित भी कर सकता है। इस साधन की सहायता से वह ऐसे समारोहों को भी विद्यार्थियों के सम्मुख प्रस्तुत कर सकता है, जो अतीत काल में आयोजित हुए थे तथा जिनका आयोजन विद्यालय से बाहर किया गया था।

उपरोक्त वर्णित विभिन्न प्रकार की सहायक सामग्रियों का प्रयोग जनसंख्या शिक्षा प्रदान करने वाले शिक्षक के द्वारा किया जाता है। इन साधनों की सहायता से वह निम्न तथ्यों को विद्यार्थियों के सम्मुख प्रस्तुत कर सकता है :-

क. इनकी सहायता से वह विद्यार्थियों के सम्मुख एक आर्थिक रूप से सम्पन्न परिवार तथा आर्थिक रूप से पिछड़े हुए परिवार की स्थितियों को प्रदर्शित कर सकता है। इसके अलावा वह यह भी प्रदर्शित कर सकता है कि भारत में प्रति व्यक्ति आय किस प्रकार से वितरित है तथा इसमें किस प्रकार से भिन्नताएं पाई जाती है।

ख. स्वास्थ्य तथा पर्यावरण सम्बन्धी विभिन्न प्रकार के तथ्यों की जानकारी एक शिक्षक विद्यार्थियों के सम्मुख उपरोक्त वर्णित साधनों को प्रयोग करके कर सकता है। इस प्रकार से प्रदान की जाने वाली जानकारी से वह पर्यावरण को सुरक्षित रखने के लिए अधिक जागृत हो पाएंगे तथा उनमें स्वयं को विभिन्न प्रकार के रोगों से मुक्त रखने की भावना का भी विकास हो पाएंगा।

ग. विभिन्न प्रकार के सामाजिक सम्बन्धी तथ्यों को जनसंख्या शिक्षा का शिक्षक उपरोक्त वर्णित साधनों की सहायता से विद्यार्थियों के सम्मुख प्रस्तुत कर सकता है। इनकी सहायता से वह समाज में स्त्रियों की स्थिति की जानकारी प्रदान कर सकते हैं तथा उन्हें यह भी बता सकते हैं कि जनसंख्या में होने वाली निरन्तर वृद्धि के कारण किस प्रकार की सामाजिक समस्याओं का विकास हो रहा है।

घ. जनसंख्या सम्बन्धी विभिन्न तथ्यों अथवा आंकड़ों को एक शिक्षक प्रभावकारी ढंग से विद्यार्थियों के सम्मुख इन साधनों को प्रयोग करके प्रस्तुत कर सकता है। इस प्रकार से जो कार्य कुछ विद्यार्थियों को नीरस सा प्रतीत होता था, वह इन साधनों की सहायता से रूचिकर बन जाएंगा।

इस प्रकार यह स्पष्ट है कि आज जनसंख्या शिक्षा के शिक्षक द्वारा विभिन्न प्रकार की सहायक सामग्रियों को शिक्षा प्रभावकारी ढंग से प्रदान करने के लिए प्रयोग किया जाता है। इन्हें प्रयोग करने से पूर्व शिक्षक को यह भली प्रकार से सुनिश्चित कर लेना चाहिएं कि उसे इन साधनों को कुशलता के साथ प्रयोग करने का पूर्ण ज्ञान हैं। यदि वह इन्हें सही प्रकार से प्रयोग नहीं कर पाएंगा तो कभी भी कुशलता के साथ शिक्षा प्रदान नहीं कर पाएंगा तथा इस प्रकार से अपने उद्देश्य प्राप्त करने में विफल रह जाएंगा।